DORLING KINDERSLEY
London, New York, Melbourne, München und Delhi

Lektorat Alastair Laing
Cheflektorat Esther Ripley
Redaktion Sharon Amos, Emma Callery
Bildredaktion Sara Robin, Alison Donovan
Gestaltung Tina Vaughan, Kathy Gammon,
Vanessa Hamilton, Vicky Read
Illustrationen Andy Crisp
Fotos Peter Anderson
Bildrecherche Jenny Faithfull
Herstellung Ben Marcus, Man Fai Lau
Programmleitung Mary-Clare Jerram
Art Director Peter Luff

Für die deutsche Ausgabe:
Programmleitung Monika Schlitzer
Projektbetreuung Andrea Göppner
Herstellungsleitung Dorothee Whittaker
Herstellung und Covergestaltung Beate Fellner

Bibliografische Information Der Deutschen Bibliothek
Die Deutsche Bibliothek verzeichnet diese Publikation in
der Deutschen Nationalbibliografie;
detaillierte bibliografische Daten sind im Internet über
http://dnb.ddb.de abrufbar.

Titel der englischen Originalausgabe:
Practical Self Sufficiency

© Dorling Kindersley Limited, London, 2010
Text © by Dick and James Strawbridge, Jera Enterprises Ltd.

© der deutschsprachigen Ausgabe by Dorling Kindersley
Verlag GmbH, München, 2011
Alle deutschsprachigen Rechte vorbehalten

Übersetzung Wiebke Krabbe (*Selbstversorgung nach Maß,
Gute Erträge, Was wollen Sie anpflanzen?, In der Küche*),
Frauke Watson (*Im Haus, Energie und Abfall, Nutztierhaltung,
Naturapotheke*)
Redaktion Lesezeichen Verlagsdienste, Köln

ISBN 978-3-8310-1822-2

Colour reproduction by Alta Images, London
Printed and bound by TBB, Slovakia

Besuchen Sie uns im Internet
www.dorlingkindersley.de

MIX
Papier aus verantwor-
tungsvollen Quellen
FSC™ C018179

Wichtiger Hinweis
Die Informationen und Ratschläge in diesem Buch sind von den Autoren und
vom Verlag sorgfältig erwogen und geprüft, dennoch kann eine Garantie nicht
übernommen werden. Eine Haftung der Autoren bzw. des Verlags und seiner
Beauftragten für Personen-, Sach- und Vermögensschäden ist ausgeschlossen.

DICK & JAMES STRAWBRIDGE

DAS GROSSE BUCH DER SELBSTVERSORGUNG

Dorling Kindersley

Inhalt

VORWORT DER AUTOREN

Wir haben das Glück, auf einem kleinen Hof im schönen Cornwall zu leben – in unserem eigenen Tal, nur einen Kilometer vom Meer entfernt. Unser Umzug aufs Land wurde in einer Fernsehserie dokumentiert, aber die Entscheidung wurde von der ganzen Familie gefällt, nachdem wir jahrelang experimentiert und von einem guten Leben geträumt hatten.

Selbstversorgung hat uns seit jeher interessiert. Dick denkt gern an seine Kindheit zurück, als er noch seinem Vater im Garten half und mit seiner Mutter Pilze sammelte. Er genoss die gemeinsame Zeit und das leckere Gemüse. James konnte sich schon immer für die Natur und den Garten begeistern. Er brachte von Spaziergängen Beeren mit oder grub die Gärten der verschiedenen Häuser, in denen wir gewohnt haben, um. Jetzt arbeiten wir beide für das Fernsehen. Weil noch eine Hypothek für die Newhouse Farm abzutragen ist, können wir nicht ständig dort sein. Aber wir kommen immer gern dorthin, weil uns sehr bewusst ist, warum wir diesen Hof gekauft haben.

Dieses Buch richtet sich an alle, die gern autarker und umweltbewusster leben möchten. Dazu kann heute jeder den ersten Schritt tun. Ganz egal, wo Sie wohnen: In diesem Buch werden Sie anwendbare Tipps finden. Sie können Ihre Energiekosten senken, in der Küche Käse herstellen, auf dem Fenstersims Kräuter und Tomaten ziehen – in jeder Lebenssituation ist ein gewisses Maß an Selbstversorgung möglich.

In diesem Buch präsentieren wir alles Wissen, das wir im Lauf der Jahre gesammelt haben. Sie müssen ja nicht alles auf einmal umsetzen, aber wir sind sicher, dass jeder auf den folgenden Seiten praktische Anleitungen findet. Vor allem aber soll es Spaß machen.

Wenn Sie nicht dabei lächeln, stimmt etwas nicht!

Dick & James

SICHERHEITSTIPPS

Natürlich möchten wir Sie anregen, möglichst viele unserer Tipps umzusetzen. Andererseits sollten Sie aber auf keinen Fall Risiken eingehen. Für unsere Projekte verwenden wir verschiedene scharfe Werkzeuge und Werkzeugmaschinen. Machen Sie sich gründlich mit solchen Gerätschaften vertraut, ehe Sie zum ersten Mal mit ihnen arbeiten. Und nehmen Sie Sicherheitshinweise bitte sehr ernst.

Erneuerbare Energien

Wir haben uns mit den Möglichkeiten verschiedener Grundstückstypen beschäftigt und stellen hier unsere Lösungen vor. Ehe Sie selbst zur Tat schreiten, erkundigen Sie sich bei den örtlichen Behörden, wofür eine Genehmigung nötig ist. Lassen Sie sich von Ihrem Energielieferanten beraten und arbeiten Sie mit einem qualifizierten Elektriker zusammen.

Biogas und anaerobe Vergärung

Wir stellen unsere Vergärungsanlage vor, um zu beweisen, dass es auch ohne teure Fertiglösungen geht. Allerdings haben wir über mehrere Jahre Erfahrungen gesammelt. Lassen Sie sich im Zweifelsfall von einem Fachmann unterstützen, denn beim Umgang mit Chemikalien, Hitze und Gas kann man nicht vorsichtig genug sein.

Nutztierhaltung

Hygiene ist oberstes Gebot. Bestehen Sie darauf, dass Kinder sich immer die Hände waschen, wenn sie Tiere angefasst haben, um eine Infektion mit Kolibakterien zu vermeiden. Schwangere sind besonders gefährdet. Sie selbst und ihr Partner sollten beim Umgang mit Tieren immer Schutzkleidung und Handschuhe tragen und sich anschließend gründlich waschen.

Milchprodukte

Halten Sie Arbeitsplatz und Utensilien bei der Verarbeitung von Milch penibel sauber. Schwangere sollten keine unpasteurisierte Milch zu sich nehmen, weil sie gefährliche Bakterien (Listeria oder Campylobacter) enthalten kann.

Naturheilmittel

Ehe Sie Hausmittel einsetzen, konsultieren Sie bitte immer Ihren Arzt, vor allem bei wiederkehrenden Symptomen, anhaltenden oder ernsthaften Beschwerden. Von Tinkturen zuerst nur kleine Mengen anwenden. Salben und Cremes auf einer kleinen Hautpartie ausprobieren, um zu prüfen, ob eine allergische Reaktion auftritt. In der Schwangerschaft und Stillzeit sind manche Kräuter kontraindiziert.

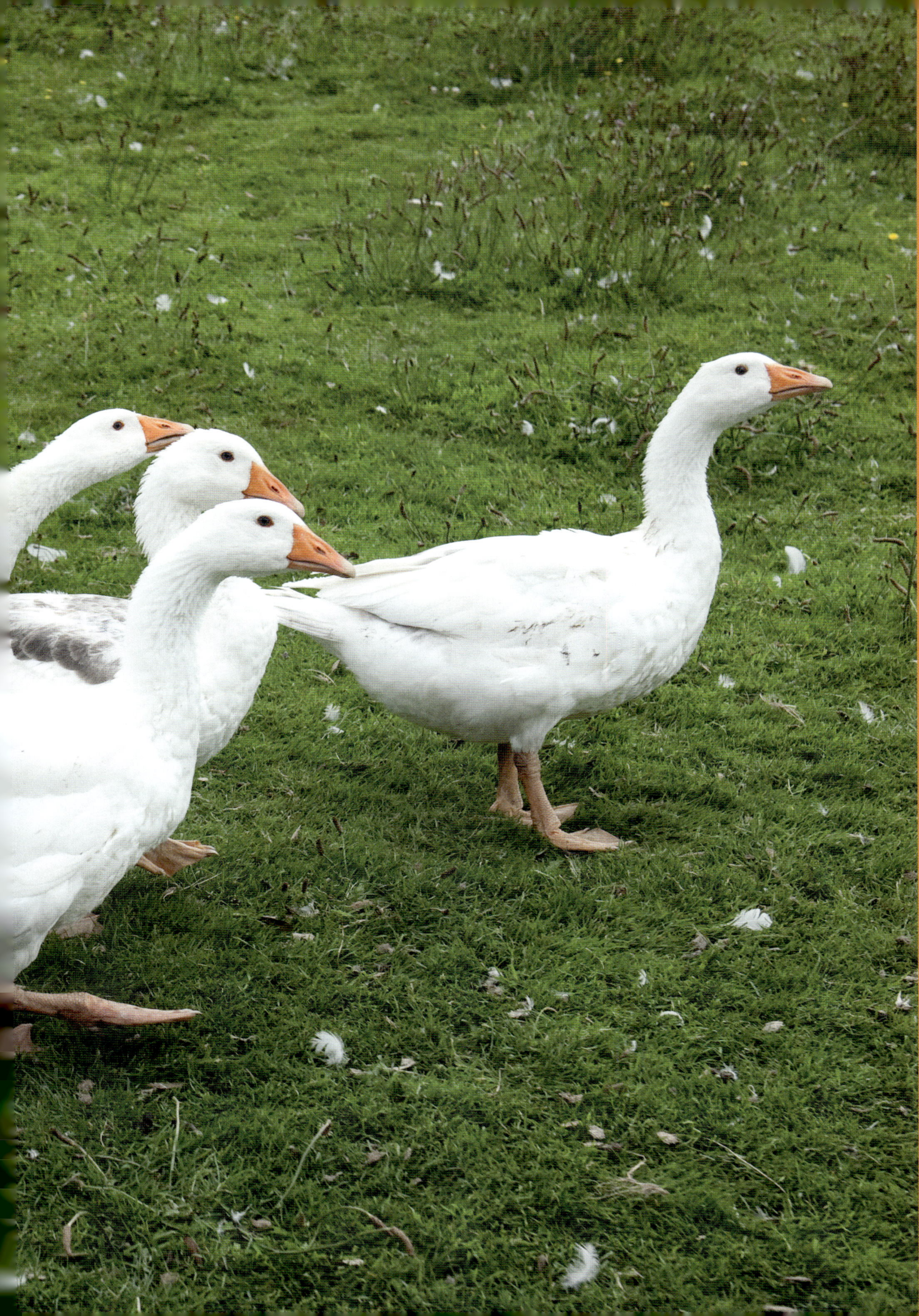

SELBSTVERSORGUNG NACH MASS

Lebensgrundlagen

Im 21. Jahrhundert ist das Leben einfacher als je zuvor, aber die Bequemlichkeit hat ihren Preis. Gleichzeitig möchten sich immer mehr Menschen auf das Wesentliche besinnen. Was brauchen wir wirklich zum Leben? Nahrung und Schutz – wenigstens. Aber wir wünschen uns auch Lebensqualität, also eine behagliche Behausung, hochwertige Nahrung und nicht zuletzt auch Vergnügen.

Träume verwirklichen

Viele Leute träumen von einem völlig anderen Leben. Es gibt so viele Dinge, die wir tun würden, wenn wir nur die Zeit und/oder das Geld dafür hätten. Die Arbeit stellt also teilweise das Problem dar – und teilweise die Lösung. Leben wir, um zu arbeiten, oder arbeiten wir, um zu leben? Nicht viele Menschen können ehrlich sagen, dass ihnen ihr Beruf Freude macht, und dass sie auch ohne Bezahlung arbeiten würden. Die meisten müssen also einen Weg finden, ihre Träume zu verwirklichen. Was hält sie auf?

Uns gefällt seit jeher John Seymours Idee, dass er »für Träumer und Realisten« schreibt. Wir möchten Träumern helfen, ihre Träume zu verwirklichen. Lieber heute als morgen.

Klare Entscheidung

In unserer hektischen Welt wird Bequemlichkeit oft über Qualität gestellt. Wir haben allerdings eine klare Vorstellung von qualitativ hochwertiger Nahrung. Auf unserer Newhouse Farm, wo wir Obst und Gemüse selbst anbauen und Nutztiere halten, ist uns die Qualität wichtiger als die Bequemlichkeit.

Alle können hier kochen, und zum Glück ziemlich gut. Bei den Essensvorbereitungen in unserer großen Küche geht es gesellig zu. Wir schauen in den Kühlschrank, überlegen, was geerntet werden muss, und legen dann fest, was gegessen wird. Nichts geht über frische Produkte von guter Qualität (da ist das Wort schon wieder!), die erntefrisch zubereitet werden. So altmodisch es klingen mag: Wir setzen uns zum Essen sogar an den Tisch, um uns zu unterhalten.

Auch wer keinen Hof hat, kann sich hochwertig ernähren. Sie werden in diesem Buch sehen, dass jeder irgendetwas Essbares anpflanzen kann.

Einheimische Lebensmittel

Moderne Transportmittel versorgen die Supermärkte mit einem so breiten Angebot, dass man leicht vergisst, was im eigenen Land gerade Saison hat. Die Kunden fordern viel Auswahl

zu günstigen Preisen, und darauf hat der Handel reagiert. Oder haben sich die Kunden dem Handel angepasst? Auf jeden Fall ist es nicht ungewöhnlich, dass Lebensmittel um die halbe Welt reisen, noch ein Weilchen im Supermarkt lagern und erst dann auf den Teller gelangen.

Wir achten beim Einkauf auf saisonale, einheimische Ware aus organischer Produktion. Mindestens zwei dieser drei Kriterien müssen erfüllt sein. Gewiss, manchmal weichen wir von unseren Prinzipien ab, aber um es mit Douglas Bader zu sagen: »Ein Dummkopf gehorcht Regeln, ein weiser Mann lässt sich von ihnen leiten.«

Schutzraum

Häuser gibt es heute in allen Formen und Größen. Alle bieten Komfort und Schutz, wobei Komfort zu definieren wäre. Wir sind seit Jahren dabei, unser altes Bauernhaus zu »ökologisieren«. Es soll warm, gemütlich und günstig im Unterhalt sein, sodass wir uns im Alter keine Sorgen über explo-

dierende Wasser- und Energiekosten machen müssen. Komfort bedeutet für uns auch, selbst angesichts einer ungewissen Zukunft ruhig schlafen zu können.

Zu diesem Ziel führen viele Wege. Am einfachsten ist es, den Energie- und Wasserverbrauch einerseits zu reduzieren und andererseits Möglichkeiten zu finden, den Bedarf selbst zu decken. Diese Möglichkeit, wenn nicht gar Notwendigkeit, gibt es für jedes Haus.

Das Lustprinzip

Eine wichtige Voraussetzung für Lebensqualität ist Genuss. Jeder findet Glück, Frieden, Harmonie – oder wie immer man es nennen möchte – auf seine ureigene Weise. Wir haben viele ökologische Lebensansätze ausprobiert. Manche haben wir genossen, andere nicht. Unserer Meinung nach sollten Sie möglichst viele verschiedene Dinge ausprobieren und dann bei denen bleiben, die gut zu Ihrem Lebensstil passen.

Damit müssen Sie nicht warten, bis Sie Ihr ideales Grundstück gekauft haben. Fangen Sie jetzt an! Das kann Spaß machen, und Sie sammeln dabei Erfahrungen, die vielleicht den Anstoß geben, Ihren Traum von einem besseren Leben Schritt für Schritt mehr umzusetzen.

1. Mit einem Aquädukt leiten wir unseren Bach um und nutzen die Energie des Wassers. **2. Das Haus** ist gut isoliert und im Winter schön warm. Dafür werden verschiedene Arten nachhaltiger Energiegewinnung eingesetzt. **3. Obst der Saison,** etwa Erdbeeren, schmeckt vollreif geerntet viel besser als aus dem Treibhaus. **4. Die Kartoffelpflanzung** ist ein jährliches Ritual. **5. Einheimisches Gemüse** ist gut für die Kohlenstoffbilanz und das Überleben kleiner Anbaubetriebe. **6. Windräder** sind in offenen Lagen ein zuverlässiges Mittel der Energieversorgung. **7. Handwerkliche Kenntnisse** sind für Selbstversorger unerlässlich. **8. Brot backen** wir im Winter gern, weil der herrliche Duft einfach gute Laune macht.

5

6

7

8

Selbstversorgung und Nachhaltigkeit

Eine nachhaltige Lebensweise erfordert Planung, Vorbereitung und Übung. Echte Selbstversorgung verlangt noch ein gutes Stück mehr Hingabe. Es mag viele Gründe geben, sein Leben nicht gleich vollständig umzukrempeln. Aber nichts spricht dagegen, ab sofort einen Teil Ihres Traums zu verwirklichen. Wo Sie wohnen und wie groß Ihr Grundstück ist, spielt dafür keine Rolle.

WICHTIGE ÜBERLEGUNGEN

Wie viel Zeit können Sie sich für die Arbeit nehmen?

Zeit, die man am beruflichen Arbeitsplatz verbringt, kann man nicht für die Verwirklichung seines Traums verwenden. Bleiben Sie aber realistisch und akzeptieren Sie, dass es vielleicht nötig sein kann, den kompletten Umstieg ins geplante Paradies noch ein Weilchen zu verschieben, bis die nötigen Mittel angespart und die Vorbereitungen getroffen sind.

Wo möchten Sie leben?

Die meisten Menschen müssen einen Teil ihres Lebens in der Nähe des Arbeitsplatzes wohnen, oft in einer Stadt. Machen Sie in diesem Fall aus den Gegebenheiten das Beste und probieren Sie alles aus, was Sie später tun möchten. Wer einen Umzug aufs Land plant, wird in abgelegenen Regionen leichter ein bezahlbares Objekt finden – aber mit Arbeitsplätzen und anderen Annehmlichkeiten kann es schlechter aussehen. Uns gefiel die Vorstellung, zu einer Gemeinschaft zu gehören, darum waren uns gute Eisenbahn- und Straßenanbindung, Breitband-Internet und Mobiltelefon-Netzabdeckung bei aller Liebe zum einfachen Leben wichtig.

Wie viel Hilfe brauchen Sie bei der Umsetzung?

Auf einem kleinen Hof fällt immer mehr Arbeit an, als man schafft. Die Natur versucht ständig, Terrain zurückzuerobern. Der Kampf endet nie, die Intensität hängt von der Größe des gewählten »Schlachtfeldes« ab. Auf dem Land findet man oft kompetenten Rat, aber tatkräftige Hilfe hat meist doch ihren Preis. Schätzen Sie darum realistisch ein, wie fit Sie sind und was Sie selbst erledigen können. Eins steht fest: Sie werden fitter.

Selbstversorgung

Selbstversorgung bedeutet in seiner strengen Form, den gesamten Lebensbedarf mit eigenen Mitteln zu decken. Früher war diese Lebensweise für Kleinbauern auf Einzelhöfen notwendig. Eine Infrastruktur, wie sie heute für uns selbstverständlich ist, gab es damals nicht, und die Menschen mussten von dem leben, was im Umkreis von wenigen Kilometern verfügbar war. Gemeinden bildeten sich, in denen die Ressourcen, Produkte und menschliche Kenntnisse gebündelt wurden. So war dafür gesorgt, dass alle bekamen, was sie brauchten. Oft ging es mehr ums Überleben als um die Lebensqualität. In vielen Ländern ist das noch immer so. Wir Bewohner von Industrieländern dagegen müssen nicht alles selbst oder im Rahmen der Gemeinde tun. Das hat Vorteile, doch der kontinentenübergreifende Warenverkehr bringt für den Planeten auch Probleme mit sich.

Nachhaltigkeit

Nachhaltig zu leben bedeutet, nicht mehr von den Ressourcen der Erde in Anspruch zu nehmen, als unbedingt nötig. Wir wissen, dass durch schwindende Ressourcen Nahrung und Energie künftig immer teurer werden, darum ist ein gewisses Maß an Selbstversorgung sinnvoll.

Selbstversorgung ist von Natur aus nachhaltig, weil der Bedarf aus eigenen Mitteln gedeckt wird. Aber auch ohne komplette Selbstversorgung ist nachhaltiges Leben möglich. Bewusstes Konsumverhalten ist der erste Schritt.

Die Dinge besser machen

Noch vor wenigen Jahren begann jedes Buch über nachhaltiges Leben mit einer Selbstrechtfertigung. Heute wissen wir alle, dass wir über die Verhältnisse unseres Planeten leben. »Vermeiden, wiederverwerten, recyceln« war früher ein Mantra von Umweltaktivisten, heute ist es die Grundlage zeitgemäßer Entsorgungsgesetze. Jeder kann Ressourcen schonen und Müll vermeiden.

Ob Sie auf einem Biohof oder in einer Stadtwohnung leben: Schritte hin zur Nachhaltigkeit sind überall möglich. Umsichtiger Verbrauch macht sich sogar finanziell bemerkbar. Jeder kann Energiekosten sparen, kleine Reparaturen an der Kleidung ausführen oder so wirtschaften, dass keine Lebensmittel verderben. Entwickeln Sie ein Bewusstsein dafür, was Ihnen wirklich wichtig ist, und was Sie nicht ernsthaft vermissen würden. Spenden Sie überflüssige, aber brauchbare Dinge dem örtlichen Sozialkaufhaus. Und wenn eine Anschaffung ansteht, kaufen Sie statt billiger Neuwaren aus Niedriglohnländern ruhig einmal gebrauchte, solide Stücke, deren Qualität sich bereits bewährt hat.

1. Freunde und Familie sind als Helfer immer willkommen. **2. Rauchfahnen** aus dem Kaminofen ziehen an einem Herbstmorgen durch das Tal. **3. Körperliche Arbeit** hält uns fit und ist befriedigender als ein Workout im Studio. **4. Eine gute Ernte** ist der Lohn für die harte Arbeit. Richtig gelagert reicht sie für das ganze Jahr. **5. Zwiebeln** und unser wackerer Mäusejäger genießen die Wärme im Folientunnel.

Wie viel Land brauchen Sie?

Zunächst wohnten wir zur Miete in einer alten Armeeunterkunft auf einem kleinen Grundstück. Wir wissen also, wie man mit sehr wenig Land lebt. Später kauften wir eine Doppelhaushälfte. Erst jetzt besitzen wir einen Hof. Auf unseren Grundstücken haben wir alles Erdenkliche ausprobiert, von Bienenhaltung bis zum Bau eines Räucherofens. Als Nachbarn waren wir vermutlich die Hölle.

Die Gegebenheiten nutzen

Wie groß das Grundstück auch sein mag, jeder wünscht sich mehr Platz. Wir träumen von Weiden, Wildblumenwiesen oder einem eigenen Wald, aber jeder weiß, dass man erst einmal das Vorhandene nutzen muss. Selbst ein kleiner Stadtgarten kann gute Erträge bringen. Und wer den ganzen Tag arbeitet, kann mehr Gartenpflege auch kaum bewältigen.

In einem »normalen« Haus kann Selbstversorgung aus Platzgründen schwierig sein, aber eine nachhaltige Lebensweise lässt sich dennoch umsetzen. Am Stadtrand zu wohnen muss nicht heißen, den Rasen zu kämmen und jede Woche das Auto zu waschen. Ein durchschnittliches Siedlungsgrundstück ist groß genug für Gemüsebeet, Frühbeet und Folientunnel, Wäscheleinen, Bienenkörbe und Hühner – und damit sind Sie dem Selbstversorgerleben schon ein großes Stück näher. Wer weiß, vielleicht werden die Nachbarn Sie sogar um Ihren Garten beneiden.

Wer in einer Region mit gutem öffentlichen Personennahverkehr wohnt, kann eventuell auf das Auto verzichten und dadurch fossile Brennstoffe einsparen. Inzwischen bieten viele Geschäfte einheimische, umweltverträglich produzierte Waren an. Nutzt man die Möglichkeiten, kann man mindestens so umweltbewusst leben wie auf einem ländlichen Grundstück ähnlicher Größe.

Darf es etwas mehr sein?

Nutzen Sie Ihr Grundstück voll aus, hätten aber Zeit und Lust, mehr zu bewirtschaften? Auch wenn die Preise hoch sind und ihr ideales Grundstück bereits verkauft ist: Bleiben Sie dran. Viele Landbesitzer sind nicht an einem Verkauf interessiert. Aber vielleicht können Sie ein brachliegendes Stück von einem Bauern pachten. Wenn Sie ihn jahrelang (ja: Jahre!) mit Obst und Gemüse beglücken, lässt er sich vielleicht zu einem Verkauf überreden.

Kleingärten

In vielen Städten gibt es Kleingärten. Die Ursprünge reichen Jahrhunderte zurück, aber das heutige System

entstand im 19. Jahrhundert nach einem starken Anstieg der Bevölkerung. Gemeinden, Fabrikbesitzer und gemeinnützige Organisationen stellten armen Familien kleine Parzellen Land zur Verfügung, auf denen sie Obst und Gemüse für den Eigenbedarf anbauen konnten. So wollte man der Verarmung und dem Alkoholismus, der in der Arbeiterschicht um sich griff, Einhalt gebieten.

Die Zeiten, in denen kauzige Kleingärtner sich in ihren Schuppen verkrochen oder zu Wettbewerben um den dicksten Kürbis antraten, sind längst vorbei. Heute pflegen viele Frauen oder ganze Familien so einen Garten. In unserem Dorf gibt es Gärten, in denen sich drei Generationen Arbeit und Ernte teilen.

Kleingartenkolonien unterliegen in Deutschland dem Bundeskleingartengesetz, dem örtlichen Recht und haben überdies meist eigene Satzungen, in denen Zaun- und Heckenhöhe, die Pflanzung von Bäumen und anderes geregelt sind.

Schrebergärten

1865 wurde in Leipzig eine Spielwiese für Fabrikarbeiterkinder eröffnet, benannt nach dem Arzt Moritz Schreber. Weitere Wiesen folgten, und bald legte man an ihren Rändern Lehrbeete für die Kinder an. Die Wiesen gingen wenig später in die Obhut der Eltern über, wurden parzelliert und als Familiengärten genutzt.

Zahlreiche Familien, die kein eigenes Grundstück besaßen, pflegten und nutzten solche Parzellen. Vor allem nach dem Zweiten Weltkrieg wurden in ganz Europa Kleingartengebiete eröffnet, um die Ernährungslage zu entspannen.

Landsharing

Es mag selbstlos scheinen, kann aber durchaus praktisch sein, anderen Menschen einen Teil des eigenen Gartens zur Bewirtschaftung zu überlassen. Gerade ältere Menschen, denen ihr Garten mit den Jahren zu groß wird, freuen sich oft, wenn jemand anders ihn beackert und sich ab und zu mit frischem Gemüse bedankt. Es gibt auch Bauern, die froh sind, ein Stück Brachland vorübergehend in gute Hände abzugeben.

Mit diesem Konzept können Sie zusätzliche Nutzfläche gewinnen, während der Besitzer weiß, dass sein Land gut bestellt wird, und gelegentlich am Ertrag teilhaben kann.

1. Kleingärtenkolonien in größeren Städten haben oft lange Interessentenlisten. Lassen Sie sich am besten auf mehrere setzen. **2. Ein Nutzgarten** in der Stadt mit blühenden Obstgehölzen und üppigem Gemüse kann attraktiv und ertragreich sein. **3. Ackerflächen** werden selten verkauft, aber manche Bauern verpachten sie. **4. Zur Haltung von Rindern** brauchen Sie eine ausreichend große Weide und einen Unterstellplatz für den Winter. **5. Obstbäume** auf kleinwüchsiger Veredelungsunterlage sind ideal für einen kleinen Stadtgarten. **6. Nutztierhaltung** ist in manchen Kleingartenkolonien erlaubt. Erkundigen Sie sich aber unbedingt nach den genauen Bestimmungen, ehe Sie sich Tiere anschaffen.

5

6

Die Jahreszeiten

Wir sind nach Cornwall gezogen, um der Natur näher zu sein. Jeden Tag lernen wir etwas über die Jahreszeiten und ihre Auswirkungen auf das Leben in unserem Tal. An jedem Wohnort kann man den Wechsel der Jahreszeiten bewusst erleben: durch frisches Obst und Gemüse vom Markt, aber auch durch die Beobachtung der Tiere und der Veränderung des Wetters.

Saisonbewusst essen

Wir genießen die Früchte unserer Arbeit mit frischen Erdbeeren im Sommer, wärmender Kürbissuppe im Winter und einem Truthahn zu Weihnachten. Jede Jahreszeit hat ihre besonderen kulinarischen Köstlichkeiten.

Manchmal stellen wir auch frustriert fest, dass schon wieder Mai ist – und damit die Muschelsaison (wilde, nicht aus Kulturfarmen) vorüber. Oder dass es September ist und wir nicht dazu gekommen sind, mit Fliegen auf Forellenfang zu gehen.

Nichts schmeckt besser als einheimische Produkte der Saison. Mehl, Reis, Zucker und einige andere Dinge kaufen wir ein. Wir sind also keine lupenreinen Selbstversorger, aber wir essen ausgesprochen gut. Wir bauen unsere Nahrung an oder ziehen sie auf, ernten oder schlachten sie, sammeln oder jagen sie, bereiten sie vor und kochen sie, und genießen jeden Bissen.

Zurück zur Natur

Wir spüren unsere Wurzeln in vielerlei Hinsicht. Das mag etwas esoterisch klingen, ist aber ganz bodenständig gemeint und bezieht sich auf den engen Kontakt zur Natur und ihren Lebenszyklen. Es ist wirklich beeindruckend, im Herbst riesige Schwärme von Staren zu beobachten, die sich abends vor Einbruch der Dämmerung sammeln.

Es macht Freude, die Tiere in der Natur zu verschiedenen Jahreszeiten zu beobachten. Gehen Sie spazieren oder laden Sie die Vögel ein, Ihnen im Garten Gesellschaft zu leisten.

Klimawandel

Wetterveränderungen hat es immer gegeben, aber die globale Erwärmung sorgt für mehr Verwirrung. Mal hagelt es im Juli, mal gibt es im Januar lange Sonnenperioden. Vögel brüten, bevor es ausreichend Nahrung gibt, und Pflanzen bilden vorzeitig Blüten, die dann vom Frost geschädigt werden.

Wir haben aufgrund unserer Erfahrung versucht, für jedes Projekt in diesem Buch den richtigen Zeitpunkt zu empfehlen. Aber auch wir müssen uns Jahr für Jahr neu auf das Klima einstellen, dass sich in Cornwall wie überall verändert.

Das Klima Mitteleuropas ist nicht einheitlich. Der Norden ist kühl und an den Küsten windig, der Osten eher trocken. In den Tälern bilden sich Frostfallen, die Berge erzeugen Regenschatten. Auch die Bodenbeschaffenheit ist regional verschieden.

Unsere Erfahrungen aus Cornwall gelten natürlich nicht für jeden Ort. Sie müssen Ihr regionales Klima beobachten und Ihre Aktivitäten dem Mikroklima anpassen, das an Ihrem Wohnort herrscht.

Das Jahr auf der Newhouse Farm

Zu jeder Jahreszeit und bei jedem Wetter finden wir in unserem Tal etwas, das uns Freude macht.

Winter Wir schöpfen aus dem Vorrat und ernten Gemüse aus dem Freiland, dem Gewächshaus, der geodätischen Kuppel und dem Folientunnel. Die Hühner dürfen im Folientunnel Schädlinge und die letzten Beeren fressen. Wir pflanzen Bäume, wenn der Boden offen ist, und legen Kartoffeln zum Vorkeimen in den Schuppen. Wir pflegen Werkzeug, erledigen Handwerksarbeiten im Haus, planen neue Projekte, lesen, experimentieren und recherchieren.

Frühling Um die Tagundnachtgleiche bereiten wir die Gemüsebeete vor und härten Pflanzen ab, die schon unter Dach ausgesät wurden. Droht kein Frost mehr, können sie ausgepflanzt werden. Jetzt schlüpfen auch Küken von Hühnern, Enten und Gänsen, die wir aufziehen.

Sommer Das Gemüse reift noch heran und wir haben Zeit, »an den Rosen zu schnuppern« und ans Meer zu fahren. Wir kaufen fünf Wochen alte Puten, die wir für Weihnachten mästen. Im Spätsommer wird geerntet, Marmelade und Chutney gekocht und Cider hergestellt.

Herbst Jetzt ernten wir die Beete ab. Gänse und Puten nehmen stetig zu. Wir schlachten Schweine für den Tiefkühlvorrat. Salami und Schinken werden fürs nächste Jahr an der Luft getrocknet.

1. Im Frühsommer blühen die Stangenbohnen und die Kürbisse breiten sich in den Hochbeeten aus. **2. Im Spätsommer** verkaufen wir einen Teil der reichen Ernte. **3. Lageräpfel** schmecken noch Monate nach der Ernte ausgezeichnet. **4. Puten** werden im Sommer und Herbst gemästet – voll Vorfreude auf spätere Genüsse. **5. Im Spätwinter** kann man draußen nicht säen und ernten, aber die ersten Kartoffeln werden im Haus vorgekeimt. **6. Im Frühling** gibt es viel zu tun. Gänse-, Hühner- und Entenküken sind geschlüpft.

1

2

3

4

5

6

Was geht in der Stadt?

In Deutschland leben mehr Menschen in Städten als auf dem Land. Ob Sie nun überzeugter Stadtbewohner sind oder später gern in ein ländliches Idyll umziehen wollen: Sie werden staunen, wie leicht Sie Ihre Kohlenstoffbilanz verbessern können. Kleine Schritte, etwa Salat aus eigenem Anbau und bewusster Umgang mit Abfällen, können schon viel bewegen.

Vorzüge des Stadtlebens

So widersinnig es klingen mag: In der Stadt lässt sich ein nachhaltiger Lebensstil manchmal leichter umsetzen als auf dem Land. Wo der öffentliche Nahverkehr gut funktioniert, braucht man kein Auto, und kompakte Wohnanlagen sind oft sehr energieeffizient.

Ein Auto verbraucht in Herstellung und Betrieb sehr viel Energie. Wer Bus und Bahn fährt, tut also viel für die Umwelt. Stadthäuser sind oft kleiner, und in Reihenhausanlagen fungieren die Nachbarhäuser als wirkungsvolle Isolierung. Das senkt die Heizkosten. Außerdem sind kleine Häuser ohnehin preiswerter zu heizen als große.

Energie und Abfall

Eine gute Dachisolierung und dicke Vorhänge verbessern die Wärmedämmung. Wenn Elektrogeräte oder Zubehör wie Glühlampen ersetzt werden müssen, entscheiden Sie sich stets für die bestmögliche Energieeffizienzklasse. Sie könnten auch zu einem Anbieter von Ökostrom wechseln.

Erneuerbare Energien

Wenn Sie vom Landleben träumen, scheint ein Haus oder eine Wohnung in der Stadt Welten entfernt, aber Sie können dennoch »auf dem Weg« zur Erfüllung Ihrer Vision sein. Sicherlich kann man in der Stadt nachhaltig leben, indem man öffentliche Verkehrsmittel benutzt und dadurch den Energieverbrauch pro Person reduziert. Selbstversorgung im engeren Sinne dagegen ist in der Stadt nahezu unmöglich. Einige Dinge könnten Sie aber auch in der Stadt ausprobieren.

Die Einsparung von Energie sollte Priorität haben. Aber auch erneuerbare Energien bieten eine Reihe interessanter Möglichkeiten. Liegt Ihre Dachneigung nach Süden, könnten Sie eventuell Sonnenenergie zur Warmwasserbereitung nutzen. Von allen Nutzungsarten erneuerbarer Energie ist dies unser Favorit, denn die Technik macht sich schnell bezahlt, und selbst im Winter scheint die Sonne genug, um mit ihrer Energie Wasser aufzuheizen.

Haushaltsabfälle

Wer selbst kompostiert, spart Müllgebühren und gewinnt guten Bodenverbesserer für Hochbeete und Kübel. Für kleine Gärten empfiehlt sich ein Wurmkomposter, in dem neben Kompost auch ein konzentrierter Flüssigdünger entsteht (Seite 127). In einem Bokashi (Seite 104) kann man sogar gekochte Essensreste und Milchprodukte kompostieren.

Informieren Sie sich genau über die Recyclingmöglichkeiten Ihrer Gemeinde, um möglichst wenig in die Restmülltonne werfen zu müssen.

Wasser sparen

Den Wasserverbrauch zu senken schont die Umwelt und das Haushaltsbudget. Müssen Wasserhähne, Ducharmaturen, WC-Spülkästen, Spül- oder Waschmaschine ausgetauscht werden, wählen Sie Modelle mit Wassersparfunktion. Eine Tonne am Fallrohr der Regenrinne ist sinnvoll zur Bewässerung von Garten- und Zimmerpflanzen.

Eigene Ernte

In der Stadt ist Raum im Freien Mangelware. Vielleicht haben Sie nur einen Balkon oder ein Fenstersims, aber selbst die lassen sich nutzen. Kräuter, Salat, Cocktailtomaten und Peperoni gedeihen auch in Blumenkästen vor dem Fenster. Wer keinen Platz für Pflanzen hat, könnte sich um einen Kleingarten bemühen oder sich an einem Gemeinschaftsgarten beteiligen. Vielleicht möchte auch ein älterer Nachbar gern ein Stück seines Gartens in gute Hände abgeben?

Wer gar nichts selbst ernten kann, sollte wenigstens Regionales auf dem Wochenmarkt einkaufen und weit gereiste Lebensmittel meiden.

Sammelausflüge

Nehmen Sie zum Spaziergang eine Tüte mit: Auch an Kanalufern, öffentlichen Wegen und in Parks kann man Wildfrüchte sammeln. Brennnesseln wuchern auf verwahrlosten Grundstücken. Aus ihnen kann man Bier brauen (Seite 224–225).

In der Küche

Wie wäre es mit etwas Selbstversorgung aus der Küche? Sie könnten einmal wöchentlich Brot backen (Seite 202–205) oder aus den letzten grünen Tomaten von der Terrasse Chutney kochen (Seite 206–207). Auch Butter oder Käse sind leicht herzustellen (Seite 196–201) und ausgesprochen lecker.

1. Eingemachtes für den Vorrat kann man in der Stadt ebenso gut wie auf dem Land zubereiten. **2. Jungpflanzen** werden zuerst in Schalen ausgesät und später in Kübel oder Hochbeete gepflanzt. **3. Ampeln** sind praktisch für Erdbeeren. An Kupferdraht aufhängen – er versetzt Schnecken einen leichten elektrischen Schlag. **4. Ein Wurmkomposter** braucht wenig Platz, und man kann darauf sogar eine Zucchini im Kübel stellen. **5. Kräuter** gedeihen in Töpfen auf der Terrasse oder Fensterbank. **6. Ein Bewässerungssystem** versorgt Kübelpflanzen sparsam und zuverlässig. **7. Kleine Solarmodule** liefern im Garten nützliche Energie. **8. Tomatenpflanzen** kann man in großen Kübeln und Körben ziehen.

Der Stadtgarten

Selbst ein winziger Garten lässt sich effektiv bewirtschaften. Nutzen Sie die Höhe: Lassen Sie Bohnen an Wandspalieren klettern oder Wein an einer Pergola. Auch Spalierobstbäume brauchen wenig Platz. Ein Wurmkomposter passt in eine Ecke, eine Regentonne kann am Fallrohr stehen. Denken Sie gerade in der Stadt an die Tiere. Laden Sie mit geeigneten Pflanzen nützliche Bestäuber ein und locken Sie mit einem gut gefüllten Futterhaus Vögel an, die bei der Bekämpfung schädlicher Insekten helfen. Für ein paar Hühner mit einem beweglichen Auslauf braucht man nicht viel Platz, und eigene, tagesfrische Eier machen jedes Frühstück zu einem Festessen.

Spalierapfelbäume (2) *brauchen wenig Platz und tragen bei richtigem Schnitt reichlich.*

DER GARTENPLAN

Ein Solardörrschrank (17, links) *nutzt Sonnenenergie, um Tomaten oder Apfelringe durch Trocknung zu konservieren.*

Ein Bienenhotel (6, rechts) *bietet Solitärbienen Unterschlupf. Sie sind wichtige Bestäuber.*

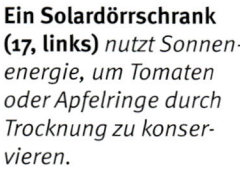

Ein Bokashi (15) *verwandelt gekochte Essensreste und Milchprodukte in Kompost – ohne üblen Geruch.*

In Pflanz-säcken (11) *gedeihen Kartoffeln überall, sogar auf dem Balkon.*

Ein kaltes Frühbeet (8) *ist eine Art Minigewächshaus.* **Hochbeete (9)** *sind praktisch für gepflasterte Gartenhöfe in der Stadt. Ein Wandspalier gibt* **Kletterpflanzen (10)** *wie Stangenbohnen sicheren Halt.*

Solarthermiemodule (13) *genügen zur Warmwasserbereitung für eine Dusche in einem Nebengebäude mit einem nach Süden geneigten Dach.*

Blumenkästen (14) *sind groß genug für Kräuter, Salat und Tomaten. Schnittsalat kann man den ganzen Sommer lang ernten.*

Mehr Platz am Stadtrand

Gärten in Vorortsiedlungen sind geräumiger als Stadtgrundstücke und bieten mehr Möglichkeiten zur Selbstversorgung. Wir meinen sogar, dass ein gut angelegter Vorortgarten bessere Erträge abwerfen kann als ein größeres, schwer zu bewirtschaftendes Grundstück. Hühner, Obstbäume, ein Folientunnel und erneuerbare Energien verschaffen Ihnen ein großes Stück Unabhängigkeit.

Energieeffizienz

Unabhängig vom Wohnort sollte die Senkung des Energieverbrauchs oberste Priorität haben. Auf größeren Grundstücken lohnen sich kleine Anlagen zur Nutzung von Wind- und Sonnenenergie für den eigenen Haushalt. Kombiniert man sie mit energiesparenden Geräten, kann man sich von der öffentlichen Stromversorgung weitgehend unabhängig machen.

Bestandsaufnahme

Um die Eignung Ihres Grundstücks zur Energiegewinnung zu beurteilen, schauen Sie zuerst das Dach an (siehe auch Seite 58–59).

Eine praktische Lösung ist eine Photovoltaikanlage zur Erzeugung von Strom aus Sonnenenergie (Seite 60–61). Allerdings müssen die Module auf einem Dach mit Südneigung installiert werden, damit sie optimal funktionieren.

Die Heizung

Kaminöfen eignen sich zum Heizen einzelner Räume oder des ganzen Hauses. Erkundigen Sie sich vor dem Einbau beim zuständigen Schornsteinfeger nach den gesetzlichen Bestimmungen. Solarthermiemodule nutzen derweil Sonnenenergie zur Warmwasserbereitung. Wie Photovoltaikmodule müssen sie aber auf einem Dach mit Südneigung installiert werden.

Wasser sparen

Toiletten mit Spartaste, Duschen mit Durchflussbegrenzer und sparsame Großgeräte helfen dabei, den Wasserverbrauch zu senken.

In den Garten gehört mindestens eine Regentonne. Um mehr Regenwasser aufzufangen, könnten Sie einen unterirdischen Tank einbauen (Seite 76–77), um das aufgefangene Wasser für Toilettenspülungen, Duschen und andere Zwecke zu verwenden.

Die Garage umbauen

Wir haben unser Auto nie in die Garage gestellt, weil uns der Platz zu kostbar war. Wir nutzen sie lieber als Lagerraum und Werkstatt. Tipps zur Einrichtung einer Werkstatt finden Sie auf Seite 52–53.

Sie könnten sogar in einer Garagenecke einen Biodiesel-Reaktor installieren und Kraftstoff aus Pflanzenölresten herstellen. Uns haben die Experimente damit großen Spaß gemacht (Seite 84–87).

Die Garage kann aber weitaus mehr sein als ein Raum für Werkzeug. Mit einem kleinen Anbau könnte sie als Räucherkammer dienen, vielleicht auch als Lagerraum für luftgetrockneten Schinken, Kürbisse und Bier oder Wein aus eigener Herstellung.

Den Garten optimal nutzen

Wenn Ihr Garten groß genug für ein Gewächshaus oder einen kleinen Folientunnel ist, lässt sich die Anbausaison erheblich verlängern. Unter Dach sind die Pflanzen vor Frost geschützt, können also früher ausgesät oder gepflanzt werden. Frische Salate und Kräuter können Sie sogar während des Winters ernten.

Noch produktiver wird das Gewächshaus oder der Folientunnel durch eine Wärmesenke (Seite 118–119), die im Winter effektiv vor Frost schützt.

In einem größeren Garten könnten Sie auch einige Obst- und Nussbäume pflanzen (Seite 150–153). Bäume brauchen wenig Pflege und bringen nach einigen Jahren gute Erträge.

Nützlinge

Ein geräumiger Vorortgarten bietet auch Platz für Tiere. Legen Sie einen flachen Teich an: Er lockt Frösche an, die bei der Schneckenbekämpfung helfen. Bienen zur Bestäubung von Obst und Gemüse stellen sich dort ein, wo sie nektarreiche Pflanzen wie Lavendel finden. Sie könnten auch abseits von Wegen und Terrasse einen Bienenkasten aufstellen (Seite 182–183).

Geflügel

Hühner kann man in einer Vorortsiedlung problemlos halten. Im Frühling und Sommer bleiben sie in ihrem Auslauf, im Herbst und Winter, wenn es nichts mehr zu ernten gibt, dürfen sie durch den ganzen Garten laufen (Seite 170–177). Enten fühlen sich nur wohl, wenn Sie einen sehr großen Teich haben. Mit Gänsen werden Sie sich bei den Nachbarn unbeliebt machen, weil sie so laut sind.

1. **Kompostierbare Aussaattöpfe** kann man leicht aus Pappröhren zuschneiden. 2. **Hühner** sind in einem geräumigen Vorortgarten relativ leicht zu halten. 3. **Frühe Aussaat** ab Spätwinter im Gewächshaus sorgt für Erträge schon vom Spätsommer an. 4. **Hochbeete** sind praktisch für Kräuter und Lieblingsgemüse.

Der Vorortgarten

Der Garten eines typischen Einzel- oder Doppelhauses bietet gute Versorgungsmöglichkeiten. Sie können große Nutzbeete anlegen, ein Gewächshaus aufstellen und Obstbäume pflanzen. Vielleicht möchten Sie auch Hühner halten, es einmal mit Bienen versuchen oder sogar mit einem Biodieselreaktor experimentieren. Erneuerbare Energien zur Senkung der Betriebskosten lassen sich auf verschiedene Weise nutzen.

Komposter (2) *sind an einem versteckten Schattenplatz in der Nähe des Küchengartens gut aufgehoben.*

Ein Teich (30) *lockt Frösche und Kröten an – treue Verbündete im Kampf gegen Schnecken.*

Im großen Gewächshaus (27) *gedeihen exotische Pflanzen wie Melonen und Tomatillos. Hier werden auch Sämlinge vorgezogen.*

Gemüsebeete (1) *liefern bei durchdachter Bepflanzung über Monate Erträge.*

DER GARTENPLAN

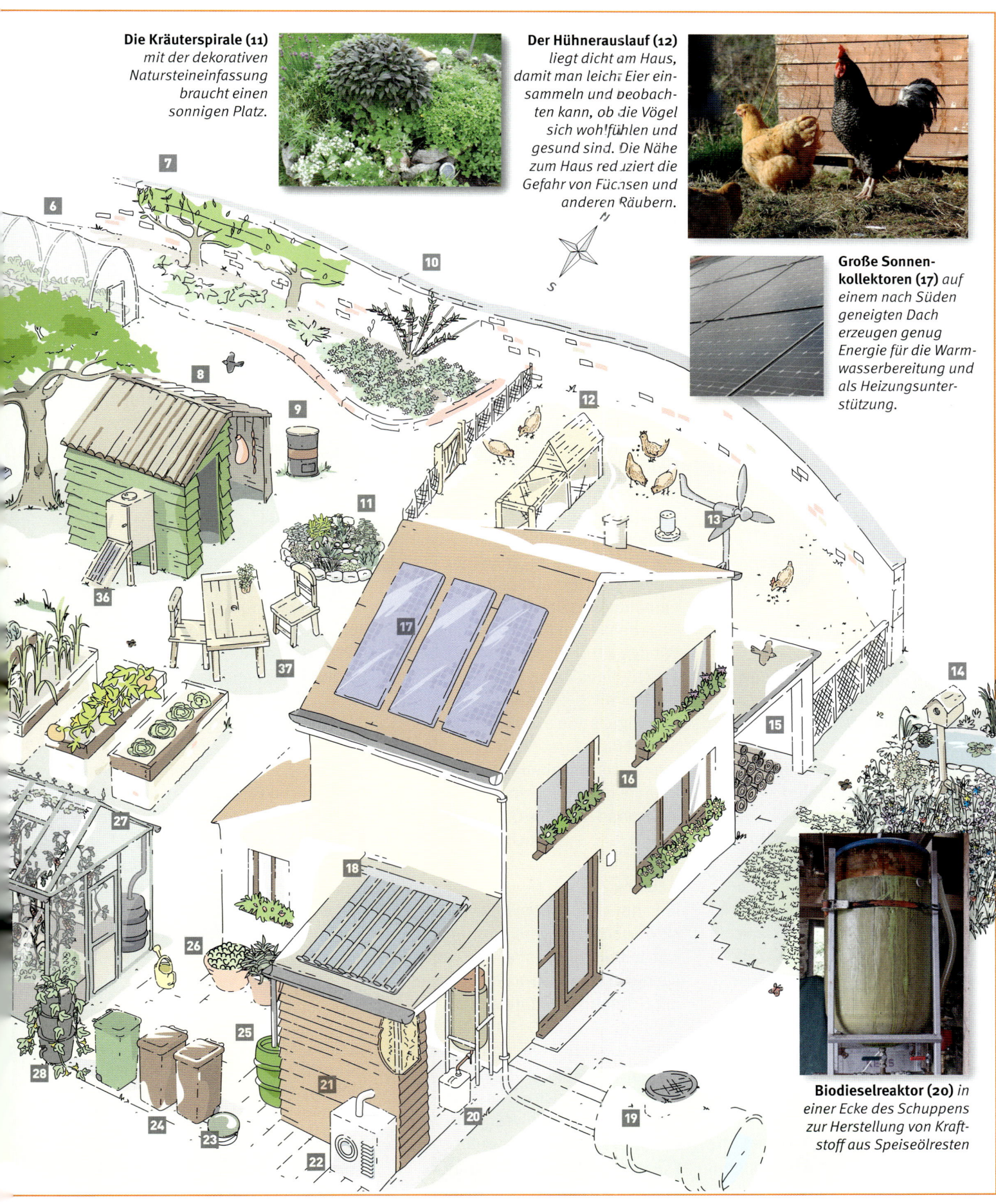

Die Kräuterspirale (11) mit der dekorativen Natursteineinfassung braucht einen sonnigen Platz.

Der Hühnerauslauf (12) liegt dicht am Haus, damit man leicht Eier einsammeln und beobachten kann, ob die Vögel sich wohlfühlen und gesund sind. Die Nähe zum Haus reduziert die Gefahr von Füchsen und anderen Räubern.

Große Sonnenkollektoren (17) auf einem nach Süden geneigten Dach erzeugen genug Energie für die Warmwasserbereitung und als Heizungsunterstützung.

Biodieselreaktor (20) in einer Ecke des Schuppens zur Herstellung von Kraftstoff aus Speiseölresten

Abenteuer Landleben

Wenn Sie den Umzug auf einen Hof wagen wollen, können Sie einen Großteil ihrer Nahrungsmittel selbst produzieren und genug Elektrizität für den Eigenbedarf erzeugen, und um etwas ins öffentliche Netz einzuspeisen. Das Landleben stellt jeden Tag neue Herausforderungen. Es erfordert Ausdauer, Geduld, Kraft und eine gute Portion Humor. Aber dann ist es außerordentlich befriedigend.

Das Land optimal nutzen

Die äußeren Merkmale eines Stücks Land bestimmen, wie es sich nutzen lässt. Die Himmelsrichtung beeinflusst, was angebaut werden kann. Bei der Suche nach unserem Hof haben wir immer darauf geachtet, wie viel offene Fläche nach Süden liegt, folglich viel Sonne und Wärme bekommt. Ein Südhang ist beispielsweise ideal für Wein.

Fließt ein Bach durch das Gelände, lässt er sich vielleicht zur Gewinnung von Elektrizität nutzen. Vorteilhaft ist auch ein Waldstück (für Brennholz und Material zum Zaunbau) oder ein Stück Weideland für Rinder oder Schafe.

Der Faktor Mensch

Wer genug Zeit und Geld hat sowie ausreichend motiviert ist, kann auf einem kleinen Hof fast alles tun: den eigenen Bedarf an Obst und Gemüse decken oder seinen eigenen Schinken »großziehen«. Wir sind selbst Jahre nach dem Kauf unseres Landes noch begeistert von den vielfältigen Möglichkeiten, die es bietet.

Um seinen Lebensunterhalt zu decken, muss man sorgfältig planen und auch flexibel sein. Fast täglich muss man seine Pläne anpassen, etwa weil es zum falschen Zeitpunkt regnet oder weil ein Tier kränklich wirkt. Aber uns gefällt es so. Wir haben uns dieses Leben ausgesucht und finden es sehr befriedigend.

Vorschriften

Es gibt eine Menge Vorschriften, die Ihre Begeisterung dämpfen können. Erkundigen Sie sich unbedingt nach der Genehmigungspflicht, ehe sie eine Windkraftanlage bauen oder einen Bach umlenken. Zum Glück sind viele Gemeinden umweltfreundlichen Projekten gegenüber inzwischen recht aufgeschlossen, dennoch sollten Sie sich mit der Gesetzeslage gründlich vertraut machen. Das gilt auch, wenn Ihr Haus unter Denkmalschutz steht.

Energieproduktion

In einem Vorortgarten ist es möglich, genug Energie zur Versorgung des Haushalts zu erzeugen. Auf einem Hof könnten Sie sogar Energie ins öffentliche Netz einspeisen (und so Einnahmen erzielen). Prüfen Sie die Gegebenheiten Ihres Grundstücks: Windgeschwindigkeit, Fließgeschwindigkeit eines Bachs oder Fläche der Dächer mit Südneigung (Scheunen, Nebengebäude und Wohnhaus).

Weil uns Wasserkraft besonders interessierte, haben wir sechs Monate nach unserem Einzug ein Wasserrad installiert, das genug Elektrizität für die Beleuchtung erzeugt.

Heizung

Eine der sinnvollsten Investitionen sind Solarthermiemodule zur Warmwasserbereitung. Im Winter werden sie durch einen Warmwasserspeicher mit Holzfeuerung unterstützt (Seite 62–63 und 82–83).

Kaminöfen verbreiten in jeder Wohnung angenehme Wärme. Besonders sinnvoll sind solche Öfen auf dem Land, wenn zum Anwesen ein Waldstück gehört, das nachwachsenden, CO_2-neutralen Brennstoff zum Nulltarif liefert.

Abwasser

Abgelegene Höfe sind nicht immer an die Kanalisation angeschlossen. Eine gute Alternative zur Sickergrube ist ein Klärteich mit Schilfbeeten zur natürlichen Wasserreinigung (Seite 80–81). Die beste Lösung ist aber eine Komposttoilette (Seite 77) ohne Wasserspülung. Der produzierte Kompost kann für Obst- und Nussbäume verwendet werden (bitte nicht für den Salat).

Nutztiere

Für Rinder und Schafe braucht man viel Gelände, Ziegen kommen mit weniger Platz aus. Wir haben einmal ein Paar in einem großen Vorortgarten gehalten. Schweine brauchen Platz zum Laufen, aber sie fressen unbestelltes Land frei und düngen es.

Tierfutter anbauen

Hält man Hühner, Ziegen und ein oder zwei Schweine, kommen schnell erkleckliche Futterkosten zusammen – es sei denn, man baut selbst Mais, Kohl und Futterrüben an. Auch Sonnenblumen sind geeignet: Die Schweine fressen die Blätter und Stiele, und Sie selbst können die Samen verwerten.

1. **Unser Wasserrad** nutzt die Energie eines schnell fließenden Bachs zur Gewinnung von Strom für die Beleuchtung. 2. **Ein Kaminofen** ist praktisch, wenn Sie das Brennholz selbst schlagen können. 3. **Große Gemüsebeete** und Obstbäume entlasten die Haushaltskasse erheblich. 4. **Ein Photovoltaikmodul** versorgt unsere Pumpe mit Strom. 5. **Gänse** sind stimmgewaltig – die ideale Alarmanlage.

Der Hof

Auf einem weitläufigen Gelände kann man verschiedene Nutztiere halten und das Futter für sie gleich selbst anpflanzen. Wer Obst und Gemüse unter Dach anbaut, Folgesaaten legt und eine gute Vorratshaltung pflegt, kann rund ums Jahr eigene Erzeugnisse essen. Außerdem lassen sich erneuerbare Energien vielfältig nutzen.

Enten (5) *wie diese Indischen Laufenten brauchen einen großen Teich.*

DER GELÄNDEPLAN

1. Bambus für Pflanzenstützen
2. Pumpe für den Folientunnel (S. 74–75)
3. Weinreben, Tee und Hopfen (S. 149)
4. Brunnen mit Pumpe (S. 79)
5. Entenauslauf mit Teich (S. 180–181)
6. Erdbeeren unter Netzen (S. 150)
7. Komposter (S. 104–106)
8. Wassertank für Folientunnel (S. 114–115)
9. Kaltes Frühbeet (S. 116–117)
10. Gewächshaus/Wärmesenke (S. 118–119)
11. Beerenkäfige (S. 152)
12. Beete/Fruchtfolge (S. 108–109)
13. Schweineauslauf
14. Wasserrad und Aquädukt (S. 72–73)
15. Futterpflanzen
16. Putenauslauf (S. 178–179)
17. Wald
18. Bienenkästen (S. 182–183)
19. Pilzkultur (S. 160–161)
20. Gänseauslauf (S. 180–181)
21. Obst- und Nussbäume (S. 150–155)
22. Windrad (Netzanschluss) (S. 64–67)
23. Geodätische Kuppel (S. 114)
24. Heilpflanzen/Naturgarten (S. 235)
25. Rinder und Schafe
26. Kopfweiden
27. Hühnerauslauf (S. 170–177)
28. Dörrschrank/Hochbeet (S. 214–215, 126)
29. Brennholzvorrat (S. 82)
30. Mülltonnen/Wurmkompost (S. 92–93, 127)
31. Kräuterspirale (S. 158–159)
32. Lehmofen/Räuchertonne (S. 222, 220)
33. Schilfklärbeete (S. 80–81)
34. Regenwassertank (S. 78–79)
35. Solarthermie auf dem Dach (S. 62–63)
36. Wärmepumpe
37. Photovoltaik (Netzanschluss) (S. 60–61)
38. Werkstatt/Heuschober (S. 52–53)
39. Biodieselreaktor (S. 84–87)
40. Komposttoilette (S. 77)
41. Wurzelkeller

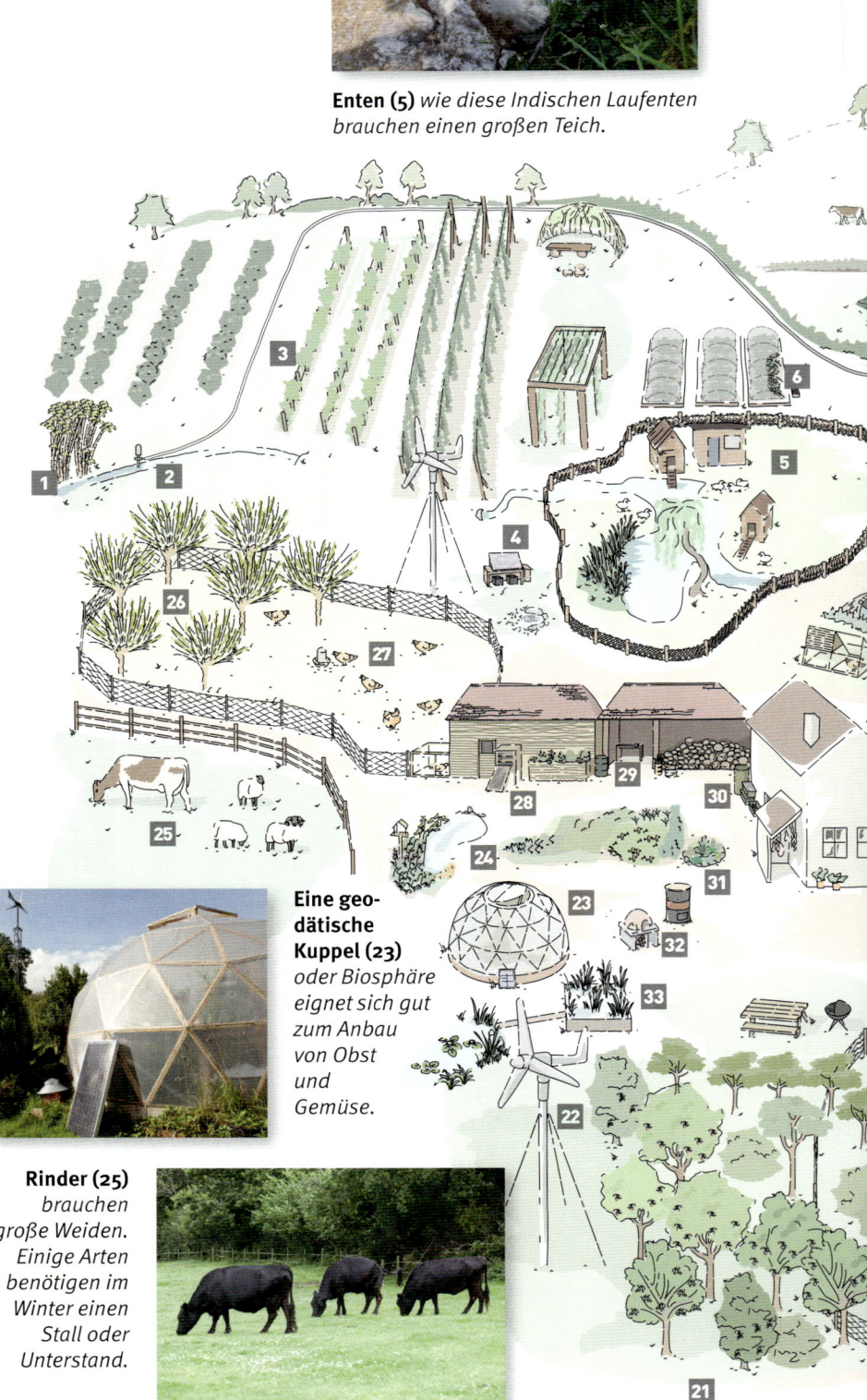

Eine geodätische Kuppel (23) *oder Biosphäre eignet sich gut zum Anbau von Obst und Gemüse.*

Rinder (25) *brauchen große Weiden. Einige Arten benötigen im Winter einen Stall oder Unterstand.*

Ein Folientunnel (8) *verlängert die Anbausaison, sodass Sie im Winter Salat ernten oder früh im Jahr Artischockensämlinge auspflanzen können.*

Schweine (13) *»roden« unbestelltes Land, brauchen aber einen Stall, in dem sie nachts schlafen können.*

Gänse (20) *halten Gras kurz, kündigen Besucher (und Einbrecher) mit lautem Geschrei an und geben einen guten Braten ab.*

Bienenhaltung (18) *ist Saisonarbeit. Im Sommer muss man für feinen, eigenen Honig etwa eine Stunde pro Woche investieren.*

ZU HAUSE

IM HAUS Egal, in welcher Art Haus Sie wohnen – Reihenhaus, Doppelhaushälfte oder frei stehendes Haus, auf dem Lande oder in der Stadt – Sie können überall Ihren Energieverbrauch senken und dabei eine Menge Geld sparen. Ob Sie Ihr Traumhaus neu bauen oder ein altes Haus renovieren, dieses Buch  wird Ihnen helfen zu verstehen, wie ein Haus eigentlich funktioniert und wie man den Energiehaushalt optimieren kann. Und als Denkanstoß zeigen wir Ihnen noch ein paar ziemlich genial-radikale ökologische Bauprojekte.

Eine Bestandsaufnahme machen

Die meisten Häuser wurden gebaut, als kaum jemand über nachhaltiges Leben nachdachte. Erst seit wenigen Jahren werden Häuser konsequent auf niedrigen Energieverbrauch angelegt. Doch man kann in jedem Haus eine Menge Geld und Energie sparen, wenn man seine Lebensgewohnheiten nur ein bisschen umstellt und weniger Strom, Gas und Wasser verbraucht.

ENERGIECHECK

Prüfen Sie den Energieverbrauch Ihres Haushalts anhand der folgenden Checkliste. In diesem Kapitel erfahren Sie, wo Sie sparen können.

GEBÄUDE- UND GRUNDSTÜCKS-INFRASTRUKTUR
- Beleuchtung
- Wasserhähne
- Dach und Dachboden
- Fenster und Türen
- Kamine
- Regenabfluss und Regenwasser
- Südwände, Dach und Fenster

WOHN-, ESS- UND SCHLAFZIMMER
- Energieverbrauch
- Standby-Verbrauch
- Beleuchtung
- Fenster und Gardinen
- Türen
- Heizkörper

BADEZIMMER
- Energieverbrauch
- Standby-Verbrauch
- Beleuchtung
- Fenster und Gardinen
- Türen
- Wasserhähne
- Toiletten
- Duschen
- Badewanne
- Warmwasser
- Abwasser
- Heizkörper

KÜCHE
- Küchengeräte/Stromverbrauch
- Standby-Verbrauch
- Beleuchtung
- Fenster und Gardinen
- Türen
- Wasserhähne
- Kühl- und Gefrierschrank
- Dunstabzugshaube
- Warmwasser
- Abwasser
- Heizkörper

Das Haus optimal nutzen

Bei einem Neubau können Sie von vornherein für einen optimalen Energiehaushalt sorgen. Aus einem alten Haus muss man eben das Beste machen. Unser Hof ist mehrere Hundert Jahre alt und besteht aus den seinerzeit verfügbaren Materialien. Doch er wurde auf Dauerhaftigkeit angelegt und so sind die Mauern an manchen Stellen über 120 cm dick. Das hält die Innentemperatur erstaunlich konstant. Die wichtigste und dazu noch kostenlose Energiequelle ist die Sonne. Schauen Sie, wo sie auf- und untergeht und wie lange Fenster, Wände, Terrassentüren und Garten dem Sonnenlicht ausgesetzt sind. So können Sie Sonnenkollektoren und Wärmedämmung entsprechend installieren oder Fenster vergrößern, damit mehr Licht und Wärme ins Haus kommt (Seite 60–63).

Den Verbrauch reduzieren

Nehmen Sie sich Ihre Haushaltsrechnungen gründlich vor und erstellen ein einfaches Diagramm, in das Sie die vierteljährlichen Heiz-, Strom-, Wasser- und Transportkosten eintragen. Notieren Sie auch die jeweiligen Einzelpreise. Dann wird sich schnell abzeichnen, wo man etwas einsparen könnte. Bevor Sie sich an größere »grüne« Projekte machen, sollten Sie zuerst versuchen, den Standardverbrauch zu drosseln. Hier sind ein paar wichtige Spartipps:

Heizung Wenn Sie die Temperatur um ein Grad herunterschalten, zahlen Sie 10 Prozent weniger Heizkosten. Ziehen Sie abends die Vorhänge zu, isolieren die Türen gegen Zugluft und stellen die Heizung vor dem Zubettgehen für eine Weile aus – ein gut isoliertes Haus bleibt warm. Reflektoren (mit Alufolie beklebte Pappe) hinter den Heizkörpern reduzieren Wärmeverlust nach außen.

Strom Verwenden Sie Energiesparleuchten und schalten unnötiges Licht aus. Ziehen Sie den Stecker an Computer, TV und anderen elektronischen Geräten – niemals auf Standby lassen, denn das kostet so viel wie zwei Glühlampen, die die ganze Nacht brennen. Wechseln Sie, wenn möglich, zu einem »grünen« Stromanbieter.

Haushalt Verwenden Sie Waschmaschine und Geschirrspüler nur voll beladen und hängen die Wäsche draußen auf – das kostet nichts! Mit dem Schnellkochtopf kochen Sie sehr energieeffizient und preisgünstig.

Wasser Duschen (jedoch nicht mit Druckdusche) ist günstiger als Baden. Verwenden Sie Sparspülungen in der Toilette (Seite 76).

Lebensstil Gehen Sie zu Fuss oder nutzen Sie öffentliche Verkehrsmittel. Denken Sie auch an den Weg, den Ihre Lebensmittel bis in die Geschäfte hinter sich haben und kaufen möglichst Produkte der Umgebung, am besten Bio oder aus fairem Handel.

1. **Sonnenlicht** ausnutzen, um Teile des Hauses aufzuheizen. 2. **Photovoltaikmodule** auf Süddächern versorgen das Haus mit Strom 3. **Wäsche auf der Leine trocknen** kostet nichts und riecht wunderbar frisch. 4. **Beim Waschen nicht das Wasser laufen lassen,** sondern das Waschbecken füllen. 5. **Produkte aus der Umgebung** reduzieren Transportkosten, entlasten die Umwelt und unterstützen Kleinunternehmen.

Energie sparen zu Hause

Wir sind im Haushalt von zahllosen elektrischen Geräten abhängig, angefangen von wichtigen Nutzgeräten wie Kühlschränken und Waschmaschinen bis hin zu Computern und Stereoanlagen – und alle verbrauchen Strom. Dazu kommt der hohe Stromverbrauch im Winter, um das Haus warm zu halten. Energiesparen ist nicht nur umweltschonend, sondern lohnt sich auch finanziell.

Keine Wärme verschwenden

Das Haus zu heizen oder kühl zu halten, verbraucht eine Menge Energie. Ein effizientes System zahlt sich hier aus, aber noch wichtiger ist es, keine Wärme zu verschwenden. Vor allem sollte das Haus vor Zugluft geschützt werden. Sie würden ja nicht bei offenen Fenstern heizen, aber wenn die Wärme durch Ritzen und Spalten entweichen kann, läuft es auf das Gleiche hinaus. Dichten Sie Fenster- und Türritzen mit geeignetem Material ab. Es gibt sogar Möglichkeiten, zu verhindern, dass der Wind durch alte Fensterläden pfeift. Sie brauchen nicht einmal Doppelglasfenster zu installieren, um das Haus vor Zugluft und Wärmeverlust zu schützen: Dicke Vorhänge, die abends zugezogen werden, sind erstaunlich effektiv. Denken Sie auch daran, dass nicht im ganzen Haus dieselbe Temperatur herrschen muss. Thermostate an den Heizkörpern verhindern, dass Schlafräume oder selten benutzte Zimmer unnötig beheizt werden.

Energiesparende Geräte

Wenn Sie Strom sparen wollen, sollten Sie Ihre Haushaltsgeräte nach und nach durch energiesparende Modelle ersetzen. Das Etikett des Herstellers (siehe Kasten) gibt Ihnen Auskunft über den Energieverbrauch. Es lohnt sich oft, etwas mehr Geld zu investieren, da sich das über die Lebensdauer des Gerätes wieder amortisiert, ohne dass Sie dafür weniger Leistung in Kauf nehmen müssen.

Betriebskostenvergleich

Um die Betriebskosten eines Gerätes zu errechnen, multiplizieren Sie dessen Verbrauch (auf einem Etikett irgendwo auf einem Etikett in kWh angegeben) mit den aktuellen Stromkosten und multiplizieren das Ganze mit den Stunden, die das Gerät in Betrieb ist. Ein Energiemessgerät hilft

1. **Eine Zugluftdichtung** an den Außentüren hält das Haus warm. Denken Sie auch an den Briefschlitz. **2. Energiesparlampen** passen inzwischen in alle Fassungen. **3. Isolieren Sie alle Stellen, an denen Wärmeverlust droht.** Es gibt geeignete Materialien und Produkte für alle Gegebenheiten.

bei der Aufstellung der Daten zum Vergleich, wenn Sie z. B. einen neuen Kühlschrank oder eine Waschmaschine kaufen.

■ **Das Etikett des Herstellers** zeigt, wie viel Strom das Gerät im Normalbetrieb verbraucht. Dies wird bei Kühl- und Gefrierschränken in kWh pro Jahr angegeben und bei Waschmaschinen und Geschirrspülern in kWh pro Waschgang.

■ **Waschmaschinen und Geschirrspüler** sind außerdem in die Effizienzklassen A++ bis G für Wasch-, Schleuder- und Trockenleistung eingeteilt. Diese stellen den Energieverbrauch gemäß Normzyklus dar. Stufe A++ hat die höchste Energieeffizienz.

Energiesparlampen

Der Strom für die Beleuchtung der Newhouse Farm wird durch Wasserkraft erzeugt, aber das bedeutet nicht, dass wir unsere selbst gewonnene Energie verschwenden. Wir waren erstaunt, was für einen Unterschied der Wechsel zu Energiesparlampen machte. Viele moderne Haushalte verwenden Halogenleuchten, weil das gut aussieht – doch diese geben genauso viel Wärme ab wie althergebrachte Glühlampen. Und jede Lampe, die Wärme abgibt, verschwendet viel Energie, die für die Beleuchtung verloren geht.

Energiesparlampen (Kompakt-Leuchtstofflampen) gibt es inzwischen für jede Fassung; manche sind sogar dimmerkompatibel. Ersetzt man eine herkömmliche 100-W-Glühlampe durch eine 20-W-Energiesparlampe, senkt sich der Energieverbrauch bei gleicher Leistung um 80 %.

LED-Lampen

■ Leuchtdioden (LED) sind die effizienteste Lösung. Eine LED-Lampe braucht 4 W, um das Licht einer 50-W-Halogenlampe zu erzeugen und hält dazu noch bis zu 25 Jahre lang. Vergleichen Sie selbst:

■ 10 Lichtquellen mit Halogenlampen in der Küche verbrauchen je 50 W. Brennen sie täglich morgens 3 Stunden und abends 5 Stunden, sind das 8 Stunden pro Tag.

■ 500 W mal 8 Stunden ergeben 4 kWh Strom pro Tag. (1 kWh = 1 Kilowattstunde bzw. 1000 Watt pro Stunde.)

■ Wenn der Strom 20 Cent pro kWh kostet, zahlen Sie 80 Cent pro Tag, das sind 292 Euro im Jahr.

■ 10 LED-Lampen mit 4 W Leistung verbrauchen 40 W/Stunde, in 8 Stunden bzw. pro Tag 0,32 kWh.

■ Das kostet Sie etwa 6 Cent pro Tag bzw. rund 23 Euro pro Jahr. Wenn Sie Ihre Halogenlampen durch LED-Lampen ersetzen, sparen Sie also etwa 270 Euro im Jahr – nur für die Küche!

ENERGIE-LABEL

Die Etiketten stufen die Geräte danach ein, wie viel Strom sie unter üblichen Bedingungen verbrauchen, und umfassen die Klassen A bis G. Sie sind für Kühl- und Gefrierschränke, Waschmaschinen, Geschirrspüler, E-Herde und Glühlampen gesetzlich vorgeschrieben.

Da die Geräte immer effizienter werden, sind die Klassen D bis G heute sehr selten. Für besonders energiesparende Geräte wurde die Klassifizierung um A+ bis A+++ erweitert.

Achten Sie beim Neukauf also immer auf die auf dem Etikett aufgeführte Effizienzklasse und vergleichen Sie die genaueren Angaben zum Energieverbrauch.

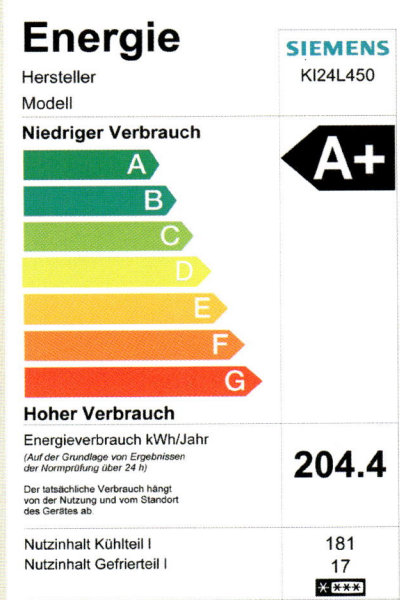

In der EU werden Geräte nach einem System von A (höchste Energieeffizienzklasse, durch eins oder mehrere »+« ergänzt) bis G bewertet.

TIPPS & TRICKS

Ein paar Tipps und Tricks, wie Sie mit wenig Aufwand viel Geld sparen können.

■ **Thermostate** an den Heizkörpern regeln die Temperatur nutzungsgemäß.

■ **Glühlampen** durch Energiesparlampen oder LED-Lampen ersetzen.

■ **Stromverbrauchmessgeräte** an Ihren Geräten messen den realen Stromverbrauch und zeigen genau an, ob und wie viel Sie einsparen können.

■ **Isolieren** Sie den Boiler und die Zuleitungsrohre. Dies wird sich in wenigen Monaten amortisieren und danach Ihre Haushaltskasse spürbar entlasten.

■ Wenn Ihr Boiler mehr als 15 Jahre alt ist, lohnt es sich, ihn durch einen **neuen, energieeffizienten Boiler** zu ersetzen. Es ist inzwischen vorgeschrieben, dass gas- und strombetriebene Boiler mit einem Abgas-Kondensatorsystem ausgestattet sein müssen.

Passive Sonnenenergienutzung

Die Sonne ist eine fantastische kostenfreie Energiequelle, die man durch »passive Sonnenenergienutzung« wunderbar zum Heizen nutzen kann. Passiv deshalb, weil man dafür weder Geräte, Schalter, Motoren noch Konstrollsysteme braucht – die Natur leistet ihre Arbeit von ganz allein. Die Wärme wird gespeichert, wenn die Sonne scheint und später wieder abgegeben.

Die Wärme speichern
Fenster sind ideale Sonnenkollektoren, denn die Sonnenwärme dringt durch das Fensterglas ein und heizt den Raum dahinter auf. Am besten funktioniert das natürlich bei großen Südfenstern. Bei einem Neubau kann man das leicht mit einplanen. Selbst wenn die Fenster nicht exakt nach Süden gerichtet sind, kann man doch einen guten Prozentsatz an Sonnenwärme einfangen (siehe Kasten unten).

Bei einem alten Haus gibt es mehrere Möglichkeiten der Optimierung. Man kann die Südfenster vergrößern, das Glas auswechseln (siehe Kasten rechts unten) oder in Südzimmern einen Steinboden verlegen. Ein schwarzer Fußboden absorbiert die Sonnenwärme am besten, doch jeder andere massive Bodenbelag ist ebenfalls eine wirksame Wärmesenke, d. h., ein wärmespeicherndes Material. Warmluft ist leichter als Kaltluft und steigt nach oben. Durch die Installation von Lüftungsklappen können Sie sich diesen Thermikeffekt zunutze machen und die Warmluft gezielt ins Haus weiterleiten. Am

Sonnenwärme einfangen

Tagsüber soll die Sonnenwärme ins Haus gelangen und abends möglichst lange darin bleiben. Im Sommer darf es jedoch drinnen nicht zu heiß werden – ein echter Balanceakt.

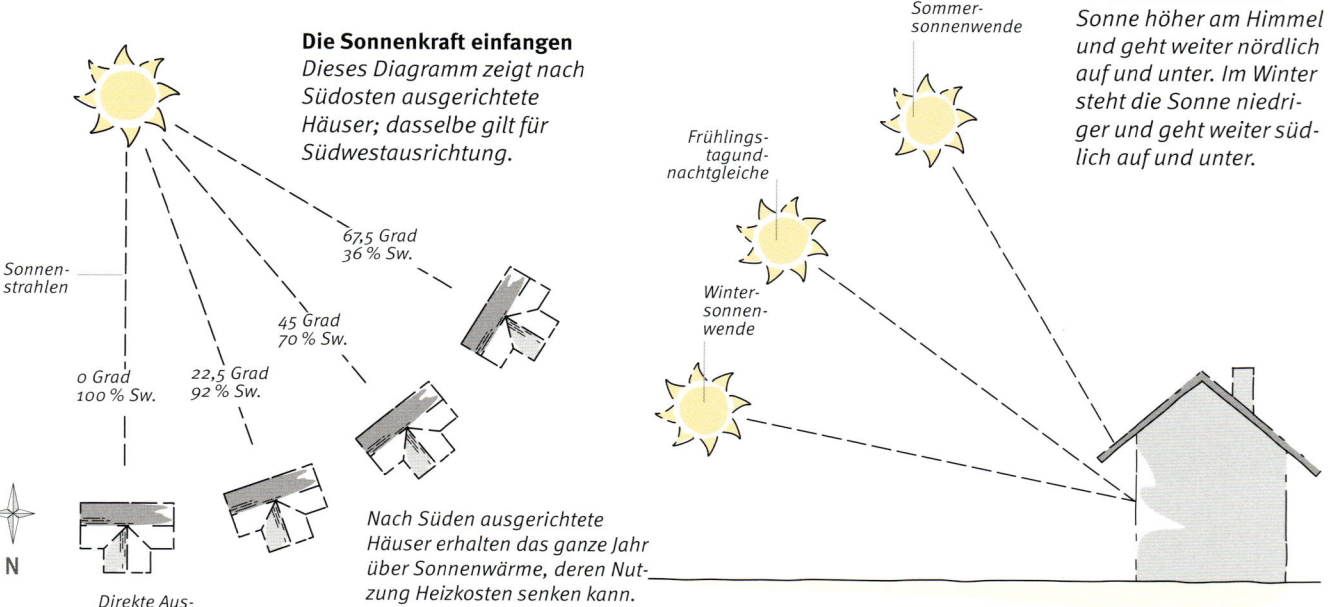

Die Sonnenkraft einfangen
Dieses Diagramm zeigt nach Südosten ausgerichtete Häuser; dasselbe gilt für Südwestausrichtung.

67,5 Grad
36 % Sw.

45 Grad
70 % Sw.

22,5 Grad
92 % Sw.

0 Grad
100 % Sw.

Sonnenstrahlen

N

Direkte Ausrichtung nach Süden ist ideal.

Nach Süden ausgerichtete Häuser erhalten das ganze Jahr über Sonnenwärme, deren Nutzung Heizkosten senken kann.

Sommersonnenwende

Frühlingstagundnachtgleiche

Wintersonnenwende

Durch das Jahr
Im Sommer steht die Sonne höher am Himmel und geht weiter nördlich auf und unter. Im Winter steht die Sonne niedriger und geht weiter südlich auf und unter.

Ideal für die Nutzung passiver Sonnenenergie
Ein direkt nach Süden ausgerichtetes Haus erhält die meiste Sonnenwärme (Sw.). Doch selbst ein um 45 Grad von einer genauen Südausrichtung abweichend stehendes Haus wird noch 70 Prozent der Gesamtwärme einfangen.

Ein kühles Haus im Sommer
Ein Dachüberstand sorgt im Sommer für Schatten, wirkt sich jedoch im Winter durchaus nicht ungünstig aus, da die Sonne dann niedriger steht. Laubbäume sorgen im Sommer für Schatten, lassen aber im Winter die Sonne durch.

besten dafür ist ein Wärmerückgewinnungssystem (Seite 42–45) geeignet, obwohl dies durch die Pumpe nicht völlig passiv funktioniert.

Das richtige Fensterglas

Die Wärmeabsorbtion durch Fensterglas wird von zwei Faktoren bestimmt:

Der Sonnenschutzfaktor gibt an, wie viel Sonnenlicht durch das Glas in den Raum gelangt. Der Sonnenlicht-Erwärmungskoeffizient vergleicht die Energie des einfallenden Sonnenlichts mit der Gesamtenergie des auftreffenden Sonnenlichts. Bei einem Koeffizienten von 0,86 gelangen 86 Prozent des Sonnenlichts in den Raum. Je niedriger der Koeffizient, desto weniger Sonnenwärme gelangt ins Haus.

Der Wärmeschutzfaktor misst die wärmeisolierenden Eigenschaften des Glases, d. h. die Geschwindigkeit, mit der Wärme nach außen abgegeben wird. In einem gut isolierten Haus gehen bis zu 60 Prozent der Gesamtwärme durch die Fenster verloren. Eine miskroskopisch feine Aufdampfung von Metall oder Metalloxid, die sogenannte Niedrigemissionsbeschichtung, kann das Verhältnis günstig beeinflussen (siehe Kasten unten). Sie hat aber den Nachteil, dass sie von vornherein weniger Sonnenwärme einlässt.

Ein Wärmerückgewinnungssystem verteilt tagsüber die Sonnenwärme vom Wintergarten aus im ganzen Haus. Mit einem dunklen Steinboden kann die Anlage auch abends laufen.

Sonnenwärme speichern

Eine Wärmesenke kann aus Beton- oder Steinwänden und -fußböden und sogar aus Wassertanks (Seite 118) bestehen. In den meisten Räumen fungiert der Fußboden als Wärmesenke. Wände sind weniger geeignet, sofern Ihr Haus keine massiven Steinmauern oder spezielle Mauernwärmespeicherung hat (Seite 48). Materialien mit hoher »Speichermasse« absorbieren viel Wärme.

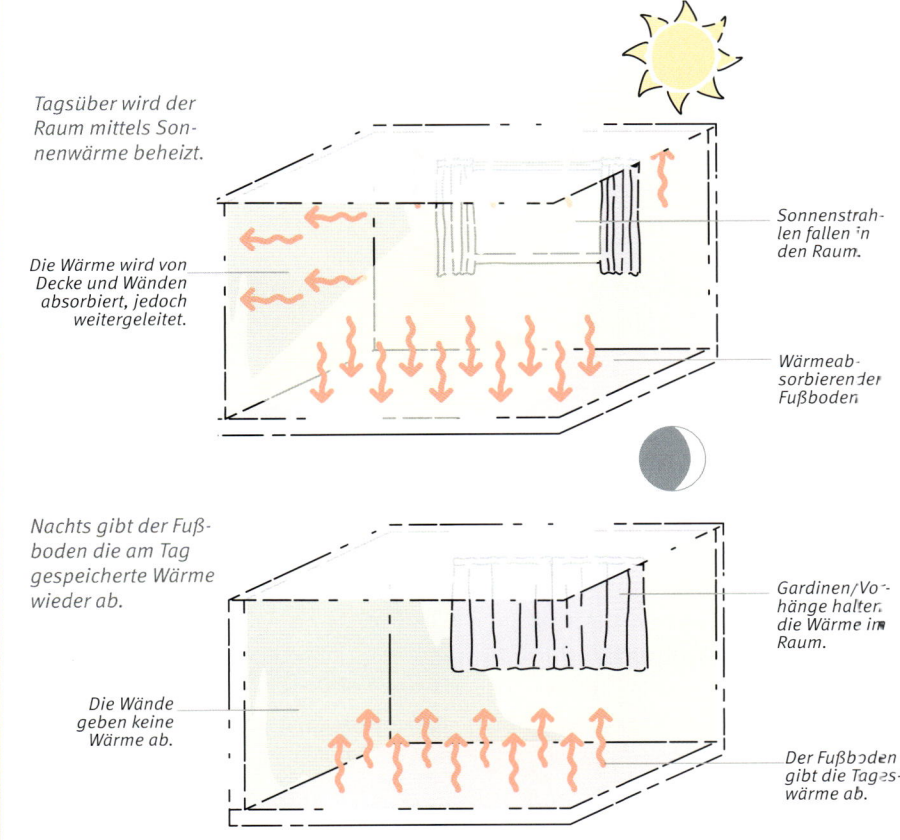

Tagsüber wird der Raum mittels Sonnenwärme beheizt.

Die Wärme wird von Decke und Wänden absorbiert, jedoch weitergeleitet.

Sonnenstrahlen fallen in den Raum.

Wärmeabsorbierender Fußboden

Nachts gibt der Fußboden die am Tag gespeicherte Wärme wieder ab.

Die Wände geben keine Wärme ab.

Gardinen/Vorhänge halten die Wärme im Raum.

Der Fußboden gibt die Tageswärme ab.

WÄRME SPEICHERN

Wenn die Fenster im Winter Wärme absorbieren und bei sinkenden Außentemperaturen im Haus speichern sollen, muss die Innenscheibe bei Doppelverglasung eine Beschichtung mit niedrigem Emissionsgrad haben.

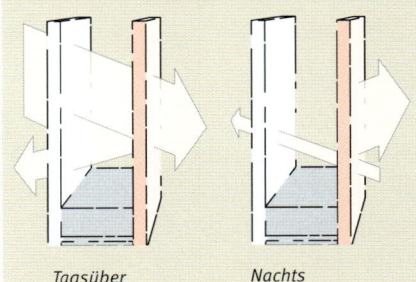

Tagsüber   Nachts

Niedrigemissionsbeschichtungen *lassen tagsüber 66–75 Prozent der Sonnenwärme in den Raum. Nachts werden 90 Prozent der Wärme nach innen abgestrahlt.*

Die Infrastruktur verbessern

Häuser sind extrem unterschiedlich in Bezug auf Baustil, Größe und verwendete Materialien. Viele Häuser sind bereits uralt und dann nicht selten sehr teuer in den Wohnnebenkosten. Doch sie haben die Zeiten überdauert und es ist meist viel umweltfreundlicher, ein bestehendes Haus umzubauen anstatt viel Energie in einen Neubau zu stecken.

Verbesserte Wärmedämmung

Das Potenzial eines Hauses in Bezug auf Nachhaltigkeit voll auszuschöpfen, bedeutet, das Vorhandene optimal einzusetzen. Nicht überraschend ist dabei der allererste Schritt, den Energieverbrauch Ihres Hauses so weit wie möglich zu senken. Eine logische Variante ist die Optimierung der Wärmedämmung. Hier gibt es zwei Hauptbereiche: Isolierung mit einem Minimum an Wärmebrücken sowie Schutz vor Zugluft, durch die wertvolle Energie verloren geht.

Wärmebrücken

Der Zweck der Wärmedämmung ist es, die Bewegung der Wärme zu verlangsamen – je höher die Leitfähigkeit eines Materials, desto schneller kann Wärme hindurchgelangen. Dämmstoffe werden nach ihrem Wärmedurchgangskoeffizienten (U-Wert) eingestuft. Wenn Sie Dämmstoffe mit unterschiedlichen Isolierungswerten verwenden, wird die Wärme durch die verschiedenen Materialien unterschiedlich schnell entweichen. Bereiche, die schlecht isoliert sind oder in denen Materialien mit niedrigem U-Wert verwendet wurden, nennt man Wärmebrücken.

Die Dachluke ist oft so eine Wärmebrücke. Oft sind zudem die Bereiche, wo die Wände auf die Geschossdecke treffen, nicht luftdicht. Wenn Sie Ihr Haus isolieren wollen, müssen Sie zunächst alle Wärmebrücken identifizieren und beseitigen, sonst ist die Isolierung hinausgeworfenes Geld.

Denken Sie daran, dass die erste Dämmschicht besonders effektiv ist. Nach dem Gesetz vom abnehmenden Ertragszuwachs ist jede weitere Schicht weniger wirksam als die darunterliegende.

Superisolierung

Es ist denkbar, ein Haus so wirksam zu isolieren, dass man zu keiner Jahreszeit heizen muss. Die benötigte Wärme wird dabei von anderen Quellen innerhalb des Hauses geliefert. Menschen zum Beispiel erzeugen Wärme im Wert von rund 100 Watt am Tag. Selbst Katze und Hund geben Wärme ab – nicht zu vergessen der Dampf aus dem Teekessel.

Wenn Sie Ihr Haus super isolieren wollen, sodass es vorwiegend von ohnehin vorhandenen Wärmequellen beheizt wird (z. B. Abwärme von Geräten sowie Körperwärme der Bewohner), müssen Sie auch die kleinste Wärmebrücke beseitigen. Dazu gehört:

DÄMMMATERIAL

Grundsätzlich gilt, dass jede Art von Isolierung gut ist. Doch es bestehen trotzdem große Unterschiede in Bezug auf Material und Umweltverträglichkeit, was natürlich auch den Preis beeinflusst.

Wenn Sie sich das teurere, umweltfreundliche Dämmmaterial leisten können, um so besser. Wenn nicht, sollten Sie trotzdem anschaffen, was der Geldbeutel vertragen kann und es so schnell wie möglich installieren. Jede Isolierung ist besser als gar keine. Von allen energiesparenden Maßnahmen, die Sie zu Hause vornehmen können, rentiert sich eine gründliche Isolierung am meisten.

Umweltfreunliche Optionen

Isolierungen aus Recyclingmaterial bestehen zum Beispiel aus Plastikflaschen-Vlies, recyceltem Jeansstoff, Zeitungspapier und Schafwolle, die zum Stricken und Weben zu rau ist. Wolle ist von Natur aus – ohne chemische Zusatzstoffe – feuerbeständig, schimmelt nicht und kann zudem ohne Maske und Schutzhandschuhe verarbeitet werden.

Dämmmaterial für jeden Zweck *Von links: Rohrisolierung aus Schaumstoff, Vlies aus recyceltem Plastik, Boilerisolierung, Folienreflektoren für Heizkörper und eine dicke Rolle Schafwolle für die Dachisolierung.*

Sehr effiziente Isolierung von Böden, Wände und Dach, vor allem dort, wo Wände, Böden, Decken, Mauern und Fundamente aufeinandertreffen.

Schutz vor Zugluft, besonders an Fenstern und Türen.

Ein Wärmerückgewinnungssystem, das für frische Luft sorgt (Seite 44).

Keine großen Fenster.

Um ein altes Haus mit Superisolierung auszustatten, können Sie zum Beispiel neue Außenwände errichten, um genug Platz für die Dämmschicht zu schaffen. Eine Dampfsperre, die durch Kondensationsflüssigkeit hervorgerufenen Schimmel und Mehltau verhindert, ist unabdingbar. Sie sollte sich nicht weiter als ein Drittel des U-Werts des verwendeten Dämmmaterials von diesem entfernt befinden. Das schließt normalerweise die Bildung von Kondenswasser aus. Sie können die Wände auch nach innen hin verbreitern, um etwa die historische Fassade zu erhalten, wodurch die Räume allerdings kleiner werden.

Luftdichtigkeit

Es ist erstaunlich, wie sehr es in vielen Häusern zieht. Wenn sie nicht von vornherein nach strikten Richtlinien gebaut wurden, sind sie wahrscheinlich nicht besonders luftdicht. Seit 1998 verlangt die Wärmeschutzverordnung ausdrücklich luftdichtes Bauen und setzt dafür spezifische Grenzwerte. Im Kasten unten sehen Sie, wie Sie Ihr Haus auf mögliche Schwachstellen hin untersuchen können.

Wie luftdicht ist Ihr Haus?

Der Schutz vor Zugluft ist eine sehr lohnende Art, Energiekosten zu sparen. Sie können natürlich einen Fachmann bitten, eine Luftdurchlässigkeitsmessung auszuführen, aber wahrscheinlich wissen Sie selbst schon am besten, wo in Ihrem Haus die Schwachpunkte liegen. Glücklicherweise gibt es einfache und preisgünstige Möglichkeiten, durchlässige Stellen abzudichten. Hier sind die verbreitetsten Schwachstellen:

Schwachstellen abdichten
Fenster mit Dichtungsband aus Gummi oder Schaumstoff und Türen mit Bürstenstreifen isolieren. Denken Sie auch an die Stellen, wo Rohre und Leitungen die Wände passieren.

Luftaustritt ist Energieverschwendung und führt zur Bildung von Kondenswasser, indem feuchtwarme Luft kühlere Stellen passiert.

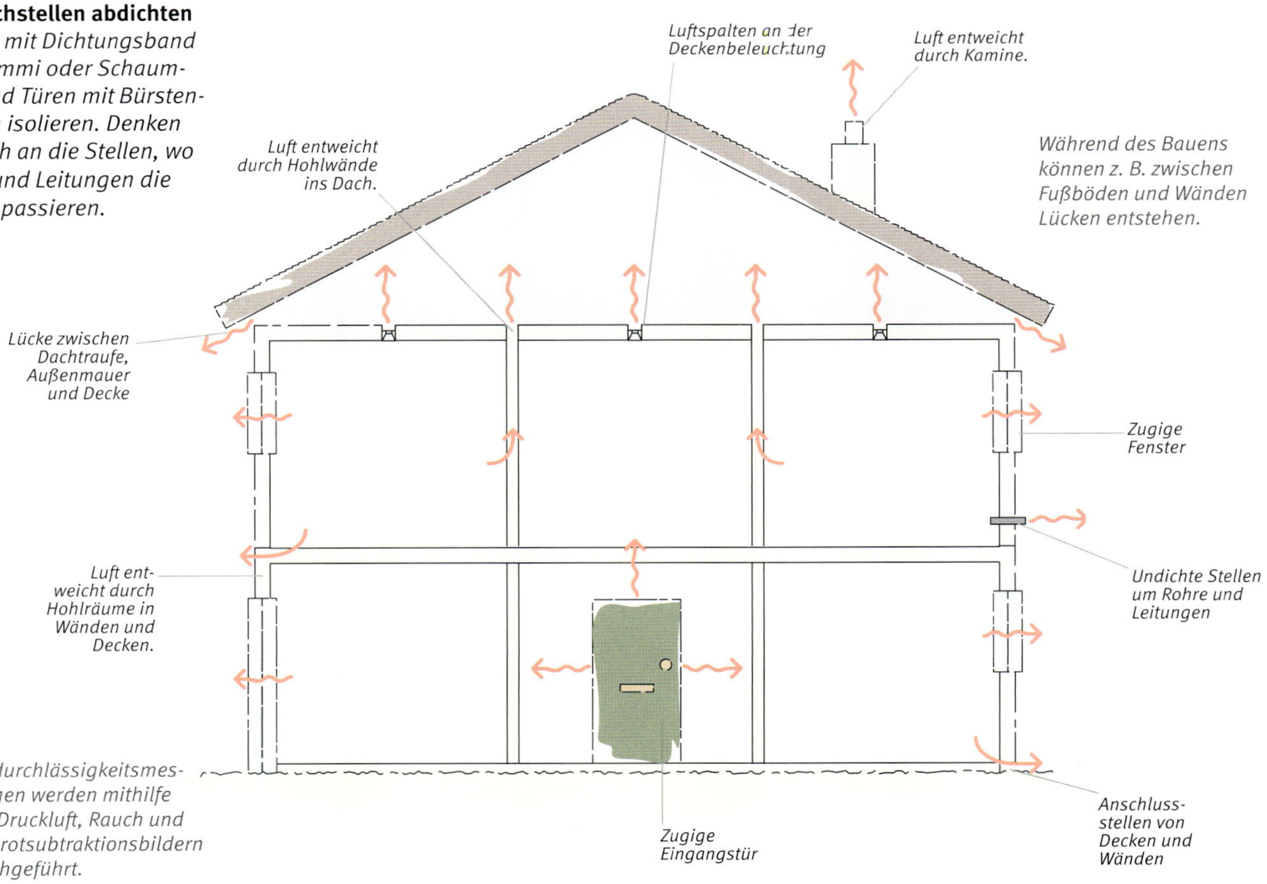

Luftspalten an der Deckenbeleuchtung

Luft entweicht durch Kamine.

Luft entweicht durch Hohlwände ins Dach.

Während des Bauens können z. B. zwischen Fußböden und Wänden Lücken entstehen.

Lücke zwischen Dachtraufe, Außenmauer und Decke

Zugige Fenster

Luft entweicht durch Hohlräume in Wänden und Decken.

Undichte Stellen um Rohre und Leitungen

Luftdurchlässigkeitsmessungen werden mithilfe von Druckluft, Rauch und Infrarotsubtraktionsbildern durchgeführt.

Zugige Eingangstür

Anschlussstellen von Decken und Wänden

Das Prinzip der Wärmerückgewinnung

Das Prinzip einer Lüftungsanlage mit Wärmerückgewinnung ist sehr einfach. Ihr Haus hat warme, warm-feuchte sowie kühlere Bereiche. Die Anlage leitet die Feuchtigkeit ab und führt die warme Luft in kältere Bereiche. Die Raumtemperatur wird etwas niedriger sein als in einem zentralbeheizten Haus, doch immer noch angenehm.

Wärmerückgewinnungsanlage *auf dem Dachboden. Die Zuleitungsrohre sind großzügig isoliert, um den Energieverlust gering zu halten.*

Wie es funktioniert

Ein Kanalsystem verbindet die Abluftkanäle der warmen Bereiche mit einem Wärmetauscher. Ein Dachkanal saugt Außenluft an, die durch den Wärmetauscher strömt und als Warmluft in die kühleren Bereiche gelangt. Die verbrauchte Luft wird wieder nach außen abgeführt. Die Wärmerückgewinnung ist sehr effektiv: Rund 90 Prozent der Wärme verbleiben im Haus.

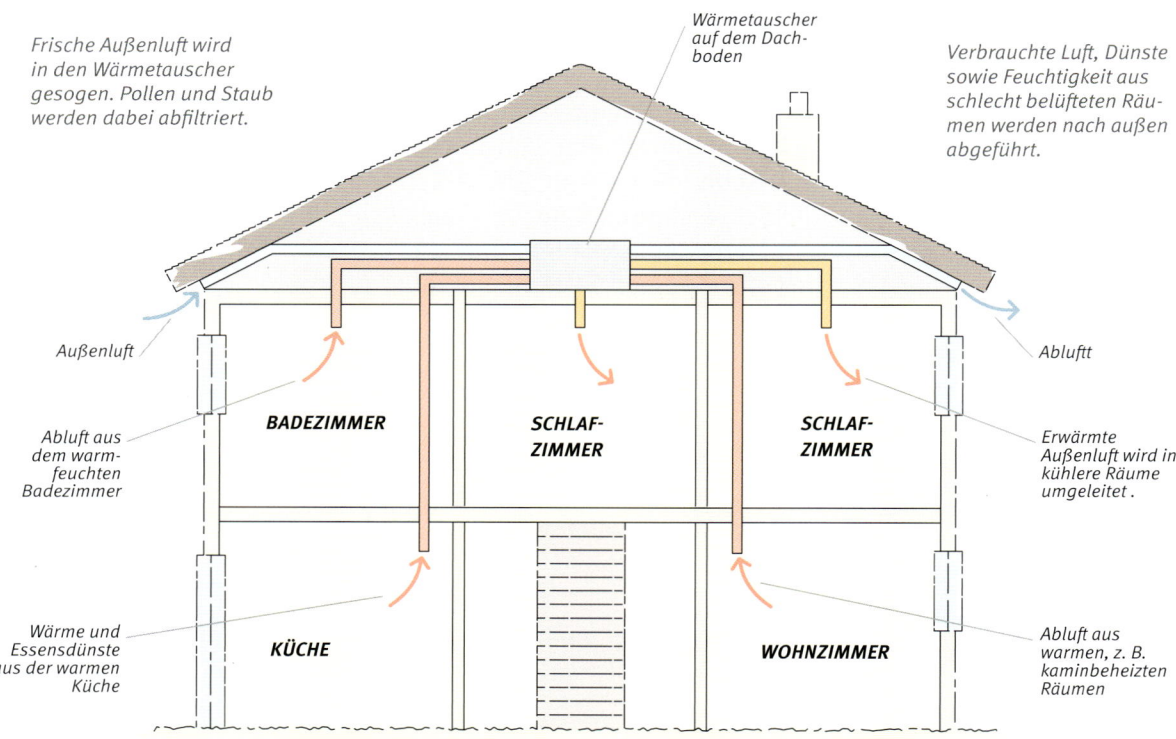

Frische Außenluft wird in den Wärmetauscher gesogen. Pollen und Staub werden dabei abfiltriert.

Wärmetauscher auf dem Dachboden

Verbrauchte Luft, Dünste sowie Feuchtigkeit aus schlecht belüfteten Räumen werden nach außen abgeführt.

Außenluft

Abluft aus dem warm-feuchten Badezimmer

Wärme und Essensdünste aus der warmen Küche

BADEZIMMER

SCHLAF-ZIMMER

SCHLAF-ZIMMER

KÜCHE

WOHNZIMMER

Abluft

Erwärmte Außenluft wird in kühlere Räume umgeleitet .

Abluft aus warmen, z. B. kaminbeheizten Räumen

Wie warm ist warm?

Die Menschen, die vor Jahrhunderten in unserem Haus gelebt hatten, erwarteten keine große Wärme, aber im 21. Jahrhundert mögen wir es nun einmal gern angenehm warm. In der Newhouse Farm herrscht eine ständige Debatte über die genaue Definition von »angenehm«.

WÄRME UMLEITEN

Auf der Newhouse Farm heizen wir das Erdgeschoss mit vier Kaminöfen. Ein System von Entlüftungsrohren und Ventilen führt die Wärme nach oben in die Schlafzimmer ab. Das funktioniert natürlich auch mit einem System, das z. B. Küchenwärme ins Wohnzimmer leitet.

Traditionelle Bauweise

In einem historischen Gebäude zu wohnen, hat Vor- und Nachteile. Die Newhouse Farm hat eine Menge Charakter und wir sind stolz, ein Stück Kulturerbe zu bewahren, aber durch die Auflagen des Denkmalschutzes brauchen wir für jeden Umbau eine Sondergenehmigung. Diese Restriktionen haben natürlich auch Konsequenzen für den Wärmehaushalt des Gebäudes.

Luftdicht – oder atmen lassen?

Ein altes Haus muss atmen, damit sich darin keine Feuchtigkeit sammelt. Das verträgt sich schlecht mit dem Bestreben, alles zu isolieren, um Energie zu sparen. Als wir einzogen, war die Newhouse Farm sehr feucht. Ein früherer Bewohner hatte die alten Doppelfenster – die immerhin für einen gewissen Grad an Lüftung gesorgt hätten – durch Thermopenfenster ersetzt. (Wir sind dabei, statt der PVC-Fenster nach und nach Schiebefenster mit Holzrahmen und einer Spezialdichtung einzusetzen, die vor Zugluft schützt).

Unsere Lösung, das Haus atmen zu lassen, ohne dabei Wärme zu verlieren, war die Installation eines Lüftungssystems mit Wärmerückgewinnung (siehe Kasten links unten). Das war ein voller Erfolg. Das unverzichtbare Lüftungssystem verhindert die Feuchtigkeitsbildung, während das Wärmerückgewinnungssystem den Wärmeverlust auf ein Minimum reduziert und die Wärme in kühlere Bereiche abführt.

Das Vorhandene akzeptieren

Ein altes Gebäude muss man nun einmal nehmen, wie es ist. Stein und Schiefer wird seit Jahrhunderten als Baumaterial verwendet und ihren U-Wert bestimmen zu wollen, ist relativ sinnlos. Eine dicke Steinmauer wird sehr gut isolieren, solange sie massiv und solide ist.

Historische Gebäude bestehen aus den Baumaterialien der Region und sind daher wenig umweltbelastend. **1. Holzschindeln** an einem Haus in New England (USA). **2. Steinhäuser.** in einem Dorf in den Cotswolds (England). **3. Fachwerkhäuser** im Elsass (Frankreich). **4. Koloniale Holzhäuser** auf den Philippinen.

PRIORITÄTEN SETZEN

Ein altes Haus zu renovieren, erfordert viele Entscheidungen. Wir setzen unsere Prioritäten nach diesem System.

Machen Sie eine Liste und ordnen Sie die Punkte nach Dringlichkeit oder Wichtigkeit in das nebenstehende Diagramm ein. Ein undichtes Dach zu reparieren, ist sowohl dringend als auch wichtig. Arbeiten Sie zuerst die dringlichen Sachen ab und danach die wichtigen, bevor sie dringend werden.

WICHTIG	JETZT ZUFRIEDEN-STELLEND ERLEDIGEN	JETZT SO GUT ES GEHT ERLEDIGEN
	IGNORIE-REN OHNE SCHLECHTES GEWISSEN	SO BALD WIE MÖGLICH SORGFÄLTIG ERLEDIGEN

DRINGEND

45

Es ist nicht leicht ersichtlich, was sich im Inneren von Bruchsteinmauern befindet. Selbst, wenn Sie die Genehmigung hätten, die Außenseite des Gebäudes zu verbessern, würden Sie den Charakter des Hauses verändern. Da die Räume von alten, kleineren Häusern meist so klein sind, kann man sie schlecht von innen isolieren. Manchmal muss man ganz einfach akzeptieren, dass alte Häuser nicht darauf angelegt waren, dass man darin spärlich bekleidet lustwandelt.

»Grüne Häuser«
Wenn Sie ein durch und durch umweltfreundliches Haus bauen wollen, sind Ihnen wohl nur durch die Phantasie, den Geldbeutel und die örtlichen Bauvorschriften Gren-

zen gesetzt. Doch machen Sie sich bewusst, dass diese Grenzen durchaus ein Problem darstellen können.

Die Ressourcen der Erde werden knapper und darum ist es wichtig, unseren Umgang mit Energie und Material zu überdenken. Die CO_2-Bilanz und, ganz wichtig, Betriebskosten werden bei Neubauten bald Hauptgestaltungsfaktoren sein.

Wir können von traditionellen Methoden lernen. Müssen wir unbedingt Baustoffe nehmen, die energieaufwendig um die halbe Welt geschifft wurden? Wir sollten uns lieber die Mühe machen, nach hiesigen Materialien zu suchen, die dieselbe Aufgabe genauso gut, wenn nicht sogar besser erfüllen. Hier sind einige Anregungen:

■ **Bauholz** aus der Umgebung oder zumindest Plantagenholz verwenden.
■ **Naturmaterialien** aus energieeffizienter Herstellung wie Dämmstoffe aus Stroh oder Hanf verwenden.
■ **Holzschutzmittel** oder umweltbelastende Farben, die oft giftige Zusatzstoffe enthalten, vermeiden.
■ **Dauerhaftes Holz** braucht nicht jedes Jahr neu gestrichen zu werden.
■ **Ein Sedumdach** (siehe Kasten rechts) isoliert, ist attraktiv und reduziert die CO_2-Bilanz.

Statistiken können lügen, aber es wird deutlich, dass ökologisches Bauen und umweltbewusste Lebensführung immer beliebter werden. Gebäude verursachen heute 40 Prozent des Energieverbrauchs und 16 Prozent des Wasserverbrauchs der Erde.

Effizientes Bauen
In einem Neubau kann man die Gesamtkosten des Dämmmaterials und der Lattenkonstruktion verschmerzen, da dadurch eine Zentralheizung oft unnötig wird. Entscheidend sind jedoch die Gesamtlebenshaltungskosten. Wenn Sie die Wahl zwischen zwei ähnlichen Häusern hätten, von denen eines 5–10 Prozent Ihres Nettoeinkommens an Energiekosten verschlingen würde (der Wert ist natürlich Schwankungen in Bezug auf Versorgungsengpässe, Naturkatastrophen und geopolitische Verhältnisse unterworfen), und das andere kostet fast nichts, für welches würden Sie sich entscheiden? Die Antwort liegt natürlich auf der Hand!

Eine Frage der Form
Wir haben uns an kastenförmige Häuser gewöhnt. Warum? Nun, sie sind leicht zu bauen. Doch um den Wärmeverlust auf ein Minimum zu reduzieren, braucht man auch ein Minimum an Oberfläche – und eigentlich ein kugelförmiges Haus!

1. Die erste umweltfreundliche Wohnsiedlung in Großbritannien – Beddington Zero Energy Development (BedZED) aus recycelten oder natürlichen Baustoffen. **2. Erdhäuser** in New Mexico (USA), aus alten Autoreifen und gestampfter Erde (Seite 48–49). **3. Das Null-Heizkosten-Haus** in Kent (GB), braucht keine fossilen Brennstoffe durch den hohen U-Wert seines gewölbten Daches.

SEDUMDÄCHER

Dachbegrünungen gehören in vielen Ländern seit Jahrtausenden zum gebräuchlichen Baustil. Durch die wärmedämmenden Eigenschaften bleiben solche Häuser in Skandinavien warm und in afrikanischen Ländern kühl.

Was Sie wissen sollten:

Sedumdächer bestehen aus Matten, die mit einer Mischung aus Zwergsukkulenten (Dachwurz) bepflanzt sind. Sie sind pflegeleicht, doch man muss sich gelegentlich um sie kümmern und im Frühling sollte man sie düngen. Die Dachausrichtung beeinflusst das Pflanzenwachstum: Sie brauchen mindestens vier Stunden Sonnenlicht und auf einem nach Süden ausgerichteten Dach wahrscheinlich zusätzliche Bewässerung. Beachten Sie vor dem Installieren folgende Punkte:

■ Ihr Dach sollte solide und wasserdicht sein und es darf kein Regenwasser daraufgeleitet werden, denn fließendes Wasser zersetzt die Matten und bei stehendem Wasser faulen die Pflanzen.
■ Das Dach sollte möglichst eben sein, damit sich unter den Matten keine Hohlräume bilden.
■ Das Dach mus solide genug sein, um das Gewicht auszuhalten – ein Sedumdach kann mehr als 40 kg pro Quadratmeter wiegen. Eventuell muss das Dach vorher verstärkt werden.
■ Das Dach ist nach Regen- oder Schneefall erheblich schwerer; der Druck kann dann Fensterrahmen zerbrechen.
■ Im Zweifel unbedingt vorher einen Fachmann zurate ziehen.

Für ein Sedumdach sollte die Dachschrägung nicht mehr als 25 Grad betragen. Sie müssen das Dach besteigen können, um gelegentlich zu jäten und es bei Trockenheit zu bewässern.

Wir wollen damit nicht fordern, dass von nun alle in Iglus leben sollten – aber vielleicht sind Kästen nicht der Weisheit letzter Schluss.

Inzwischen ist es kein Problem mehr, Häuser jeder Form zu bauen. Das erschwert höchtens die Installation von Einbauküchen und anderen Möbeln, aber das ist nicht mehr als eine Herausforderung.

Nehmen Sie sich ein Blatt Papier und zeichnen sich so nah an die Natur heran, wie Sie mögen. Doch selbst wenn Sie nur einen umweltfreundlichen Anbau planen, sollten Sie sich alternative Materialien durch den Kopf gehen lassen – zum Beispiel Strohballen (Seite 50–51), Autoreifen oder sogar ein Erdhaus (Seite 48–49).

Dann können Sie sich dem Interieur zuwenden. Inzwischen gibt es umweltfreundliche Farben und Lacke in reichlicher Auswahl.

Umweltfreundliche Interieurs

Konventionelle Farben setzen gesundheits- und umweltschädliche Substanzen frei. Umweltfreundliche Farben enthalten weder Benzol, Toluol, Formaldehyd oder Quecksilber. Sie sind frei von flüchtigen organischen Verbindungen – das sind Lösungsmittel, die das Pigment tragen und beim Trocknen des Anstrichs verfliegen und dabei zu Kopfschmerzen, Halsschmerzen und Augenreizungen führen können.

Ein anderer Vorteil umweltfreundlicher Farben ist, dass sie »atmen«, also die aus den Wänden austretende Feuchtigkeit durchlassen. Im Verbund mit einem atmungsaktivem Gipsauftrag auf den Wänden reduziert das die Raumfeuchtigkeit auf ein Minimum. »Ökofarben« haben noch mehr Vorteile: Schon der Herstellungsprozess hat eine geringere CO_2-Bilanz.

Umweltfreundliche Farben enthalten natürliche Farbpigmente und Lösungsmittel wie Zitrusöl. Andere Ökofarben enthalten das Milchprotein Kasein. Sie sind in Pulverform erhältlich, dem nur noch Wasser zugesetzt werden muss.

Ein Erdhaus bauen

Erdhäuser sind an drei Seiten von isolierenden Erdböschungen umgeben, die den Wärmeverlust reduzieren und das Innere bei Kälte warm und bei Hitze kühl halten. Dies ist eine sehr nachhaltige Form der Architektur, die auf passiver Sonnenenergienutzung (Seite 40–41) beruht und oft erneuerbare Rohstoffe als Baumaterial verwendet.

Könnten Sie darin leben?

Erdhäuser werden oft für feuchte, dunkle Löcher gehalten – und so mancher herkömmliche unterirdische Raum, etwa ein Keller, ist tatsächlich feucht und dunkel. Doch mit guter Isolierung und Entwässerung wird es drinnen nicht feucht und die Sonnenenergie sorgt für angenehme Wärme. Durch passive Sonnenenergienutzung mit zusätzlicher Wärmerückgewin-nung (Seite 44) werden alle Räume gleichmäßig beheizt.

Bautypen

Ein Erdhaus in seiner primitivsten Form ist eine Höhle. Das soll nun nicht heißen, dass wir uns wieder in Höhlenmenschen zurückverwandeln müssen. Inzwischen gibt es eine Vielzahl an Bauweisen für moderne, umweltfreundliche Häuser mit isolie-render Erdüberdeckung. Wie für jedes Haus braucht man auch dafür eine Baugenehmigung. Und wenn Sie kein erfahrener Baumeister sind, benötigen Sie Hilfe bei der Konstruktion.

Das »Earthship«

Bei diesem Erdhaustyp befindet sich der Wohnraum überwiegend unter der Erde. Die Fenster liegen alle an einer Front (siehe unten). Durch die

Ein autarkes »Earthship«

Dies ist unser Lieblings-Erdhaustyp. Es liegt immer an einem Südhang, sodass die Nordseite durch die natürliche Erdformation isoliert wird und die Südseite als natürlicher Sonnenkollektor funktioniert (auf der südlichen Halbkugel ist es übrigens umgekehrt). Viele dieser Häuser sind vollständing autark in Bezug auf Strom und Wasserversorgung.

ALTE AUTOREIFEN

Alte Autoreifen sind leicht zu bekommen und sie lassen sich zu soliden Mauern aufschichten. Sie sind feuerfest und wetterbeständig.

■ **Den Reifen** in Position legen, schaufelweise mit Erde füllen und mit dem Vorschlaghammer verdichten. Gleichmäßig Erde innen im Reifen verteilen, bis er voll ist.

■ **Die Reifen wie Ziegel aufschichten** und jeweils mit Erde füllen. Auch die Zwischenräume mit Erde auffüllen.

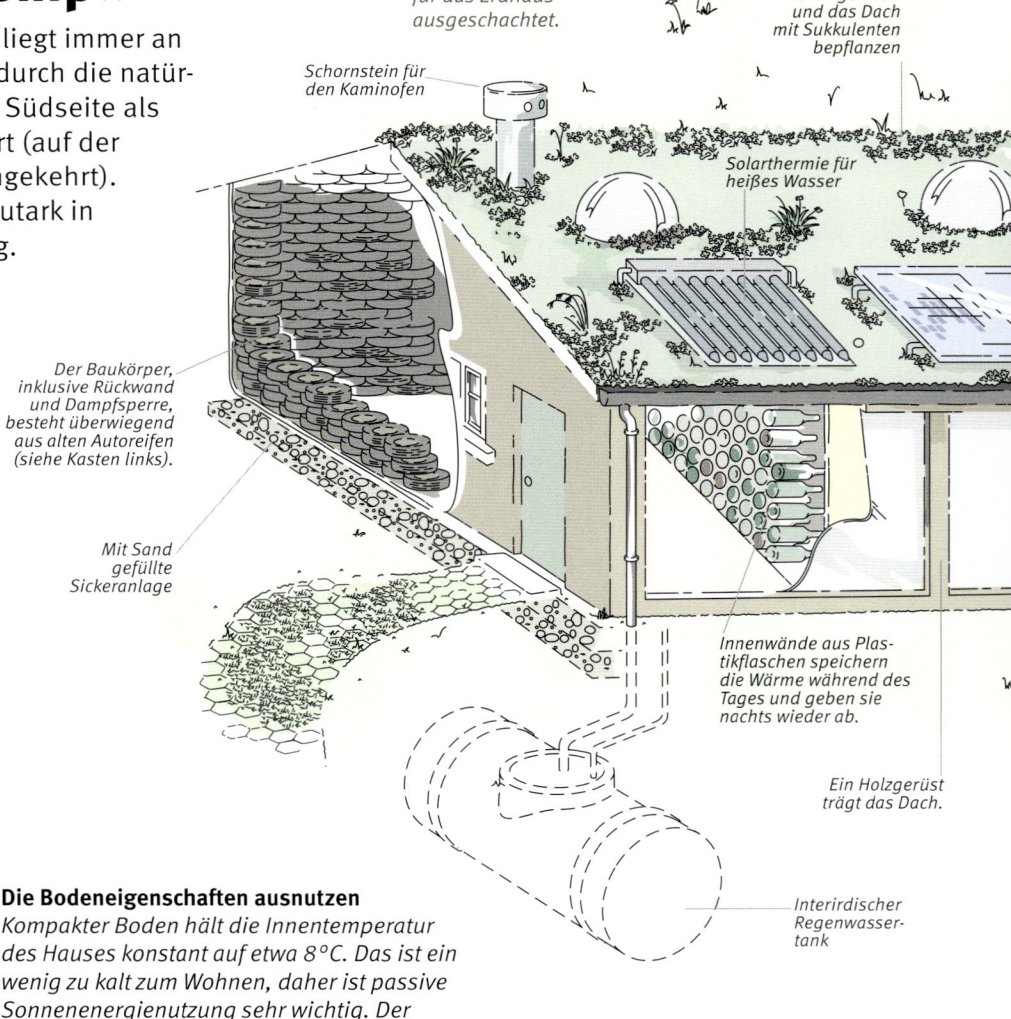

Der Südhang wurde für das Erdhaus ausgeschachtet.

Die Böschung mit Wurzelgemüse und das Dach mit Sukkulenten bepflanzen

Schornstein für den Kaminofen

Solarthermie für heißes Wasser

Der Baukörper, inklusive Rückwand und Dampfsperre, besteht überwiegend aus alten Autoreifen (siehe Kasten links).

Mit Sand gefüllte Sickeranlage

Innenwände aus Plastikflaschen speichern die Wärme während des Tages und geben sie nachts wieder ab.

Ein Holzgerüst trägt das Dach.

Interirdischer Regenwasser-tank

Die Bodeneigenschaften ausnutzen

Kompakter Boden hält die Innentemperatur des Hauses konstant auf etwa 8°C. Das ist ein wenig zu kalt zum Wohnen, daher ist passive Sonnenenergienutzung sehr wichtig. Der Boden ist außerdem ein guter Schalldämpfer.

Erdüberdeckung geht Ihnen kein Kulturland verloren – im Gegenteil, die Dachbegrünung kann der Bodenerosion vorbeugen.

Erdüberdeckung

Ein Erdhaus ist an drei Seiten von Erdböschungen umgeben. Leider können Sie ein konventionelles Wohnhaus nicht einfach mit Erde zuschaufeln. Das Innere eines Erdhauses besteht aus einem sehr soliden Baukörper aus Holz oder Stein. Darauf werden die Erdschichten aufgetragen. Stellen Sie sich einen riesigen Maulwurfshügel mit Wohnräumen vor. Das Dach wird entweder mit Erde bedeckt oder mit Dämmmaterial isoliert, zum Beispiel

Schafwolle, Steinwolle oder Verbundmaterial. Bei diesem Bautyp ist die Gefahr der Feuchtigkeitsbildung geringer, da sich die Wohnräume auf Bodenniveau befinden und außer für die Fundamente sind keine großen Grabungsarbeiten nötig. Zudem sind Sie nicht an einen Landschaftstyp gebunden.

Unterirdisch bauen

In heißen Klimazonen liegen Häuser oft unter dem Bodenniveau. So etwas ist ein Riesenprojekt. Die Wohnräume sind meist um einen Innenhof/ Atrium herum angeordnet, der für Licht und Ventilation sorgt. Sofern der Boden nicht außerordentlich hart ist, braucht man dafür ein Innengerüst.

Entlüftung für Wärmerückgewinnungsanlage, Seite 44

DESIGN-FAKTOREN

■ **Die Topografie** bestimmt die Form. Ein Earthship muss an einem Südhang liegen, während ebener Boden für Erdhäuser und unterirdische Häuser geeignet ist.

■ **Nicht unter dem Grundwasserspiegel** graben, sonst müssen Sie mit Feuchtigkeit und Überschwemmungen rechnen.

■ **Die Erdschicht** um das Haus sollte viel Sand und Kies enthalten, damit das Regenwasser ablaufen kann. Versickerungsanlagen – mit Bruchsand gefüllte Rinnen – leiten das Wasser vom Fundament weg.

■ **Das enorme Gewicht** der Erdböschung verlangt einen stabilen Baukörper, damit das Haus nicht darunter zusammengedrückt wird.

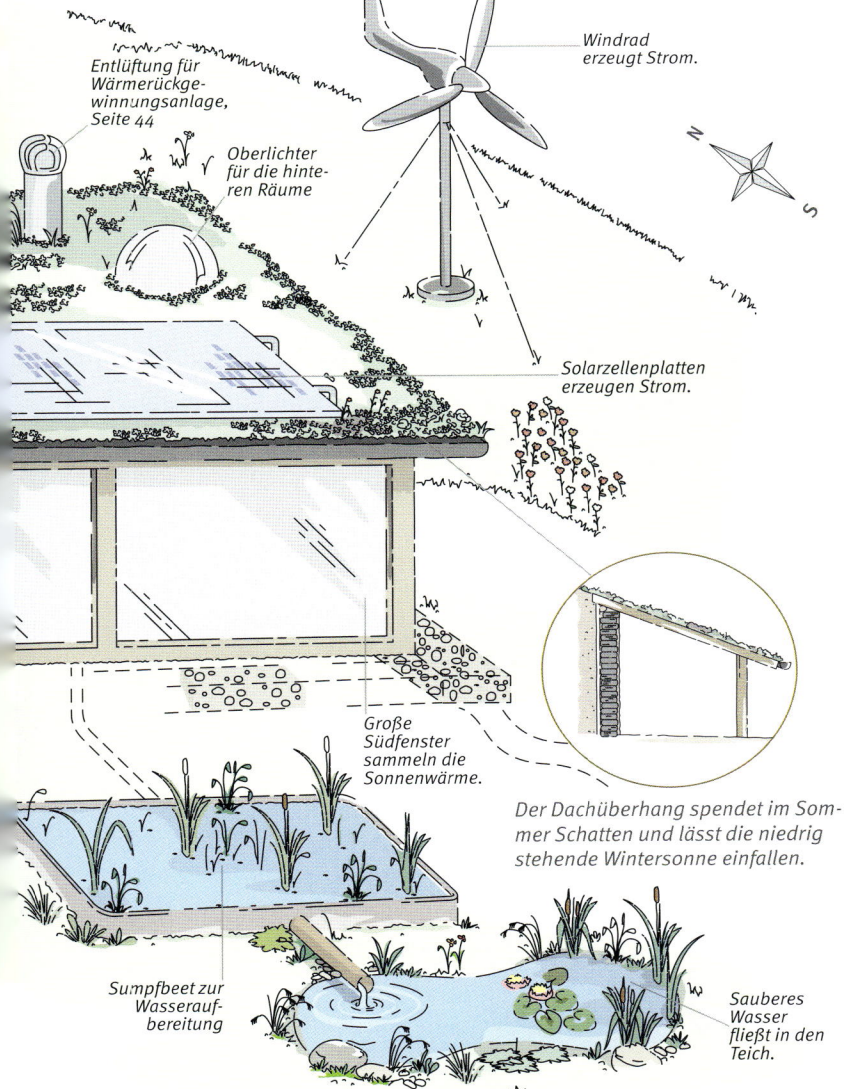

Windrad erzeugt Strom.

Oberlichter für die hinteren Räume

Solarzellenplatten erzeugen Strom.

Große Südfenster sammeln die Sonnenwärme.

Der Dachüberhang spendet im Sommer Schatten und lässt die niedrig stehende Wintersonne einfallen.

Sumpfbeet zur Wasseraufbereitung

Sauberes Wasser fließt in den Teich.

Ein in die Landschaft integriertes Erdhaus ist nicht nur ein angenehmer Anblick, sondern hat auch eine wesentlich niedrigere CO_2-Bilanz als ein konventionelles Haus.

Erdüberdeckungen lassen sich mit allen Haustypen kombinieren. Diese traditionellen Häuser auf Island haben Holzbaukörper auf Steinfundamenten sowie eine Dachbegrünung und können auch auf ebenem Boden gebaut werden.

49

Ein Strohballenhaus bauen

Strohballen gehören zu den umweltfreundlichsten Baumaterialien überhaupt und eignen sich daher hervorragend für Niedrigenergiehäuser. Sie haben eine große Tragkraft, sind schwer entflammbar, haben einen hohen Wärmedämmwert und sie sehen auch noch gut aus. Darüber hinaus lassen sie sich wunderbar einfach verbauen und machen den Bauprozess zum Vergnügen.

Warum mit Stroh bauen?

Mit Stroh zu bauen, ist sehr befriedigend, weil man dafür keine große baumeisterliche Erfahrung braucht. Strohballen sind sehr kostengünstig im Vergleich zu Ziegel und Mörtel, Außerdem sind sie umweltfreundlich, denn man kann sie am Ende ihrer Lebensdauer – die gut und gern hundert Jahre betragen kann – einfach kompostieren. Natürlich gibt es auch Nachteile. Gegen die Fundamente spritzendes Regenwasser kann Feuchtigkeitsschäden verursachen, doch das kann man vermeiden, indem man die ersten Reihen von Strohballen erst in einigem Abstand über dem Boden verlegt. In feuchten Regionen sollte man die Außenwände unbedingt zusätzlich mit einer Holzverschalung gegen Regen und Wind schützen. Doch wir finden, dass die positiven Faktoren bei Weitem überwiegen.

Der Rohstoff

Stroh besteht aus abgestorbenen Getreidehalmen, zum Beispiel Weizen, Gerste, Roggen und Hafer. Strohballen sind relativ leicht erhältlich, oft bekommt man sie beim Bauern. Sie sollten beim Kauf trocken sein und müssen bei Regengefahr unbedingt vor Feuchtigkeit geschützt werden. Die Ballen sollten gut komprimiert sein – wenn Sie Schwierigkeiten haben, die Finger unter die Verschnürung zu schieben, sind sie genau richtig. Da sich in ihnen durch die Pressung wenig Sauerstoff befindet, fallen Strohballen unter die Kategorie »normal entflammbar«, aber sie sollten trotzdem an einem feuersicheren Ort aufbewahrt werden.

Leistung

Der Wärmedämmwert von Strohballen ist sehr hoch – er erfüllt die Anforderungen für Niedrigenergiehäuser problemlos. Sie werden also das neue Haus oder den Anbau schön warm halten, wenn die Fußböden isoliert sind und Luftdurchzug im Baukörper vermieden wird. Sie wirken außerdem gut schalldämpfend.

Das Bauprinzip

Mit Strohballen kann man alles bauen – zweistöckige Wohnhäuser, Scheunen sowie Anbauten. Sie lassen sich, vereinfacht gesagt, auf zwei verschiedene Arten verbauen, die sich auch kombinieren lassen:

■ **Beim lasttragenden Bau** werden die Ballen wie Legosteine aufeinandergeschichtet und außen mit einer Holzhilfskonstruktion verbunden und gestützt. Die Fenster und Türen werden mit stabilen Holzrahmen gebildet. Die Flexibilität dieser Methode erlaubt die Konstruktion von geschwungenen Konturen und Rundhäusern.

■ **Bei Holzständerwerken** wird zuerst ein Holzständerwerk mit Dach errichtet, in das die Strohballen dann eingebaut werden. Der Vorteil dieser Methode ist, dass Sie auch bei Regen weiterbauen können, da die Ballen durch das Dach vor Nässe geschützt sind. Diese Methode ist für große Innenräume geeignet, erfordert aber gute Zimmermannskenntnisse.

1

2

DESIGN-FAKTOREN

■ **Die Wände** sollten nur aus ganzen Ballen bestehen. Kein Bereich darf schmaler sein als eine halbe Ballenlänge, vor allem um Fenster und Türen.
■ **Fenster und Türen** mindestens eine ganze Ballenlänge von tragenden Ecken entfernt platzieren.
■ **Das Fundament** sollte genau der Wandbreite entsprechen.
■ **Kein Metall** in den Wänden verwenden, da sich darum herum durch die warm-feuchte Luft in den Räumen Kondenswasser bilden kann.
■ **Ein atmungsaktiver Kalkanstrich** oder Farbe auf Kalkbasis schützt das Haus gegen Witterungseinflüsse.

1. Lasttragende Wände sind kompakt genug, um starken Winden und sogar Erdbeben standzuhalten.
2. Holzständerwerke sind zwar teuer, bieten jedoch Fenstern und Türen mehr Stabilität als die lasttragende Bauweise.

So sieht eine Strohballenmauer aus

Vor dem Bau müssen Sie ein sicheres Fundament legen, das das Gewicht gleichmäßig über den Boden verteilt. Es muss nicht so fest sein wie ein Fundament für einen Ziegelbau, da Stroh etwa 60 Prozent leichter ist. Wir empfehlen selbst entwässernde Fundamente aus Stein, Schotter oder Autoreifen, die nach dem Abtragen des Gebäudes wiederverwendet werden können.

Strohballen verarbeiten
Zuerst muss der Ballen vorbereitet werden: Lockere Verschnürungen festzurren und die Ecken mit einem Tischlerhammer nachformen, indem die Enden mit der Hammerklaue auseinandergezogen werden. Dann den Ballen in Form drücken. Muss der Ballen geteilt werden, zuerst die Teilstücke mithilfe einer Strohballennadel mit neuem Bindegarn umschnüren, bevor die Originalverschnürung zerschnitten wird. Um eine gewölbte Oberfläche zu erhalten, den Ballen auf einen Baumstamm legen und mit den Füßen (springend) formen, bis er die gewünschte Form hat. Achtung – die Verschnürung darf nicht verrutschen!

Ein Holzgerüst *mit ballengroßen Zwischenräumen sorgt für größtmögliche Stabilität der Mauer.*

Strohballen *sind einfach zu handhaben. Holznägel und Kalkverputz, ebenfalls umweltfreundliche Materialien, vervollständigen die Konstruktion.*

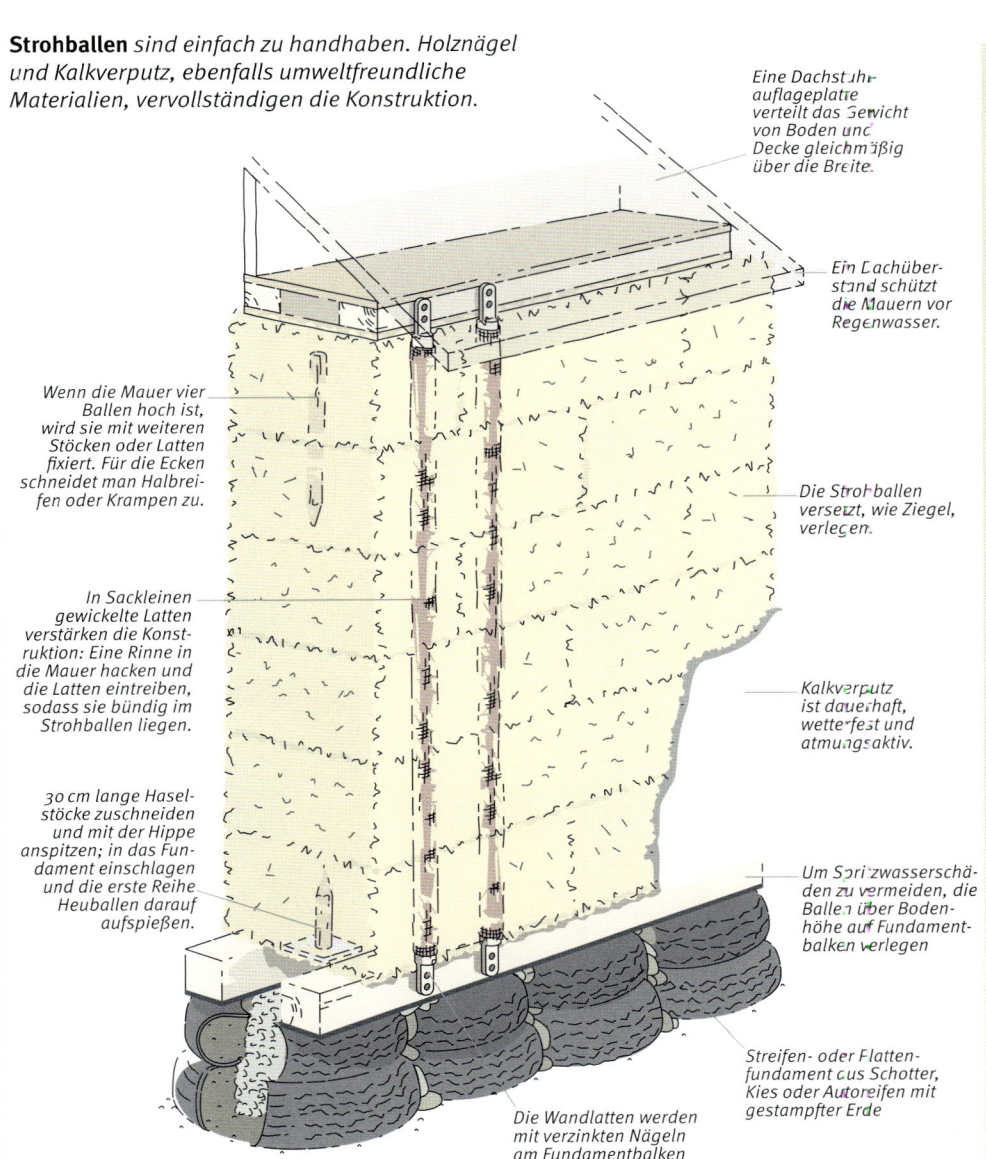

Eine Dachstuhrauflageplatte verteilt das Gewicht von Boden und Decke gleichmäßig über die Breite.

Ein Dachüberstand schützt die Mauern vor Regenwasser.

Wenn die Mauer vier Ballen hoch ist, wird sie mit weiteren Stöcken oder Latten fixiert. Für die Ecken schneidet man Halbreifen oder Krampen zu.

In Sackleinen gewickelte Latten verstärken die Konstruktion: Eine Rinne in die Mauer hacken und die Latten eintreiben, sodass sie bündig im Strohballen liegen.

Die Strohballen versetzt, wie Ziegel, verlegen.

Kalkverputz ist dauerhaft, wetterfest und atmungsaktiv.

30 cm lange Haselstöcke zuschneiden und mit der Hippe anspitzen; in das Fundament einschlagen und die erste Reihe Heuballen darauf aufspießen.

Um Spritzwasserschäden zu vermeiden, die Ballen über Bodenhöhe auf Fundamentbalken verlegen

Streifen- oder Plattenfundament aus Schotter, Kies oder Autoreifen mit gestampfter Erde

Die Wandlatten werden mit verzinkten Nägeln am Fundamentbalken befestigt.

KALKPUTZ
Kalkputz besteht aus 1 Teil ungelöschtem Kalk und 3 Teilen feuchtem Sand (für die 1. Schicht 1:2 mischen). Man mischt ihn (mit Schaufel und Schutzbrille) etwa zwei Monate vor dem Verarbeiten an. Vorsicht: Er wird sehr warm!
■ **Vor dem Auftragen** die Wände glätten und alle Makel entfernen.
■ **Eine dünne Schicht** von Hand auftragen (dicke Schutzhandschuhe tragen) und gut einreiben. 1–2 Tage trocknen lassen.
■ **Die Wand befeuchten** und zwei mit fein gehäckseltem Stroh gemischte Schichten auftragen. Alle Risse zustreichen. Während des Trocknens vor Regen, direkter Sonne und Frost schützen.

Kalkputz *kann mit Pigmenten gefärbt oder farbig angestrichen werden.*

Eine Werkstatt einrichten

Mit einer gut eingerichteten Werkstatt kann man viel Geld sparen. Sie können darin viele Sachen selbst bauen oder reparieren, anstatt sie für teures Geld neu zu kaufen oder reparieren zu lassen. Neben den üblichen Handwerkzeugen empfehlen wir eine Akku-Schlagbohrmaschine, einen Winkelschleifer, verschiedene Hämmer und eine Schweißerausrüstung. Es empfiehlt sich außerdem, eine Ladestation für Akku-Geräte mit klar gekennzeichneten Bereichen für »Laden« und »Aufgeladen« einzurichten – dann haben Sie immer einen vollen Akku zur Hand.

WERKSTATTAUSSTATTUNG

1. Handfeger und Schaufel
2. Overalls
3. Lederschürze
4. Papierhandtücher
5. Dübelsortiment
6. Steckdosen
7. Augenspülstation und Steri-Strips
8. Nagelsortiment
9. Erste-Hilfe-Kasten
10. Schraubensortiment
11. Kugelschreiber/Bleistifte
12. Fenster für Tageslicht
13. Spannungsprüfgerät
14. Batterieladestation
15. Akkuladestation
16. Elektrowerkzeug
17. Trennscheibensortiment
18. Schutzbrillen
19. Radio
20. Tischbohrmaschine
21. Tragbare Werkbank
22. Abfalleimer
23. Rohre, Schellen etc.
24. Drehbank
25. Metallfräse
26. Pinsel und Farben
27. Bohreraufsätze
28. Aufgeladene Akkus/Batterien
29. Zubehörkisten für Werkzeuge
30. Starker Schraubstock
31. Kompressor
32. Schubladen für Kleinteile
33. Schweißmaske
34. Schweißgerät
35. Drahtbesen

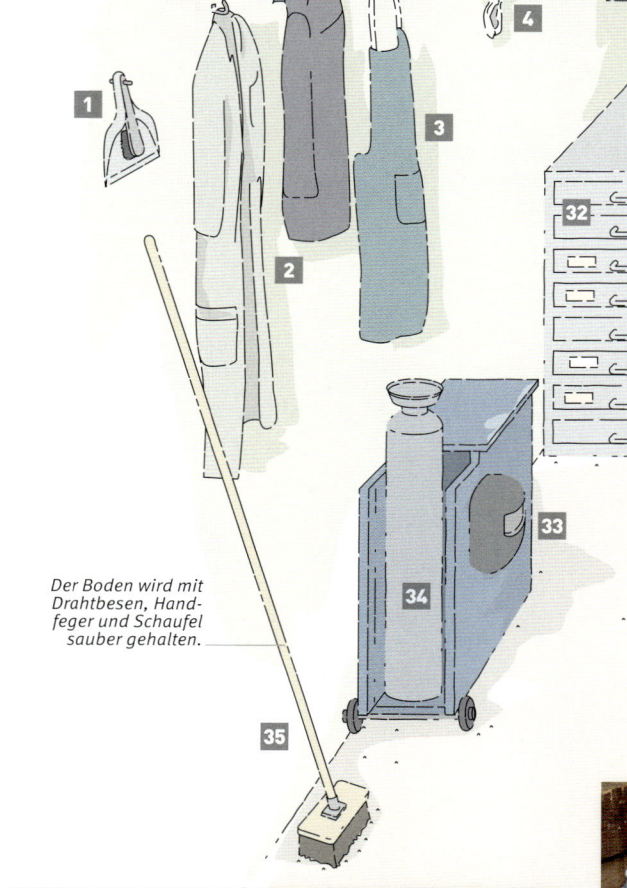

Beim Schweißen unbedingt eine funkenabweisende Lederschürze tragen.

Steckdosen hat man nie genug.

Mit der Augenspülstation kann man Staub und Fremdkörper schnell entfernen.

Der Boden wird mit Drahtbesen, Handfeger und Schaufel sauber gehalten.

Kompressor zum Aufblasen von Reifen, Entstauben von Motoren und zum Nieten einschlagen

Die Werkbank *ist das Herz der Werkstatt. Wir versuchen, unsere stets sauber und aufgeräumt zu halten, damit wir immer genug Platz haben. Stifte und Messband sollten stets griffbereit liegen.*

Es sollte genug Bodenfläche *geben, um bei Regen drinnen arbeiten zu können.*

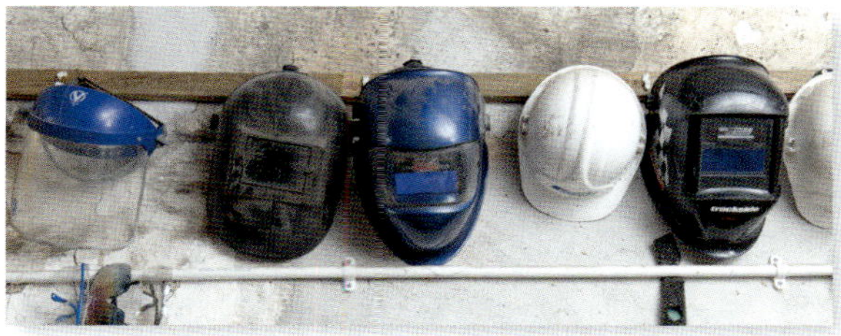

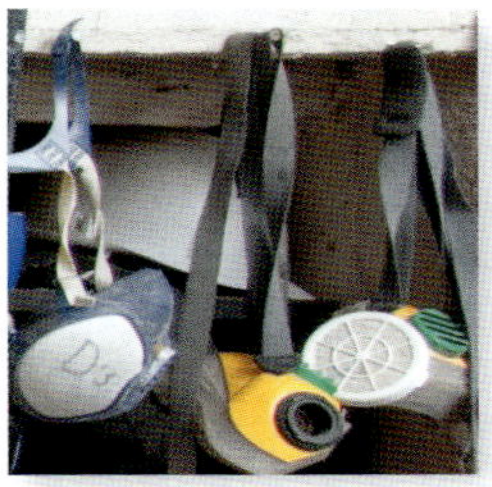

Schutzhelme, Schweißmasken (33) sowie Schutzmasken und -brillen (18) *müssen immer in gutem Zustand sein, sonst nützen sie nichts. Schutzbrillen sollen genau passen, denn mit Metallsplittern im Auge ist nicht zu spaßen.*

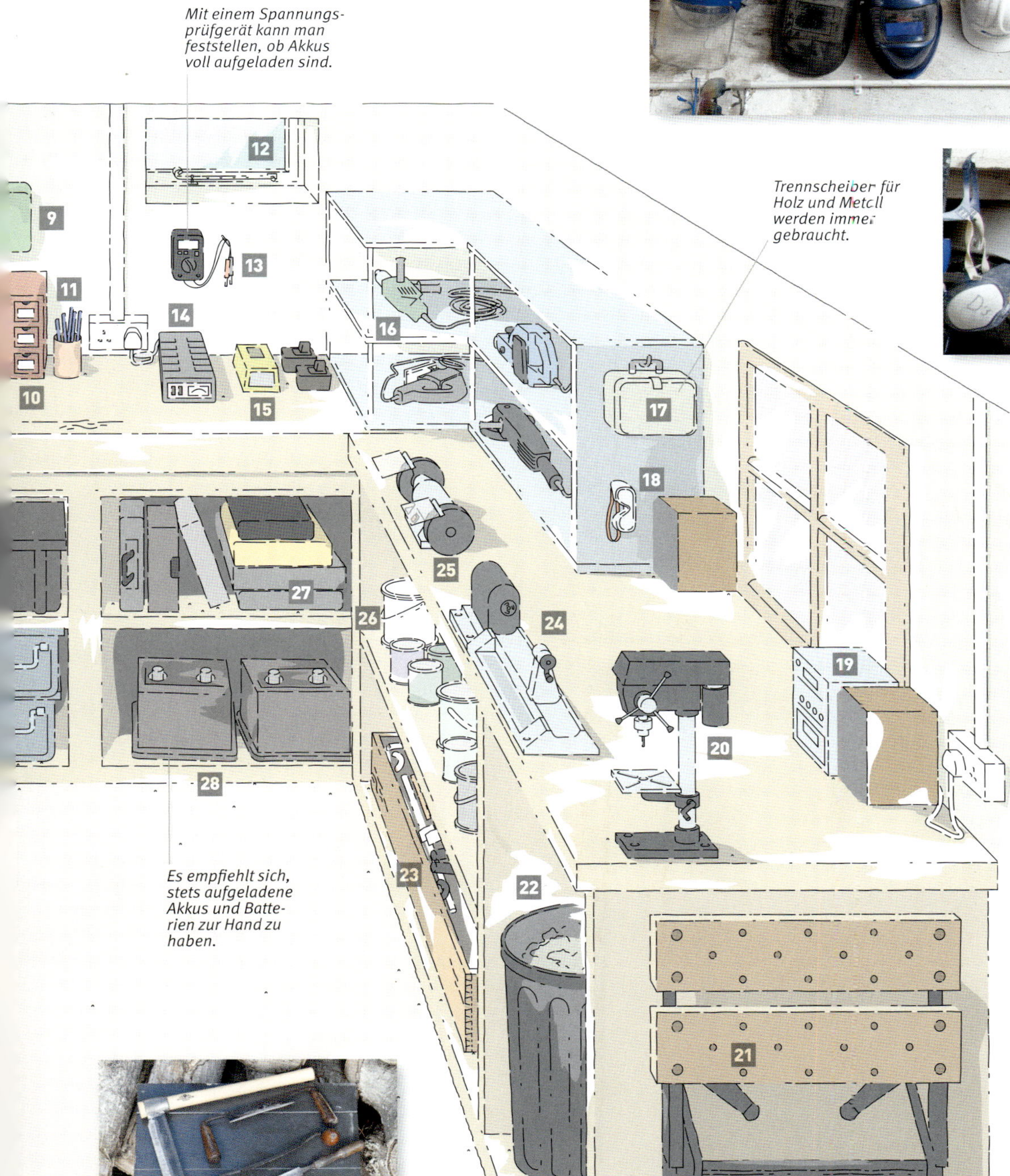
Mit einem Spannungsprüfgerät kann man feststellen, ob Akkus voll aufgeladen sind.
Trennscheiben für Holz und Metall werden immer gebraucht.
Es empfiehlt sich, stets aufgeladene Akkus und Batterien zur Hand zu haben.
9
10
11
12
13
14
15
16
17
18
19
20
21
22
23
24
25
26
27
28

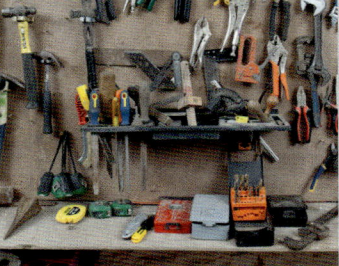

An Wandhaken *hängen die Werkzeuge immer griffbereit. Gut, wenn jedes seinen Platz hat.*

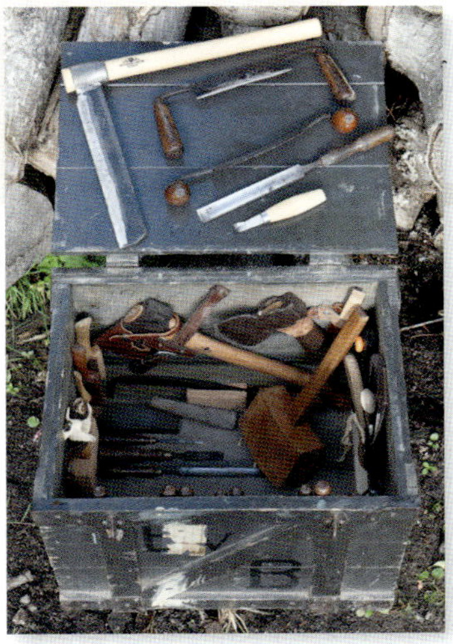

Munitionskisten (29) *aus Armeebeständen sind sehr wetterfest und geben praktische Werkzeugkisten ab.*

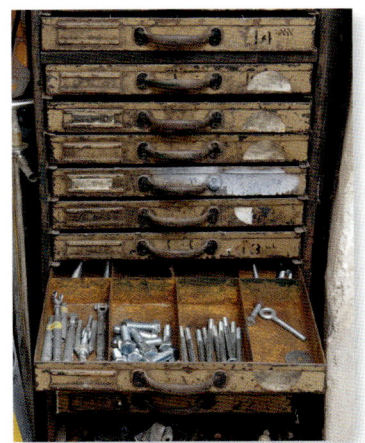

Flache Schubladen (32) *sind praktisch für kleine Gegenstände wie Haken, Ösen und Heftklammern. Beschriften nicht vergessen!*

ENERGIE UND ABFALL Sie haben also Ihren Energieverbrauch auf ein Minimum reduziert – wie wäre es nun damit, selbst Strom zu erzeugen? Jede Investition, die Sie jetzt vornehmen, hilft dabei, Sie vor zukünftigen Energiepreisanstiegen zu schützen, auf die Sie keinen Einfluss haben. All das Geld,  das Sie heute noch für Strom aus dem Netz ausgeben, können Sie morgen für sich selbst verwenden. Selbst der größte Technikmuffel wird sicher einsehen, dass es einfach beflügelnd ist, in Sachen Strom, Wasser und Abfallbeseitigung unabhängig zu sein.

Die Grundlagen der Elektrizität

Bevor Sie sich für einen erneuerbaren Energieträger entscheiden, lohnt es sich, erst einmal die Grundlagen der Elektrizität zu verstehen. Hier folgen also ein paar technische Seiten, die Sie auf keinen Fall überschlagen sollten! Sie werden Ihnen dabei helfen, sich über Ihre Grundbedürfnisse und Möglichkeiten in Bezug auf Energieversorgung klarzuwerden.

GRUNDBEGRIFFE

■ **Ampere** Die Stromstärke wird in Ampere (A) gemessen.
■ **Stromleiter** Materialien mit ausreichend freien Leitungselektronen. Kupfer ist ein sehr guter Leiter, Eisen ein deutlich schlechterer.
■ **Isolatoren** sind nicht leitende Stoffe, wie etwa Gummi, die durch fest gebundene Elektronen nicht leitfähig sind.
■ **Leistung** ist die Energie pro Zeiteinheit. Sie wird in Watt gemessen.
■ **Spannung** Die Spannung von 1 Volt (V) zwischen zwei Punkten eines Linienleiters liegt vor, wenn bei 1 Ampere 1 Watt (W) umgesetzt wird.

Energie erzeugen

Sie können erneuerbare Techniken auf zwei verschiedene Arten einsetzen, um Strom zu erzeugen. Eine Möglichkeit ist es, Wechselstrom mechanisch zu erzeugen, indem Magnete an Drähten vorbeigeführt werden (siehe unten) – zum Beispiel in der Achse eines Wind- oder Wasserrades. Eine andere Methode ist das Speichern von Sonnenenergie in Photovoltaikmodulen (Seite 62–63). Dieser Strom steht sofort zur Verfügung, etwa um Ihr Haus zu beleuchten, oder er kann in einem Akku gespeichert werden.

Energie speichern

In einer Batterie findet eine chemische Reaktion statt, die Elektronen freisetzt und durch einen Draht von einer Batterieklemme zur anderen schickt. Dadurch wird Gleichstrom erzeugt (siehe unten). Batterien sind ideal für autarke Systeme, da sie relativ billig sind und Energie nach Bedarf verwendet werden kann. Wenn Sie Ihren selbst erzeugten Strom in einem Akku speichern wollen, sollten Sie tiefenladesichere Batterien nehmen – die Sorte, die für Boote, Wohnmobile und Weidezäune verwendet wird. Diese liefern relativ

ELEKTRISCHER STROM

Im Kern jedes Atoms befindet sich ein Nukleus, der in noch kleinere Partikel unterteilt ist, die Protonen und Neutronen. Um den Nukleus herum kreisen Elektronen.

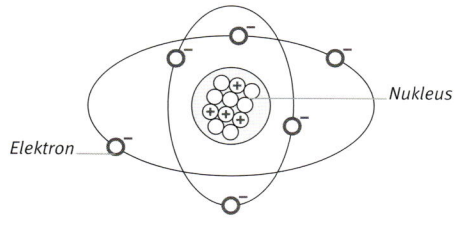

Die Protonen des Nukleus sind positiv geladen, die den Nukleus umkreisenden Elektronen negativ. Wenn sich beide im Gleichgewicht befinden, ist das Atom neutral.

Normalerweise haben Atome eine feste Anzahl von Elektronen, die nicht ohne Weiteres aus ihrer Bahn bewegt werden können. Wenn sich jedoch an einem Ort (etwa in der Siliziumschicht eines Solar-

moduls) auf einigen Atomen ein Überschuss an freien Elektronen befindet, auf anderen Atomen an einem anderen Ort (der darunterliegenden Zelle des Moduls) jedoch zu wenige und wenn zwischen diesen Orten eine Verbindung besteht, wandern die Elektronen von einem Ort zum anderen. Diese Bewegung wird Strom genannt. Die »Potenzialdifferenz« ist die Stromspannung; sie wird in Volt gemessen.

Gleichstrom

Wenn eine Batterie an einen Stromkreislauf angeschlossen ist, beginnt sich ein Teil der Substanz in den Batterien aufzulösen, wobei Elektronen freigesetzt werden. Dadurch entsteht ein Defizit am Pluspol der Batterie. Diese Potenzialdifferenz setzt die Elektronen in Bewegung, es entsteht elektri-

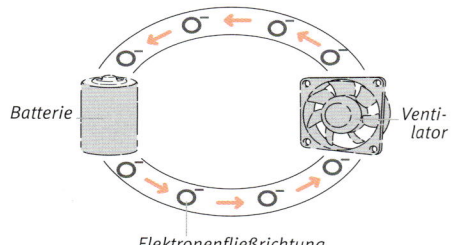

Gleichstrom wird meist für kleine Geräte, zum Beispiel Campinggeräte wie Wasserkocher oder Ventilatoren verwendet.

scher Strom. Der von einer Batterie erzeugte Strom ist Gleichstrom; er fließt vom Pluspol zum Minuspol.

Wechselstrom

Das öffentliche Stromnetz liefert jedoch Wechselstrom. Daher ist es günstig, wenn Sie zu Hause mithilfe eines Umrichters Wechselstrom erzeugen und den Überschuss an das Netz weiterverkaufen können.

Um Wechselstrom zu verstehen, denken Sie an Ihre Schulzeit und schwachen Strom, jedoch für längere Zeit. Wenn sie leer sind, werden sie wieder aufgeladen. Sie kosten etwa so viel wie Autobatterien, die jedoch für diese Zwecke nicht geeignet sind, da sie niemals ganz entladen werden dürfen.

Gleichstrom/Wechselstrom

Man sollte meinen, dass eine Sorte Strom für alles geeignet wäre, aber es gibt gute Gründe, zwischen Gleich- und Wechselstrom hin- und herschalten zu können. Dafür brauchen Sie einen Umrichter: einen Gleich- oder Wechselrichter.

■ **Gleichrichter** schalten Wechselstrom auf Gleichstrom um. Wir verwenden einen Gleichrichter, um eine Gruppe von Akkumulatoren mit Wechselstrom aufzuladen, der von unserem Wasserrad erzeugt wurde. Diesen Strom verwenden wir am Abend, um unser Haus zu beleuchten.

■ **Wechselrichter** oder Gleichstrom-Wechselstrom-Konverter arbeiten umgekehrt. Sie sind unverzichtbar, wenn Sie mit umweltfreundlicher Technik den Lebensstil des 21. Jahrhunderts genießen wollen.

Umrichter sind in sehr unterschiedlicher Qualität und Preisklasse erhältlich. Einige sind so schlecht, dass sie das Licht zum Flackern bringen und elektronische Geräte wie zum Beipiel Computer sogar zerstören können.

Daher lohnt es sich, hier etwas Geld zu investieren und sich einen Sinuswandler anzuschaffen. Dieser sorgt dafür, dass der von Ihnen erzeugte Strom dem des öffentlichen Stromnetzes gleicht.

Beim Kauf eines Umrichters müssen Sie vorher genau wissen, welche Art Geräte Sie daran anschließen wollen. Ziehen Sie im Zweifel stets den Fachmann zurate.

1. Unser Windrad ist ans öffentliche Stromnetz angeschlossen, sodass wir überschüssigen Strom gleich weiterverkaufen können **2. Photovoltaikmodule** erzeugen Strom, der in Akkumulatoren gespeichert und unter anderem für die Wasserpumpe verwendet wird.

an die Zeichnungen von Magnetfeldern (rechts). Die Feldlinien veranschaulichen die unsichtbare Magnetkraft. Stellen Sie sich nun vor, das dieser Magnet in die Nähe einer Kupferspirale gebracht wird. Das sich durch den Draht bewegende Magnetfeld beschleunigt die im Kupfer enthaltenen Elektronen und erzeugt eine Stromspannung. Je stärker die Magneten, desto mehr Feldlinien durchdringen die Kupferspirale und desto mehr elektrische Energie wird erzeugt. Die Spannung kann erhöht werden, indem man den Magneten entweder schneller oder näher an der Spirale vorbeiführt.

Um Wechselstrom zu erzeugen, brauchen Sie nur eine mit Magneten besetzte Drehscheibe (rechts). Sie müssen jedoch genug Energie zuführen, damit sich die Scheibe bewegt – zum Beispiel die Kraft des fließenden Wassers in einem

Bach oder der Wind, der über einen ungeschützten Hügel weht.

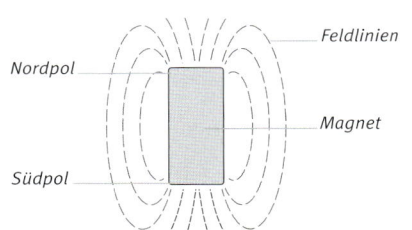

Die Feldlinien *zwischen den Polen eines Magneten sind unsichtbar.*

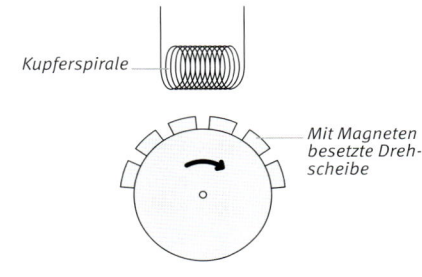

Magneten, *die sich an einer Kupferspirale vorbei bewegen, erzeugen Wechselstrom.*

NETZANSCHLUSS

Beim Anschluss an das öffentliche Stromnetz brauchen Sie fachmännische Hilfe. Ihr System muss über einen Sicherheitsmodus verfügen, der es automatisch ausschaltet, wenn die Verbindung unterbrochen wird. Es wäre nicht auszudenken, was geschehen würde, wenn Sie Strom ins Netz einspeisen, während ein Elektrikerteam bei ausgeschaltetem Hauptstrom Wartungsarbeiten vornimmt. Außerdem muss das System mit dem öffentlichen Netz kompatibel sein, sonst erhalten Sie ungleichmäßigen Wechselstrom.

Erneuerbare Energieträger

Bevor Sie sich die Kraft der Naturgewalten zunutze machen, lohnt es sich, über Ihre Motivation nachzudenken, um zu entscheiden, welches System zu Ihnen passt. Schauen Sie sich auch das Grundstück genau an – vielleicht fehlen die Voraussetzungen für das System Ihrer Wahl? Wie autark wollen Sie sein – brauchen Sie die Verbindung zum öffentlichen Stromnetz für alle Fälle?

Warum erneuerbare Energieträger?

Wenn Sie vor allem Ihre CO_2-Bilanz senken möchten und Geld für Sie eine untergeordnete Rolle spielt, müssen Sie nur sicherstellen, dass die in die Projekte gesteckte Energie (die sogenannte »verkörperte Energie«) nicht die Energie übersteigt, die Sie in der Zukunft einsparen werden.

Doch für die meisten von uns hat das Kostensparen notwendigerweise einen ebenso hohen Stellenwert wie der Umweltschutz – daher muss das gewählte System jetzt wie später finanzielle Vorteile haben. Vielleicht mag Ihnen die Zeit sehr lang vorkommen, bis sich die Anschaffung endlich amortisiert hat und Ihnen Geld einbringt, aber denken Sie daran, dass Sie damit in Zukunft gegen steigende Stromkosten und Energieknappheit abgesichert sind.

Sorgfältig ausgewählte erneuerbare Energieträger auf Ihrem Anwesen erhöhen übrigens auch dessen Wert beträchtlich und lohnen sich daher eher als kostspielige Renovierungen.

Worauf können Sie bauen?

Ihre Möglichkeiten hängen ganz davon ab, über was für ein Haus oder Grundstück Sie verfügen. Stellen Sie sich daher die folgenden Fragen:

Haben Sie **nach Süden ausgerichtete Dächer** oder Oberflächen, die für Photovoltaikmodule oder Solarthermieanlagen geeignet sind?

Bekommen Sie auch **im Winter direkte Sonne**?

Können Sie **den Wind nutzen?** Dafür müssen Sie die vorherrschende Windrichtung sowie die durchschnittliche Windgeschwindigkeit kennen. Würden Sie eine Genehmigung für ein Windrad bekommen?

Haben Sie eine **Wasserquelle**? Wenn ja, fließt oder fällt es schnell genug, um für die Energiegewinnung nutzbar gemacht zu werden? (Wasserräder, Seite 67.) Sie brauchen auch die Wassernutzungsrechte.

Genauso wichtig ist es, wenn möglich, Ihre Träume zu verwirklichen. Haben Sie sich immer ein Wind- oder Wasserrad gewünscht und eine oder gar beide Optionen stehen Ihnen auf Ihrem Grundstück offen? Dann sollten Sie es tun. Doch achten Sie darauf, dass Sie sich nicht verzetteln, denn am Ende entscheidet doch das Portemonnaie.

Wie autark wollen Sie sein?

Für alle Fälle an die öffentliche Stromversorgung angeschlossen zu bleiben, hat klare Vorteile. Sie stehen nicht plötzlich ohne Strom da, wenn ihre Anlage versagt und Sie können den Überschuss an erzeugtem Strom ins Netz einspeisen. Außerdem hat es etwas Beruhigendes, irgendwie noch mit dem Rest der Welt verbunden zu sein.

Doch so sind Sie natürlich nicht völlig autark und sofern Sie nicht diszipliniert genug sind, um nicht mehr zu verbrauchen, als Sie produzieren, bekommen Sie am Ende des Monats immer noch Stromrechnungen und sind etwaigen Energiepreisschwankungen ausgeliefert.

1. Das Wasserrad auf der Newhouse Farm erzeugt den Strom für die Hausbeleuchtung. **2. Das Windrad** hat Netzverbindung. Es steht an der höchsten Stelle, um den Wind voll auszunutzen.

Unsere erneuerbaren Energiequellen

Hier auf der Newhouse Farm sind wir immer noch teilweise ans öffentliche Stromnetz angeschlossen. Manche Systeme funktionieren jedoch bei uns auch völlig autark.

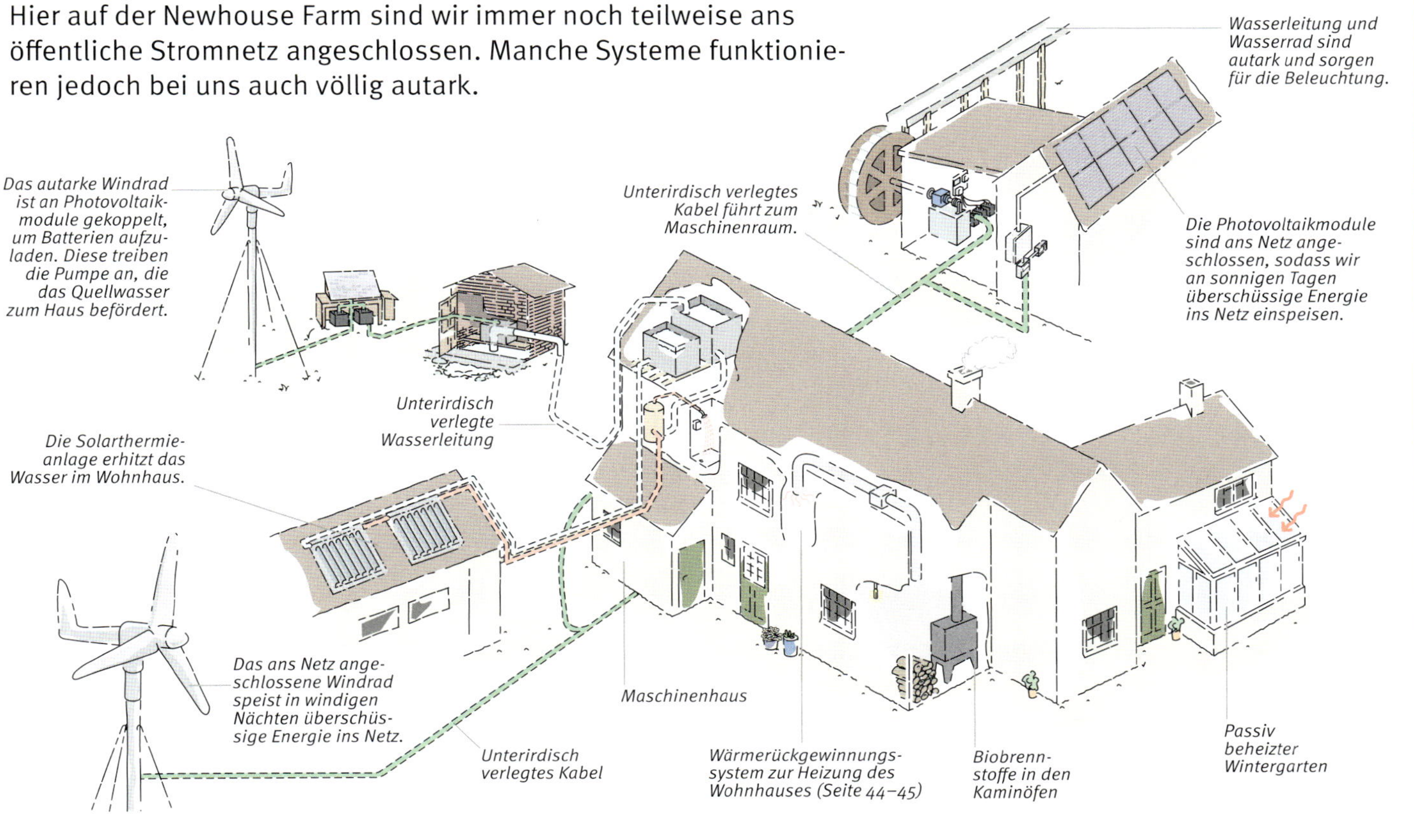

Das autarke Windrad ist an Photovoltaikmodule gekoppelt, um Batterien aufzuladen. Diese treiben die Pumpe an, die das Quellwasser zum Haus befördert.

Unterirdisch verlegtes Kabel führt zum Maschinenraum.

Wasserleitung und Wasserrad sind autark und sorgen für die Beleuchtung.

Die Photovoltaikmodule sind ans Netz angeschlossen, sodass wir an sonnigen Tagen überschüssige Energie ins Netz einspeisen.

Die Solarthermieanlage erhitzt das Wasser im Wohnhaus.

Unterirdisch verlegte Wasserleitung

Das ans Netz angeschlossene Windrad speist in windigen Nächten überschüssige Energie ins Netz.

Maschinenhaus

Unterirdisch verlegtes Kabel

Wärmerückgewinnungssystem zur Heizung des Wohnhauses (Seite 44–45)

Biobrennstoffe in den Kaminöfen

Passiv beheizter Wintergarten

Wenn Sie wirklich autark sein wollen, haben Sie keinerlei Verbindung mehr zur öffentlichen Gas-, Wasser- und Stromversorgung. Alles ist nun einzig und allein Ihre Verantwortung – und so wunderbar das auch klingen mag, sie brauchen dafür sehr verlässliche Systeme. Denken Sie an die Ernstfälle und seien sie realistisch: Was wäre, wenn …

▪ die Sonne lange nicht scheint
▪ sehr lange kein Wind weht?
▪ tage-/wochenlang weder Wind weht noch die Sonne scheint?
▪ während des Sommers weniger Wasser aus der Quelle fließt?
▪ ein System wegen Wartungsarbeiten eine Weile stillliegt?
▪ ein System einmal kaputtgeht und repariert werden muss?
▪ Ihr Wasservorrat wochen-/monatelang nicht erneuert werden kann?

Ein riesiger Lagerraum für überschüssige Energie scheint auf den ersten Blick eine gute Lösung zu sein, aber er ist ein teurer Spaß, wenn Sie darauf nur äußerst selten zurückgreifen. Setzen Sie auch hier Prioritäten und bereiten sich darauf vor, im Ernstfall Kompromisse zu machen. Vielleicht finden Sie es wichtig, das WC zu spülen, betrachten Baden jedoch als Luxus. Dann beschränken Sie sich aufs Duschen, wenn der Vorrat im Regenwassertank zur Neige geht.

Man kann mit vielen Beispielen belegen, dass Energiesparen nicht bedeutet, nun auf alles verzichten zu müssen. Reduzieren Sie doch einmal die Fernsehzeit oder kochen Sie Tee- und Kaffeewasser auf dem Kaminofen, anstatt den Wasserkocher zu benutzen. Und hängen Sie die Wäsche zum Trocknen auf die Leine, anstatt sie in den Trockner zu geben.

ERRECHNEN SIE IHREN ENERGIEVERBRAUCH

Bevor Sie in erneuerbare Energie investieren, müssen Sie wissen, wie viel Energie Sie benötigen. Dann wissen Sie, wie viel Sie erzeugen müssen. Um den Energieverbrauch eines Gerätes zu errechnen, multiplizieren Sie seine Leistung mit der Anzahl der Betriebsstunden. Ein Strommesser leistet ebenfalls gute Dienste. Standardeinheit ist die Kilowattstunde (kWh) – 1 Kilowatt sind 1000 Watt.

▪ Ein 2-kW-Heizgerät, das 1 Stunde in Betrieb ist, verbraucht 2 kWh Strom.
▪ Eine 100-W-Glühlampe, die 5 Stunden lang brennt, verbraucht 0,5 kWh.
▪ Ein 3-kW-Elektroherd, der 3 Stunden lang eingeschaltet ist, verbraucht 9 kWh.

Wenn Sie fest entschlossen sind, vollständig autark zu werden und sich vom Netz abzukoppeln, sollten Sie zuerst prüfen, wo Sie Ihren Energieverbrauch drosseln können (Seite 36–39).

Photovoltaikanlagen

Wenn die Sonne scheint, steht uns eine mächtige Energiequelle für Photonenstrahlen zur Verfügung, die durch Photovoltaikmodule (PV) sofort in Gleichstrom umgewandelt werden können. Man kann damit zum Beispiel Niedervolt-Wasserpumpen antreiben oder das Handy laden. PV-Module gehören zu den kostengünstigsten Systemen, die man ans öffentliche Netz anschließen kann.

Verbesserte Leistung

Früher galten Solarzellenplatten als teuer und unrentabel. Doch durch technische Neuerungen hat sich ihre Leistungsfähigkeit inzwischen bis auf 80 Prozent gesteigert und den Kilowattpreis stark reduziert. Die verbesserte Leistung bedeutet, dass ein vergleichsweise kleiner Teil des Daches genug Strom liefern kann, um einen Durchschnittshaushalt entscheidend zu unterstützen.

Die Lebensdauer eines PV-Moduls ist beeindruckend, denn es hat keine beweglichen Teile und die Glasoberfläche ist selbstreinigend. Laut Garantie ist unser System in der Lage, die nächsten 25 Jahre lang mindestens 80 Prozent der 3-kWh-Spitzenleistung (siehe rechts) zu liefern. Und einige der ältesten Solarzellenplatten funktionieren noch heute, über 40 Jahre nach ihrer Inbetriebnahme.

Wie PV-Module funktionieren

Jede Platte besteht aus einem Gitterwerk von Siliziumzellen. Wenn die Photonenstrahlen der Sonne auf eine Siliziumschicht treffen, in der sich Atome mit lose gebundenen Elektronen befinden, wandern diese in die darunterliegende Schicht, in der ein Elektronendefizit besteht. Dadurch entsteht ein schwacher elektrischer Strom. Da sich auf einem Modul jedoch viele miteinander verbundene Zellen befinden, wird Gleichstrom in einer respektablen Stärke produziert. Dieser wird durch einen Umrichter in Wechselstrom verwandelt (Seite 61), sofern eine Verbindung zum öffentlichen Netz besteht, oder wird als Gleichstrom in einem Akkumulator gespeichert.

Leistungsvermögen

Grob gerechnet liefert eine 3-kWh-Anlage in Süddeutschland, je nach Zellentyp, Lage, Dachneigung und Sonneneinstrahlung momentan etwa einen Jahresertrag von 2100–3400 kWh, was den Durchschnittsbedarf eines 3-Personenhaushalts durchaus decken kann.

CHECKLISTE

- Wie viel **Strom** verbrauchen Sie im Haus? Wo können Sie sparen?
- Ist das Dach **nach Süden ausgerichtet**?
- Bekommt das Dach **Wintersonne**?
- Brauchen Sie für Ihre geplante PV-Anlage eine **Genehmigung**?
- Gibt es **finanzielle Unterstützung** von der Kommune?
- Haben Sie genug Platz für eine **Photovoltaikanlage**?
- Was ist das maximale **Leistungsvermögen** Ihrer Anlage (siehe gegenüber)? Wie lange wird es dauern, bis sie sich **amortisiert** hat?
- Lohnt es sich, ein **Backup-Energiegewinnungssystem** für kleine autarke Anlagen zu installieren?

1. PV-Module auf unserem Scheunendach **2. Verstellbare Bodenmodule** folgen dem Sonnenlauf. **3. Ein kleines Modul** für den Ventilator der Gewächshauswärmesenke (Seite 118–119).

Das maximale Leistungsvermögen von PV-Modulen hängt von der maximalen Sonneneinstrahlung ab. Erstaunlicherweise wird sogar bei bedecktem Himmel Strom erzeugt, wenn auch wesentlich weniger als an Sonnentagen. Doch das Mikroklima Ihres Anwesens spielt eine wichtige Rolle: Wenn Ihr Haus in einer tiefen Talsenke liegt, ist von der Installation von Photovoltaikanlagen sehr wahrscheinlich abzuraten.

Inselsysteme

PV-Module sind sehr gut zum Aufladen von Akkumulatoren geeignet, mit denen Inselsysteme wie zum Beispiel Wasserpumpen betrieben werden können. Die Anlage muss natürlich groß genug sein, um ausreichend Strom für das System zu liefern. Überschlagen Sie, wie viel Strom Sie brauchen, wenn die Pumpe zum Beispiel täglich zwei Stunden in Betrieb ist (siehe Kasten rechts) und installieren Sie eine entsprechend große

Anzahl von Modulen. Solange die Anlage groß genug ist und Sie über genügend Akkumulatoren verfügen, werden Sie auch in Notfällen selten in Verlegenheit geraten.

Wir verwenden PV-Module für die Pumpe, die das Wohnhaus mit Quellwasser versorgt. Da wir nicht Gefahr laufen wollen, wegen zu wenigen Sonnentagen nicht genug Strom für die Wasserversorgung zur Verfügung zu haben, wird die PV-Anlage zusätzlich von einem Windrad unterstützt. Das Windrad versorgt die Pumpe vor allem im Winter mit Strom, während die Photovoltaikanlage überwiegend im Sommer genutzt wird.

Es kommt überraschend häufig vor, dass die Natur uns mit so viel Strom versorgt, dass die Akkumulatoren bereits voll sind und zu Schaden kämen, wenn sie weiterhin aufgeladen würden. Um das zu verhindern, haben wir einen Laderegler installiert, der die Anlage bei maximaler Aufladung abschaltet.

WIE VIELE AKKUS BRAUCHEN SIE?

■ Die Nennladung eines Akkus wird in Amperestunden angegeben (Ah). Ein 12-V-Akku mit einer Nennladung von 100 Ah liefert theoretisch 100 Stunden lang eine Leistung von 1 Ampere oder 1 Stunde lang 100 Ampere. Volt und Ampere multipliziert ergeben die Stromleistung (Watt) des Akkus. Er liefert also:
■ 12 Volt x 1 Ampere = 12 Watt für 100 Stunden
ODER
■ 12 Volt x 100 Ampere = 1200 Watt für 1 Stunde.
In Wirklichkeit können Sie jedoch nur eine Maximalleistung des Akkus von 80 Prozent erwarten, also rund 80 Stunden. Kleinere Akkus, also tiefentladesichere Batterien, sind nicht für hohe Stromstärken ausgelegt, daher sollten Sie nicht mehr als 10–15 Ampere ziehen, das entspricht einem Gerät von 120–180 Watt. Unsere Pumpe verbraucht 60 Watt, das sind 60 Watt geteilt durch 12 Volt, also 5 Ampere. Die Pumpe ist 2 Stunden täglich in Betrieb; ein voll aufgeladener Akku hält daher 8 Tage lang vor.

Der Aufbau einer Photovoltaikanlage

Die Ausrichtung der Anlage bestimmt, wie viel Strom gespeichert wird. Ideal ist eine Ausrichtung nach Süden. Da sich der Sonneneinfallwinkel über den Tag und das Jahr verändert, beträgt die mittlere, optimale Neigung 40 Grad.

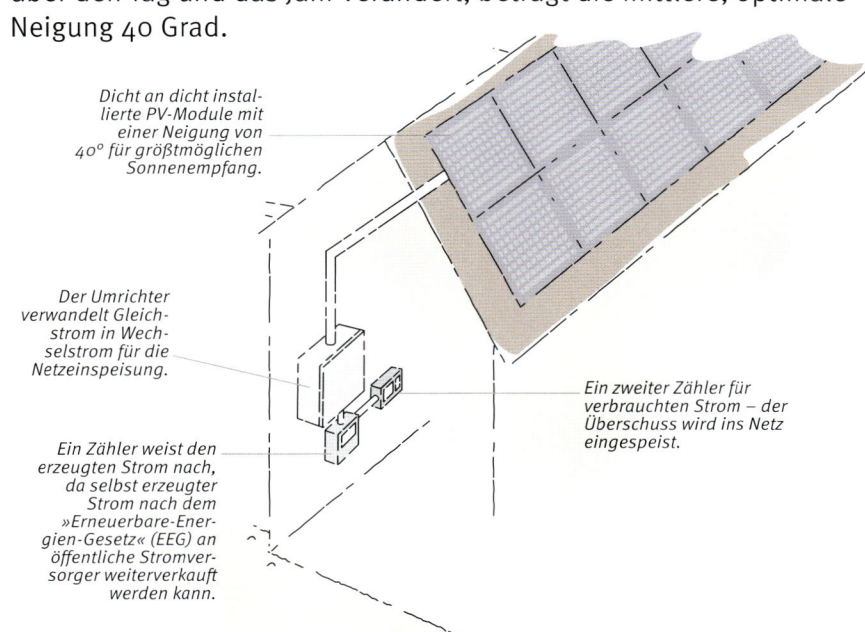

Dicht an dicht installierte PV-Module mit einer Neigung von 40° für größtmöglichen Sonnenempfang.

Der Umrichter verwandelt Gleichstrom in Wechselstrom für die Netzeinspeisung.

Ein Zähler weist den erzeugten Strom nach, da selbst erzeugter Strom nach dem »Erneuerbare-Energien-Gesetz« (EEG) an öffentliche Stromversorger weiterverkauft werden kann.

Ein zweiter Zähler für verbrauchten Strom – der Überschuss wird ins Netz eingespeist.

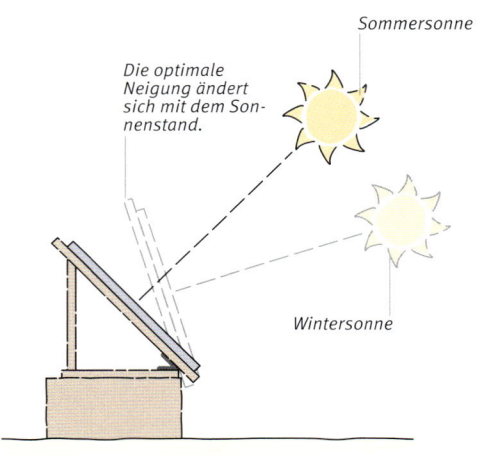

Sommersonne

Die optimale Neigung ändert sich mit dem Sonnenstand.

Wintersonne

Den Neigungswinkel verstellen
Die optimale Neigung eines PV-Moduls richtet sich nach dem Stand der Mittagssonne. Dieser ist je nach Jahreszeit und Standort verschieden. Hier in Cornwall beträgt die optimale Neigung im Juni 64 Grad, im Dezember jedoch nur 16 Grad. Wir richten unsere Bodenmodule danach aus. Auf Dreieckstützen montierte Module sind ebenfalls verstellbar, sind jedoch etwas teurer in der Anschaffung.

Solarthermieanlagen

Solarthermie ist eine der einfachsten Methoden, sich Sonnenenergie zunutze zu machen. Hier handelt es sich um direkte Übertragung von Sonnenwärme; es wird weder Energie erzeugt noch ist elektrischer Strom mit im Spiel. Sonnenkollektoren nutzen die Sonnenwärme unmittelbar, um Ihr Haus umweltfreundlich mit warmem Wasser zu versorgen – solange die Sonne scheint.

Wie es funktioniert

Solarthermie ist die meist verbreitete Art von Sonnenenergienutzung. In seiner einfachsten Form besteht ein Sonnenkollektor aus einer schwarzen, wärmeabsorbierenden Fläche, die mit Röhren durchzogen ist, in denen sich das Wärmeträgermedium befindet. Es ist neuerdings mit einer Vakuumisolierung ausgestattet, die den Energieverlust auf ein Minimum reduziert. Das einfallende Sonnenlicht erwärmt die Absorberfläche, wird in die Röhren weitergeleitet und durch ein Pumpsystem weiter transportiert.

Aufbau einer Anlage

■ **Sonnenkollektor** Er ist das Herzstück der Anlage, denn hier wird die Sonnenwärme gesammelt. Es gibt mehrere, in Bezug auf Preis und Leistung sehr verschiedene Typen von Sonnenkollektoren, angefangen von Plastiksystemen (billig, aber wenig effektiv) über Kupferrohrsysteme bis hin zu teuren, aber leistungsfähigen Vakuumröhrenkollektoren. Vakuumröhren bestehen aus zwei konzentrisch ineinander gebauten Glasröhren, zwischen denen sich ein Vakuum befindet. Schwarz gefärbte Finnen aus Kupfer im Innern der Röhre leiten die Wärme zu einem Verteilerrohr mit kaltem Wasser weiter, das dadurch aufgeheizt wird. Sie sollten beim Ankauf ihrer Sonnenkollektoren vor allem daran denken, dass die flächenmäßige Größe hier entscheidend ist.

■ **Warmwasserspeicher** Das Wasser wird in ein doppelt isoliertes Reservoir geführt, in dem es bei minimalem Wärmeverlust lange warm bleibt. Ein auf der Oberseite angebrachter Sensor gibt Auskunft über die Wassertemperatur.

■ **Vor- und Rücklauf** Dieser befindet sich ganz unten am Tank. Wenn die Sonne scheint, verfügen Sie stets über warmes Wasser, doch wenn Sie auf Hilfssysteme zurückgreifen müssen, um das Wasser aufzuheizen, wird nur der obere Teil des Wassertanks erwärmt.

■ **Regler** Der Regler ist sozusagen das Gehirn der Anlage. Wenn der Sonnenkollektor heißer ist als das Wasser im Tank, schaltet sich über den Regler die Pumpe ein, um heißes Wasser in den Tank zu transportieren. Wenn der Kollektor kühler ist als der Tank, wird die Pumpe ausgeschaltet.

Unsere Solarthermieanlage

Unser Wohnhaus auf der Newhouse Farm steht unter Denkmalschutz, darum mussten wir unsere Solarthermieanlage auf ein Nebengebäude verlagern. Um den erwarteten Wärmeverlust durch die längeren Transportwege des heißen Wassers auszugleichen, haben wir ein etwas größeres System installiert und die Leitungsrohre sorgfältig isoliert.

Leistungsvermögen

Unser System läuft auf dieselbe Leistung hinaus, die ein Boiler erbringen würde, der im Sommer 3–4 Stunden und im Winter 30 Minuten am Tag eingeschaltet ist. Wir sind begeistert darüber, dass wir selbst mitten im Winter noch Sonnenenergie nutzen können, um unsere Warmwasserbereitung zu unterstützen.

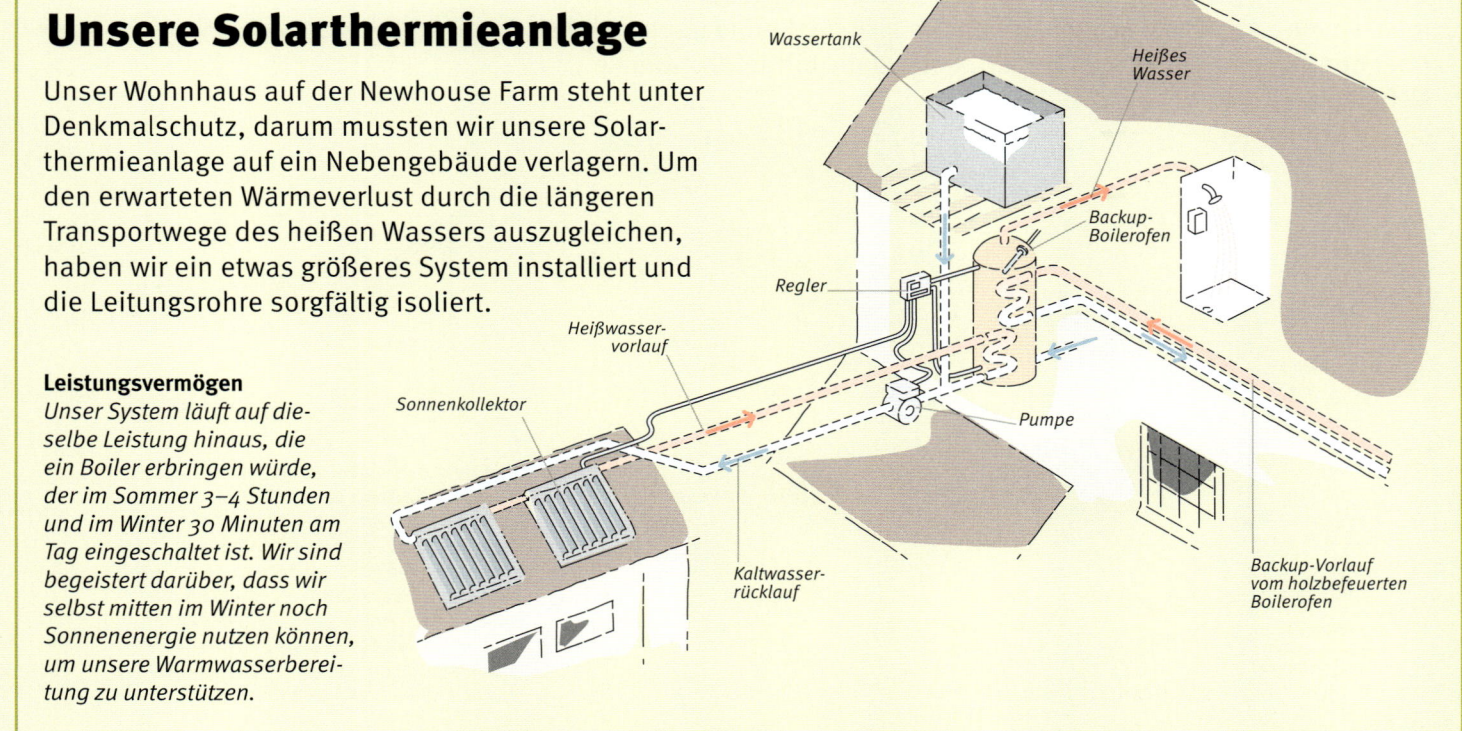

Wassertank

Heißes Wasser

Backup-Boilerofen

Regler

Heißwasservorlauf

Sonnenkollektor

Pumpe

Kaltwasserrücklauf

Backup-Vorlauf vom holzbefeuerten Boilerofen

■ **Wie hoch** ist Ihre Warmwasser-rechnung?

■ Haben Sie ein **nach Süden ausge-richtetes** Wohnhaus- oder Scheunen-dach?

■ Wenn Ihre Wohngegend oder Ihr Haus **unter Denkmalschutz** steht, brauchen Sie eine Genehmigung von der Gemeinde.

■ Wenn Sie keine Genehmigung bekommen, könnten Sie die Kollek-toren **auf dem Gelände** installieren.

■ Gibt es **Zuschüsse** von der Kom-mune, vom Land oder vom Staat?

■ Haben Sie sich bei den Anbietern gründlich über das **Preis-Leistungs-Verhältnis** der verschiedenen auf dem Markt erhältlichen Systeme informiert?

1. Campingduschen sind schwarze Plastikschläuche, die mit Wasser gefüllt für etwa 2 Stunden in die Sonne gehängt werden. **2. Unsere Sonnenkollektoren** bestehen aus leergepumpten Rohren, in denen Heizrohre stecken. Diese sind mit dem Verteiler oben verbunden, durch den das zu erwärmende Wasser fließt.

Eine solarbetriebene Dusche bauen

So eine selbst gebaute Gartendusche kostet fast nichts. Sie brauchen dafür einen ausrangierten Heizkörper, einen großen schwarzen Mülleimer und ein paar Rohre. Der ideale Platz dafür wäre ein Gartenschuppen mit einem nach Süden ausgerichteten Dach für den Sonnenkollektor. Das Reservoir mithilfe eines Gartenschlauchs bis über die Höhe des obersten Rohrs des Kollektors füllen. Nach Gebrauch der Dusche muss das Wasser abgelassen werden, denn in stehendem Wasser bilden sich schnell Bakterien.

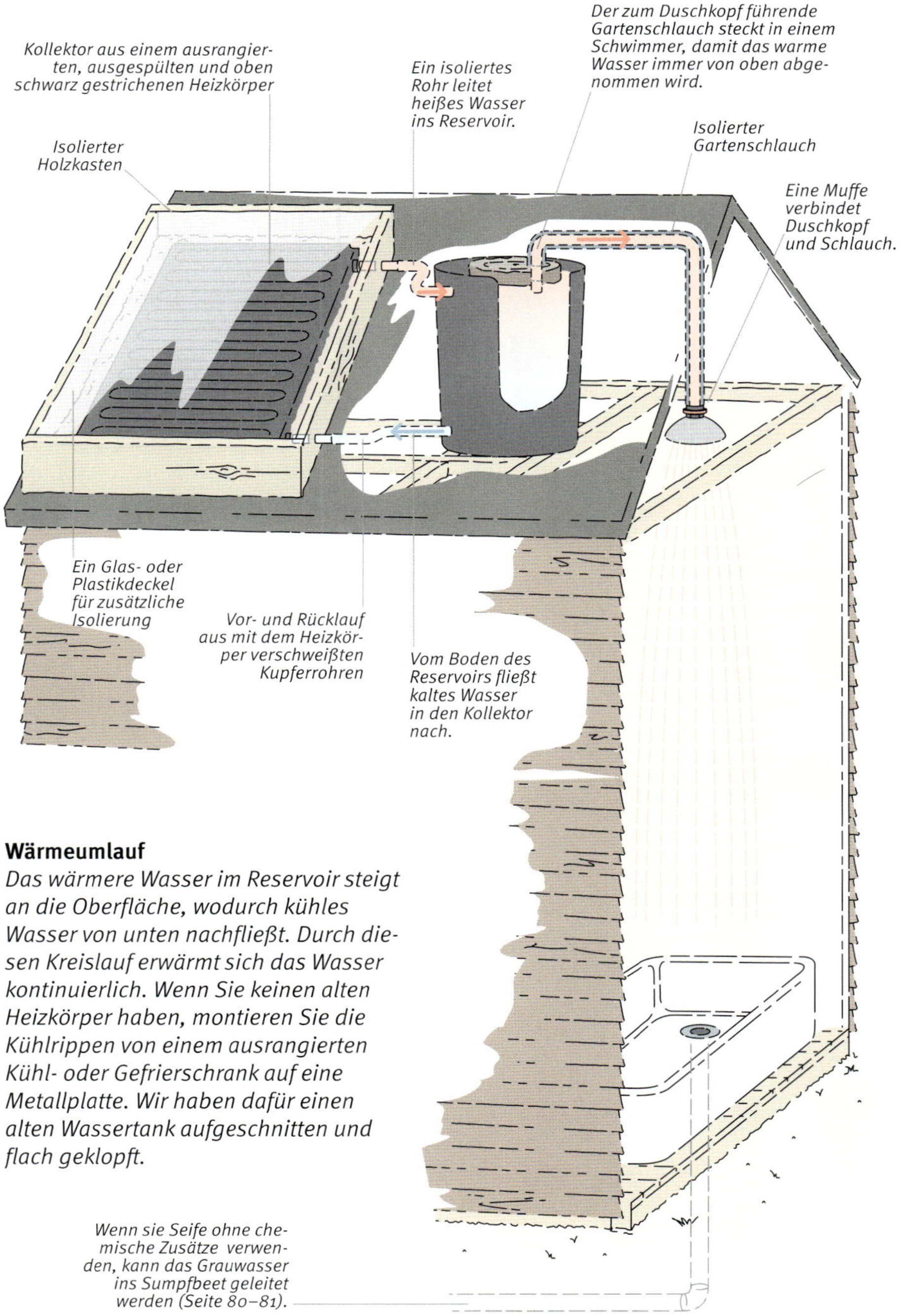

Kollektor aus einem ausrangier-ten, ausgespülten und oben schwarz gestrichenen Heizkörper

Ein isoliertes Rohr leitet heißes Wasser ins Reservoir.

Der zum Duschkopf führende Gartenschlauch steckt in einem Schwimmer, damit das warme Wasser immer von oben abge-nommen wird.

Isolierter Holzkasten

Isolierter Gartenschlauch

Eine Muffe verbindet Duschkopf und Schlauch.

Ein Glas- oder Plastikdeckel für zusätzliche Isolierung

Vor- und Rücklauf aus mit dem Heizkör-per verschweißten Kupferrohren

Vom Boden des Reservoirs fließt kaltes Wasser in den Kollektor nach.

Wärmeumlauf

Das wärmere Wasser im Reservoir steigt an die Oberfläche, wodurch kühles Wasser von unten nachfließt. Durch die-sen Kreislauf erwärmt sich das Wasser kontinuierlich. Wenn Sie keinen alten Heizkörper haben, montieren Sie die Kühlrippen von einem ausrangierten Kühl- oder Gefrierschrank auf eine Metallplatte. Wir haben dafür einen alten Wassertank aufgeschnitten und flach geklopft.

Wenn sie Seife ohne che-mische Zusätze verwen-den, kann das Grauwasser ins Sumpfbeet geleitet werden (Seite 80–81).

Windenergie nutzen

Windenergie ist eine indirekte Form der Sonnenenergie, denn durch den Einfluss der Sonnenstrahlen auf die Erde entstehen Luftbewegungen. Hier in Großbritannien wehen starke Winde, die vor allem durch Tiefdruckgebiete über dem Atlantik verursacht werden. Mit einer Windturbine kann man sich diese kinetische Energie für die Stromerzeugung zunutze machen.

Wind über Ihrem Land

Cornwalls Küste ragt in den Atlantik hinein und ist schon daher eine windige Gegend. Hier auf der Newhouse Farm nutzen wir die Windenergie mit einer ans Netz angeschlossenen Turbine, die unser Haus mit Strom versorgt, sowie mit einem autarken Windrad, mit dem wir die Akkus für unsere Wasserpumpe aufladen. »Autark« bedeutet hier, dass das Windrad nicht ans öffentliche Netz angeschlossen ist.

Die autarke Turbine ist mit einer Photovoltaikanlage (Seite 60–61) gekoppelt. Das verdeutlicht die wichtigste Regel der Windenergienutzung: Windkraft wird nicht als »stabile Energie« eingestuft, da bei Windstille eben gar keine Energie zur Verfügung steht. Daher sollte man Windkraft immer im Verbund mit anderen Energieerzeugern verwenden oder die gewonnene Energie in Akkus speichern (Seite 56–57), die in Zeiten der Windstille zum Einsatz kommen.

Wenn Sie ein Windrad anschaffen wollen, müssen Sie zwei weitere Faktoren beachten:

■ **Die Windgeschwindigkeit** ist sehr wichtig. Die von einer Windturbine erzeugte Energie ist proportional zur Kubiksumme der Windgeschwindigkeit – also WG x WG x WG. Sie können über das Internet erfahren, welche Windgeschwindigkeiten in Ihrer Gegend zu erwarten sind und ob sich die Installation einer Turbine lohnt. Selbst bei vergleichsweise wenig Wind kann man jedoch mit der richtigen Turbine noch Strom erzeugen.

■ **Die Turbulenz des Windes** ist ein weiterer wichtiger Faktor. Für eine stabile Stromerzeugung brauchen Sie gleichmäßige Windbewegungen, die sogenannte Laminarströmung (siehe Kasten unten). Bei starken Luftverwirbelungen kann eine Windturbine nicht effektiv arbeiten, da sie ständig die Richtung ändert. Auch die Rotorbewegungen sind dabei ständigen Schwankungen ausgesetzt, wodurch sich die Stromerzeugung verlangsamt. Hinzu kommt, dass die Turbine durch die ungleichmäßige Beanspruchung schneller verschleißt.

LUFTVERWIRBELUNGEN

Windturbulenzen entstehen, wenn der Wind gegen ein Hindernis in Bodennähe bläst. Dadurch ändert sich die Windrichtung und -geschwindigkeit sehr abrupt, was für eine Windturbine sehr ungünstig ist (siehe unten links). Daher wird eine an der Küste stehende Windkraftanlage sehr wahrscheinlich »besseren Wind« bekommen als ein Windrad in der Stadt, das inmitten einer Turbulenzzone steht.

Doch auch auf dem Lande ist die Kraft und die Gleichmäßigkeit des Windes großen Schwankungen unterworfen. Die Abbildung unten demonstriert, wie und wo Turbulenzen entstehen können. Generell sollte sich ein Windrad mindestens 6–8 m über dem höchsten Hindernis im Umkreis von 100 m befinden. Einfach gesprochen gilt: je höher, desto besser.

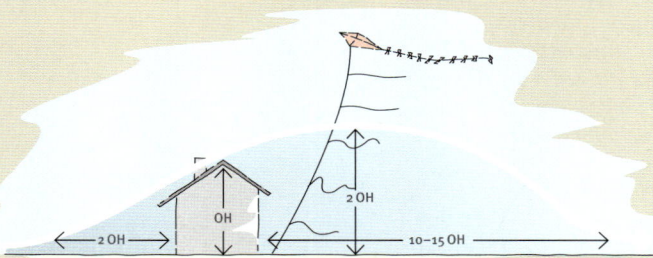

Trubulenzen *beginnen im Abstand von der doppelten Objekthöhe (OH) vor dem Hindernis und enden in etwa 10–15 Mal der OH hinter diesem; der höchste Punkt hat doppelte Objekthöhe.*

Turbulenzzonen *(graue Bereiche) sind länger, wo der Wind über relativ flaches Land weht und kürzer, wenn das Hindernis, wie hier, eine Steilküste ist.*

1. **Das autarke Windrad** erzeugt Strom, der auf Akkus geladen wird. **2. Unsere beiden Windräder** sind zu beiden Seiten eines Tals platziert, um den Wind optimal auszunutzen **3. Das ans Netz angeschlossene Windrad** ist auf ein stabil gebautes Stahlgerüst montiert.

Die Platzierung der Windturbine bedarf daher einiger Planung. Am richtigen Standort versorgt Sie ein Windrad zuverlässig mit kostenloser Energie, während es am falschen Standort hinausgeworfenes Geld ist.

Die Anschaffung

Noch vor nicht allzu langer Zeit waren Windräder sehr teuer in der Anschaffung, sodass man im Grunde gezwungen war, sie selbst zu bauen, damit sich ihr Einsatz überhaupt lohnte.

Doch inzwischen hat sich das Umweltbewusstsein positiv verändert und durch billigere Importe und die wachsende Konkurrenz auf dem Markt gibt es inzwischen bezahlbare Windräder in großer Auswahl. Selbst bauen jedoch macht einfach Riesenspaß und es ist nicht sehr schwierig, die erforderlichen Bestandteile einer Windturbine zusammenzustellen (Seite 66–67).

Sie finden die meisten handelsüblichen Turbinen im Internet. Da sich der Markt ständig verändert, ist es wichtig, sich gut zu informieren, besonders in Bezug auf die angegebene Stromleistung. Diese basiert häufig

auf unterschiedlichen Windgeschwindigkeiten, was den Vergleich recht schwierig macht.

Eine Turbine, die bei einer Windgeschwindigkeit (WG) von 8 m pro Sekunde 500 Watt erzeugt, hat ungefähr die gleiche Leistung wie ein Fabrikat, das 1900 Watt bei einer WG von 12,5 m pro Sekunde erzeugt.

Erkundigen Sie sich am besten nach der Leistungskurve in Bezug darauf, wie Sie die Turbine verwenden wollen, zum Beispiel zum Aufladen von 24-Volt-Akkus. Leistungskurven zeigen den Stromertrag bei unterschiedlichen Windgeschwindigkeiten und erleichtern so den Vergleich.

Windräder am Haus

Manche Systeme werden neben oder auf dem Dach des Wohnhauses installiert. Für Stadtbewohner ist das oft die einzige Möglichkeit, doch auch diese Systeme erbringen eine recht ansehnliche Leistung. Wir selbst würden jedoch davon abraten, denn es gibt Folgendes zu bedenken:

Windturbulenzen können sich negativ auswirken. Stellen Sie sich die Luftbewegungen rund um ein

riesiges Hindernis vor – ein Windrad in der Stadt würde sich mitten in so einer Turbulenzzone befinden.

Windräder machen Lärm. Ein Windrad auf Ihrem Dach kann schnell zu einem akustischen Ärgernis werden – nicht nur für Sie selbst, sondern auch für Ihre Nachbarn. Da ist Streit vorprogrammiert.

CHECKLISTE

▪ Wissen Sie, wie auf Ihrem Land **der Wind weht**?
▪ Kennen Sie die **Durchschnittswindgeschwindigkeit** in Ihrer Gegend?
▪ Wissen Sie, **aus welcher Himmelsrichtung** der Wind weht?
▪ Haben Sie die **Hindernisse** identifiziert, die Turbulenzen erzeugen können? Lassen sich diese überwinden?
▪ Haben Sie sich um die **Baugenehmigung** gekümmert? Windkraftanlagen sind immer genehmigungspflichtig. Wichtige Stichworte dafür sind: Abstand zu Hochspannungsleitungen, Flughäfen, Straßen, Bahnlinien, Schallemission, Schattenwurf, elektromagnetische Störungen, Standort, Landschaftsschutzbestimmungen, Umweltschutz, Archäologie, Denkmalschutz sowie Lärm- und sonstige Störungen während der Installation.

Komponenten einer Windturbine

Wenn Sie eine Windturbine bauen wollen, brauchen Sie all die hier besprochenen Dinge. Bastler bekommen die meisten Bauteile relativ preiswert über das Internet. Das empfiehlt sich vor allem, wenn Sie die Anlage speziell auf die örtlichen Gegebenheiten zuschneiden wollen, etwa mit größeren Rotorblättern.

Rotorblätter

Ein gewisser Herr Betz fand einmal heraus, dass man selbst mit den besten Rotorblättern der Welt nur etwa 59 Prozent der Windenergie nutzen kann. Große, wohlproportionierte Rotorblätter sind daher sehr wichtig.

Die Formgestaltung von Rotorblättern ist kompliziert: Billigere Blätter haben eine konstante Breite und Angriffsfläche (ähnlich wie ein Brett), während die teureren ziemlich komplex und verdreht aussehen können. Je besser das Rotorblatt, desto besser arbeitet die Turbine. Gut gestaltete Blätter machen außerdem weniger Lärm, zumal bei starkem Wind, und sind leichter in Gang zu setzen.

Elektrischer Generator

Vielleicht mag es Ihnen nicht so vorkommen, aber die Rotorblätter einer Windturbine drehen sich auch bei starkem Wind relativ langsam – nur ein paar Hundert Umdrehungen pro Minute (Upm). Daher braucht man hier einen dauerhaften Magnetwechselstromerzeuger. Dieser kann schon bei 50 Upm brauchbaren Strom erzeugen und hat eine Leistungsstärke von 90 Prozent. Hier sind ein paar wichtige Tipps:

■ **Kaufen Sie einen Wechselstromgenerator.** Dieser erzeugt kontinuierlichen Strom und die Rastmomente (das sogenannte cogging) werden abgeschwächt. Cogging kann das Ingangsetzen der Blätter erschweren.

■ **Leistungsfähigkeit** Machen Sie sich vorher gründlich mit der Leistungskurve des gewählten Systems vertraut.

■ **Gleichrichter** Wenn Sie mit dem Windrad Akkumulatoren aufladen wollen, müssen Sie von Wechselstrom auf Gleichstrom umschalten (siehe Kasten rechte Seite). Gleichrichter sind jedoch nicht bei allen Systemen mit eingebaut.

Geschwindigkeitsschutzsystem

Alle Windturbinen müssen über einen Notstopp verfügen, damit sie bei starkem Wind nicht beschädigt werden. Wenn eine Turbine bei Sturm oder durch Fehlfunktion überdreht, kann sie zu Schaden kommen. Wenn ein Rotorblatt einmal abbricht, kann es sehr weit fliegen und dadurch üble Unfälle verursachen.

»Furling-Systeme«

Dieses dreht den Rotor horizontal oder vertikal aus dem Wind, um Beschädigungen zu verhindern. Es schützt den Rotor vor dem Überdrehen und den Turm vor Überlastung. Es gibt verschiedene Bauarten:

■ **Verstellbare Blätter** Das beste und komplexeste System. Je nach Windgeschwindigkeit verändert sich der Winkel der Blätter automatisch.

■ **Heckflügel** Er dreht den Rotor bei hohen Windstärken aus dem Wind. Rotor und Heckflügel sind seitlich des Gierlagers angebracht; der Heckflügel sitzt beweglich am Rotor.

■ **Klappbare Rotoren** Die Turbine ist an Scharnieren angebracht und kann nach hinten geklappt werden.

■ **Rotorblattbiegung** Die Rotorblätter biegen und drehen sich bei starkem Wind zurück.

Die Bestandteile einer Windturbine sind nicht sehr zahlreich, aber man hat die Wahl zwischen sehr unterschiedlichen Qualitäten: Heckflügel (**1**), bewegliche Rotorblätter (**2**), billige/lärmende Rotorblätter (**3**), aerodynamische, leistungsfähige Rotorblätter (**4**), Elektrogeneratoren (**5**), Elektrogenerator mit integrierten Blättern (**6**), Sinuswechselrichter (**7**), Laderegler (**8**), billiger Trapezwandler (**9**), Umschalter (**10**) und selbst gebauter Monitor (**11**).

Abfahrsysteme

Die Turbine muss für Wartungsarbeiten und bei hohen Windstärken abgeschaltet werden können.

Elektrische Abschaltung Der Vorteil eines Magnetwechselstromerzeugers ist, dass er im Falle eines Kurzschlusses des AC-Ausgangs nur noch schwer zu bewegen ist und dadurch die Rotorblätter anhält. Ein Umschalter verhindert eine Beschädigung des Wechselstromerzeugers.

Manuelle Abschaltung entweder, indem die Turbine aus dem Wind gedreht wird oder die Rotorblätter durch eine Bremse zum Stillstand gebracht werden.

Turbinenturm

Es gibt zwei Typen von Turbinentürmen:

Ein Kippturm wird vorher zusammengesetzt und dann aufgerichtet. Er hat den Vorteil, dass man ihn für Wartungsarbeiten herunterklappen kann. Dieser Typ braucht jedoch zusätzliche Verankerungsstützen und nimmt daher mehr Bodenfläche in Anspruch als ein fest stehender Turm.

Ein fest stehender Turm wird unmittelbar am Standort, meist mithilfe eines Baukrans, zusammengesetzt. Die Turbine wird anschließend darauf montiert. Der Turm ist frei stehend und wenig anfällig. Für Wartungsarbeiten muss man allerdings hinaufklettern oder die Turbine herunterlassen.

Egal, für welches System Sie sich am Ende entscheiden, sie müssen beide extrem stabil stehen. Ein 1 m langes und 2,5 cm dickes Stahlrohr mag sehr solide wirken, doch ein 10 m langes Stück kann man knicken wie einen Strohhalm. Eine sehr vernünftige Faustregel besagt, dass man mindestens so viel Geld für den Turm wie für die Turbine ausgeben soll.

Nutzungsmöglichkeiten

Man kann Windkraftwerke auf zwei verschiedene Weisen nutzen:

Netzanschluss Diese Option gibt es nur für größere Windräder. Diese bestehen aus der Turbine und dem Wechselrichter mit Stromnetzanbindung. Sie sind auf dieselbe Weise an das Verbundnetz gekoppelt wie Photovoltaikanlagen (Seite 61).

Akkuspeichersystem Hier wird die erzeugte Energie in Akkus gespeichert. Der Strom kann mit einem Wechselrichter in Wechselstrom umgewandelt werden. Der Vorteil ist, dass der gespeicherte Strom auch bei Windstille zur Verfügung steht. Meist werden Bleiakkus verwendet, weshalb die Stromstärke stets durch 12 V geteilt werden kann. Gabelstapler- oder U-Boot-Batterien funktionieren übrigens ebenso gut. Der Batteriekasten muss sich zum Speichern in der Nähe der Turbine befinden.

AKKUSPEICHERSYSTEM

Die meisten Turbinen passen sich automatisch an die Stromkapazität des Batteriekastens an (zum Beispiel 12 oder 24 Volt). Die Turbine produziert meist Wechselstrom, der vor dem Laden der Akkus in Gleichstrom umgewandelt werden muss. Bleiakkus halten die Stromstärke der Turbine, bis sie voll aufgeladen sind. Steigt die Stromstärke plötzlich stark an, können die Akkus verschmoren (wodurch sie nicht nur kaputtgehen, sondern auch eine Explosionsgefahr darstellen). Um das zu vermeiden, müssen Sie einen Laderegler und einen Lastregler installieren. Heizstäbe geben die besten Lastregler ab. Glühlampen oder Motoren benötigen einen zu hohen Anlaufstrom, der den Laderegler beschädigen könnte.

Die Bestandteile einer Ladestation

Der Gleichrichter verwandelt Wechselstrom für die Akkus in Gleichstrom.

Der Batteriekasten nimmt den von der Turbine erzeugten Strom auf.

Der Laderegler überwacht das Aufladen der Akkus und lenkt den Strom auf den Lastenregler um, wenn sie voll sind.

Der Lastenregler nimmt den überschüssigen Strom auf und muss daher der maximalen Leistung der Turbine gewachsen sein.

Der Wechselrichter verwandelt Gleichstrom in Wechselstrom, wenn Sie damit Normalstromgeräte betreiben wollen.

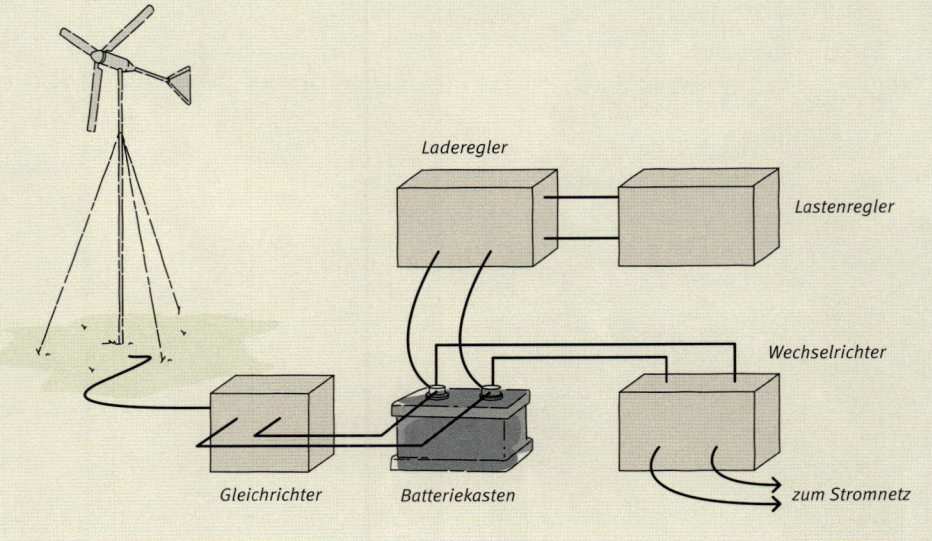

Laderegler

Lastenregler

Wechselrichter

Gleichrichter

Batteriekasten

zum Stromnetz

Wasserkraft nutzen

Jeder, der schon einmal seinen Garten von Hand bewässert hat, weiß, dass volle Gießkannen sehr schwer sind. Abwärtsfließendes Wasser erzeugt eine Menge kinetische Energie, die man sich zunutze machen kann. Doch um Wasser an einen bestimmten Ort zu transportieren, müssen wir eine Menge Arbeit und zusätzliche Energie investieren.

Wasserkraft

Wohl die effizienteste Art, die kinetische Kraft des Wassers zu nutzen, ist, sie mit einer Wasserturbine in mechanische Energie umzuwandeln und diese in einem Generator zu elektrischem Strom zu konvertieren.

Über Wasserräder schreiben wir auf Seite 72–73, daher werden wir uns hier auf Wasserkraftanlagen konzentrieren. Diese bestehen aus einer Reihe von miteinander verbundenen Komponenten, in die an einem Ende Wasser einfließt und an deren anderem Ende elektrischer Strom produziert wird (siehe Kasten rechte Seite).

Bevor Sie anfangen

Um zu wissen, womit Sie auf Ihrem Grundstück überhaupt arbeiten können, müssen Sie ein paar wichtige Berechnungen anstellen:

■ **Die Strömung** bestimmt, wie viel Wasser Ihnen zur Verfügung steht.

■ **Die Fallhöhe** ist der Höhenunterschied zwischen dem Punkt, an dem Sie das Wasser aufnehmen, und dem Punkt, an dem Sie es nutzen.

Das sind die beiden wichtigsten Dinge, die Sie wissen müssen. Wie diese gemessen werden, lesen Sie auf Seite 70–71. Diese Messungen bestimmen den Durchmesser der Wasserleitung, den Turbinentyp, die Rotationsgeschwindigkeit und die Generatorgröße. Selbst die Gesamtkosten sind ohne Kenntnis der Strömung und Fallhöhe nicht einzuschätzen, da Sie ohne diese die potenzielle Energieausbeute der Wasserkraftanlage gar nicht errechnen können.

Wenn Sie über die Daten verfügen, können Sie sich per Internet nach Firmen auf die Suche begeben, die Wasserturbinen bauen und installieren. Wenn Sie selbst entsprechende Fachkenntnisse haben, bestellen Sie die Einzelteile und installieren sie.

Die Turbine

Diese ist das Herzstück der Wasserkraftanlage. Ihre Leistungskraft bestimmt, wie viel elektrischer Strom erzeugt wird.

Es gibt zwei Grundtypen:

■ **Reaktions- oder Überdruckturbinen** (etwa Francis-, Propeller-, Jonval- und Kaplan-Turbinen) laufen unter Wasser; für hohe Strömung und niedrige Fallhöhe geeignet.

■ **Impuls- oder Gleichdruckturbinen** (etwa Pelton- oder Turgo-Turbinen) bei hoher Fallhöhe. Sie laufen über Wasser und werden von Hochdruckwasserdüsen angetrieben.

Es gibt so viele Wasserturbinen, dass man für die Entscheidung schon ein wenig Erfahrung braucht. Eine Pelton-Turbine zum Beispiel arbeitet am besten bei hoher Fallhöhe, während eine Durchströmturbine eher für niedrige Fallhöhe und starke Strömung geeignet ist.

CHECKLISTE

■ **Genehmigungen** Haben Sie sich bei der Umweltschutzbehörde hinsichtlich der nötigen Genehmigungen und eventueller Auflagen erkundigt? Verfügen Sie über eine Wasserentnahmebewilligung?

■ **Eckdaten** Haben Sie Strömung und Fallhöhe gemessen (Seite 70–71)?

■ **Beratung** Haben Sie fachlichen Rat darüber eingeholt, ob die geplante Wasserkraftanlage den Mindestanforderungen entspricht?

1. Diese Pelton-Turbine ist eine durch Hochdruckwasserdüsen angetriebene Impulsturbine. **2. Selbst kleine Bäche** haben oft genügend Kraft, um eine Turbine anzutreiben.

Ein Wasserkraftwerk bauen

Ein Wasserkraftwerk besteht aus der Wasserausleitung, der Rohrleitung zur Erzeugung von Wasserdruck, der Turbine und dem Generator zur Erzeugung von elektrischem Strom, der Ableitung sowie den Stromübertragungsleitungen. Das Wasser wird aus dem Bach abgeleitet und in die Wasserleitung eingespeist, die die Turbine antreibt.

Die Auswahl der richtigen Turbine *erfordert viel Detailkenntnisse und sollte von einem Experten vorgenommen werden, damit die Energiegewinnungsmöglichkeiten voll ausgeschöpft werden.*

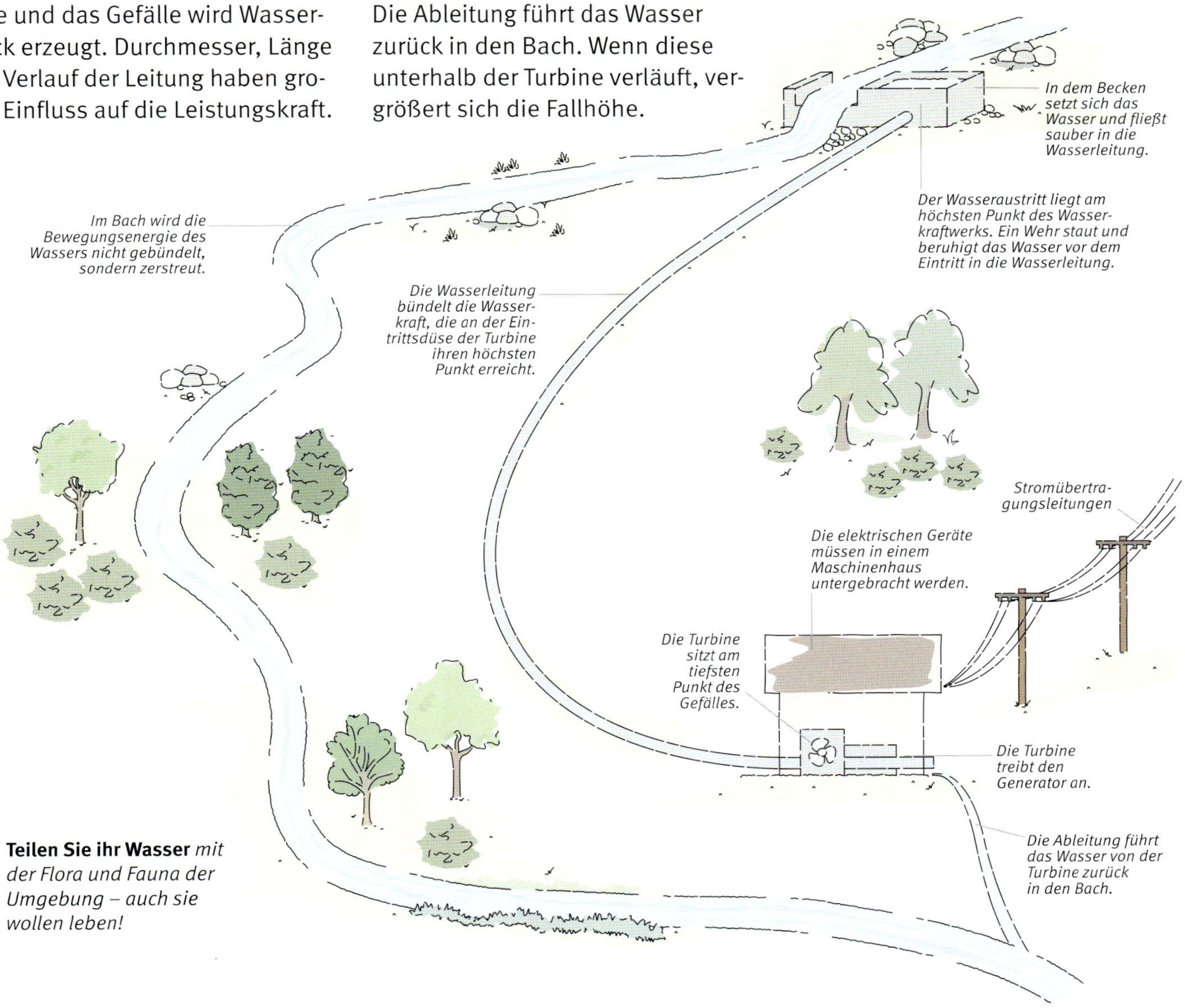

Wasseraustritt

Zuallererst muss ein Wasseraustritt gebaut werden. Das ist ein tiefes Becken, in dem das Wasser sich setzen kann, um sauber und gleichmäßig in die Wasserleitung zu fließen.

Wasserleitung

Die Rohrleitung leitet das Wasser zur Turbine. Durch die räumliche Enge und das Gefälle wird Wasserdruck erzeugt. Durchmesser, Länge und Verlauf der Leitung haben großen Einfluss auf die Leistungskraft.

Turbine und Generator

Die Leistungskraft hängt stark von der Konstruktion der Turbine ab. Eine Steuerung gewährleistet, dass die Turbine sich stets in der richtigen Geschwindigkeit dreht. Turbine und Generator müssen beide über einen Notstopp verfügen.

Ableitung

Die Ableitung führt das Wasser zurück in den Bach. Wenn diese unterhalb der Turbine verläuft, vergrößert sich die Fallhöhe.

Im Bach wird die Bewegungsenergie des Wassers nicht gebündelt, sondern zerstreut.

Die Wasserleitung bündelt die Wasserkraft, die an der Eintrittsdüse der Turbine ihren höchsten Punkt erreicht.

In dem Becken setzt sich das Wasser und fließt sauber in die Wasserleitung.

Der Wasseraustritt liegt am höchsten Punkt des Wasserkraftwerks. Ein Wehr staut und beruhigt das Wasser vor dem Eintritt in die Wasserleitung.

Stromübertragungsleitungen

Die elektrischen Geräte müssen in einem Maschinenhaus untergebracht werden.

Die Turbine sitzt am tiefsten Punkt des Gefälles.

Die Turbine treibt den Generator an.

Die Ableitung führt das Wasser von der Turbine zurück in den Bach.

Teilen Sie ihr Wasser *mit der Flora und Fauna der Umgebung – auch sie wollen leben!*

Strömung und Fallhöhe errechnen

Vor dem Installieren Ihrer Wasserkraftanlage müssen Sie Strömung und Fallhöhe kennen. Anhand dieser Basisdaten lässt sich die Rentabilität der Anlage errechnen. Die Strömung wird in Litern pro Sekunde (l/sec) oder Minute (l/min) gemessen. Da sich der Wasserspiegel von Wasserläufen im Lauf des Jahres verändert, sollte man ihn zu verschiedenen Zeiten messen. Je höher die Strömung, desto höher der Energieertrag. Die Fallhöhe wird in Metern gemessen – je höher die Fallgeschwindigkeit, desto höher die Energie.

DIE STRÖMUNG MESSEN

Methode 1: Mit einem Eimer

▪ **Bauen Sie ein behelfsmäßiges Wehr** mit einem Abflussrohr und stellen einen Eimer mit einem bestimmten Fassungsvermögen darunter. Messen Sie mit der Stoppuhr, in welcher Zeit er vollläuft.

▪ **Teilen** Sie das Wasservolumen durch die Sekunden. Zum Beispiel:
▪ Ein 15-l-Eimer
▪ läuft voll in = 3 sec
▪ Strömung = 5 l/sec

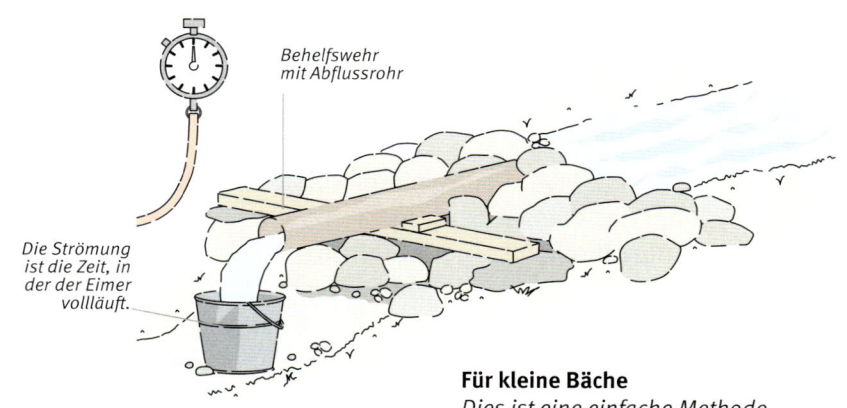

Behelfswehr mit Abflussrohr

Die Strömung ist die Zeit, in der der Eimer vollläuft.

Für kleine Bäche
Dies ist eine einfache Methode, um die Strömung zu berechnen.

Methode 2:
Mit einem Schwimmer

▪ **Die Durchschnittstiefe messen.** Dafür ein Brett über den Bach legen und in 30-cm-Abständen Messungen vornehmen. Dann alle Daten addieren und durch die Anzahl der Messungen teilen.

▪ **Die Querschnittsfläche berechnen.** Die Durchschnittstiefe mit der Breite des Baches multiplizieren. Beträgt die Tiefe zum Beispiel 0,2 m und der Bach ist 1,5 m breit, dann beträgt die Querschnittsfläche 0,3 m².

▪ **Die Strömungsgeschwindigkeit messen.** An der Stelle, an der Sie die Querschnittsfläche errechnet haben, ein 5 m langes Bachstück abmessen. Dann einen gut sichtbaren Schwimmer oberhalb dieses Bereichs in den Bach setzen und mit einer Stoppuhr messen, wie lange das Durchqueren des Abschnitts dauert. Da die Strömung wahrscheinlich nicht überall gleich ist, diese Messung an anderen Stellen wiederholen und den Durchschnitt ermitteln. Dafür die zurückgelegte Strecke durch die Zeit teilen: Wenn es 10 Sekunden dauerte, 5 m zurückzulegen, dann: Geschwindigkeit = 5/10 oder 0,5 m/sec.

▪ **Die Strömung berechnen.** Nun die Geschwindigkeit mit der Querschnittsfläche multiplizieren.

▪ **Geschwindigkeit** = 0,5 m/sec x 0,3 m² = 0,15 m³/sec. Das entspricht 150 l/sec.

▪ **Den Reibungswiderstand berechnen.** Das Wasser fließt am Boden des Baches langsamer als an der Oberfläche. Daher liegt die wirkliche Strömung etwas unterhalb unserer Berechnungen. So müssen wir das Ergebnis noch einmal mit 0,83 multiplizieren:
Reale Strömung = 0,15 x 0,83 = 0,1245 m³/sec). Das entspricht 124 l/sec.

Messen Sie eine 5 m lange Strecke ab.

Wie lange braucht der Schwimmer, um 5 m zurückzulegen?

Für große Bäche
Eine ideale Methode, wenn der Bach über 5 m eine relativ konstante Breite und Tiefe hat.

Legen Sie ein Brett über den Bach und messen Sie alle 30 cm die Tiefe.

DIE FALLHÖHE MESSEN

Methode 1: Mit waagerechten und senkrechten Latten
■ **Den Rohrzufluss festlegen** und in 1 Meter Abstand davon eine senkrechte Messlatte aufstellen. Vom Rohrzufluss aus eine Latte waagerecht an die Messlatte legen.
■ **Den Abstand des Schnittpunkts** der horizontalen und vertikalen Latten zum Boden notieren.
■ **Bis zum Fuß des Gefälles wiederholen.** Der Ausgangspunkt jeder neuen Messung ist die Position der letzten Messlatte.

■ **Alle Maße addieren.** Das Ergebnis ist die Fallhöhe.

Zu zweit geht es leichter
Einer richtet die waagerechte Messlatte mit der Wasserwaage aus, der andere hält die Messlatte genau senkrecht.

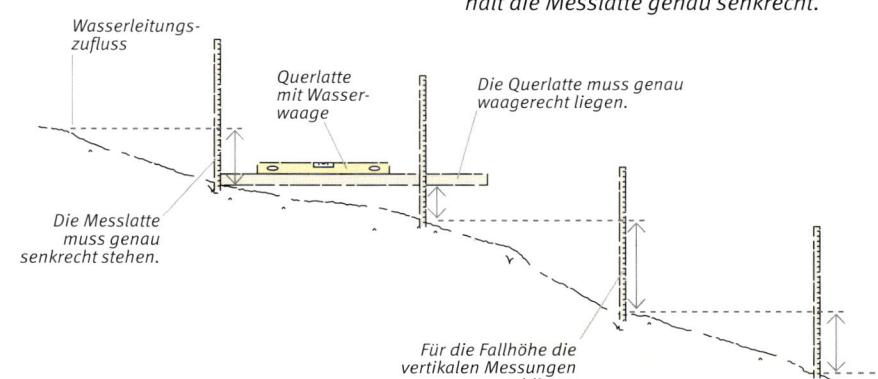

Wasserleitungszufluss

Querlatte mit Wasserwaage

Die Querlatte muss genau waagerecht liegen.

Die Messlatte muss genau senkrecht stehen.

Für die Fallhöhe die vertikalen Messungen addieren

Methode 2: Wasserdruck messen
Durch die Messung des Wasserdrucks in einem Schlauch können Sie die Fallhöhe Ihres Geländes berechnen. Das beruht auf der Tatsache, dass der Wasserdruck je Meter Höhenunterschied $0,1\,kg/cm^2$ beträgt, also rund 0,1 bar (5 m hätten demnach einen Druck von 0,5 bar).
■ **Einen Gartenschlauch** vom geplanten Leitungszufluss bis zum Standort der Turbine verlegen.

■ **Druckmesser anschließen** und den Schlauch vollständig mit Wasser füllen. Bei einem Wasserdruck von 0,3 bar wäre die Fallhöhe also etwa 3 m, bei 1 bar 10 m.

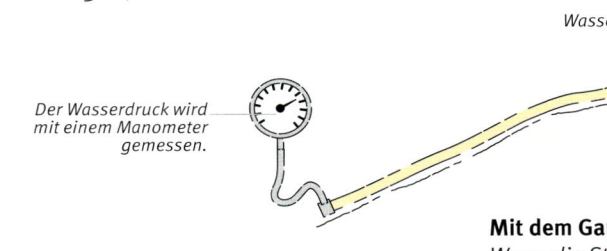

Den Schlauch mit einer Gießkanne füllen

Wasserleitungszufluss

Der Wasserdruck wird mit einem Manometer gemessen.

Vergewissern Sie sich, dass sich keine Wasserblasen im Schlauch bilden.

Mit dem Gartenschlauch
Wenn die Strecke nicht allzulang ist, können Sie die Fallhöhe mithilfe von Gartenschläuchen messen.

WIE LEISTUNGSFÄHIG IST DIE ANLAGE?

Nun können Sie die zu erwartende Leistung in etwa einschätzen. Leider ist der Energieverlust durch das System bei diesem Wert nicht berücksichtigt; die wirkliche Leistung fällt beträchtlich geringer aus.

Theoret. Leistung (W) = Strömung (l/sec) x Fallhöhe (m) x Schwerkraft ($9,81\,m \times sec^{-2}$)

Hat der Bach eine Strömung von 150 l/sec und eine Fallhöhe von 10 m, beträgt die maximale theoretische Leistung:

Theoret. Leistung = 150 x 10 x 9,81 Watt
= 14715 Watt (14,7 kW)

Dieser Wert zeigt Ihnen, wie viel elektrischen Strom Ihre Wasserkraftanlage theoretisch erzeugen könnte.

14,7 kW für 1 Stunde = 14,7 kWh.
An einem Tag wären das insgesamt
14,7 x 24 = 352,8 kWh.
In einem Jahr ergäbe das 128 772 kWh.

Wenn wir annehmen, dass ein Durchschnittshaushalt 3300 kWh verbraucht,

dann könnte Ihr Bach theoretisch mehr als 40 Haushalte mit Strom versorgen.

Wie Energieverlust entsteht
Der Reibungswiderstand des durch Rohrleitung und Turbine fließenden Wassers und der Energieverlust in Antriebssystem, Generator und Stromleitungen sind für einen Teil des Energieverlustes verantwortlich. Eine kleine Anlage, die direkten Wechselstrom erzeugt, wird etwa 60–70 Prozent direkte Leistung erbringen, zwischen Turbineneingangsdüse und Generatorausgang gemessen.

Ein Wasserrad bauen

Wasserräder werden schon seit jeher zur Nutzung der kinetischen Energie des Wassers eingesetzt. Die britische Industrie ruhte jahrhundertelang auf den Segnungen der Wasserkraft. Das Prinzip ist sehr einfach: Das Rad ist mit wasserdichten Behältern ausgestattet, die durch die Strömung volllaufen und das Rad antreiben. Diese stete Drehung kann man für die Stromerzeugung nutzen.

Eine Wasserkraftanlage

Wie auch bei Turbinen kommt es bei Wasserrädern auf die optimale Nutzung der Strömung und Fallhöhe (Seite 70–71) des Wassers an. Sogenannte unterschlächtige Wasserräder (siehe Kasten rechte Seite) kann man jedoch auch an völlig eben verlaufenden Wasserläufen betreiben.

■ **Der Wasserzufluss** kann ein See, Fluss, Mühlenbach oder, wie in unserem Falle, ein Quellbach sein, der über ein Aquädukt (eine Wasserleitungsbrücke) umgeleitet wurde. Der Bau der Zuleitung ist meist der arbeitsintensivste Teil des Projekts. Sie werden dafür sehr wahrscheinlich die Zustimmung der Umweltbehörde sowie eine Wasserentnahmebewilligung (Seite 68) benötigen.

■ **Das Wasserrad sollte möglichst groß sein,** um eine maximale Fallhöhe zu erzielen. Der Abstand zwischen Nabe und Innenkante der Behälter bestimmt das Drehmoment. Je größer der Abstand, desto mehr Kraft wird übertragen. Ein breiteres Rad nutzt die zur Verfügung stehende Wasserkraft besser aus als tiefere Behälter.

■ **Um die Rotationskraft zu nutzen,** wird die Nabe zum Beispiel mit einem direkten Riemenantrieb verbunden, der für Maschinen verwendet wird; mit einem Getriebe, das die Achsenrotation so weit beschleunigt, dass ein Generator angeschlossen werden kann; mit einem Kettenantrieb oder einem System von Riemen und Riemenscheiben.

Unsere Wasserkraftanlage

Wir erzeugen mit unserer Anlage den Strom für die Beleuchtung der Newhouse Farm. Das Rad hat einen Durchmesser von nur 4 Metern und die Strömung ist nicht sehr stark, sodass es unter Normalbedingungen nur 40 Watt produziert. Bei höchstem Wasserstand sind es bis zu 250 Watt.

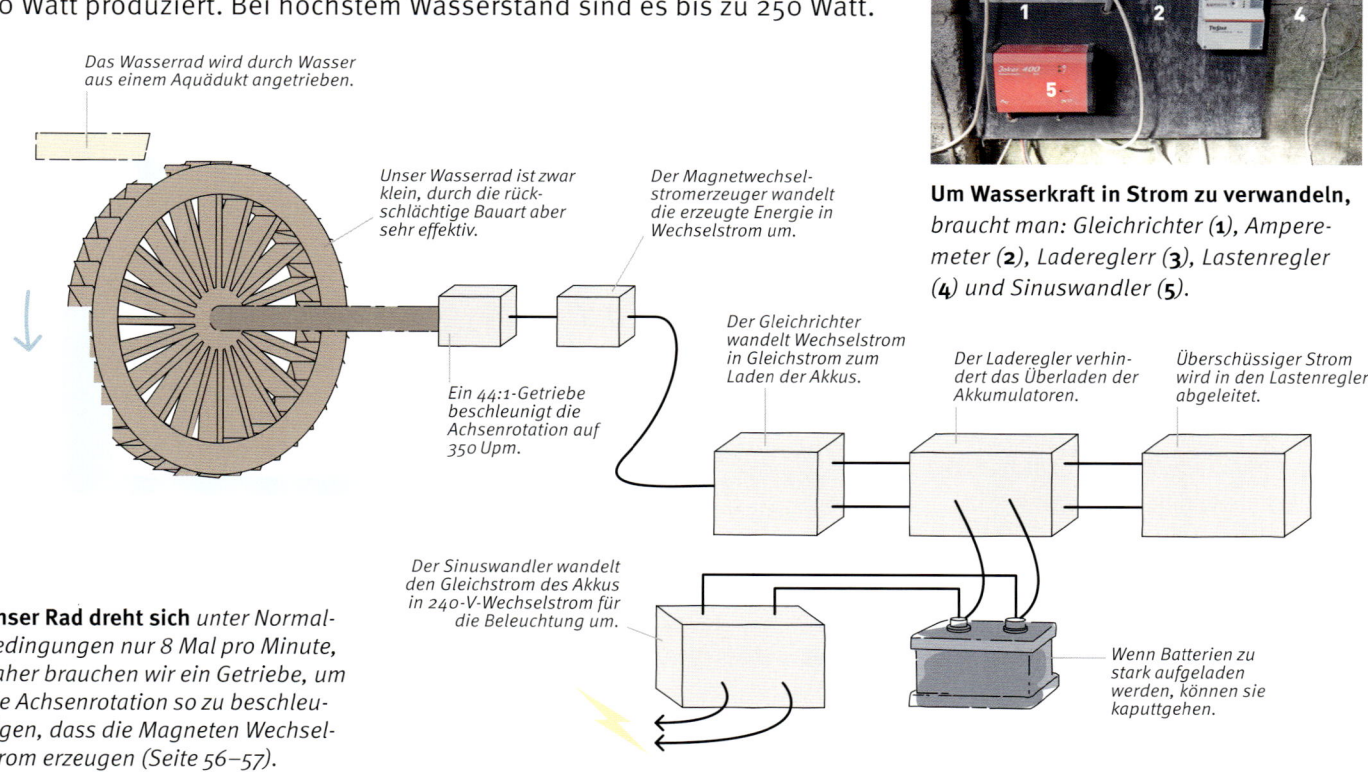

Das Wasserrad wird durch Wasser aus einem Aquädukt angetrieben.

Unser Wasserrad ist zwar klein, durch die rückschlächtige Bauart aber sehr effektiv.

Der Magnetwechselstromerzeuger wandelt die erzeugte Energie in Wechselstrom um.

Um Wasserkraft in Strom zu verwandeln, braucht man: Gleichrichter (1), Amperemeter (2), Laderegler (3), Lastregler (4) und Sinuswandler (5).

Ein 44:1-Getriebe beschleunigt die Achsenrotation auf 350 Upm.

Der Gleichrichter wandelt Wechselstrom in Gleichstrom zum Laden der Akkus.

Der Laderegler verhindert das Überladen der Akkumulatoren.

Überschüssiger Strom wird in den Lastregler abgeleitet.

Der Sinuswandler wandelt den Gleichstrom des Akkus in 240-V-Wechselstrom für die Beleuchtung um.

Wenn Batterien zu stark aufgeladen werden, können sie kaputtgehen.

Unser Rad dreht sich unter Normalbedingungen nur 8 Mal pro Minute, daher brauchen wir ein Getriebe, um die Achsenrotation so zu beschleunigen, dass die Magneten Wechselstrom erzeugen (Seite 56–57).

Die Leistung maximieren

Es mag sich vielleicht kleinkrämerisch anhören, aber der Winkel, in dem die Wasserbehälter an das Rad montiert sind, sollte genau 114° betragen. Man sollte annehmen, dass diesem Wert lange und hochkomplizierte mathematische Berechnungen zugrunde liegen, aber tatsächlich hat er sich aus jahrhundertelanger empirischer Erfahrung ganz allmählich ergeben. Doch nun, da Sie das große Geheimnis der Wasseräder kennen, fangen die Entscheidungen erst an. Das Leistungsvermögen Ihrer Anlage hängt von der optimalen Nutzung des Wassers ab, das Ihnen zur Verfügung steht. Die Größe oder Bauart des Wasserrads allein bestimmt schon, ob Sie Ihre Wasserkraftanlage zu 20 oder zu 90 Prozent ausnutzen.

Wohin mit dem Strom?

Wir laden mit unserem Strom Akkumulatoren auf (siehe Kasten linke Seite), damit wir zu den Zeiten, an denen wir Beleuchtung brauchen – hauptsächlich frühmorgens und abends – mehr als 40 Watt zur Verfügung haben. Wenn wir 24 Stunden lang pro Stunde 40 Watt erzeugen, stehen uns 6 Stunden lang 160 Watt zur Verfügung; das entspricht 16 Energiesparlampen und mehr als genug für die Newhouse Farm!

Wie Sie sehen, produziert unsere Wasserkraftanlage nicht besonders viel Strom. Doch wenn Ihre eigene Wasserkraftanlage leistungsfähiger ist, sollten Sie sich überlegen, sie ans öffentliche Netz anzuschließen. Dafür brauchen Sie zusätzlich einen Wechselrichter.

1. Wenn Sie ein Aquädukt bauen, sollte der Wasserlauf so eben wie möglich verlaufen, damit unterwegs keine Energie verloren geht. **2. Wasserräder** beruhen auf einer sehr einfachen Konstruktion, doch nicht alle sind gleich leistungsfähig (siehe Kasten rechts). **3. Das Getriebe** sorgt dafür, dass sich der Magnetwechselstromerzeuger schnell genug dreht, um elektrischen Strom zu produzieren.

WASSERRADTYPEN

Die wichtigste Entscheidung ist die Wahl des Radtyps. Dieser richtet sich nach dem Volumenstrom, der Fallbeschleunigung, der Wasserwegeführung sowie dem Standort.

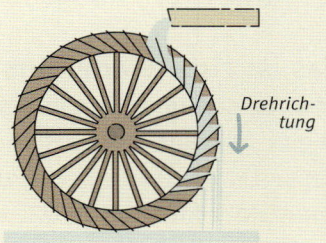

Rückschlächtige *Wasserräder sind am leistungsfähigsten. Sie setzen fast 90 % der Wasserkraft in Strom um.*

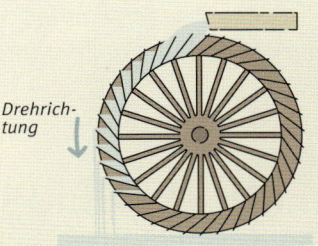

Oberschlächtige *Räder können eine Leistungskraft von über 80 % erreichen.*

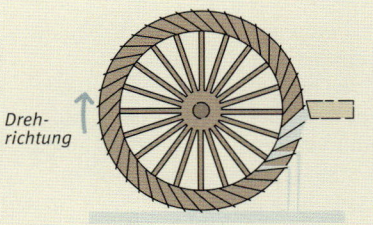

Unter- und mittelschlächtige *Räder sind für geringes Gefälle. Mittelschlächtige können noch eine Leistungskraft von bis zu 80 % erreichen.*

Tiefschlächtige *Räder kommen ohne Gefälle aus und arbeiten nur mit der Strömung. Ihre Leistungskraft ist von den verschiedenen Varianten am geringsten.*

Eine Widderpumpe bauen

Eine Widderpumpe macht sich den Wasserdruck zunutze, um das Wasser dorthin zu transportieren, wo es gebraucht wird – ohne Zuhilfenahme von elektrischem Strom. Mit ein wenig Klempnererfahrung können Sie solch eine Pumpe leicht selbst bauen. Wir verwenden unsere selbst gebaute Widderpumpe, um das Wasser bergauf in einen Auffangbehälter für Gießwasser zu pumpen.

Was ist eine Widderpumpe?

Eine Widder- oder Stoßheberpumpe ist eine hydraulische, also durch Wasserkraft angetriebene Pumpe. In einem Rohr fließendes Wasser wird plötzlich gestoppt, wodurch sich die Wasserkraft mit einem Schlag auf Null reduziert. Eine Widderpumpe macht sich diesen Druckanstieg zunutze, um einen Teil des Wasserstromes an einen höher gelegenen Ort zu transportieren.

Das Bauprinzip

Eine Widderpumpe ist einfach zu bauen, pflegeleicht und verlässlich. Sie hat nur zwei bewegliche Teile: Das Ablauf- oder Stoßventil und das Rückschlagventil. Durch das einfließende Wasser schließt sich das Stoßventil schlagartig und öffnet dadurch das Rückschlagventil. Das Wasser fließt in den Druckkessel und wird durch die Steigleitung nach oben gepresst. So verringert sich der Wasserdruck, das

Rückschlagventil schließt sich und der Kreislauf beginnt von vorn.

Der Druckkessel dämpft gleichzeitig den Schlageffekt des Stoßventils und steigert die Pumpleistung.

Sie brauchen außerdem Rohre für die Triebleitung von der Wasserquelle zur Pumpe und Zuleitungsrohre zum Auffangbehälter. Die Pumpe läuft ununterbrochen automatisch weiter, sofern keine Luft in die Triebleitung kommt oder die Ventile verstopfen.

WIE EINE WIDDERPUMPE FUNKTIONIERT

Damit die Pumpe funktioniert, muss der Wasserzulauf höher liegen als die Pumpe. Je größer die Fallhöhe, desto höher hinaus kann das Wasser gepumpt werden – bis zu 10 Mal so hoch wie die Zulaufhöhe. Die Fallhöhe sollte mindestens 2 m betragen.

Die Fließgeschwindigkeit der Quelle bestimmt, wie viel Wasser wie schnell gepumpt werden kann. Mit einer hydraulischen Widderpumpe kann man ohne viel Aufwand einen Haushalt oder ein ganzes Dorf mit Wasser versorgen.

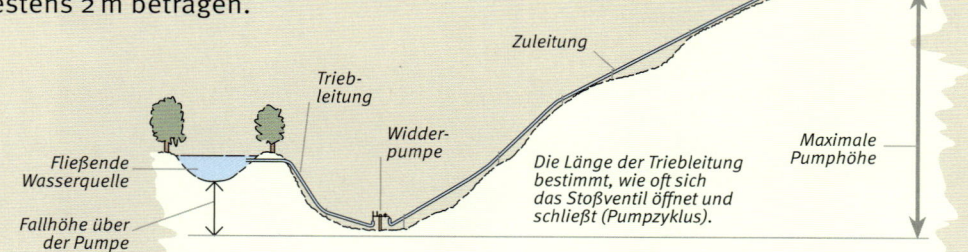

Der Wassertank muss höher liegen als die Quelle.

Zuleitung

Triebleitung

Widderpumpe

Fließende Wasserquelle

Fallhöhe über der Pumpe

Die Länge der Triebleitung bestimmt, wie oft sich das Stoßventil öffnet und schließt (Pumpzyklus).

Maximale Pumphöhe

WORAUS SIE BESTEHT

■ Das Wasser fließt von der Triebleitung in die Zuleitung (1) und aus dem offenen Stoßventil (2). Das Rückschlagventil (3) ist geschlossen.
■ Durch den steigenden Wasserdruck schließt sich das Stoßventil.
■ Durch den »Stoßeffekt« des Wassers öffnet sich nun das Rückschlagventil.

■ Der Druckkessel (4) enthält Luft, die den Wasserstoß abfedert und so die Lebensdauer der Pumpe verlängert. Sie würde auch ohne den Druckkessel funktionieren, doch weniger effizient und der Wasserdurchfluss wäre ungleichmäßiger.
■ Das Wasser fließt durch den Hahn (5) ins Zuleitungsrohr und wird nach oben gedrückt.

Eine Widderpumpe *arbeitet, durch den stetig wechselnden Wasserdruck angetrieben, ununterbrochen automatisch weiter.*

Einen hydraulischen Widder selbst bauen

Für unsere Pumpe haben wir Kupferrohre verschiedener Durchmesser zusammengefügt. Am besten geht das mithilfe von Reduzierstücken und Schneidverbindungen. Für die Leitungen haben wir PE-Rohre genommen. Ihre Materialwahl richtet sich jedoch nach dem Geldbeutel und der Größe der Ventile.

SIE BRAUCHEN DAFÜR
- Kupferrohre
- 2 T-Verbinder, Messing
- Messing-Rückschlagventil
- Federbelastetes Rückschlagventil, Messing
- Stoßventil
- Messing-Endkappen
- Schraubenschlüssel
- Filter und Schutzgitter
- Zange
- Wasserhahn
- Polyethylenrohre

DIE WIDDERPUMPE ZUSAMMENSETZEN

1. Schneidverbindung Erst die Mutter, dann den Schneidring über das Rohrende schieben. Das Rohr in das Verbindungsstück schieben. Die Mutter mit der Hand festschrauben. **2. Mutter und Schneidring** mithilfe von zwei verstellbaren Schraubenschlüsseln in entgegengesetzte Richtungen drehen. **3. Auf dieselbe Weise** den Druckkessel (ein 28-mm-Rohrstück mit Endkappe) befestigen. **4. Das Stoßventil** wie oben gezeigt montieren.

DIE PUMPE ANSCHLIESSEN

5. Die Triebleitung mit einem Filter ausstatten, damit kein Schmutz in das System gerät. Der Filter muss sich stets unter Wasser befinden. **6. Ein Metallgitter** sorgt dafür, dass sich kein grober Schmutz am Filter absetzt. **7. Die Triebleitung** von der Quelle zur Pumpe legen. **8. Die Triebleitung anschließen.** Das Wasser sollte nun aus dem Stoßventil fließen. **9. Den Widder aufrecht montieren**. Wir haben unsere Pumpe an einem Stützrahmen aus Holz fixiert.

10. Das Rückschlagventil aufschrauben. **11. Die Ventilfeder** kappen, wenn das Ventil nicht schließt; eine stärkere einsetzen, wenn es sich nicht öffnet. **13. Den Zuleitungsschlauch** anschließen. **13. Die Ventilklappe** mit dem Finger herunterdrücken, um einen Pumpzyklus zu starten.

Wasser sparen

In der westlichen Welt gehen wir davon aus, dass uns Wasser stets in Hülle und Fülle zur Verfügung steht. Doch in den letzten Jahren haben starke Trockenheit und schlechte Infrastruktur in manchen Gegenden sogar zu Rasensprengverboten geführt. Gleichzeitig ist der Pro-Kopf-Wasserverbrauch gestiegen. Langsam setzt sich die Erkenntnis durch, dass man mit Wasser besser haushalten sollte.

Weniger Wasser verbrauchen

Die Aufbereitung von Trinkwasser kostet Zeit und Energie. Wasser ist schwer – wenn Sie einmal versuchen, die Badewanne im ersten Stock mit Wasser zu füllen, das Sie eimerweise die Treppe hinauftragen, bekommen Sie einen Eindruck davon, wie viel Energie nötig ist, um das Wasser vom kilometerweit entfernten Wasserwerk dorthin zu bringen.

Bevor Sie überlegen, Wasserkraft zu nutzen oder Regenwasser zu sammeln, sollten Sie zuallererst schauen, wo Sie Wasser einsparen können:

Duschen verbraucht wesentlich weniger als Baden – sofern Sie keine Druckdusche verwenden.

Sparspülungen lassen sich auch in ältere Toilettenkästen einbauen. Dadurch können Sie den Wassergebrauch nach Bedarf dosieren. Ein selbst gebauter Wassersparer (siehe Kasten unten) verringert das Volumen des Spülkastens.

Luftsprudler in Wasserhähnen und Duschköpfen geben das Gefühl eines vollen Wasserstrahls, sparen jedoch viel Wasser ein.

Waschmaschinen und Geschirrspüler sollten nur **voll beladen** im **Ökoprogramm** laufen. Energiesparende Geräte kosten mehr in der Anschaffung, zahlen sich später aber aus – besonders, da Strom- und Wasserpreise stetig steigen.

Grauwasser recyceln

Abwasser aus allen Haushaltsquellen mit Ausnahme von Spülbecken und Toilette wird als Grauwasser bezeichnet. Viele Grauwasser-Recyclinganlagen sammeln Abwasser aus Dusche, Bad und Waschbecken (jedoch nicht aus Waschmaschinen, Küchenbecken und Geschirrspülern), um es zum Beispiel für die Toilettenspülung und zum Bewässern des Gartens wiederzuverwenden. Bevor Sie sich überlegen, einen Grauwassertank zu installieren, sollten Sie zuerst überschlagen, wie viel Wasser Sie mit Duschen und Baden verbrauchen und wie viel Wasserbedarf Sie tatsächlich für die WC-Spülung und die Bewässerung des Gartens haben.

Grauwasser aufbereiten

Sie können das von Ihnen produzierte Grauwasser leider nicht einfach sammeln und unbehandelt wiederverwenden. Es liegt auf der Hand, dass Verunreinigungen wie Hautschuppen, Haare usw. zu bakteriellen Verunreinigungen führen. Das Grauwasser muss daher zunächst wiederaufbereitet werden. Das erfolgt entweder durch konventionelle Filteranlagen, mit Biofiltern oder einer Kombination von beiden. Sie brauchen außerdem genug Platz für einen ausreichend großen Auffangbehälter. Diese Wiederaufbereitungssysteme sind nicht billig und verbrauchen zusätzlichen Strom.

SELBST GEBAUTER WASSERSPARER

Volumenbegrenzer gibt es natürlich fertig zu kaufen, aber Sie können so etwas mit einer leeren Plastikflasche im Handumdrehen selbst basteln. Beim Spülen verbleibt das Wasser in der Flasche und es fließt viel weniger Wasser in die Toilette.

Eine 1-Liter-Plastikflasche (oder größer) oben abschneiden und Steine zum Beschweren hineingeben. Aufrecht in den Spülkasten stellen – fertig.

Eine eigene Wasserquelle

Mit einer Quelle, einem Bach oder einem alten Brunnen können Sie sich von der öffentlichen Wasserversorgung unabhängig machen.

Für die Wahl des richtigen Aufbereitungssystems müssen Sie wissen, wofür Sie das Wasser brauchen. Ist es nur für die Klospülung, brauchen Sie nicht viel zu tun – ein einfacher Filter reicht völlig aus. Für Trinkwasser jedoch brauchen Sie eine spezielle Aufbereitungsanlage.

Filtration

Es gibt eine ganze Reihe von Filtrationsmethoden, die mehr oder weniger effektiv und teuer sind. Doch sie alle haben den Zweck, Wasser hygienischer und appetitlicher zu machen.

■ **Aktivkohle** ist ein bewährtes Material, um unerwünschte Stoffe aus dem Wasser herauszufiltern. Durch ihre poröse Konsistenz hat sie eine sehr große Oberfläche, an dem sich schädliche Substanzen festsetzen und dadurch dem Wasser entzogen werden. Das Wasser wird in erster Linie in Bezug auf Geruch und Geschmack verbessert.

■ **Bei der Destillation** wird das Wasser zum Kochen gebracht und der Dampf wieder zu Wasser kondensiert.

Komposttoilette

Eine typische Komposttoilette hat zwei Kammern. Während die eine in Gebrauch ist, kompostiert der Inhalt der anderen. Wenn die zweite Kammer fast voll ist, kann die erste geleert werden. Doch damit das funktioniert, muss der Urin abgeleitet werden. Komposttoiletten sind geruchsfrei und durch einen pfiffigen Mechanismus vor Fliegen geschützt.

Statt mit Wasser nachzuspülen, *wird einfach eine Schaufel voll Sägespäne hinterhergeschüttet und – sehr wichtig! – der Deckel geschlossen.*

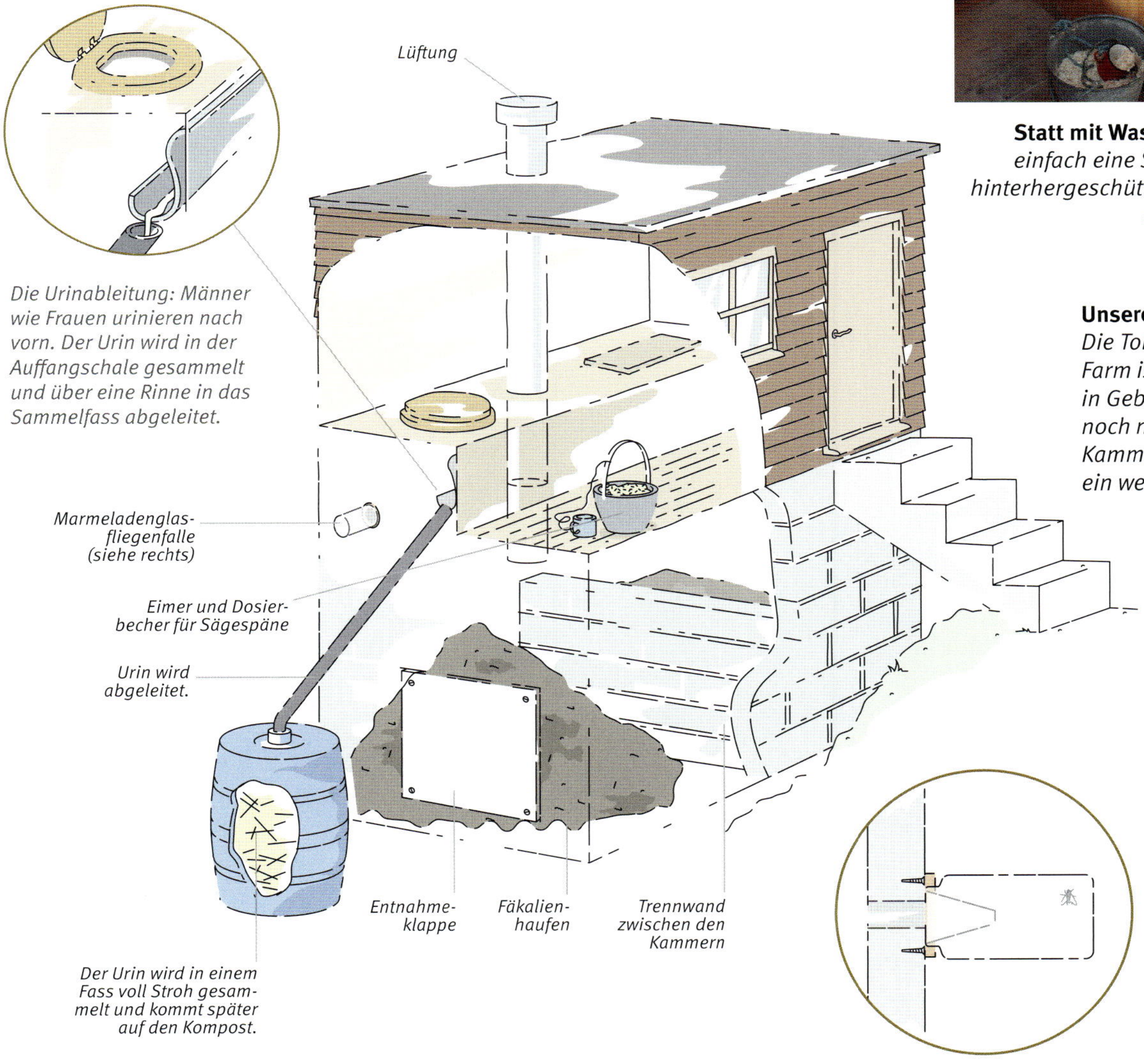

Lüftung

Die Urinableitung: Männer wie Frauen urinieren nach vorn. Der Urin wird in der Auffangschale gesammelt und über eine Rinne in das Sammelfass abgeleitet.

Marmeladenglasfliegenfalle (siehe rechts)

Eimer und Dosierbecher für Sägespäne

Urin wird abgeleitet.

Der Urin wird in einem Fass voll Stroh gesammelt und kommt später auf den Kompost.

Entnahmeklappe

Fäkalienhaufen

Trennwand zwischen den Kammern

Unsere Komposttoilette
Die Toilette auf der Newhouse Farm ist schon seit vier Jahren in Gebrauch, und doch ist noch nicht einmal die erste Kammer voll. Wir haben sie ein wenig zu groß gebaut ...

Die Fliegenfalle lockt die Fliegen zum Licht hin. Wenn sie erst einmal den Trichter passiert haben, können sie nicht wieder hinaus. Das funktioniert aber nur bei geschlossenem Toilettendeckel!

Leider ist diese Methode sehr energieaufwendig. Destilliertes Wasser ist sehr sauber, schmeckt aber leider schal, da es weniger gelösten Sauerstoff enthält. Man kann Destillieranlagen auch mit Solarenergie betreiben.

■ **Sand- oder Kiesfilter** zur Abwasserklärung sind seit über 100 Jahren in Gebrauch. Man kann damit, je nach Größe, die Abwässer eines ganzen Dorfes oder eines einzelnen Haushalts reinigen (Seite 80–81). Man braucht dafür gleichmäßig fließendes Wasser.

■ **Umkehrosmoseanlagen** pressen das Wasser unter Druck durch eine semipermeable Membran. Dabei werden Bakterien, Giftstoffe und Salze herausgefiltert.

■ **UV-Filterung** tötet Bakterien und Viren ab, kann gegen chemische Verunreinigungen jedoch nichts ausrichten. Das Wasser muss zuvor von allen Schwebeteilchen befreit werden, an denen die Erreger anhaften könnten.

In einem typischen UV-Filtersystem läuft das Wasser in einem dünnen Film über eine Quarzglaslampe, die kurzwelliges Ultraviolettlicht ausstrahlt. Das Glas hält eine ideale Temperatur von 40 °C.

UV-Licht entfernt jedoch die Mikroorganismen nicht aus dem Wasser – sie werden lediglich unschädlich gemacht.

Die Lichtstärke der Lampe wird im Laufe der Zeit schwächer, daher muss sie regelmäßig gewechselt werden. UV-Filterung ist eine sehr wirksame Methode. Sie erfasst jedoch nur die Keime, die die Filteranlage durchlaufen – das Wasser kann auf dem weiteren Weg zum Endverbraucher also erneut von Mikororganismen befallen werden.

Quellwasser

Einer der Gründe, weshalb wir uns für die Newhouse Farm entschieden haben, ist die Quelle. Natürlich hat nicht jeder das Glück, eine eigene Quelle zu besitzen. Doch vielleicht lohnt es sich, nach Wasser zu bohren. Auf älteren Anwesen findet man manchmal alte, zugedeckte Quellen.

Wir lassen unser Wasser regelmäßig vom Umwelthygieneamt unserer Gemeinde testen, um sicherzugehen, dass es frei von Krankheitserregern ist. Wir verwenden fast ausschließlich unser eigenes Wasser – einzig der Kaltwasserhahn in der Küche ist an die öffentliche Versorgung angeschlossen. Im Notfall können wir auf Leitungswasser umstellen.

Regenwasser speichern

In Großbritannien kann von Wasserknappheit eigentlich nicht die Rede sein – der Regen ist buchstäblich in aller Munde. Wir haben unsere Dachfläche ausgemessen und uns nach dem durchschnittlichen Niederschlag unserer Gegend erkundigt. Nach unseren Berechnungen rinnen jedes Jahr etwa 207 000 Liter Wasser allein über unser Wohnhausdach – selbst der kleine Schuppen bekommt mehr als 4000 Liter Regenwasser ab! Da lohnt sich das Speichern schon, entweder in einem Auffangsystem (siehe Kasten rechte Seite) oder einfach in Regentonnen.

Leider fällt Regen nicht gleichmäßig über das Jahr verteilt, man muss ihn also speichern. Ein unterirdischer Speichertank ist teuer, doch ein für Ihre Zwecke zu kleines System ist Geldverschwendung und bedeutet, dass Sie immer noch auf Leitungswasser zurückgreifen müssen.

Wir Briten verbrauchen durchschnittlich 149 Liter Wasser pro Kopf und Tag (USA: 295 Liter, Deutschland: 127) – das ist erschreckend, wenn man bedenkt, dass wir nur drei Liter zum Trinken und Kochen verwenden.

1. Eine Pumpe transportiert Wasser aus dem Bach ins Haus, wenn Sie weder Brunnen noch Quelle haben. **2. Eine batteriebetriebene Pumpe** versorgt das Gewächshaus mit Wasser aus dem Bach. **3. Regentonnen** sind die unkomplizierteste und preiswerteste Methode, um Regenwasser zu sammeln.

Regenwasserauffangsystem

Zuallererst müssen Sie sich darüber klar werden, wie viel Wasser Sie eigentlich benötigen – der Wasserzähler zeigt Ihnen den täglichen Verbrauch an. Das bestimmt die Größe des Tanks.

Regenwasser filtern

Ein Zentrifugalfilter befreit das Regenwasser von Verunreinigungen und leitet 90 Prozent des gefilterten Wassers in den Regenwassertank. Der feinmaschige Stahlfilter sitzt in einem Polypropylengehäuse und muss regelmäßig gereinigt werden.

Regenwasser sollte nicht als Trinkwasser verwendet werden, da dafür zusätzliche Filtrations- und Aufbereitungsmethoden nötig sind.

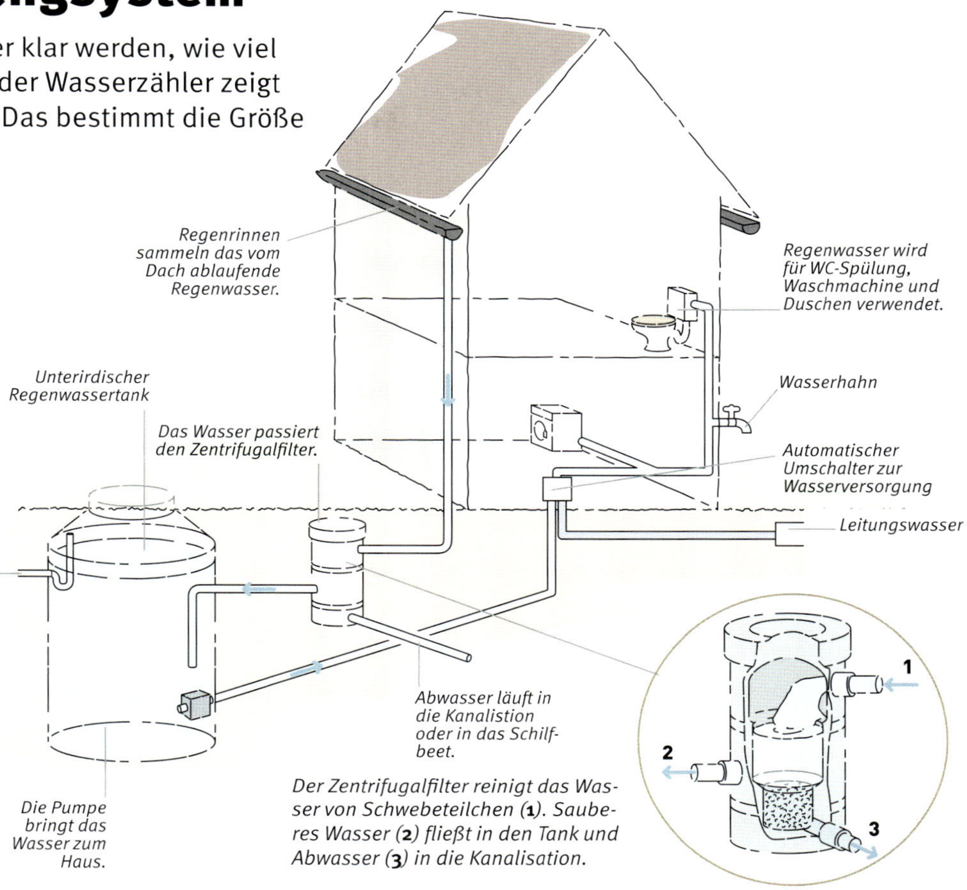

Regenrinnen sammeln das vom Dach ablaufende Regenwasser.

Regenwasser wird für WC-Spülung, Waschmachine und Duschen verwendet.

Unterirdischer Regenwassertank

Das Wasser passiert den Zentrifugalfilter.

Wasserhahn

Automatischer Umschalter zur Wasserversorgung

Leitungswasser

Überlaufgarnitur

Abwasser läuft in die Kanalistion oder in das Schilfbeet.

Die Pumpe bringt das Wasser zum Haus.

Der Zentrifugalfilter reinigt das Wasser von Schwebeteilchen (1). Saube res Wasser (2) fließt in den Tank und Abwasser (3) in die Kanalisation.

WASSERPUMPEN FÜR BACH UND QUELLE

Schwimmerpumpen sind für seichte Bäche und Quellen am besten geeignet. Wenn Sie die Wassertiefe nicht kennen oder die Oberfläche nicht gut erreichen können (in tiefen oder neu gebohrten Quellen), verwenden Sie eine Tauchpumpe.

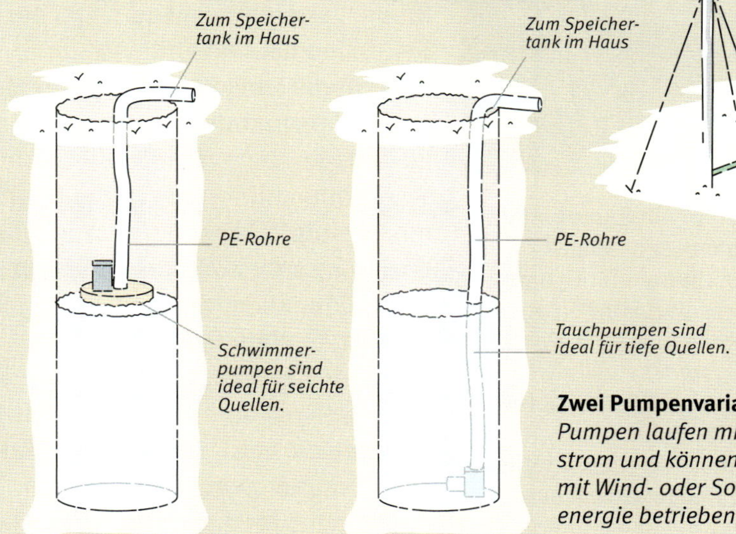

Die Tür schützt das Wasser vor Algenwachstum durch Sonnenlichteinstrahlung.

Ziegelverschalung

Windrad oder PV-Anlage beliefern den Pumpenakku mit Strom.

Zum Speichertank im Haus

Zum Speichertank im Haus

PE-Rohre

PE-Rohre

Schwimmerpumpen sind ideal für seichte Quellen.

Tauchpumpen sind ideal für tiefe Quellen.

12-V-Bedarfspumpe

Ein Mauerabsatz hält das Wasserniveau konstant.

Zuleitungsrohr unter dem Wasserniveau

100 m bis zum Haus

Zwei Pumpenvarianten. Pumpen laufen mit Gleichstrom und können daher mit Wind- oder Sonnenenergie betrieben werden.

In der Newhouse Farm wird das Quellwasser mit einer 12-V-Bedarfspumpe zum Tank auf dem Dachboden transportiert. Sie wird automatisch in Betrieb gesetzt, wenn der Wasserspiegel unter ein bestimmtes Niveau fällt.

Sandfilter und Sumpfbeete

Wenn Sie das Glück haben, über eine eigene Quelle zu verfügen, brauchen Sie einen Sandfilter für die Trinkwasseraufbereitung. So etwas kann man gut selbst bauen. Außerdem müssen Sie sich um die Abwasseraufbereitung kümmern, zum Beispiel, indem Sie ein Sumpfbeet anlegen. Sumpfbeete sind umweltfreundlich, geruchsfrei und funktionieren wirklich einwandfrei.

Sandfilter

Sandfilter sind sehr effektiv, obwohl sie weder Energie verbrauchen noch dafür chemische Zusätze nötig sind. Sie filtern die Schwebeteilchen und über 90 Prozent der Bakterien aus dem Wasser. Wenn Sie es trinken wollen, muss das Wasser anschließend noch mit einem UV-Filter keimfrei gemacht werden (Seite 78). Sandfilter werden meist im Verbund mit einem Speichertank verwendet.

Bevor Sie einen Sandfilter anlegen, sollten Sie das Wasser von einem Umweltinstitut testen lassen. Enthält das Wasser Schwermetalle und chemische Schadstoffe, benötigen Sie einen Umkehrosmosefilter.

In jedem Falle aber müssen Sie sich zuallererst bei der Wasserbehörde (bei Mengen über 600 000 m^3 im Jahr bei der Bezirksregierung) um eine Wasserentnahmebewilligung kümmern.

Sumpfbeete

Eine vertikale Sumpfbeetkläranlage ist ein mit Teichfolie abgedichteter, kiesgefüllter Graben, der mit Sumpfpflanzen bepflanzt ist (Kasten rechte Seite). Diese versorgen das Wasser mit Sauerstoff und schaffen so das ideale Milieu für den bakteriellen Abbau von organischen Substanzen und Schadstoffen. Sie bieten zudem Wildtieren Nahrung und Lebensraum.

Die Anlage eines Sumpfbeetes darf nur mit der Zustimmung der zuständigen Naturschutzbehörde erfolgen. Dazu müssen Sie noch eine Senkgrube anlegen, in der sich die Feststoffe absetzen können. Eine alte Klärgrube funktioniert auch. Genau wie bei einer gewöhnlichen Klärgrube müssen Sie sich um die Entsorgung des Klärschlamms kümmern.

Sumpfbeete haben den Nachteil, dass sie sehr viel Platz beanspruchen und die Erzeugung von reinem Wasser ziemlich lange dauert.

Abschließende Aufbereitung

Wenn Sie oder Ihr Vieh das Wasser trinken wollen oder wenn es wieder in den Bach zurückgeleitet werden soll, empfehlen wir eine Zwei-Phasen-Aufbereitung: Ein vertikales Sumpfbeet für die Vorreinigung (Kasten rechte Seite) und ein horizontales Sumpfbeet für die Trinkwasseraufbereitung.

Eine horizontale Sumpfbeetkläranlage ist ein horizontaler, von Wasser durchflossener Bodenfilter mit Sumpfpflanzen, deren Wurzelbereich ein sauerstoffarmes Milieu für den bakteriellen Abbau von Nitraten erzeugt. Geeignete Pflanzen sind zum Beispiel Sumpfschwertlilie (*Iris pseudacorus*) und Sumpfdotterblume (*Caltha palustris*). Das geklärte Wasser ist sauber genug, um in einen Fischteich oder eine Sickergrube eingeleitet werden zu können.

1. Sumpfbeete liefern ein Sumpfmilieu, in dem das durchfließende Wasser gereinigt wird. Sie dienen der Endreinigung in Kläranlagen und können auch in Einzelhaushalten eingesetzt werden.
2. Schilfrohr (*Phragmites australis*) wird bis zu 2 m hoch und bildet einen wichtigen Lebensraum für Insekten und Vögel. Verwenden Sie für Ihr Sumpfbeet stets Pflanzen aus dem Gartencenter. Keinesfalls aus der freien Natur entnehmen!

Wie ein Sandfilter funktioniert

Das unbehandelte Wasser wird durch den Druck des nachfließenden Wassers von oben nach unten durch den Sandfilter gepresst. Das dauert bis zu zwei Stunden. Je feiner der Sand, desto besser die Filterwirkung.

Der Filterungsprozess

Eine Algenschicht auf dem Sand fängt grobe Schwebeteilchen auf. Darunter bildet sich eine ca. 2 cm dicke, grüne Schlickschicht aus organischen Abfallstoffen, die von Bakterien und Mikroorganismen zersetzt wird.

Filterreinigung

Der Filter muss alle 3 Monate gereinigt werden. Die oberste Sand- und Schlickschicht abnehmen, spülen und in den Filter zurückgeben.

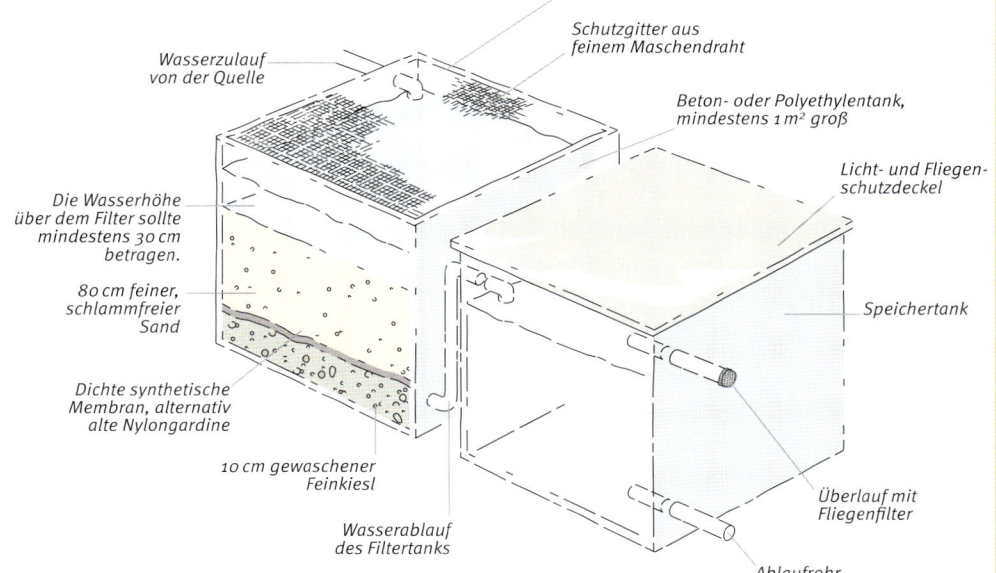

Die Tankinnenseiten müssen rau sein, damit das Wasser nicht auf geradem Weg daran herunterrinnt, sondern den Sand passiert.

Wasserzulauf von der Quelle

Schutzgitter aus feinem Maschendraht

Beton- oder Polyethylentank, mindestens 1 m² groß

Licht- und Fliegenschutzdeckel

Die Wasserhöhe über dem Filter sollte mindestens 30 cm betragen.

80 cm feiner, schlammfreier Sand

Dichte synthetische Membran, alternativ alte Nylongardine

Speichertank

10 cm gewaschener Feinkiesl

Wasserablauf des Filtertanks

Überlauf mit Fliegenfilter

Ablaufrohr

Eine vertikale Sumpfbeetkläranlage

Für vertikale Sumpfbeete braucht man ein Gefälle von mindestens 2 Metern. Das Wasser fließt auf die Oberfläche und sickert langsam durch die Schichten nach unten, wo es durch ein Abflussrohr am Boden in ein horizontales Sumpfbeet weitergeleitet wird. Es bildet sich kein stehendes Wasser und damit keine unangenehmen Gerüche.

Zersetzung der Abfallstoffe

Das Abwasser durchsickert mehrere Schichten von Sand, Schilfwurzeln, Kies und Steinen, wobei Schwebeteilchen und Schadstoffe von Bakterien, Algen, Pilzen und Mikroorganismen zersetzt werden.

Die richtige Größe

Rechnen Sie pro Haushaltsmitglied 1 m² Oberfläche sowie einen Durchfluss von 100 l pro Person und Tag.

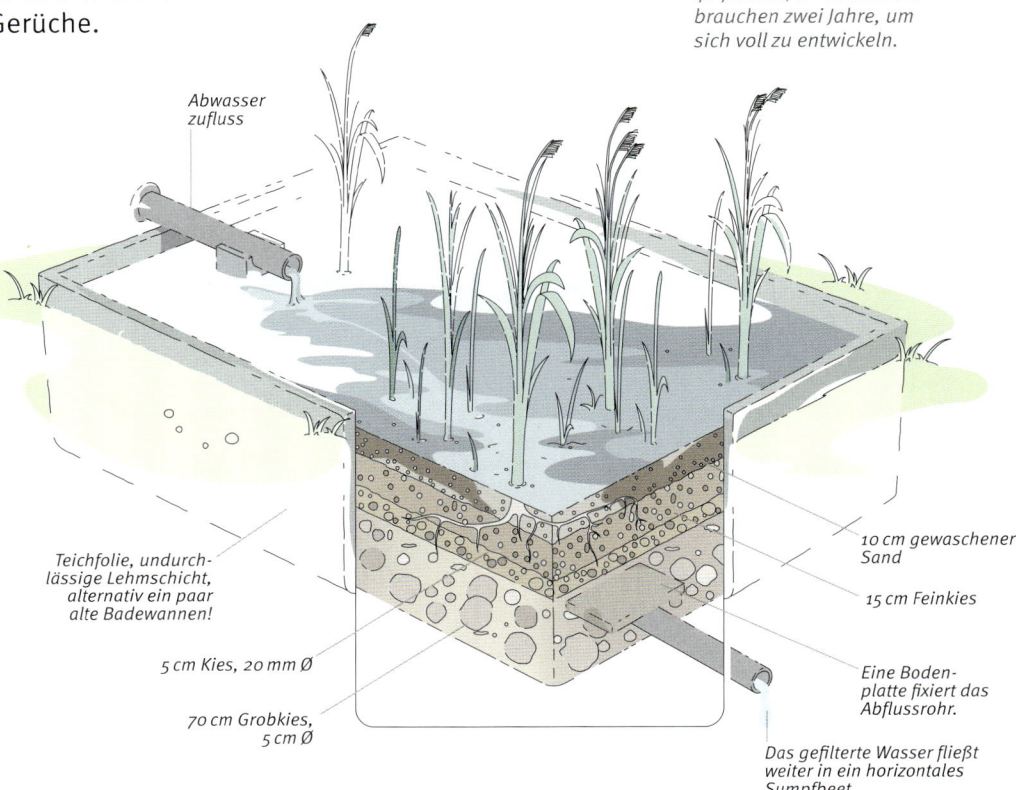

Ende April, Anfang Mai 4 Pflanzen/m² setzen. Sie brauchen zwei Jahre, um sich voll zu entwickeln.

Abwasser zufluss

Teichfolie, undurchlässige Lehmschicht, alternativ ein paar alte Badewannen!

5 cm Kies, 20 mm Ø

70 cm Grobkies, 5 cm Ø

10 cm gewaschener Sand

15 cm Feinkies

Eine Bodenplatte fixiert das Abflussrohr.

Das gefilterte Wasser fließt weiter in ein horizontales Sumpfbeet.

Biokraftstoffe

Biokraftstoffe sind, einfach ausgedrückt, Brennstoffe, die aus nachwachsenden Rohstoffen gewonnen werden. Das unterscheidet sie von nicht erneuerbaren, fossilen Brennstoffen, die vor Millionen von Jahren entstanden sind. Biokraftstoffe sind zum Beispiel Holz (in seinen vielen Erscheinungsformen), Riesen-Chinaschilf, Ethylalkohol, Biodiesel und sogar Tierkot.

Holz

In seiner Eigenschaft als Brennstoff wird Holz auch als »Biomasse« bezeichnet – als organische Substanz, die als Energiequelle genutzt wird. Dabei wird zwischen holzartiger und halmgutartiger Biomasse unterschieden; die Letztere besteht zum Beispiel aus Tierkot, Ernterückständen von Energiepflanzen wie Zuckerrohr, Raps oder Mais sowie biologisch abbaubaren Nebenprodukten der Lebensmittelherstellung.

Im Haushalt wird überwiegend holzartige Biomasse als Brennstoff für offene Kamine bis hin zu modernen Pelletheizöfen verwendet. Der allerbeste Brennstoff wäre natürlich Holz, das Sie auf Ihrem eigenen Grund und Boden schlagen und das daher nichts kostet. Doch selbst, wenn Sie dafür bezahlen müssen, ist Holz wesentlich billiger als Heizöl oder Gas. Wenn Sie es aus der Umgebung beziehen, entfallen zudem lange Transportwege, Abgase und Umweltverschmutzung.

Abgesehen von Sonnenwärme ist Feuer wohl die älteste bekannte Form der Wärmegewinnung. Natürlich ist ein offenes Kaminfeuer wunderschön, doch leider auch ziemlich ineffizient, denn nur etwa ein Fünftel der erzeugten Wäme gelangt in den Raum – der Rest verschwindet durch den Schornstein.

Kaminöfen

Moderne Kaminöfen haben eine Effizienz von ungefähr 80 Prozent – das bedeutet, dass der allergrößte Teil der produzierten Wärme an den Raum abgegeben wird. Anders ausgedrückt, werden Sie drei Holzscheite im Kaminofen abends genauso warm halten wie zwölf Holzscheite in einem offenen Kamin. Es lohnt sich also die Anschaffung eines Kaminofens.

Ein gut konstruierter Kaminofen wärmt die angesaugte Luft vor, sodass die Verbrennung so effizient wie möglich vonstatten geht. Die rationelle Verbrennung bei hohen Temperaturen hält den Schornstein viel länger rußfrei als ein offener Kamin.

HOLZ HACKEN

Holz hacken kann man mit einer Axt oder einem hydraulischen Holzspalter – aber es ist gar keine Frage, dass es mit dem Holzspalter besser geht und auch wesentlich sicherer ist. Vor dem Kauf sollten Sie jedoch Folgendes bedenken:

■ **Leistung/Größe** – uns reicht eine Spaltkraft von 7 Tonnen völlig aus.

■ **Liegende/stehende Ausführung** – unser Gerät ist liegend, da wir damit keine Stämme spalten werden, die wir nicht selbst hinaufheben können.

■ **Sicherheit** – Beim Holzspalten unbedingt immer eine Schutzbrille tragen!

Für das Hacken von Kleinholz brauchen Sie einen Holzblock von bequemer Höhe, eine scharfe Axt und einen Schleifstein. In ein bis zwei Arbeitsstunden kann man das Anmachholz für mehrere Monate spalten. Wir sammeln auch alle übrigen auf der Farm anfallenden Holzreste und verwenden sie zum Feuern.

Das Holzscheit nie anfassen, *sondern mit einem anderen Holzstück in Position halten, während Sie es spalten.*

Ein hydraulischer Holzspalter *ist relativ teuer, macht sich aber auf lange Sicht bezahlt und schont den Rücken.*

ECOFAN

Ein Ecofan-Ventilator lässt die Warmluft um den Kaminofen zirkulieren. Er wird völlig stromlos durch den sogenannten Seebeck-Effekt angetrieben: Wenn zwei verschiedene Halbleiter (ein P-Typ- und ein N-Typ-Halbleiter) gleicher Temperatur miteinander verbunden werden, bilden sie eine statische elektrische Potenzialdifferenz: Da der obere Teil des Ventilators kühler ist als der untere, kommen die Elektronen in Bewegung und erzeugen elektrischen Strom.

1. Frisch gefälltes Holz muss vor dem Verheizen mindestens 2 Jahre lang lagern. **2. Riesen-Chinaschilf** erinnert von der Form her an Mais und liefert jährlich 10–18 t Biomasse pro Hektar. **3. Ein Ecofan** verteilt die Warmluft aus dem Kaminofen im Raum.

Kaminöfen bestehen meist aus Gusseisen oder Stahl, doch es gibt auch Keramikmodelle. Im Internet gibt es viele Anleitungen für Bastelbegeisterte, die ihren Sägemehl- oder Kaminofen z. B. aus alten Druckgasbehältern selbst bauen wollen.

Brennholz muss gut abgelagert sein (nach dem Schlagen soll es mindestens 2 Jahre an einem trockenen, gut belüfteten Ort gelagert werden) und es darf keine Konservierungsmittel, Farben oder verzinkte Nägel enthalten, die beim Verbrennen schädliche Gase entwickeln.

In der Newhouse Farm heizen wir mit vier Kaminöfen. Ein Lüftungssystem mit Wärmetauscher (Seite 42–45) verteilt die Wärme gleichmäßig im ganzen Haus und wir brauchen die Holzasche nur einmal in der Woche zu entfernen.

Durch die Koppelung eines Heizkessels mit leistungsstarken Kaminöfen oder modernen Pelletöfen kann man sogar die Zentralheizung mit Holz befeuern. Wenn Sie den Kessel mit einem Kaminofen kombinieren, müssen Sie jedoch bedenken, dass dieser den Raum, in dem er sich befindet, nicht auf dieselbe Weise heizen wird wie sonst üblich, da die erzeugte Wärme über die Leitungen in die Heizkörper abgeleitet wird. Der Ofen wird außerdem große Mengen von Holz benötigen, um effektiv arbeiten zu können.

Pelletheizung

Mit Pellets befeuerte Heizsyteme erfreuen sich wachsender Beliebtheit. Die stäbchenförmigen Pellets waren ursprünglich Nebenprodukte aus Sägemühlen, doch durch den steigenden Bedarf werden sie inzwischen auch industriell hergestellt. Obwohl der Herstellungsprozess natürlich Energie verbraucht, sind die Pellets doch nahezu klimaneutral und sehr viel umweltfreundlicher als fossile Brennstoffe.

Moderne Pelletheizungen sind computergesteuert und erreichen dadurch eine Effizienz von nahezu 90 Prozent. Selbst die Befeuerung der Heizungen erfolgt inzwischen automatisch und kann sich daher in Bezug auf leichte Bedienbarkeit mit einer konventionellen Anlage durchaus messen.

Hackschnitzelheizung

Mit Holzhackschnitzeln befeuerte Heizungen sind ähnlich flexibel wie Pelletheizungen. Es ist mancherorts vielleicht leichter, Hackschnitzel zu bekommen als Pellets, allerdings hat man dabei weniger Sicherheit über die Qualität des Brennstoffs.

Riesen-Chinaschilf

Der Anbau von Riesen-Chinaschilf *(Miscanthus),* auch fälschlich Elefantengras genannt, als nachwachsender Rohstoff ist in Europa relativ neu. An der Pflanze ist eine besonders ergiebige Form der Fotosynthese (den C4-Metabolismus) zu beobachten und sie zeichnet sich daher durch eine hohe Biomasseleistung aus. Die Rhizome werden erst nach den Spätfrösten gepflanzt, da sie sehr kälteanfällig sind. Nach sorgfältiger Unkrautbekämpfung in den ersten beiden Jahren haben sich die Pflanzen etabliert und können dann jedes Jahr drei bis vier Meter hoch werden.

Man kann die Ernte als Brennstoff an ein Biomassekraftwerk verkaufen oder damit eine Kraft-Wärme-Kopplungsanlage (KWK-Anlage) betreiben.

Biodiesel

Biodiesel ist die Biovariante des mineralischen Dieselöls und wird aus Pflanzenöl oder seltener aus Tierfett gewonnen. Er ist kein reines Pflanzenöl, sondern ein Ester, der aus der Reaktion des Öls mit einem Alkohol (Methanol) entstanden ist. Bei der sogenannten »Umesterung« – in der chemischen Reaktion tauschen Methanol und Glyzerin den Platz und es entstehen Fettsäure-Methylester-Ketten und ein freies Glycerinmolekül. Auf der Newhouse Farm verwenden wir dafür Altpflanzenöle.

Pro und Kontra

Biodiesel hat gegenüber dem mineralischem Dieselkraftstoff viele Vorteile, aber auch einige Nachteile.

■ **Biodiesel ist nahezu klimaneutral.** Obwohl die Herstellung von Biodiesel Energie verbraucht, absorbieren die Ölpflanzen während des Wachstums etwa die gleiche Menge CO_2, die beim Verbrennen ausgestoßen wird.

■ **Biodiesel ist so biologisch abbaubar wie Zucker** und weniger giftig als Kochsalz.

■ **Biodiesel reduziert die Abgasemissionen** (Feststoffpartikel, Kohlenmonoxid und Kohlenwasserstoffe) moderner Viertakt-Kompressionszündungsmotoren.

■ **Biodiesel hat einen sehr niedrigen Schwefelgehalt.** Das in Abgasen enthaltene Schwefeldioxid ist die Ursache von saurem Regen. Der Schwefelgehalt von Biodiesel ist sehr viel niedriger als der von konventionellen Kraftstoffen und vergleichbar mit schwefelarmem Diesel.

Leider hat dieser neue »Wunderkraftstoff« jedoch auch ein paar Nachteile:

■ **Biodiesel koaguliert schneller ein** als Mineralölkraftstoff, was vor allem in kälteren Klimazonen zum Problem werden kann.

■ **Die Gummidichtungen von älteren Dieselmotoren** können von Biodiesel zersetzt werden.

■ **Biodiesel ist eine Bakterienschleuder** – wenn Wasser hineingerät, kann das ungehemmte Mikrobenwachstum die Filter verstopfen.

Der Biodieselreaktor

Wenn Sie Biodiesel selbst herstellen wollen, müssen Sie zuerst einen Reaktor bauen. Das ist weniger kompliziert, als man meinen sollte, doch man braucht dafür schon ein gewisses Know-How in Verfahrenstechnik und für eine genaue Anleitung ist hier leider nicht der richtige Ort. Was Sie jedoch nicht brauchen, ist eine komplizierte technische Ausstattung. Unser Reaktor besteht aus einem alten Wassertank in einem Gehäuse aus verzinktem Metall. Das Gewirr von Leitungen darunter erklären wir auf Seite 86 näher.

Die Vorbereitung

Bevor Sie anfangen, muss das Pflanzenöl zunächst sorgfältig gereinigt und entwässert werden (siehe Kasten rechte Seite). Dann geht es an den wissenschaftlichen Teil. Biodiesel ist ein Produkt aus der Reaktion

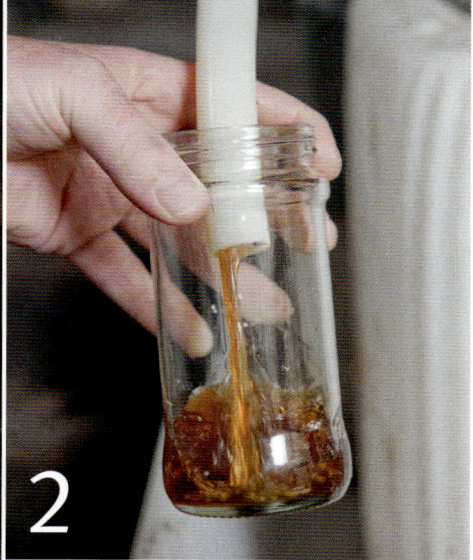

1. Unser Reaktor besteht aus einem alten Wassertank aus Kupfer, auf dem ein Abfalleimerdeckel aus Blech sitzt. **2. Das Glycerol** wird erst nach abgeschlossener Reaktion allmählich aus dem Biodiesel ausgefällt. **3. Das schwerere Glycerol** ist wesentlich dunkler als der helle Biodiesel. So kann man gut erkennen, wenn sich beide voneinander getrennt haben.

von Triglyceriden (dem Pflanzenöl) mit Alkohol (dem Methanol). Leider kann man sie nicht einfach zusammenschütten, denn dann würde gar nichts passieren. Also braucht man einen Katalysator.

In diesem Fall ist der Katalysator eine Base. Meist verwendet man dafür Natrium- oder Kaliumhydroxid. Dieses wird zunächst in dem Methanol gelöst. Das Verhältnis von Methanol zu Öl beträgt 1:5 – für 50 Liter Öl brauchen Sie also 10 Liter Methanol.

Normalerweise werden 3 g Katalysatorsubstanz pro Liter Öl als Standardmenge betrachtet, doch viele verwenden 5 g ohne Probleme. Wenn Sie gebrauchtes Pflanzenöl verwenden, muss zunächst eine chemische Analyse durchgeführt werden. Durch die sogenannte Titration wird berechnet, wie viel Katalysator zusätzlich benötigt wird, um den Säuregehalt des Öls zu neutralisieren.

In normalem Altpflanzenöl haben sich freie Fettsäuren gebildet, die mit dem Katalysator reagieren und dadurch die Produktion des Biodiesels vorzeitig beenden würden. Das würde den Ertrag nicht nur stark mindern, sondern der Kraftstoff wäre zudem mit unreagiertem Öl verseucht.

Eine Titration durchführen

Die Titration zeigt auf, wie viele freie Fettsäuren sich in dem Altpflanzenöl befinden. Man braucht dafür nicht sehr lange, aber es liest sich ein wenig kompliziert. Einer kleinen Menge Öl (das durch die freien Fettsäuren leicht sauer ist) wird eine bestimmte Menge Natriumhydroxid (einer Base) zugesetzt. Wenn der Säuregehalt neutralisiert wurde, haben alle freien Fettsäuren mit der Base reagiert.

Für eine Titration werden nur winzige Mengen von Chemikalien verwendet. In Schritt 1 bis 6 auf Seite 87 wird der Vorgang beschrieben. Wenn

BESCHAFFUNG UND BEHANDLUNG VON ALTPFLANZENÖL

Fragen Sie in den Restaurants, Schulen und Kantinen Ihrer Umgebung nach gebrauchtem Pflanzenöl. Meist wird man es Ihnen sehr gern überlassen, denn die Entsorgung ist teuer und zeitraubend. Da sich die Sache mit dem Biodiesel inzwischen herumgesprochen hat, werden manche vielleicht eine Gebühr verlangen.

■ **Nahrungsmittelrückstände** werden herausgefiltert und Wasserrückstände durch Erhitzen entfernt. Wenn Wasser in dem Öl zurückbleibt, erhalten Sie Seife statt Biodiesel. Ungebrauchtes Pflanzenöl enthält kein Wasser.
■ **Ein Gazetuch** filtert die Nahrungsmittelrückstände aus dem Altpflanzenöl.
■ **Das Öl eine Weile stehen lassen,** damit die kleineren Rückstände auf den Boden sinken.
■ **Der Zapfhahn** befindet sich auf etwa 1 Drittel der Fasshöhe, damit die Rückstände beim Ablassen darin verbleiben.
■ **Das Öl im Reaktor trocknen.** Es dürfen keinerlei Wasserrückstände darin verbleiben. Das Öl auf 60 °C erhitzen und durch das System pumpen, damit die Wassermoleküle entweichen können. Dieser Prozess kann bis zu 4 Stunden dauern.

alle Fettsäuren reagiert haben, steigt der PH-Wert auf 8,5, die Indikatorlösung färbt sich rot und es wird kein Natriumhydroxid mehr zugegeben.

Merken Sie sich genau, wie viele Tropfen Sie bis dahin zugegeben haben. Jeder Tropfen aus der Pipette enthält 0,0455 ml oder, anders ausgedrückt, 22 Tropfen ergeben 1 Milliliter. Wiederholen Sie Schritt 5 und 6 auf Seite 87 dreimal und errechnen den Mittelwert. Wenn ein Wert extrem von den beiden anderen abweicht, haben Sie wahrscheinlich einen Fehler gemacht. Ignorieren Sie das Ergebnis einfach und wiederholen den Test noch einmal. Und dann brauchen Sie nur noch die Menge der benötigten Katalysatorlösung auf einen Liter hochzurechnen.

Nehmen wir zum Beispiel an, die Titrationslösung war nach Zugabe von 2,5 ml Natriumhydroxid neutralisiert. Dann benötigen Sie davon 2,5 g pro Liter Öl. In dem Beispiel auf Seite 87 haben wir 1 ml Öl (also 1/1000 l) und eine Lösung von 1/1000 g Natriumhydroxid auf 1 Liter verwendet. Wenn also 2,5 ml der Lösung pro 1 ml Öl benötigt werden, brauchen Sie 2,5 l Katalysatorlösung auf 1 l Öl und diese enthält genau 2,5 g Natriumhydroxid. Uff!

Wenn Sie schlussendlich die richtige Natriumhydroxidmenge errechnet haben, die dem Methanol beigegeben werden muss, um Biodiesel zu erzeugen, mischen Sie sämtliche Zutaten sehr sorgfältig und so lange, bis sich alles gelöst hat. Dann wird alles in einen Plastikbehälter gegeben und mit einem tropfsicheren Schlauch in den Reaktor geleitet.

Umesterung im Reaktor

Das Öl auf 50 °C erhitzen und die Methanol-Katalysator-Mischung zugeben. Den Deckel auf den Tank legen, sodass das verdampfende Methanol daran kondensiert und in den Tank zurücktropft. Nach etwa einer Stunde den Reaktor abschalten, damit sich die Flüssigkeit setzen kann (siehe Kasten unten).

Nach dem Abschluss der Umesterung verbleibt eine Mischung aus Biodiesel und Glyzerin im Reaktor. Das schwerere Glyzerin wird auf natürliche Weise ausfällen und zum Kesselboden sinken, von wo es dann abgelassen werden kann.

Den Biodiesel waschen

Der Biodiesel kann jetzt jedoch noch nicht verwendet werden, denn er enthält noch Rückstände von Methanol, Natriumhydroxid, Seife und Glyzerin, die Motoren schädigen können und daher entfernt werden müssen. Glücklicherweise sind alle wasserlöslich und lassen sich daher herauswaschen. Wir verwenden dafür einen Aquarien-Luftsprudler.

Dafür wird dem Biodiesel Wasser im Verhältnis 2:1 zugeführt – wir verwenden einen mit einem Schlauch verbundenen Trichter, sodass das Wasser direkt zum Kesselboden läuft.

Nun wird der Luftsprudler unten in den Kessel gelegt und auf die niedrigste Stufe eingestellt, die Luftblasen erzeugt. Jede Luftblase bringt ein wenig Wasser an die Oberfläche, das beim Zurücksinken die Verunreinigungen löst und mitnimmt. Der Waschvorgang dauert 2–3 Stunden. Dann wird der Luftsprudler ausgeschaltet, sodass sich die Flüssigkei-

ten voneinander absetzen können. Dann wird das Wasser abgelassen (in dem transparenten Schlauch kann man den Farbunterschied der Flüssigkeiten gut erkennen). Den Waschvorgang wiederholen. Es sind 4–5 Wäschen nötig, bis das Wasser klar bleibt.

Der gewaschene Biodiesel ist mit Wasser gesättigt und daher etwas trübe. Er wird nun genauso getrocknet wie das ursprüngliche Pflanzenöl (Kasten auf Seite 85). Vermeiden Sie dabei das Einatmen der Dämpfe.

Der fertige Biodiesel

Nun ist der Biodiesel gebrauchsfertig. Er sollte klar, bernsteinfarben, dickflüssig und pH-neutral sein. Die Ausbeute liegt meist bei über 80 Prozent, kann aber theoretisch bis zu 98 Prozent betragen.

WIE EIN REAKTOR FUNKTIONIERT

Unser Reaktor besteht aus einem Wassertank, einem Tauchheizkörper, Rohren und Ventilen. Es dürfen keine Methanoldämpfe entweichen. Am besten versiegelt man den Deckel und sorgt dafür, dass die Dämpfe ins Freie entweichen können.

■ **Ventil 4 langsam öffnen.** Dadurch wird das Methanol-Katalysator-Gemisch in den Ölkessel gesaugt.
■ **Wenn der Behälter leer ist,** Ventil 4 schließen.
■ **Die Mischung** 1 Stunde lang reagieren lassen.
■ **Ein wenig Flüssigkeit** wird in Pumpe und Rohr verbleiben. Durch Ventil 2 ablassen und in den Tank zurückgießen (geben Sie ein wenig davon in ein Glas zum Beobachten).
■ **Alle Ventile schließen** und die Mischung 6 Stunden lang stehen lassen, damit sie sich trennt.
■ **Das ausgefällte Glyzerin ablassen,** dafür Ventil 1 und 2 öffnen. Ein transparenter Schlauch unter Ventil 2 zeigt durch den Farbwechsel, ob das Glyzerin abgelassen wurde.

Der Tauchsieder muss immer vollständig von Öl umspült sein, während er in Betrieb ist.

Wenn der Biodiesel beim Waschen emulgiert
■ **Den Waschvorgang stoppen** und das Wasser ablassen. Die Biodieselemulsion verbleibt im Tank.
■ **Ventil 2 schließen** und Ventil 1, 3 und 5 öffnen.
■ **Tauchheizkörper** und Pumpe einschalten und die Emulsion auf 50 °C erhitzen.
■ **Tauchheizkörper** und Pumpe ausschalten, Ventile schließen (Flüssigkeit aus den Leitungen ablassen und zurückgießen).
■ **Beim Abkühlen** trennen sich Diesel und Wasser. Man kann das Emulgieren vermeiden, indem man beim 1. Waschvorgang etwas Essig zugibt.

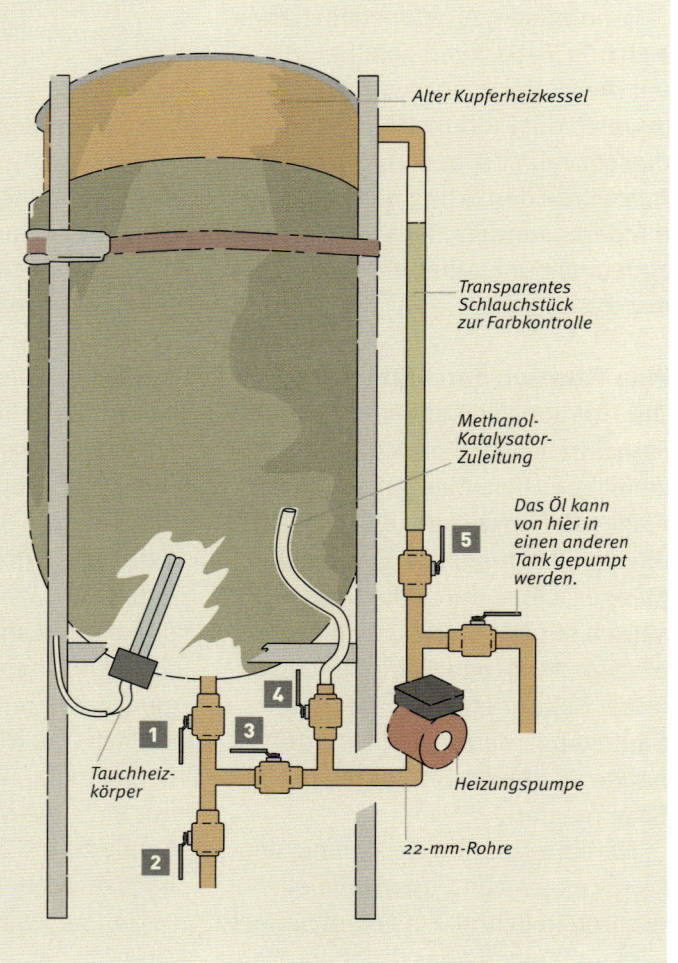

Alter Kupferheizkessel

Transparentes Schlauchstück zur Farbkontrolle

Methanol-Katalysator-Zuleitung

Das Öl kann von hier in einen anderen Tank gepumpt werden.

5

Tauchheiz-körper

4

1

3

2

Heizungspumpe

22-mm-Rohre

Biodiesel selbst herstellen

Vorsicht beim Umgang mit Biodiesel: Immer Schutzbrille und Handschuhe tragen und die Etiketten sorgfältig lesen. Alle Geräte vor Gebrauch mit destilliertem Wasser waschen. Die Bedienungsanleitung sorgfältig durchlesen (und verstehen!) und alle nötigen Dinge griffbereit halten.

1. Die Natriumhydroxidlösung herstellen: 10 g Natriumhydroxid in 1 Liter destilliertem Wasser auflösen. 100 ml Flüssigkeit abmessen und 900 ml destilliertes Wasser zugeben. In einen luftdichten Behälter füllen und beschriften. **2. 10 ml Isopropylalkohol abmessen** und in einen Erlenmeyerkolben geben. **3. Mit einer Pipette** 1 ml des Pflanzenöls abmessen. **4. Das Öl in den Erlenmeyerkolben geben** und gründlich schütteln, bis sich alles gelöst hat. Dann ein paar Tropfen Indikatorlösung (mitzählen) zugeben. Gehen Sie dabei sorgfältig vor und notieren sich die Ergebnisse.

5. Für die Titration mit einer separaten Pipette 3 ml Natriumhydroxidlösung abmessen und unter Schütteln in den Erlenmeyer-kolben geben. Jeder Tropfen färbt die Flüssigkeit vorübergehend rosafarben. **6. Bleibt die Lösung** 20–30 Sekunden lang rosa, keine Tropfen mehr zugeben. Schritt 2 bis 6 dreimal wiederholen und mithilfe der auf Seite 85 unter »Titration« beschriebenen Rechnung die benötigte Katalysatormenge errechnen. **7. Den Natriumhydroxidkatalysator** anrühren und in einem großen Gefäß sorgfältig mit dem Methanol mischen.

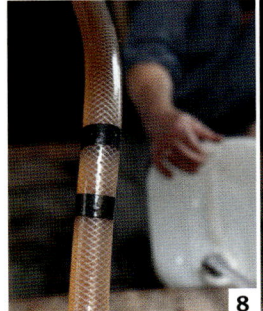   

8. Den Katalysatorbehälter mit einem transparenten Schlauch an den Reaktor anschließen. Das Öl darin auf 50 °C erhitzen und die Methanol-Katalysator-Mischung zugeben. Das Heizelement ausschalten, die Pumpe jedoch weiterlaufen lassen. Den Reaktor nach den Anweisungen auf Seite 86 bedienen. **9. Während der Katalysatorreaktion** wird das Öl trübe. **10. Das Glyzerin ausfällen lassen. 11. Den Biodiesel waschen** (Seite 86) und den Waschvorgang wiederholen, bis das Wasser klar ist. Den Biodiesel trocknen (Kasten Seite 85).

Anaerobe Vergärungsanlagen

Vergärungsanlagen (anaerobe Behandlung) oder Faulbehälter verwandeln organische Substanzen, zum Beispiel Nahrungsmittelabfälle, Stalldung und Gülle in Dünger und Biogas: eine alternative Energiequelle. Sie sind ideal für Bauernhöfe und kommunale Abfallverwertungsanlagen und können sich selbst für kleinere Anwesen lohnen, sofern dort genügend verwertbarer Abfall anfällt.

Was ist Vergärung?

Anaerobe Vergärung ist die bakterielle Zersetzung von organischem Abfall in einem luftleeren (anaeroben) Milieu. Diese anaeroben Bakterien kommen ganz natürlich im Boden, in tiefem Wasser und auf Müllkippen vor. Durch die Vergärung werden die Abfallstoffe in eine Substanz verwandelt, die als Düngemittel verwendet werden kann. Außerdem entsteht dabei Biogas: eine erneuerbare Energiequelle.

Biogaserzeugung

In Großbritannien landet etwa ein Drittel aller eingekaufter Lebensmittel auf dem Müll! Mit dem Abfall des Gastgewerbes und der Nahrungsmittelindustrie sowie Dung und pflanzlichen Abfällen aus der Landwirtschaft kommt da eine Riesenmenge an Substanz zusammen, aus der man Biogas herstellen könnte. Auf Müllkippen entwickeln diese Substanzen das giftige Methangas, das in Bezug auf den Treibhauseffekt 24 Mal so schädlich ist wie Kohlendioxid.

Sie können ihren Abfall selbst in einem Faulbehälter recyceln. Dieser produziert ein überschaubares Volumen von Biogas, das zu 40 Prozent aus Kohlendioxid und zu 60 Prozent aus Methan und anderen Spurenelementen besteht. Obwohl anaerobe Vergärung Kohlendioxid freisetzt, wurde der Kohlenstoff zuvor von Pflanzen aufgenommen und ist somit Teil eines geschlossenen Kohlenstoffkreislaufs. Das freigesetzte Gas trägt also nicht in derselben Weise zur Erderwärmung bei wie das von Mineralöl, das für Millionen von Jahren unter der Erde eingeschlossen war.

Anaerobe Vergärungsanlagen

Für die Landwirtschaft bestimmte anaerobe Vergärungsanlagen können von 100 Kilowatt bis 1 Megawatt Strom erzeugen. Wir haben einen Faulbehälter für einen Bauernhof gebaut (rechte Seite). Auch mit einem Anaerobteich (unten) kann man Biogas produzieren.

1. Der Inhalt eines Komposteimers erwärmt sich bei der Zersetzung. Anaerobe Bakterien zersetzen die Biomasse.
2. Das Endprodukt der bakteriellen Zersetzung wird als Dünger verwendet und verbessert die Bodenqualität.

ANAEROBTEICHE

In einem anaeroben Teich wird aus Gülle Biogas erzeugt. Das Baumaterial dafür gibt es beim Spezialanbieter. Die Gülle vergärt in einem zugedeckten Behälter ohne Luftzufuhr, denn Biogas und Luft bilden eine explosive Kombination. Während der anaeroben Vergärung bläht sich das Dach des Behälters auf. Je wärmer das Milieu, desto schneller geht die Zersetzung vonstatten.

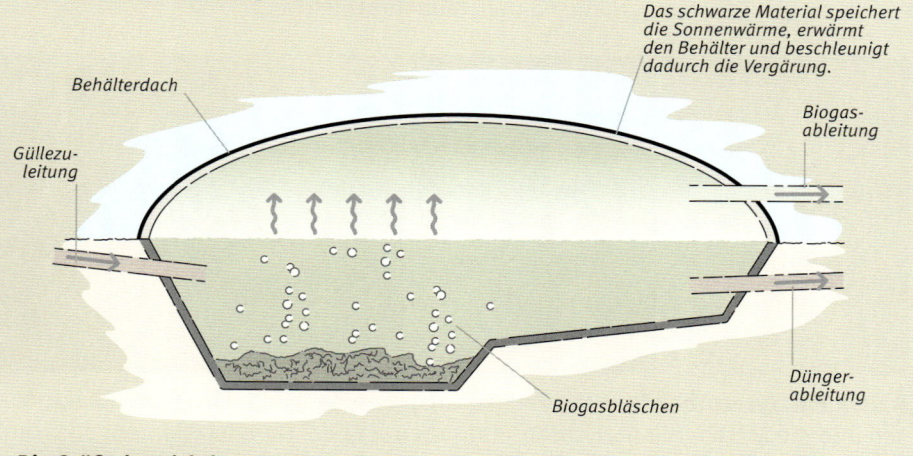

Das schwarze Material speichert die Sonnenwärme, erwärmt den Behälter und beschleunigt dadurch die Vergärung.

Behälterdach

Güllezuleitung

Biogasableitung

Düngerableitung

Biogasbläschen

Die Größe ist wichtig
Das Volumen des Anaerobteichs muss auf die Menge der zugeführten Gülle abgestimmt sein. Fragen Sie den Fachmann.

Selbst gebauter Faulbehälter

Wir haben diese anaerobe Vergärungsanlage für einen befreundeten Bauern aus einem ausrangierten Miststreuer gebaut. Er recycelt darin seine organischen Abfälle. Mit dem Biogas treibt er eine Ölpresse für seine Biodieselproduktion an und der Dünger kommt zurück auf seine Felder.

Mit Biogas kann man zum Beispiel einen Stromgenerator betreiben oder damit Wärme erzeugen und diese wieder der Anlage zuführen, um die Vergärung zu beschleunigen. Wir haben die benötigte Wärme mit ein paar selbst gebastelten Son-nenkollektoren in Form von schwarz gestrichenen Heizkörpern erzeugt. Sie können mit Biogas auch heizen oder es anstelle von Benzin für Motoren verwenden. In China und Indien kochen viele Haushalte mit selbst erzeugtem Biogas.

Das Zersetzungsprodukt wird mit einem Miststreuer als Dünger aufs Feld gebracht.

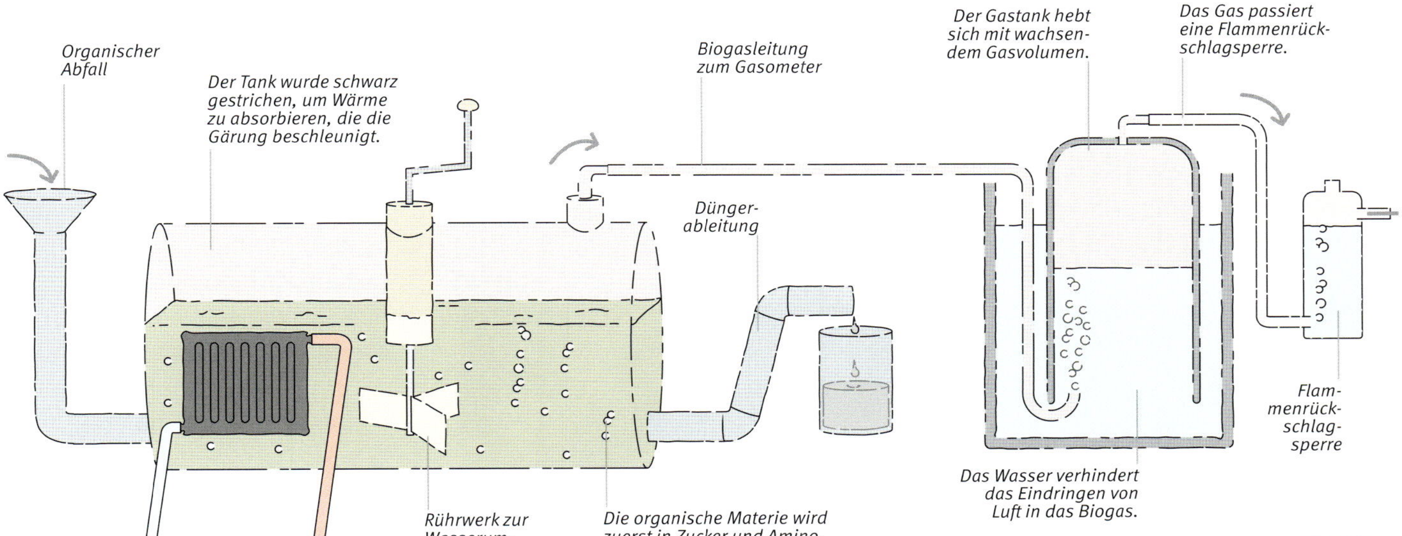

Organischer Abfall

Der Tank wurde schwarz gestrichen, um Wärme zu absorbieren, die die Gärung beschleunigt.

Biogasleitung zum Gasometer

Der Gastank hebt sich mit wachsendem Gasvolumen.

Das Gas passiert eine Flammenrückschlagsperre.

Düngerableitung

Flammenrückschlagsperre

Das Wasser verhindert das Eindringen von Luft in das Biogas.

Rührwerk zur Wasserumwälzung

Die organische Materie wird zuerst in Zucker und Amino-säuren gespalten, dann in Biogas umgewandelt.

Eine Pumpe lässt das Wasser zirkulieren.

Die Heißwasserzirkulation erfolgt durch ein Thermosiphon oder kleine Pumpe.

Schwarz gestrichene Heizkörper speichern Sonnenwärme.

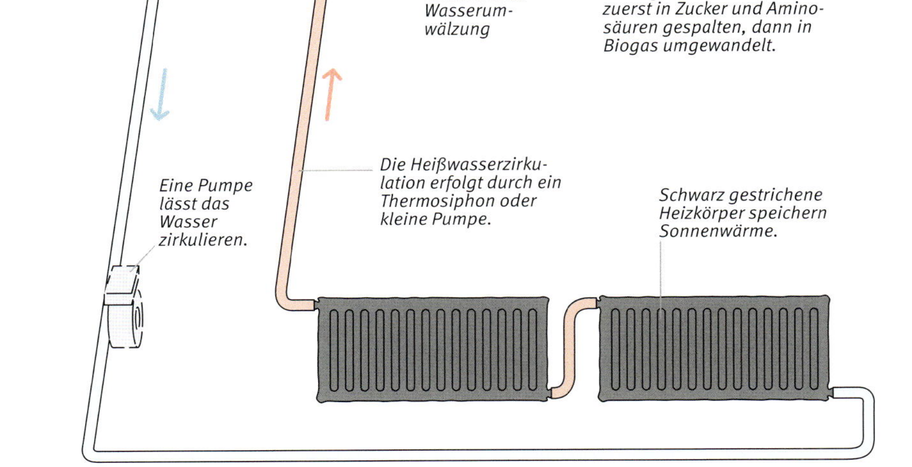

FLAMMENRÜCKSCHLAGSPERRE
Die Flammenrückschlagsperre verhindert den Rückschlag von Sauerstoff und Flammen durch die Gasleitung in den Tank.

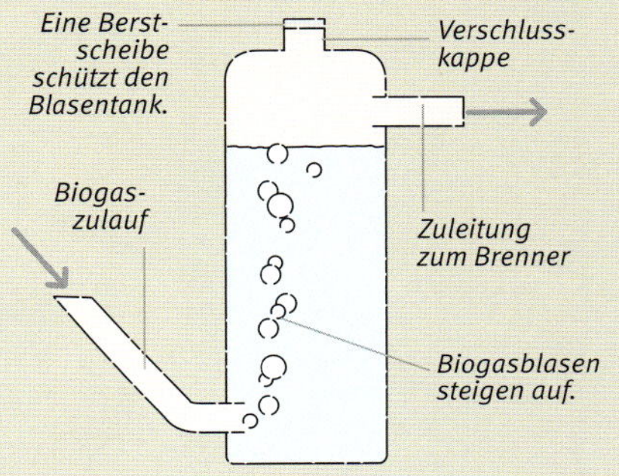

Eine Berstscheibe schützt den Blasentank.

Verschlusskappe

Biogaszulauf

Zuleitung zum Brenner

Biogasblasen steigen auf.

Die Aktion aufmischen
Wenn sich die Abfallschichten trennen, verlangsamt sich die Gärung. Die Biogaserzeugung dauert bis zu einem Monat. Das Umrühren des Tankinhalts beschleunigt die Sache. Da das Gas nicht mit Luft zusammenkommen darf, muss sich das Rührwerk immer unter der Oberfläche befinden.

In die Verschlusskappe *zur Schadensbegrenzung eine Berstscheibe montieren.*

Weiterverwerten und Recyceln

Wir nehmen das Recycling auf der Newhouse Farm sehr ernst und haben die Mülltrennung fast zur Kunst erhoben. Doch bevor wir solche Dinge wie Kabel, Pappkartons oder Plastikflaschen auf den Recyclinghof bringen, versuchen wir, dafür in Haus und Garten eine andere Verwendung zu finden. Schließlich ist des einen Müll des anderen Schatz!

Das Abfallproblem

Hohes Müllaufkommen ist das Ergebnis raschen wirtschaftlichen Wachstums, doch Entsorgung ist trotzdem kein neues Problem. Gerichtsakten aus der Mitte des 16. Jahrhunderts zufolge musste William Shakespeares Vater eine Strafgebühr für »Abladen von Unrat auf einer öffentlichen Straße« zahlen. Durch die Industrialisierung wurde jedoch schnell viel mehr Müll produziert und im 19. Jahrhundert kamen die Müllkutscher auf, ursprünglich, um die Asche aus privaten Haushalten abzufahren.

Wir versuchen, so wenig Abfall wie möglich im Haus zu verursachen, indem wir Verpackungen und Wegwerfartikel meiden und nur kaufen, was wir wirklich brauchen. Alles wird möglichst lange verwendet und nach Kräften wiederverwertet.

Bei einem Stück Abfall betrachten wir dessen gesamten Lebenszyklus: Zuerst die Kosten und die Energie, die zur Herstellung nötig war, dann die Nutzzeit. Wenn das Stück nur einen einzigen Zweck hatte, versuchen wir, es noch einmal weiterzuverwenden, bevor es entsorgt wird.

Wiederverwertung

Wiederverwertung ist kreativ, umweltfreundlich und es spart Geld. Wir verwenden auf der Newhouse Farm alles Mögliche wieder. Das macht uns einen Riesenspaß und es ist wirklich befriedigend.

Büro- und Haushaltsabfall

▪ **Papier** kann natürlich recycelt werden, aber wir verwenden lose Zettel für Notizen und überkleben Adressen auf alten Briefumschlägen. Man kann aus Altpapier sogar selbst »Briketts« herstellen.

▪ **Tintenpatronen** können leicht nachgefüllt werden.

▪ **Wiederaufladbare Batterien** haben ein langes Leben und kosten nicht viel mehr als einfache Batterien.

▪ **Schraubdeckelgläser** sind prima Behälter für selbst gemachte Marmelade, Chutney, Trockennahrungsmittel, Nüsse usw. Gründlich reinigen und den Deckel nicht vergessen.

Baumaterial

▪ **Bauholz** zu recyceln ist harte Arbeit. Es kostet Zeit und Mühe, Nägel zu ziehen und Unebenheiten zu glätten, doch die Befriedigung, aus Abfall wieder etwas Brauchbares gemacht zu haben, ist es wert. Außerdem ist altes Holz sehr viel billiger als neues und man kann auch den letzten Splitter noch als Anzündholz verwenden. Vorsicht bei Teerölimprägnierungen! Vermeiden Sie bemaltes Holz, da die Aufbereitung sehr zeitraubend ist. Aus einfachem Palettenholz kann man zum Beispiel Schuppen, Hühnerställe oder Komposter bauen (Seite 106).

1. Alte Holzbalken wurden zu einer Einfassung für unser Hochbeet (Seite 126) verarbeitet. **2. Feldsteine** umranden ein Kräuterbeet (Seite 159). **3. Ein Ölfass** wird zum Räucherofen (Seite 220–221).

PROJEKT **Wiederverwertung im Haus**

Manche Plastiktüten lassen sich nicht recyceln – es sei denn, man verwendet sie wie wir als Kissenfüllung. Wir gießen außerdem Duftkerzen aus den Wachsresten, die bei Kerzen so anfallen. Dochte für die selbst gemachten Kerzen gibt es im Bastelladen.

SIE BRAUCHEN
FÜR DIE KISSEN:
- Plastiktüten
- Schere
- Kissenbezug

FÜR DIE KERZEN :
- Kerzenreste
- Wasserbad
- Muffinformen aus Papier oder Silikon
- Kerzendochte

KISSENFÜLLUNG AUS PLASTIKSCHNIPSELN

1. Die Plastiktüten in lange Streifen, dann in Schnipsel zerschneiden. Muster und Machart der Tüten sind egal, aber sie müssen alle sauber sein. **2. Die Schnipsel** in einen Kissenbezug stopfen – möglichst fest, da die Füllung sich noch setzt. **3. Das fertige Kissen** mit der umweltfreundlichen Füllung. Man kann damit auch Haustierkissen ausstopfen.

SELBST GEGOSSENE DUFTKERZEN

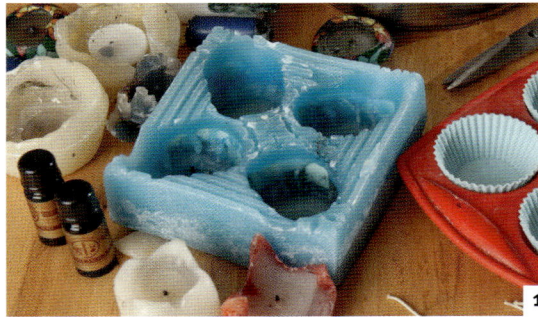

1. Die Kerzenreste zerkleinern. Farben trennen, damit die Mischung nicht unansehnlich grau wird. **2. Im Wasserbad** schmelzen, dabei alte Dochte und Verunreinigungen herausfischen. Vom Herd nehmen und ein Paar Tropfen ätherisches Öl zugeben. Den Docht in die Form kleben, etwas Wachs hineingießen und abkühlen lassen. Dann schichtweise mehr Wachs zugeben und jeweils abkühlen lassen. **3. Die Form abziehen**. Fertig!

Kupferrohre und alte Armaturen sind wertvolles Material. Wir haben unsere Widderpumpe (Seite 75) und die Solardusche (Seite 62–63) aus Recyclingteilen gebaut. Wenn Sie Kupferteile nicht wiederverwenden, verkaufen Sie sie an einen Schrotthändler – Kupfer ist teuer!

Kabel und Elektroteile wiederzuverwerten, ist etwas schwerer, aber einen Schalter auszuwechseln und anzuschließen, ist relativ einfach.

Es lohnt sich, den Kupferdraht aus alten Stromkabeln zu behalten, denn daran kann man zum Beispiel, wie wir, schneckensichere Pflanzkörbe aufhängen (Seite 18–19).

Altmetall kann man ebenfalls gut in allerlei Projekten verarbeiten. Wir bewahren Metall- und Blechabfall auf, damit wir immer ein passendes Stück zur Hand haben, um einen kaputten Schubkarren zu reparieren oder für einen Bratspieß.

Im Garten

Glas, das noch in einem Rahmen steckt, lässt sich zu Anzuchtkästen umfunktionieren (Seite 116–117). Glasbruch wiederzuverwerten, ist schwieriger. Wir haben es für die Wärmesenke im Gewächshaus verwendet (Seite 118–19). Schutzhandschuhe anziehen nicht vergessen!

Alte Regenrinnen geben exzellente Anzuchtkästen für Erbsenpflanzen ab (Seite 142).

Pflastikflaschen eignen sich optimal als Anzuchtglocken (siehe Kasten unten). Man kann daraus auch ein originelles Regenabflussrohr bauen: Dafür Plastikflaschen ähnlicher Größe sammeln, die Böden abtrennen und ineinanderstecken. Mit Draht verbinden, unter eine Regenrinne hängen und eine Tonne darunterstellen.

Eierkartons lassen sich gut kompostieren, aber wir verwenden sie vorher gern als kleine Anzuchttöpfe (Seite 134).

Autoreifen geben prima Minihochbeete für Kartoffeln ab: Einen Reifen auf den Boden legen und mit Kompost füllen. Ausgetriebene Kartoffeln einpflanzen. Wenn sich die ersten Triebe zeigen, noch einen Reifen auflegen und mit Kompost füllen, dann noch zwei- bis dreimal wiederholen.

So funktioniert Recycling

Wir geben Recyclingmaterial erst weg, wenn wir es möglichst noch einmal im Haus oder Garten weiterverwendet haben, denn auch der Recyclingprozess verbraucht viel Energie.

Neulich bekamen wir die Erlaubnis, zuzusehen, was mit unserem Material in der kommunalen Abfalltrennungsanlage geschah. Das war für uns ein echtes Aha-Erlebnis. Unsere Mülltüten wurden nun Teil eines minutiös abgestimmten Sortiervorgangs.

Die Tüten wurden zunächst von Hand auf ein Förderband geleert, wo zuerst ein in etwa 30 cm über dem Band rotierender Elektromagnet das Weißblech herauszog und in einem riesigen Metallkorb deponierte. Danach wurde das Aluminium von einer Art elektromagnetischem Stru-

del herausgezogen und in einen weiteren Korb befördert. Aluminium ist so wertvoll, dass Paletten mit den gepressten Dosen unter Verschluss gehalten werden. Durch Recycling werden bis zu 95 Prozent der Energie eingespart, die nötig wäre, um es aus Rohmaterialien herzustellen.

Die Plastikflaschen kommen auf einen Extrahaufen, wo nicht recycelbare Flaschen per Hand aussortiert werden. In einem anderen Bereich der Anlage wurden Papier und Pappe von Hand sortiert.

Auch Säcke voll ungetrennten Mülls wurden hier sortiert, und dort sahen wir Flaschen, Textilien und viele andere Sachen, die wunderbar hätten recycelt werden können. Doch in diesem Stadium ist Sortieren nicht mehr möglich und so kommt in Groß-

---

PROJEKT **WIEDERVERWERTUNG IM GARTEN**

Pappröhren eignen sich bestens als Anzuchttöpfe für Wurzelgemüse, denn man kann sie hinterher im Ganzen nach draußen verpflanzen, ohne die Würzelchen zu beschädigen. Aus leeren Plastikflaschen werden Mini-Gewächshäuser.

SIE BRAUCHEN DAFÜR
- Pappröhren
- Anzuchtsubstrat
- Tablett
- Samen
- Plastikflasche
- Schere

ANZUCHTTÖPFE

1. Die Röhren auf ein Tablett stellen und mit gesiebtem Substrat füllen. In jede Röhre einen Samen pflanzen. Vorsichtig gießen. **2. Die Saat** einfach in der Röhre ins Beet pflanzen, nachdem sie ausgeschlagen hat.

ANZUCHTGLOCKEN

1. Den Boden einer 2-l-Plastikflasche abschneiden.
2. Die Flasche über eine Jungpflanze stellen (zum Beispiel Tomaten). An warmen Tagen, wenn die Flasche von innen beschlägt, den Deckel abschrauben.

britannien immer noch fast alles auf die Müllhalde, in Deutschland immerhin in die Müllverbrennungsanlage.

Mülltrennung zu Hause

Im Kasten rechts sehen Sie unsere Top-Tipps für die Mülltrennung zu Hause. Abfall, der nicht von der Kommune abgeholt wird, muss zum Recyclinghof gebracht werden.

Besonders fortschrittliche Kommunen holen sogar organischen Abfall ab (siehe Anaerobe Vergärungsanlagen, Seite 88–89), doch am einfachsten ist immer noch das Kompostieren zu Hause (auf Seite 104–107 erfahren Sie, was man kompostieren kann und was nicht). Wir sammeln den organischen Abfall in einer Tonne in der Küche, die nicht einmal einen Deckel braucht, da sich

kein übler Geruch bildet. Da wir so viel Obst und Gemüse essen, ist die Tonne schnell voll und wird auf dem Rückweg vom Komposthaufen schnell im Bach ausgespült. Wir haben auch einen Wurmkomposter (Seite 104) für unsere gekochten Essensreste.

Noch tragbare Textilien kann man zum Beispiel an gemeinnützige Vereine spenden oder auch selbst auf Flohmärkten oder im Second-Hand-Laden verkaufen. Sind sie nicht mehr tragbar, kommen sie in den Altkleidercontainer. Bei manchen Recyclingcentern müssen die Textilen in Naturfasern und Synthetik sortiert werden.

Schuhe und Brillen, die repariert und noch getragen werden können, kann man an Organisationen spenden, die sie in die dritte Welt verschicken.

RECYCLINGTIPPS

Gut organisiert klappt Mülltrennung mühelos. Unser Abfallbehälter hat Unterteilungen für die verschiedenen Müllsorten. In Deutschland gibt es für Verpackungen zusätzlich den gelben Sack/die gelbe Tonne, der/die getrennt abgeholt wird.

So geht's besser:

■ **Alu- und Blechdosen** ausspülen und flach drücken.

■ **Kunststoff** kommt in den gelben Sack und wird abgeholt. Verpackungen möglichst ausspülen und flach drücken.

■ **Plastiktüten** kommen ebenfalls in den gelben Sack. Die Herstellung von Tüten aus recyceltem Polyethylen verbraucht nur ein Drittel der Energie von konventionellen Plastiktüten.

■ **Glas** kann Hunderte von Malen verwendet werden und sollte daher niemals in den Müll geworfen werden. Metalldeckel kommen in den Blechabfall.

■ **Papier und Pappe** sind sehr leicht wiederzuverwerten. Recyclingpapier hat international einen immer höheren Anteil an der Papierindustrie.

■ **Verbundverpackungen und Tetrapacks** kommen in Deutschland in den gelben Sack.

Recycling *beginnt zu Hause mit dem Vorsortieren des Abfalls.*

1. Aus alten Regenrinnen werden Anzuchtkästen für Erbsenaussaat (Seite 142). **2. CDs und Flaschendeckel,** auf Schnur aufgezogen, halten die Vögel von der Saat fern. **3. Ein altes Glasfenster** und ein paar Bretter – fertig ist das Frühbeet. **4. Pappkartons** verwenden wir als biologisch abbaubare Bodendecke (Seite 100).

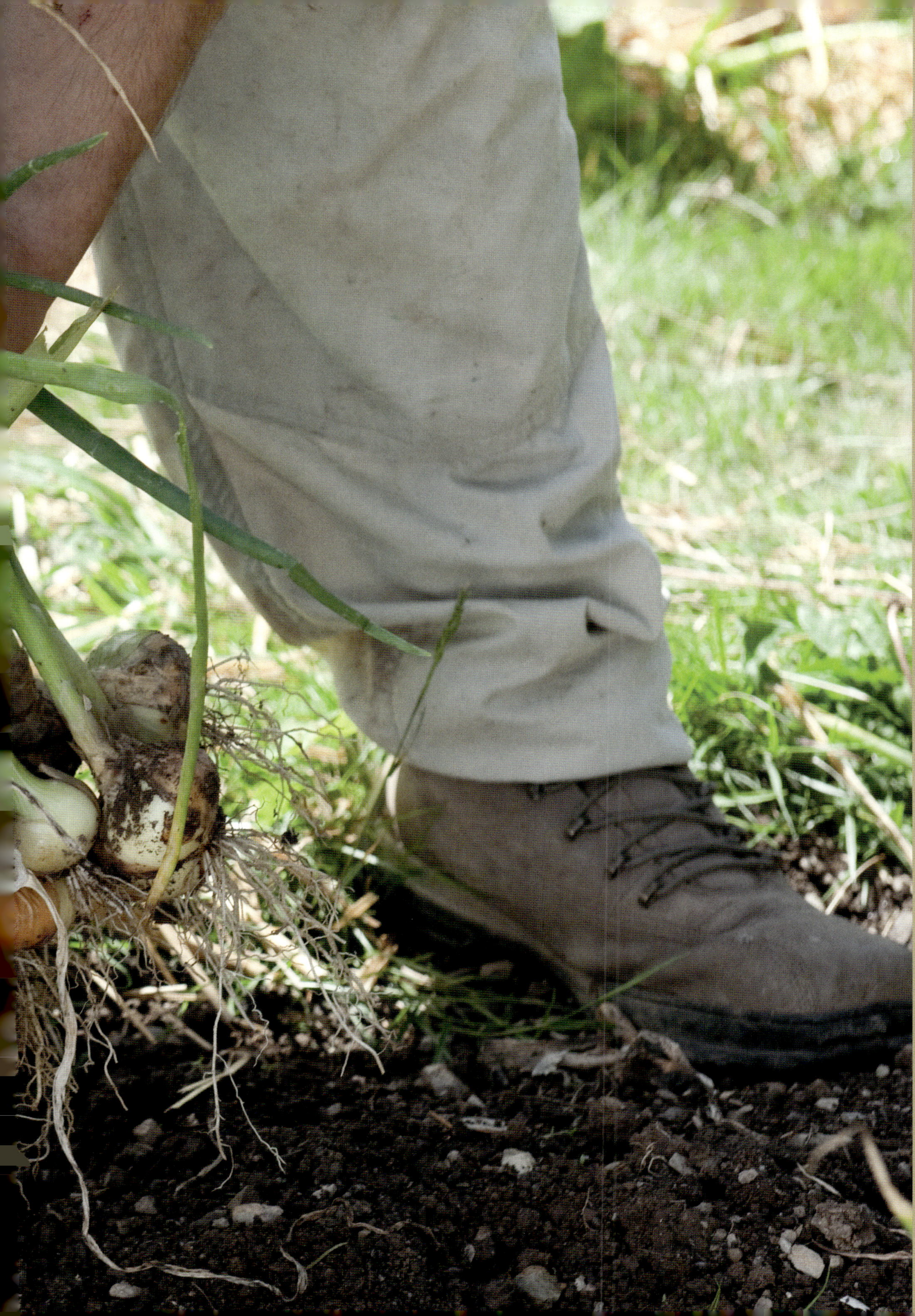

GRUND UND BODEN

GUTE ERTRÄGE Es ist ungemein befriedigend, sein Obst und Gemüse selbst anzubauen. Uns gefällt auch die Vorstellung, im Einklang mit der Natur zu leben. Wenn Sie sich darauf einlassen, werden Sie immer wieder über die Natur staunen – und darüber, wie sehr sie auf Ihrer Seite ist. In diesem Kapitel erfahren Sie alles, was Sie über Ihren Garten wissen müssen, ob er nun groß oder klein ist. Besonders wichtig ist uns, Arbeitszeit zu sparen und die Anbausaison maximal auszunutzen. Schließlich möchte man gern im Sommer in der Sonne sitzen und trotzdem im Winter Frisches ernten.

Anbaumethoden

Für Gartenneulinge mag die Bandbreite der Anbaumethoden etwas verwirrend sein. Eins sollten Sie aber wissen: Es gibt nicht »die richtige« Methode. Probieren Sie aus, was Sie interessant finden. Manche Methoden sind so unkompliziert, dass Sie nicht einmal einen Spaten brauchen. Sie werden bald herausfinden, was am besten zu Ihnen und Ihrem Grundstück passt.

Offen bleiben
Sie brauchen keinen Hof mit fünf Hektar Land, um organisch zu gärtnern oder eine Permakultur anzulegen. Alle Methoden lassen sich sowohl auf großen wie auch auf kleinen Grundstücken umsetzen.

Im Lauf der Zeit haben sich die Techniken tiefgreifend verändert – vom traditionellen Anbau über den intensiven Einsatz von Pestiziden und wieder zurück zu natürlichen, umweltverträglichen Verfahren. Traditionelle Methoden haben sich hinsichtlich der Nachhaltigkeit als besonders wertvoll erwiesen.

Wir versuchen, offen zu bleiben und viele Verfahren auszuprobieren. Wenn eine Methode sich für Sie nicht bewährt, versuchen Sie eine Alternative. Aber bedenken Sie: Nachhaltigkeit bedeutet, das Land optimal auszunutzen, ohne seine künftige Fruchtbarkeit zu beeinträchtigen.

Bioanbau
Die Grundannahme ist, dass Umwelt und Nahrungsmittelproduktion in direkter Beziehung stehen. Diese Methode berücksichtigt Klima und Bodenbeschaffenheit; giftige Chemikalien werden vermieden.

So funktioniert es
■ **Bodenverbesserung** durch Kompostierung ist ein Grundelement organischen Anbaus, weil Kompost viele Mikroorganismen enthält. Künstliche Dünger enthalten keinen Humus – also verrottetes Pflanzenmaterial und Bodenorganismen. Kompost fördert die Fruchtbarkeit und das Wasserhaltevermögen des Bodens.

■ **Fruchtfolge** (Seite 108) verhindert die Ansiedlung von Schädlingen und Krankheiten im Boden.

■ **Unkraut** wird mechanisch durch Jäten oder Hacken bekämpft oder mit Mulch unterdrückt (Seite 100).

■ **Gründünger** – Pflanzen, die zur Förderung der Bodenfruchtbarkeit untergegraben werden (Seite 106).

■ **Schädlingsbekämpfung** basiert auf einer Verschlechterung der Lebensbedingungen für Schädlinge, z. B. durch Mischkultur (Seite 101) oder natürliche Feinde (Seite 120–123).

Permakultur
Für diese Methode gibt es verschiedene Definitionen. Wir verstehen darunter, *mit* der Natur zu arbeiten, statt gegen sie. Nach dem Vorbild natürlicher Ökosysteme werden Pflanzen, Tiere und Mikroorganismen zur Nahrungsgewinnung genutzt. Permakultur ist auf jedem Grundstück möglich, wenn man sich an dem orientiert, was dort bereits willig wächst.

So funktioniert es
■ **Auf Umgraben** wird verzichtet. Dabei geht es nicht um Bequemlichkeit, sondern darum, das natürliche Bodengefüge zu erhalten, um die

1. **Organische Tomaten,** angebaut ohne Chemie, schmecken hervorragend. **2. Eine Reihe Salat** vor den Erbsen: optimale Platzausnutzung. **3. Fruchtfolge** hilft, Schädlingen und Krankheiten vorzubeugen. **4. Stroh als Mulch** hält den Boden feucht, unterdrückt Unkraut und verhindert direkten Bodenkontakt der Früchte.

Permakultur im Gehölzgarten

Ein Gehölzgarten besteht hauptsächlich aus mehrjährigen Pflanzen. Hier kann man Obst und Nüsse ernten, und dazwischen können Kräuter und einjähriges Gemüse gesät werden. Eine gute Artenvielfalt beugt dem Befall durch Schädlinge und Krankheiten vor. Dies ist sozusagen Mischkultur in großem Stil.

Einen Gehölzgarten anlegen

Ein Gehölzgarten ist ideal für eingewachsene Grundstücke, weil er große Bäume umfassen kann. Aber selbst auf einer Terrasse kann man zwergwüchsige Obstbäume in Kübeln, einen Weinstock, Kräuter und Salate anpflanzen. Die Pflanzen nützen einander gegenseitig: Bäume geben Kletterpflanzen Halt, und Bärlauch im Schatten von Beerensträuchern lässt Unkraut keinen Platz.

Ein Gehölzgarten wird in »Etagen« angelegt. Hier wachsen Stachelbeeren neben Obst- und Nussbäumen. Niedriger Lavendel dient als Bodendecker.

Ein pflegeleichter Garten

Mehrjährige Pflanzen erfordern viel weniger Zuwendung als einjährige. Nach der Pflanzung braucht man im Gehölzgarten nur noch kleine Salatbeete umzugraben.

Obststräucher wie Johannisbeeren, Heidelbeeren und Stachelbeeren gedeihen im Halbschatten unter Bäumen, ebenso wie Pilzkulturen auf Stämmen.

Obst- und Nussbäume wie Äpfel, Maulbeeren und Esskastanien

Spalier- und Kordon-Obstbäume

Erdbeerpflanzen

Mehrjährige Kräuter wie Lavendel, Schnittlauch und Bärlauch

Wein an einem kleinwüchsigen Obstbaum

Himbeeren und andere Beerensträucher

Einjähriges Gemüse in offener, sonniger Lage

Mais und Kapuzinerkresse *sind einjährig. Der Mais stützt die Kresse, die den Boden schattiert und feucht hält.*

Ein Teich lockt Frösche an, die Schädlinge vertilgen.

Mehrjährige, essbare Bodendecker *Pflanzen wie Bärlauch und Walderdbeeren unterdrücken Unkraut.*

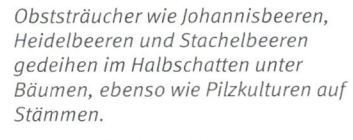

99

Fruchtbarkeit zu fördern und Erosion zu vermeiden.

■ **Mehrjährige Nutzpflanzen** bilden die Grundlage der Permakultur. Wenn sie etabliert sind, erfordern sie deutlich weniger Arbeit als die jährliche Aussaat. Weil der Boden bedeckt ist, kann sich weniger Unkraut ausbreiten.

■ **Die Aufteilung** richtet sich nach dem Arbeitseinsatz. Gemüse, Salat und Kräuter stehen dicht am Haus, Obstbäume und Nutztiere sind weiter entfernt. In größerer Entfernung können Feldfrüchte folgen.

■ **Mulchen** ist eines der Grundprinzipien der Permakultur. Siehe unten.

Kultur ohne Spaten

Normalerweise greift man zum Spaten, um Kompost und Mist unterzugraben, Unkraut zu entfernen oder den Boden zur Aussaat vorzubereiten. Bei der spatenlosen Methode hingegen wird organisches Material zwei bis drei Monate vor der Aussaat auf der Oberfläche verteilt, damit Bodenlebewesen es langsam unter die Erde ziehen können. Ernährt wird der Boden, nicht die Pflanzen.

So funktioniert es

■ **Würmer & Co.** nehmen Ihnen das Umgraben ab. Würmer sind ständig im Einsatz und darum erheblich

effizienter als der Mensch mit Spaten oder Grabgabel.

■ **Unkraut** wird durch Vorbeugung bekämpft. Flaches Hacken oder Mulchen im Winter beseitigt es, ehe es Samen bildet. Bleibt Mulchmaterial, das kein Licht an den Boden lässt, mindestens eine Anbausaison lang liegen, gibt auch hartnäckiges Unkraut auf. Sie können durch den Mulch pflanzen – siehe unten.

■ **Kraftersparnis** ist ein Hauptvorteil der spatenlosen Methode. Manche Leute graben gern, andere finden es lästig und anstrengend. Für ältere oder körperlich beeinträchtigte Menschen und für alle, die ungern

---

PROJEKT **Mulchen und pflanzen, ohne umzugraben**

So leicht lässt sich ein Gemüsebeet anlegen – ohne umzugraben und zu jäten. Mulch nimmt Unkraut das Licht und tötet es ab. Pappe eignet sich hervorragend, ist leicht erhältlich und verrottet mit der Zeit.

SIE BRAUCHEN
- Pappe
- Große Steine
- Gießkanne
- Pflanzerde
- Spaten
- Scharfes Messer

1. Die Mulchpappe direkt auf den unkultivierten Boden legen. Die Pappe an den Rändern überlappen, sonst wächst Unkraut durch die Lücken. **2. Die Kanten** mit Steinen beschweren, damit die Pappe nicht wegweht. **3. Gut wässern.**

4. Pflanzerde 8–10 cm hoch auf der Pappe verteilen. **5. Zwei Wochen** ruhen lassen. Dann für jedes Pflanzloch einen Kreis aus der Pappe schneiden. **6. Bepflanzen** (abgebildet ist ein Kürbis) und den Boden andrücken. **7. Gut wässern** und wachsen lassen!

schmutzige Hände bekommen, ist dies eine sinnvolle Methode.

Nicht gießen

Dieses Verfahren haben wir in den Lost Gardens of Heligan gesehen, einem preisgekrönten Naturschutzprojekt im äußersten Südwesten Englands. Es spart Wasser und viel Arbeit. Unsere Zucchini gediehen mit dieser Methode ausgezeichnet.

So funktioniert es

▪ **Jungpflanzen** werden ausgepflanzt, wenn sie kräftig sind und kein Frost mehr droht. Dabei werden sie gut angegossen, aber danach bekommen sie kein Wasser mehr. Zuerst sehen sie oft etwas kläglich aus und haben zu kämpfen, doch dann strecken sie die Wurzeln in die Tiefe, dem Grundwasserspiegel entgegen.

▪ **Ein tief reichendes Wurzelwerk** bildet sich aus, mit dem die Pflanze auch Trockenperioden ohne zusätzliches Gießen übersteht.

Schachbrettkultur

Diese Methode nutzt die Beetfläche optimal aus und spart viel Pflegearbeit. Sie eignet sich besonders gut für kleine Stadtgärten, kann aber auch für intensiv kultivierte Grundstücke, Schrebergärten oder eine Versuchsfläche auf einem Hof eingesetzt werden.

So funktioniert es

▪ **Statt in Reihen** werden die Pflanzen auf quadratischen Minibeeten kultiviert. Jedes ist etwa 30 cm x 30 cm groß und wird mit einer anderen Gemüse-, Kräuter- oder Blumenart bepflanzt.

▪ **Vorteile** sind die Mischkultur (siehe Kasten): Schädlingsvertreiber wie Ringelblumen, Zwiebeln, Knoblauch und Schnittlauch stehen dicht neben den Pflanzen, die sie schützen sollen.

▪ **Folgesaaten** (Seite 138) sind unkompliziert. Jedes Beet wird komplett abgeerntet, dann wird eine andere Art frisch eingesät.

Biologisch-dynamischer Anbau

Diese Methode wurde im frühen 20. Jahrhundert von dem Philosophen und Wissenschaftler Rudolf Steiner propagiert. Ein Stück Land wird als System von Faktoren betrachtet, die sich gegenseitig bedingen. Die Methode ähnelt dem ökologischen Ansatz, gilt aber bis heute als etwas exzentrisch.

So funktioniert es

▪ **Zusätzlich zu** üblichen Prinzipien des ökologischen Gartenbaus wie Mischkultur, Gründüngung und Kompostierung werden verschiedene Kräutermittel eingesetzt, um Boden, Pflanzen und sogar Komposthaufen zu behandeln.

▪ **Ein astronomischer Kalender** dient zur Bestimmung von Aussaat- und Ernteterminen.

▪ **Der dynamische Aspekt** bezieht sich auf biologische Abläufe. Blattgemüse beispielsweise soll vorzugsweise morgens geerntet werden, weil dann der Saft aufsteigt.

MISCHKULTUR

Manche Pflanzen profitieren von spezieller Nachbarschaft, sodass weniger Zeit für Pflege und Schädlingsbekämpfung aufgewendet werden muss. Hier finden Sie einige bewährte Kombinationen. Probieren Sie ruhig andere aus, Abwechslung ist immer gut.

▪ **Mais, Bohnen und Kürbis** Die älteste und berühmteste Form der Mischkultur stammt von den nordamerikanischen Indianern. Mais dient den Bohnen als Kletterhilfe. Die Bohnen versorgen den Mais mit Stickstoff, und der kriechende Kürbis hält den Boden feucht und unterdrückt Unkraut. Statt Mais eignen sich auch Sonnenblumen.

▪ **Zwiebeln und Salat** Zwiebeln oder Knoblauch neben dem Salat erzeugen eine »Duftbarriere«, die Schnecken auf Distanz hält.

▪ **Sumpfblume und Erbsen** Die mehrjährige Sumpfblume kann im Frühling ins Erbsenbeet gepflanzt werden. Die Blüten locken Schwebfliegen an, die den Blattlausbefall der Erbsen reduzieren.

▪ **Basilikum und Tomaten** Blattläuse mögen kein Basilikum, darum sollte es neben den Tomaten wachsen. Schließlich passen die beiden auch auf dem Teller gut zusammen.

▪ **Kapuzinerkresse und Kohl** Kohlweißlingsraupen fressen gern Kapuzinerkresse – und lassen darum Ihren Kohl in Ruhe. Blüten und Blätter der Kapuzinerkresse (bitte ohne Blattläuse!) geben Salaten pfeffrige Würze.

▪ **Rettich und Gurke** Ein Ring aus Rettichen oder Radieschen schützt Gurkenpflanzen vor dem Gurkenkäfer.

▪ **Möhren und Zwiebeln** Ein ideales Paar. Die Zwiebeln vertreiben die Möhrenfliege, und die Möhren halten die Zwiebelfliege auf Abstand.

Halten Sie Blattläuse in Grenzen, *indem Sie die Sumpfblume* (Limnanthes douglasii) *zwischen die Erbsen säen.*

Hydroponische Systeme

Stellen Sie sich eine Anbaumethode vor, die ohne Boden auskommt, wenig Wasser braucht und bis zu viermal höhere Erträge verspricht als traditioneller Anbau in der Erde. Das klingt geradezu utopisch. Früher dachte man bei hydroponischer Kultur an Forscher in weißen Kitteln. Inzwischen steht die Methode jedem zur Verfügung. Wir haben sie ausprobiert.

Worum geht es?

In einem hydroponischen System wachsen die Pflanzen ohne Erde. Die Wurzeln werden direkt mit einer mineralischen Nährlösung versorgt. Um so ein System aufzubauen, muss man anfangs etwas Zeit und Geld aufwenden, doch auf lange Sicht spart das Verfahren viel Arbeit und Wasser.

Zuerst fiel uns das System auf, weil es sich für Menschen in dicht besiedelten Städten eignet, die wenig Platz für einen Nutzgarten haben. Dieses Verfahren nutzt den Platz effizient aus, erfordert wenig Pflege und schont die Umwelt.

Auf der Newhouse Farm setzen wir die Nährstoff-Film-Technik (NFT) ein, bei der ein sehr flacher Strom oder »Film« von nur 1–2 mm Tiefe die Pflanzen mit allen Nährstoffen versorgt, die sie für gesundes Wachstum

brauchen. Weil der Film so dünn ist, bekommen die Wurzeln ausreichend Sauerstoff, ohne den sie faulen würden.

Die Vorteile

▪ Ideal für steinige oder anderweitig **problematische Grundstücke**.
▪ Keine Gefahr von **Krankheiten**, die über den Boden übertragen werden.
▪ Kein **Unkraut**, das mit den Nutzpflanzen um Platz, Nährstoffe und Wasser konkurriert.
▪ **Nährstoffe** gelangen direkt an die Wurzeln, darum ist eine viermal dichtere Bepflanzung möglich.
▪ Maßgeschneiderte **Nährstoffmischungen** erhöhen die Erträge verschiedener Pflanzen.
▪ Weil das **Wasser** effizient genutzt wird, sinkt der Verbrauch um bis zu 90 Prozent.

▪ Ein hydroponisches System im **Gewächshaus oder Folientunnel** verlängert die Saison über die natürlichen Phasen hinaus.

Was kann angebaut werden?

Die Wurzeln von Pflanzen in einem hydroponischen System werden ständig von einer Nährlösung umspült. Wir hatten Erfolg mit Kräutern, Zucchini, Salaten, Tomaten, Peperoni und Auberginen. Hohe Pflanzen müssen – wie sonst auch – mit Schnur oder Drähten befestigt werden, wenn sie heranwachsen.

Nur Wurzelgemüse lässt sich mit dem NFT-Verfahren nicht ziehen, weil die Kanäle für große Wurzeln einfach zu klein sind. Letztlich müssen Sie aber selbst mit verschiedenen Gemüsesorten experimentieren und eigene Erfahrungen sammeln.

PFLEGEMASSNAHMEN

Damit Pflanzen in einem hydroponischen System gedeihen, müssen Nährstoffgehalt und pH-Wert der Lösung überwacht werden.

Aussaat

Als Aussaatsubstrat verwenden wir Kokosfasern, die als Nebenprodukt bei der Kokosnussverarbeitung anfallen. Die Keimung erfolgt bis zu fünfmal schneller als bei traditioneller Aussaat, weil die Fasern Wasser besser speichern als Erde. Die Samen in die Mitte der Kokoswürfel stecken und einige Wochen mit einer Starternährlösung versorgen.

Umpflanzen

Wenn die Wurzeln aus dem Boden des Kokosmaterials schauen, werden die Pflanzen samt Kokoswürfel in die Kanäle gesetzt.

Nährstoffe

Verschiedene organische Nährstoffe kann man im Fachhandel kaufen oder bei Spezialversendern bestellen. Sie können auch die Flüssigkeit aus dem eigenen Wurmkomposter (Seite 127) oder alternativ Beinwelljauche (Seite 107) verwenden.

Ein 45-Liter-Tank ist groß genug für ein System in Haushaltsgröße. Alle paar Wochen muss er nachgefüllt werden, um den Wasserstand zu regulieren und die verbrauchten Nährstoffe zu ersetzen.

Den pH-Wert überwachen

Der pH-Wert im Tank muss regelmäßig mit einem wasserfesten Messgerät kontrolliert werden. Durch Pulverprodukte (sparsam einsetzen) oder Veränderung der zugesetzten Nährstoffmenge lässt er sich regulieren.

Tomatenpflanzen *gedeihen in einem hydroponischen System ausgesprochen gut. Wegen der gleichmäßigen Versorgung mit Wasser und Nährstoffen platzen die Früchte nur selten. Wird das System unter Dach installiert, kann man fast rund ums Jahr Tomaten ernten.*

Das System installieren

In einem hydroponischen System wachsen die Pflanzen in Kanälen. Nährstoffreiches Wasser, das konstant umgewälzt wird, versorgt sie. Man kann solche Systeme als Fertigbausatz kaufen. Wer das Verfahren wirklich verstehen will, sollte sein System lieber selbst bauen. Unter Dach sind die Erträge deutlich höher als im Freien.

In der geodätischen Kuppel *staut sich warme Luft nicht – ideale Bedingungen für Pflanzen unter Dach.*

Die Bewässerung

Für den Kreislauf der Nährstofflösung verwenden wir ein einfaches Bewässerungssystem aus dem Gartencenter. Die Pumpe verbraucht etwas Strom. Wir setzen eine 12-V-Pumpe mit Akku ein, der über ein Solarmodul oder ein Windrad gespeist wird.

Pflanzkanäle

Man kann fertige Kanäle kaufen, aber Dachrinnen mit flachem Boden funktionieren ebenso gut. Abgedeckt werden sie mit weißer Plastikfolie, die das Innere dunkel hält. Dunkelheit entspricht den Bedürfnissen der Wurzeln und reduziert das Algenwachstum. Eine dünne Kapillarmatte auf dem Boden der Rinne fördert den Nährstofffluss und die Gesundheit der Wurzeln.

Die Kanäle müssen mit leichtem Gefälle zu einem Auffangkanal hin installiert werden. Wir haben die Höhe mit Holzscheibchen reguliert. Bei zu geringem Gefälle kann sich Flüssigkeit stauen und Krankheiten verursachen.

Die Länge der Kanäle bestimmen Sie selbst. Ideal sind geschlossene Enden mit kleinen Ablauflöchern. Offene Enden funktionieren ebenso gut, spritzen nur etwas mehr.

Im Winter *sorgt eine große Energiesparlampe für sommerliche Helligkeit, eine Aquariumsheizung wärmt die Nährstofflösung an, und Luftblasenfolie isoliert die Kanäle.*

Typische Anordnung
Die Kanäle stehen auf einer Tischplatte auf Böcken, darunter ist genügend Platz für den Tank mit der Nährstofflösung. Die Lösung tröpfelt durch die Kanäle.

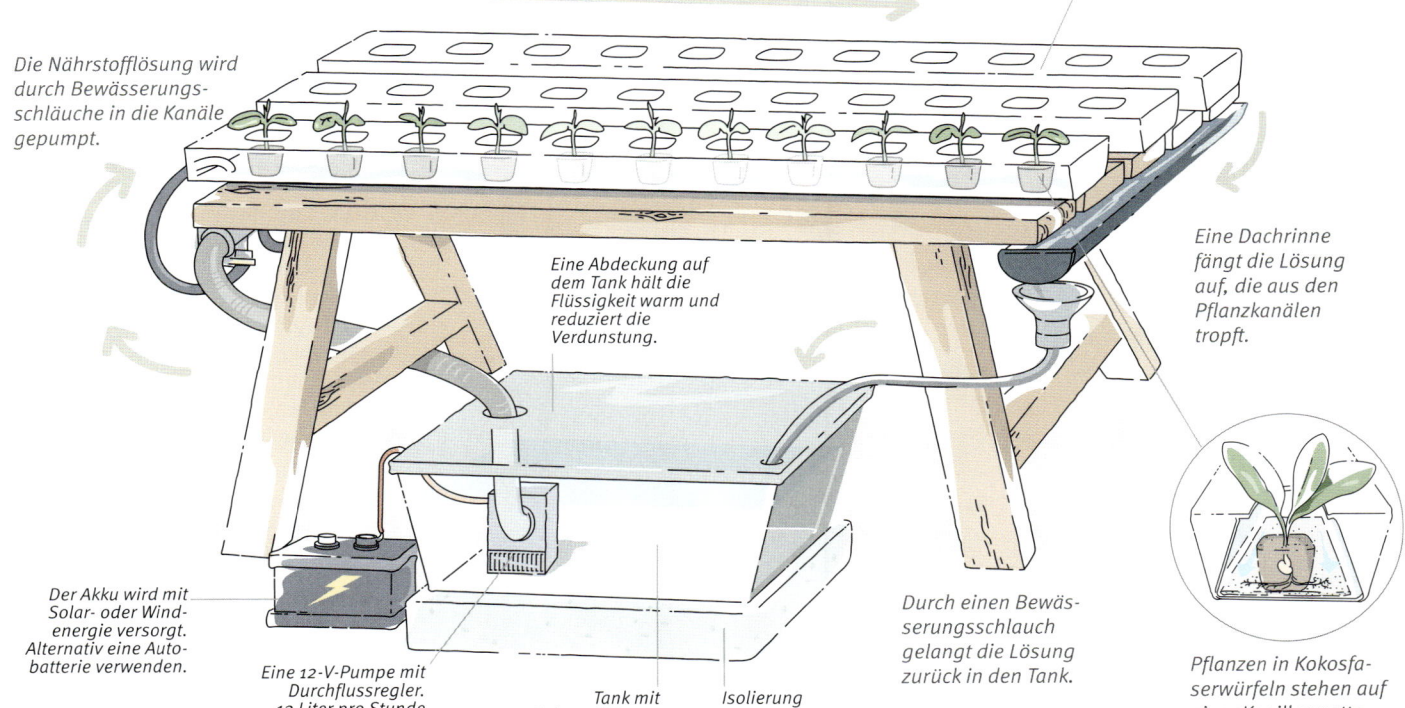

Die Nährstofflösung fließt langsam durch die Pflanzkanäle, deren eines Ende leicht angehoben ist.

Eckige Dachrinnen dienen als Pflanzkanäle.

Die Nährstofflösung wird durch Bewässerungsschläuche in die Kanäle gepumpt.

Eine Abdeckung auf dem Tank hält die Flüssigkeit warm und reduziert die Verdunstung.

Eine Dachrinne fängt die Lösung auf, die aus den Pflanzkanälen tropft.

Der Akku wird mit Solar- oder Windenergie versorgt. Alternativ eine Autobatterie verwenden.

Eine 12-V-Pumpe mit Durchflussregler. 12 Liter pro Stunde sind ideal.

Tank mit Nährstofflösung

Isolierung

Durch einen Bewässerungsschlauch gelangt die Lösung zurück in den Tank.

Pflanzen in Kokosfaserwürfeln stehen auf einer Kapillarmatte.

Ertragreicher Boden

Zum Überleben brauchen Pflanzen kaum mehr als Nährstoffe, Licht und Wasser. Um jedoch lohnende Erträge zu ernten, muss man etwas mehr Aufwand betreiben. Regelmäßiges Wässern, Düngen und gute Pflege sorgen für gesunde Pflanzen, die Unkraut und Schädlingen Einhalt gebieten können. Optimale Bodenbedingungen sind die Grundlage einer guten Ernte.

Den Boden pflegen

Das Gedeihen der Pflanzen hängt vor allem von der Struktur des Bodens ab. Ob Sie ein Hochbeet in der Stadt haben oder einen kleinen Hof auf dem Land, die Ernte fällt auf jeden Fall besser aus, wenn Sie den Boden mit reichlich organischer Substanz anreichern. Auf der Newhouse Farm verteilen wir jedes Jahr selbst gemachten Kompost auf den Hochbeeten. Wir graben Gründünger und verrotteten Stallmist unter, und während der Wachstumssaison versorgen wir manche Pflanzen zusätzlich mit selbst gemachtem Dünger. Bodenpflege ähnelt dem Anrühren eines Kuchenteigs. Die Zutaten bestimmen, wie gut Obst und Gemüse »aufgehen«. Uns gefällt dieser im wahrsten Wortsinn bodenständige Aspekt der Gartenarbeit.

Kompost selbst machen

Kompostierung bedeutet, den natürlichen Verrottungsprozess organischer Substanzen zu beschleunigen, um nährstoffreiches Material zu erhalten. Bakterien, Pilze und Mikroorganismen gedeihen unter gewissen Bedingungen und zersetzen Grünabfälle zu wertvollem Kompost, der die Bodenstruktur verbessert. Wichtig ist allerdings, dass die Mischung der Zutaten stimmt.

Jeder Komposthaufen verrottet mit der Zeit zu etwas Brauchbarem. Damit er aber nicht faulig riecht oder zu trocken ist, muss er kohlenstoffreiche und stickstoffreiche Materialien im richtigen Mengenverhältnis enthalten.

Auf der Newhouse Farm versuchen wir, ein Teil »Grünes« mit mindestens einem Teil »Braunem« zu mischen.

Wir geben auch Beschleuniger zu, die viel Stickstoff enthalten und dadurch die Rotte fördern.

Braunes (kohlenstoffreich)
- Stroh
- Trockenes Laub
- Pappe
- Zerkleinertes Papier
- Papprollen
- Eierkartons und Eierschalen
- Zweige und Pflanzenstiele
- Sägemehl

Grünes (stickstoffreich)
- Rasenschnitt
- Rohe Obst- und Gemüseabfälle
- Teebeutel und Kaffeesatz
- Mist
- Urin
- Unkraut und grüne Pflanzenteile

GEGARTE ESSENSRESTE

Natürlich sollte man kein Essen umkommen lassen und Reste kreativ verwerten. Bleiben dennoch Reste von gekochten Speisen, Fleisch, Fisch oder Milchprodukten übrig, kann man sie in einem Bokashi kompostieren. Darin werden gekochte Essensreste unter Zusatz einer Spezialkleie mit Mikroorganismen zu geruchlosem Kompost. Weil der Vergärungsprozess anaerob abläuft, muss der Behälter luftdicht sein. Die Mikroorganismen zersetzen die Abfälle, danach kann man sie in den normalen Komposter geben.

Gegarte Essensreste und eine Handvoll Kleie in den Bokashi geben. Die Flüssigkeit, die bei der Vergärung entsteht, kann verdünnt als Dünger verwendet werden (oder unverdünnt als Abflussreiniger).

VERSUCH MACHT KLUG

- **Aktivator** Kompostierung ist ein natürlicher Prozess, der sich durch Zusätze beschleunigen lässt:
- **Urin** Männlicher wirkt besser als weiblicher (wegen der Hormone).
- **Rasenschnitt** sparsam in dünnen Schichten zufügen.
- **Beinwellblätter** Sogar Reste von der Jaucheherstellung (Seite 107)
- **Seetang** frisch unterhalb der Gezeitenlinie gesammelt.
- **Stallmist** Jeweils nur kleine Mengen zugeben.
- **Brennnesseln** Beim Pflücken besser Handschuhe anziehen.
- **Mutterboden** enthält viele Mikroorganismen, ein guter Starter.
- **Kompost** von einem alten Haufen entnehmen. Ist ebenfalls voller Mikroorganismen.

Kalte Kompostierung

Der kalte Komposter ist die gängigste Form des Kompostsilos. Er bildet wenig Rottehitze, beherbergt aber reichlich Würmer und Mikroorganismen, die das Material zersetzen. Man braucht nur den Deckel anzuheben und regelmäßig kleine Mengen Grünabfall einzufüllen. Kein Unkraut mit Samen zugeben! Die Samen verrotten bei dieser Methode nicht, und wenn Sie den Kompost im Garten verteilen, säen Sie automatisch Unkraut.

Kompostsilos sind unkompliziert. Sie sollten den Behälter alle paar Monate ausleeren, den Kompost mit einer Forke mischen und wieder einfüllen. Sieht er zu feucht aus, geben Sie mehr »Braunes« hinein. Ist er zu trocken, fügen Sie mehr »Grünes« zu.

Wir haben mehrere solcher Silos, die uns ganzjährig guten Kompost liefern.

Thermokompostierung

Bei höheren Temperaturen werden Unkrautsamen und Krankheitskeime abgetötet. Würmern ist es hier allerdings zu warm. In einem Thermokomposter erledigen wärmeliebende, anaerobe Mikroorganismen die wertvolle Arbeit.

Als wir auf die Newhouse Farm zogen, rodeten wir große Flächen, um Gemüsebeete anzulegen. Nun galt es, eine sinnvolle Verwendung für all das Unkraut zu finden, weil wir die Biomasse nicht verschwenden wollten.

1. Grünabfall enthält viel Stickstoff. **2. Zu gleichen Teilen** mit trockenem Material wie Stroh mischen. **3. Kegelförmige Kunststoffbehälter** sind ideal zur kalten Kompostierung. **4. Kalte Kompostierung** Die untere Schicht kann ausgebracht werden, die obere kommt wieder in den Komposter.
5. Wärmeverlust im Thermokomposter wird mit einem alten Stück Teppich vermieden.
6. Kompost auf dem Beet verteilen und mit der Grabgabel untermischen.

Also bauten wir aus Paletten einige Heiß-Komposter. Gebrauchte Paletten sind bei Baustoffhändlern oft kostenlos zu bekommen, man muss sie nur selbst abtransportieren. Die Paletten mit langen Nägeln oder Schnur so aneinander befestigen, dass zwei nebeneinanderliegende Kästen von je etwa einem Kubikmeter Volumen entstehen. Zur zusätzlichen Isolierung die Kästen mit stabiler Pappe auskleiden und die Zwischenräume der Paletten mit Luftblasenfolie ausstopfen. Die beiden Kästen werden nun abwechselnd benutzt.

Wer große Mengen zu kompostieren hat, sollte einen Teil des Materials mit einem Schredder zerkleinern, um den Rottevorgang zu beschleunigen. Damit die Temperatur im Komposter konstant bleibt, muss der Inhalt regelmäßig mit einer Forke gut durchgemischt werden. Das kostet etwas Kraft, aber die Wärme ist zur Verrottung notwendig. Um Wärmeverlust zu verhindern, empfiehlt es sich, den Haufen mit schwarzer Folie oder Teppichresten oben abzudecken.

Wurmkompost

Ein Vorteil von Wurmkompostern ist, dass man sie stapeln kann. Weil sie so wenig Platz brauchen, eignen sie sich besonders gut für kleine Stadtgärten. Man kann sie fertig kaufen oder selbst bauen (Seite 127). Bei der Kompostierung entsteht eine Flüssigkeit mit hohem Stickstoff- und Phosphatgehalt, die sich ausgezeichnet als Dünger eignet.

Laubkompost

Laubkompost eignet sich zur Bodenverbesserung, weil er Dränage und Wasserhaltevermögen fördert. Auch als Substrat für Sämlinge ist er ideal. Sammeln Sie einfach Herbstlaub in schwarzen Plastiksäcken, in die Sie einige kleine Löcher stechen.

Für größere Mengen ist ein Komposter aus vier Holzpfosten mit einer Bespannung aus Kükendraht praktischer. Am besten »fegen« Sie die Blätter mit dem Rasenmäher zusammen. Dabei werden sie zerkleinert und mit stickstoffreichem Gras gemischt, sodass eine gute Mischung mit Mikroorganismen und Feuchtigkeit entsteht.

Gründünger

Als Gründüngerpflanzen bezeichnet man solche, die die Struktur und den Nährstoffgehalt des Bodens verbessern. Sie werden nicht geschnitten oder geerntet, sondern untergegraben. Früher setzte man diese Technik hauptsächlich in der Landwirtschaft ein, heute hat sie sich auch im privaten Biogarten durchgesetzt.

Auf der Newhouse Farm beziehen wir Gründünger seit einigen Jahren in den Fruchtfolgeplan ein und sind sehr zufrieden. Die Pflanzen sehen gut aus, verhindern auf freien Beetflächen Erosion und decken den Boden ab, sodass kaum Unkraut wachsen kann.

Wählen Sie einfach aus der Liste auf Seite 109 eine Gründüngerart, die sich für Ihre Zwecke und Ihren Boden eignet. Lassen Sie die Pflanzen eine Weile wachsen, danach graben Sie sie sorgfältig mit einem scharfen Spaten unter.

PROJEKT **Kompostierung im Graben**

Ein Kompostgraben ist eine gute Alternative zum konventionellen Komposthaufen – vor allem im Winter, wenn ein normaler Kompost auskühlt und sich die Rotte verzögert. Ein Kompostgraben ist schnell und einfach gemacht, völlig geruchlos und ideal für junge Pflanzen, denn das verrottete Material liefert die Nährstoffe direkt an die Wurzeln.

1. Eine Stelle aussuchen, an die im nächsten Jahr Stangenbohnen oder Erbsen gesät werden sollen. Im Herbst einen Graben von je einem Spatenstich Tiefe und Breite ausheben. **2. Nach und nach** mit Gemüse- und Küchenabfällen füllen, zwischendurch etwas von der ausgehobenen Erde aufstreuen. **3. Wenn der Graben voll ist,** einige Monate warten, dann direkt darauf säen oder pflanzen. Zucchini und Kürbisse gedeihen auf Kompostgräben besonders gut.

PROJEKT **Beinwelljauche ansetzen**

Beinwell ist eine außerordentlich praktische Pflanze. Sie lockt Bienen und andere nützliche Bestäuber an, und aus den Blättern kann man einen Flüssigdünger mit einem hohen Gehalt an Stickstoff, Kalium und Phosphor herstellen, der Pflanzen gesund erhält. Beinwell ist eine krautige Staude mit langer Wurzel, die Nährstoffe aus der Tiefe des Bodens aufnimmt. Sie gedeiht am besten in voller Sonne und kann mehrmals im Jahr geschnitten werden – aber nur bis zum Frühherbst, damit sie zum Winter noch austreiben kann. Der einzige Nachteil der Verarbeitung ist der überaus »charaktervolle« Geruch.

1. Reichlich Beinwellblätter pflücken. Die Pflanze wächst kräftig, Sie brauchen also nicht zu zaghaft zu sein. **2. Einen Ständer** für die Produktion bauen. Wir verwenden Gasbetonsteine. Einen Behälter zum Auffangen hineinstellen, z. B. eine Gießkanne. **3. Ein Loch** in den Boden eines großen Behälters mit Deckel bohren (ca. 50 l Volumen).

4. Die Blätter in den Behälter stopfen. **5. Mit Ziegelsteinen** beschweren, um die Zersetzung zu beschleunigen. Wenn die Pflanze neu austreibt, weitere Blätter zugeben. **6. Nach etwa 10 Tagen** zersetzen sich die Blätter und eine schwarze Flüssigkeit tropft in den untergestellten Behälter. Das Konzentrat in einer Flasche **an einen kühlen, dunklen Platz** stellen, aber nicht zu fest verschließen, weil die Flüssigkeit bei Wärme gären kann. Wenn keine Flüssigkeit mehr aus den Blättern tropft, können sie auf den Kompost gegeben werden, wo sie die Rotte beschleunigen. Das Konzentrat 1:15 mit Wasser verdünnen und als Flüssigdünger verwenden. Sie werden staunen!

Das muss geschehen, solange die Pflanzen grün und saftig sind. Lässt man sie zu lange stehen, sehen sie aus wie ein Beet voller Unkraut. Einige Gründüngerarten wie Luzerne, Klee und Bockshornklee gehören zu den Schmetterlingsblütlern. Sie können Stickstoff aus der Luft binden, an den Boden abgeben und dadurch seine Fruchtbarkeit erhöhen. Nach dem Untergraben von Gründünger warten wir etwa einen Monat, ehe wir die Fläche neu bepflanzen.

Bewährte Gründüngerpflanzen

Luzerne Von Frühling bis Hochsommer säen, einige Monate wachsen lassen.

Rotklee Von Früh- bis Spätsommer säen. Die Blüten locken Bienen und andere Insekten an.

Bockshornklee Vom zeitigen Frühling bis zum Hochsommer säen.

Wächst sehr schnell, ideal bei kurzer Fruchtfolge.

Klee Vom zeitigen Frühling bis zum Spätsommer säen. Gedeiht auch im Schatten, z. B. unter Mais oder Rosenkohl.

Senf Von Frühling bis Sommer säen und etwa 8 Wochen wachsen lassen. Bildet bei Hitze schnell Samen, darum frühzeitig und gründlich untergraben.

Roggen Von Spätsommer bis Spätherbst säen. Ideal zur Überwinterung, unterdrückt Unkraut.

Fruchtfolge

Bevor wir im Frühling den Garten bestellen, planen wir die Fruchtfolge. Das klingt kompliziert, ist aber sinnvoll. Manche Pflanzenfamilien sind für Schädlinge anfälliger als andere, oder sie sind durch spezielle Schädlinge besonders gefährdet. Außer-

dem braucht jede Pflanzenfamilie andere Nährstoffe. Setzt man die Pflanzen jedes Jahr auf ein anderes Beet, lassen sich standortbezogene Probleme leichter vermeiden und der Boden kann sich erholen.

Die Fruchtfolge planen

Als wir mit dem Anbau von Nutzpflanzen anfingen, fanden wir es extrem schwierig, einen Fruchtfolgeplan aufzustellen, denn jeder Experte hat einen anderen Rat. Also suchten wir uns aus allen Konzepten die Aspekte heraus, die uns einleuchteten und gut umsetzbar erschienen. Nach einigem Überlegen entstand ein Plan, der uns zusagte und weitgehend mit den Expertenmeinungen in Einklang war. Wir teilten unsere Pflanzen in Gruppen ein und berücksichtigten dabei auch Gründünger (siehe Tabelle gegenüber).

1. **Fruchtfolge** beugt der Auslaugung des Bodens und Schädlingsbefall vor. **2. Rotklee** ist ein Gründünger, der Unkraut unterdrückt. **3. Die Beete** kennzeichnen, um die Fruchtfolge konsequent einzuhalten.

FRUCHTFOLGEPLAN

Wir gliedern unsere Pflanzen in sechs Gruppen, setzen aber eine vierjährige Fruchtfolge auf vier Beeten ein. Salate werden in Lücken gesetzt, Zwiebeln und Doldenblütler teilen sich ein Beet. Kartoffeln pflanzen wir separat, weil in unserer Region relativ häufig Kraut- und Knollenfäule auftritt.

	JAHR 1	JAHR 2	JAHR 3	JAHR 4
BEET 1	Z&D	H	K	V
BEET 2	H	K	V	Z&D
BEET 3	K	V	Z&D	H
BEET 4	V	Z&D	H	K

GRUPPE	GEMÜSEARTEN		BODEN
Zwiebelgewächse (Z)	▨ Knoblauch ▨ Porree	▨ Zwiebeln ▨ Schalotten	Viel organische Substanz. Bei saurem Boden eventuell kalken.
Doldenblütler (D)	▨ Rote Bete & Verwandte (Quinoa, Spinat, weißer und bunter Mangold) ▨ Möhren ▨ Knollensellerie ▨ Stangensellerie	▨ Fenchel ▨ Petersilie ▨ Pastinaken ▨ Kartoffeln (sofern in Ihrer Region Krautfäule kein Problem ist)	Wurzelgemüse braucht feinen Boden ohne Steine, der nicht frisch mit Mist gedüngt ist. Kartoffeln und einige andere Wurzelgemüse lockern den Boden auf.
Hülsenfrüchte (H)	▨ Luzerne (Gründünger) ▨ Dicke Bohnen ▨ Rotklee (Gründünger) ▨ Bockshornklee (Gründünger) ▨ Buschbohnen	▨ Lupinen (Gründünger) ▨ Erbsen ▨ Stangenbohnen ▨ Sommerwicke (Gründünger) ▨ Klee (Gründünger)	Durchlässig, gutes Wasserhaltevermögen, kein hoher Stickstoffgehalt. Bei der Ernte die Wurzeln im Boden lassen, sie geben Stickstoff an den Boden ab.
Kohlgewächse (K)	▨ Brokkoli ▨ Rosenkohl ▨ Kopfkohl ▨ Blumenkohl ▨ Grünkohl ▨ Kohlrabi	▨ Senf (Gründünger) ▨ Asiatische Kohlarten ▨ Rettich ▨ Steckrüben ▨ Speiserüben	Blattgemüse braucht stickstoffreichen Boden. Zur Krankheitsvorbeugung (Kohlhernie) eventuell kalken.
Verschiedene (V)	▨ Buchweizen (Gründünger) ▨ Zucchini ▨ Gurken ▨ Roggen (Gründünger) ▨ Paprika ▨ Bienenfreund (Phacelia, Gründünger)	▨ Kürbisse ▨ Mais ▨ Tomaten	Manche Pflanzen sind durch Krankheitserreger im Boden kaum gefährdet und können überall in den Fruchtfolgeplan eingefügt werden.
Salate (S)	▨ Chicoree/Endivie ▨ Feldsalat ▨ Kopfsalat ▨ Winterpostelein ▨ Neuseeländer Spinat	▨ Portulak ▨ Schwarzwurzel ▨ Haferwurzel	Anspruchslos. Wir setzen Salat in Lücken und pflanzen viel unter Dach an, darum ist er im Fruchtfolgeplan nicht speziell berücksichtigt. Folgesaaten legen.

Bewässerung im Gewächshaus

Wer Pflanzen im Freien zieht, braucht sich über die Bewässerung nicht so viele Sorgen zu machen, weil die Natur mithilft. Pflanzen im Folientunnel, Gewächshaus oder Frühbeet dagegen müssen bewässert werden. Ein automatisches System nimmt Ihnen in der Haupt-Wachstumssaison viel Arbeit ab.

Wasser, wo es gebraucht wird

Für ein Bewässerungssystem brauchen Sie zuerst einmal Wasser. Regentonnen sind einfach und praktisch. In unserem Gewächshaus steht eine, die aus der Dachrinne gespeist wird. Allerdings ist das Fassungsvermögen begrenzt. In langen Trockenphasen muss man die Tonne eventuell aus der Leitung oder einer anderen Quelle nachfüllen.

Wasser ist schwer, und um es zu bewegen, braucht man viel Energie. Lässt sich ein Wasserspeicher an einer höher gelegenen Stelle anlegen, kann man die Schwerkraft nutzen. Ist das nicht möglich, muss man auf Technologie setzen.

Eine Pumpe mit Bedarfsschalter genügt, um Wasser dahin zu bringen, wo es gebraucht wird. Sie kann mit Netzstrom oder Batterie betrieben werden und verbraucht nur Energie, wenn sie eingeschaltet ist, in diesem Fall mit einer elektronischen Zeitschaltuhr. Reguliert wird die Pumpe durch einen Druckschalter. Wird die Stromzufuhr abgeschaltet, baut sich Wasserdruck auf und schaltet die Pumpe ab.

Die richtige Menge

Auf die richtige Wassermenge kommt es an. Wenn sie nicht stimmt, werden Sie es bemerken. Geplatzte Tomaten sind ein deutliches Anzeichen. Bekommt eine Tomate zu viel Wasser, kann sie es nicht einlagern und die Haut platzt. Pflanzen brauchen nur tagsüber Wasser, wenn sie Fotosynthese betreiben. Gießen Sie morgens, und ernten Sie abends, wenn das Aroma am intensivsten ist. Verlassen Sie sich nicht nur auf unsere Worte: Probieren Sie es an Ihren eigenen Tomaten aus.

Bewässerung *Sprinkler- und Tropfsysteme im Gewächshaus sparen uns viel Zeit. Die Pflanzen werden behutsam bewässert, ohne das Substrat aufzuschwemmen.*

VERSUCH MACHT KLUG

Für wenige Pflanzen und kurze Zeiträume genügen diese einfachen Systeme:

▪ Nehmen Sie einen **Plastikbehälter mit Deckel.** Ein Loch in den Deckel schneiden, lange Stoffstreifen einfädeln und ein Stück Schlauch hineinstecken. Den Behälter im Substrat eingraben, aber den Schlauch (zum Füllen) herausschauen lassen. Die »Dochte« kapillieren das Wasser ins Substrat.

▪ Von einer 2-Liter-**Plastikflasche** den Boden abschneiden. Löcher in den Deckel stechen. Die Flasche kopfüber ins Substrat stecken und mit Wasser füllen.

▪ **Ein Stück Stoff** auf ein Tablett legen, darauf Töpfe mit Pflanzen stellen. Den Stoff in ein Gefäß mit Wasser hängen. So werden die Pflanzen durch Kapillarwirkung versorgt.

PROJEKT **Automatische Bewässerungssysteme installieren**

Wer ein paar Stunden investiert, um Tropfschläuche, Sprinkler oder Tropfsysteme zu installieren, spart langfristig viel Zeit und kann mit besseren Erträgen rechnen.

EINEN TROPFSCHLAUCH VERLEGEN

1. Den Schlauch vor dem Pflanzen verlegen. Der gelochte Schlauch wird so verlegt, dass er eine möglichst große Beetfläche versorgt. Kleine Stöcke halten den Schlauch und zeigen an, wo er liegt. **2. Die Enden** mit einer T-Kupplung an den Zufuhrschlauch anschließen, dann den Zufuhrschlauch an das automatische System anschließen (siehe unten). **3. Den Schlauch** mit Substrat bedecken. **4. Das Beet bepflanzen**, dabei auf die Markierungen für den Schlauch achten.

EIN SPRINKLER- ODER TROPFSYSTEM INSTALLIEREN

1. Sprinkler so anordnen, dass die Düsen jeden Topf mit Wasser versorgen. 2. Das System allmählich aufbauen. Es eignet sich auch für Hängeampeln gut. **3. Spezialendstücke** dienen als Sprinkler und Zerstäuber. **4. Das Ende** jedes Schlauchstücks mit einem Stopfen verschließen.

ANSCHLUSS AN DIE WASSERVERSORGUNG

1. Der Holzklotz dient als Schwimmer für den Zufuhrschlauch. So werden keine Ablagerungen vom Tonnenboden in das System gepumpt. **2. Pumpe und Zeitschaltuhr** an einem Holzkasten befestigen, in dem alles Nötige untergebracht ist. Er hat einen schrägen Deckel, damit die Batterie trocken bleibt. Ein Solarmodul sorgt für Strom. Die Pumpe an die Batterie anschließen. Die Zeitschaltuhr hat ihre eigene Batterie. Zeitschaltuhr und Pumpe mit einem Stück Schlauch verbinden. Einen Zufuhrschlauch an die Zeitschaltuhr anschließen. **3. Pumpe und Tonne** mit einem kurzen Stück Schlauch verbinden. **4. Alle Versorgungsschläuche** an einen Verteiler in direkter Nähe zur Zeitschaltuhr anschließen. Wenn Sie mehrere Schlauchkreise anschließen, sinkt der Wasserdruck. Den Zufuhrschlauch mit der Zeitschaltuhr verbinden, einschalten und ausprobieren.

Anbau unter Dach

Der Anbau unter Dach ist kein Thema für Spezialisten. Es ist ein relativ unkompliziertes Verfahren, um die Wachstumssaison zu verlängern, indem man mit Gewächshaus, Folientunnel, Frühbeet oder Glocken wärmere Bedingungen für die Pflanzen schafft. So kann man länger Frisches ernten, Arten aus warmen Ländern anpflanzen und manches Gemüse außerhalb der Saison genießen.

Warum unter Dach pflanzen?

Zur Selbstversorgung ist es wichtig, das Grundstück optimal auszunutzen, früh auszusäen und magere Zeiten im Jahr zu überbrücken.

Ein Gewächshaus oder Folientunnel hat seinen Preis, doch der amortisiert sich bald, etwa, wenn man Salat im Winter ernten oder Jungpflanzen einen Zeitvorsprung verschaffen kann. Manches Gemüse reist um die halbe Welt zu uns, was der Umwelt schadet. Im Gewächshaus kann man es selbst ziehen und braucht kein schlechtes Gewissen zu haben, wenn man Erdbeeren außerhalb der Saison genießt.

Im kleinen Stil

Auch ohne Gewächshaus kann man Pflanzen etwas Extraschutz geben, etwa im Frühbeet oder mit einzelnen Glocken. Und in der Stadt ist es immerhin möglich, Kräuter und Salate auf der Fensterbank im Haus zu ziehen.

Glocken und Minitunnel

Glocken sind Schutzhauben für einzelne Pflanzen. Es gibt verschiedene Modelle aus Glas und Kunststoff. Kleine Folientunnel bestehen normalerweise aus Drahtbögen, über die dünne Folie gespannt wird. Unsere Lieblingsmethode besteht darin, über

frisch gesetzte Jungpflanzen ein sauberes Marmeladenglas zu stülpen – Gewächshaus im Allerkleinstformat. Wir halbieren auch transparente, große Plastikflaschen und stülpen die obere Hälfte über einzelne Pflanzen. Bei warmem Wetter wird zur Belüftung der Deckel abgeschraubt.

Kaltes Frühbeet

Traditionell benutzt man das Frühbeet zum Abhärten von Sämlingen, aber wir haben festgestellt, dass man darin auch Pflanzen aussäen und die Salat- und Kräutersaison verlängern kann. Ein Frühbeet muss so gebaut sein, dass Gießen und Ernten möglichst

1. Eine Glasglocke für eine Einzelpflanze. **2. In einer geodätischen Kuppel** staut sich Hitze nicht. **3. Selbst gemachte Miniglocke** aus einer abgeschnittenen Plastikflasche. **4. Sämlinge** im Frühbeet abhärten. **5. Tür und Dachklappen** öffnen, damit die Luft im Gewächshaus zirkulieren kann.

einfach sind. Eine Klappe aus einem alten Fenster ist eine praktische Form von Recycling (Seite 116–117).

Fensterbank

Die Fensterbank mag nicht der ideale Platz für die Gemüsekultur sein, doch sie bietet einige Möglichkeiten. Jungpflanzen tut der warme Standort ohne Schnecken gut. Weil man sie stets vor Augen hat, bekommen sie mehr Aufmerksamkeit. Damit sie optimal wachsen, sollte man sie ab und zu drehen, damit alle Seiten gleichmäßig viel Licht bekommen.

Im großen Stil

Wer seinen Pflanzen Schutz und Wärme eines Gewächshauses oder Folientunnels bieten kann, ist der Selbstversorgung schon ein großes Stück näher. Die Beetfläche, die man dafür opfern muss, zahlt sich durch die verlängerte Erntezeit unbedingt aus.

Gewächshäuser

Im Winter macht die Arbeit im Gewächshaus besonderen Spaß. Wärme und Geruch vermitteln beinahe Urlaubsstimmung.

Wie bei allen Anbaumethoden ist der Standort wichtig. Unser Gewächshaus steht in Ost-West-Richtung an einer Südwand. So bekommt es viel Licht, und die Wand speichert Wärme.

Gewächshäuser sind teuer, aber manchmal werden gebrauchte günstig für Selbstabholer angeboten. Bei geschickter Planung kann man selbst in einem kleinen Gewächshaus erstaunliche Mengen ernten. Nutzen Sie die Höhe durch Regale für Töpfe und Schalen und hängen Sie Ampeln auf. Ziehen Sie Tomaten, Kräuter, Auberginen, Peperoni und Salat. Auch Sämlinge können hier gezogen werden.

Im Winter sollte die Nachttemperatur nicht unter 4 °C sinken. Bei Sonnenschein kann es erstaunlich warm

6 SCHRITTE ZUM ZIEL

So gedeihen Ihre Pflanzen unter Dach optimal:

- **Häufig lüften**, auch im Winter, sonst können Rote Spinne und andere Probleme auftreten. Eine Wärmesenke (Seite 118–119) fördert die Luftzirkulation. Alternativ Tür und Dachklappen öffnen.
- **Nicht zu dicht** pflanzen, sonst steigt das Risiko für Krankheiten und Schädlinge.
- **Den Boden** in dauerhaften Beeten mit Flüssigdünger und frischem Kompost verbessern. Durch intensive Bepflanzung werden viele Nährstoffe verbraucht.
- **Die Temperatur** überwachen: Auch im Gewächshaus besteht Frostgefahr. Ideal ist aber eine Wärmesenke (Seite 118–119).
- **Konsequente Sauberkeit** beugt Schädlingen und Krankheiten vor. Welke Blätter und abgefallene Früchte regelmäßig entfernen.
- **Zur zuverlässigen, konstanten Bewässerung** ein automatisches System installieren (Seite 110–111).

ARBEITEN IM GEWÄCHSHAUS

Chili und anderes exotisches Gemüse gedeiht in gemäßigtem Klima nur unter Dach. Anderes Gemüse ist früher reif, wenn es im Gewächshaus oder Folientunnel ausgesät wird. Und manche Arten können unter Dach sogar außerhalb der Saison geerntet werden.

Stecklinge von Chilis: *Einige Blätter entfernen, damit sie besser bewurzeln. In Anzuchtsubstrat (Seite 135) oder Kokosfaserwürfel setzen.*

Mais *unter Dach aussäen, um früher zu ernten. Abhärten (Seite 134) und erst auspflanzen, wenn keine Frostgefahr mehr besteht.*

Bunter Mangold *kann ganzjährig geerntet werden, wenn man ihn im Folientunnel zieht oder im Freiland Glocken über Einzelpflanzen setzt.*

werden. Eine Wärmesenke (Seite 118–119) hält die Luft im Winter warm und fördert im Sommer die Zirkulation, sodass sich keine Wärme staut und das Krankheitsrisiko sinkt. Damit es im Gewächshaus nicht zu warm wird, ein feuchtes Tuch in die offene Tür hängen und die Lüftungsklappen in Dach und Seiten öffnen.

Folientunnel

Große Folientunnel wurden früher hauptsächlich von Bauern und kommerziellen Gemüsegärtnern verwendet.

Wir haben unseren ersten am Ende eines kleinen Vorortgartens aufgestellt. Diese Tunnel aus einem Metallgestänge mit einer Folienbespannung sind leicht aufzubauen. Stechen Sie ringsum den Boden ab und legen Sie Grassoden auf die Folie, um sie straff zu halten und zu verhindern, dass der Tunnel bei Sturm abhebt.

Auf der Newhouse Farm haben wir an beiden Seiten Hochbeete und Arbeitstische zum Einpflanzen von Sämlingen gebaut. Ein Teich im Tunnel speichert Wärme und lockt Frösche an, die Schnecken vertilgen. Im Sommer steht der Mittelgang voller Töpfe mit hohen Gurken- und Tomatenpflanzen. An Schnüren, die zur Mittelstrebe gespannt sind, wachsen sie hervorragend, und man kann sie »im Vorbeigehen« ernten.

Geodätische Kuppeln

Diese Kuppeln gibt es schon seit dem frühen 20. Jahrhundert. Berühmt sind sie aber erst, seit Buckminster Fuller sie perfektionierte. Mit ihrer großen Außenfläche und sehr wenigen Stützen im Inneren bieten sie viel Platz für Pflanzen. Auch die Sonnenenergie nutzen die Kuppeln optimal. Scheint die Sonne in ein konventionelles Gewächshaus, können sich Bereiche überhitzen, was den Pflanzen schadet. Wegen der guten Luftzirkulation in der Kuppel kann dieses Problem nicht auftreten. Wir haben unsere Kuppel als Bausatz bestellt. Der Aufbau hatte Albtraumcharakter, denn die Kuppel steht erst stabil, wenn das letzte Teil eingefügt ist. Aber die Arbeit hat auch viel Spaß gemacht. Wir finden, sie hat optisch etwas Futuristisches. Tipps zum Anbau in geodätischen Kuppeln finden Sie auf Seite 102–103.

Wintergärten

Die meisten Wintergartenbesitzer wissen, dass Pflanzen darin gut gedeihen. Sie können den Wintergarten zur Anzucht von Sämlingen und als Dauerstandort für exotische Arten nutzen. Zitrus- und Olivenbäume, Wein und *Physalis* fühlen sich dort besonders wohl.

TYP	VORTEILE	NACHTEILE
Glocke	■ Preiswert zu kaufen – oder kostenlos (Plastikflaschen) ■ Ideal zum Abhärten von Sämlingen (Seite 138) ■ Schützt Jungpflanzen vor Schädlingen.	■ Wird leicht umgeworfen oder weggeweht ■ Nur für kleine, einzelne Pflanzen geeignet ■ Hoher Zeitaufwand
Kaltes Frühbeet	■ Leicht zugänglich zum Gießen, Jäten und Ernten ■ Einfach und preiswert zu bauen	■ Zu klein für Tomaten und andere hohe Pflanzen
Fensterbank	■ Fast jeder hat eine. ■ Hohe Pflanzen wie Tomaten tragen sehr gut.	■ Hohe Pflanzen können den Raum abdunkeln. ■ Töpfe auf Untersetzer stellen, um Wasserflecken zu vermeiden. ■ Töpfe müssen gedreht werden.
Gewächshaus	■ Bei richtiger Bepflanzung hohe Erträge ■ Relativ leicht zusammenzubauen	■ Teuer in der Anschaffung
Folientunnel	■ Preiswerter als ein Gewächshaus ■ Viel Platz zum Anbau von Pflanzen	■ Nicht so haltbar ■ Ungeeignet für windige Grundstücke
Geodätische Kuppel (Biosphäre)	■ Keine überhitzten Bereiche ■ Mehr Platz für hohe Pflanzen ■ Maximale Lichtausbeute ■ Aerodynamische Form – ideal für windige Lagen ■ Fügt sich wegen der runden Form gut in die Landschaft ein	■ Selbstbau oder Aufbau eines Bausatzes ist anspruchsvoll. ■ Teuer
Wintergarten	■ Ideal für Exoten ■ Teil des Hauses, daher gut zugänglich	■ Sehr teuer ■ Temperaturregulierung ist notwendig.

Nützliche Folientunnel

Ob Spinat oder Salat: In Folientunneln gedeiht fast alles. Aber sie eignen sich auch zum Trocknen von Knoblauch, Zwiebeln oder Kräutern vor der Einlagerung, als Überwinterungsquartier für frostempfindliche Pflanzen oder auch als Arbeitsplatz zum Umtopfen und Schneiden von Stecklingen. In unserem Tunnel wächst eine mit Bedacht zusammengestellte Mischung aus mehrjährigen Pflanzen wie Wein und Oliven, einjährigen Dauerbewohnern wie Tomaten und Gurken sowie anderen, die einen warmen Start mögen, aber später ins Gemüsebeet umziehen. Wir haben sogar einen Anzuchtkasten im Tunnel, der Sonnenwärme speichert und ideale Bedingungen zur Anzucht von Tomaten und Melonen bietet.

Knoblauch *vor dem Einlagern in warmen, trockenen Folientunnel aufhängen*

Maximale Erträge
Nutzen Sie den Platz, um Pflanzen frühzeitig auszusäen, Salat und Kräuter im Winter zu ernten und exotische Arten wie Melonen und Auberginen zu ziehen, die bei uns im Freiland nicht gedeihen.

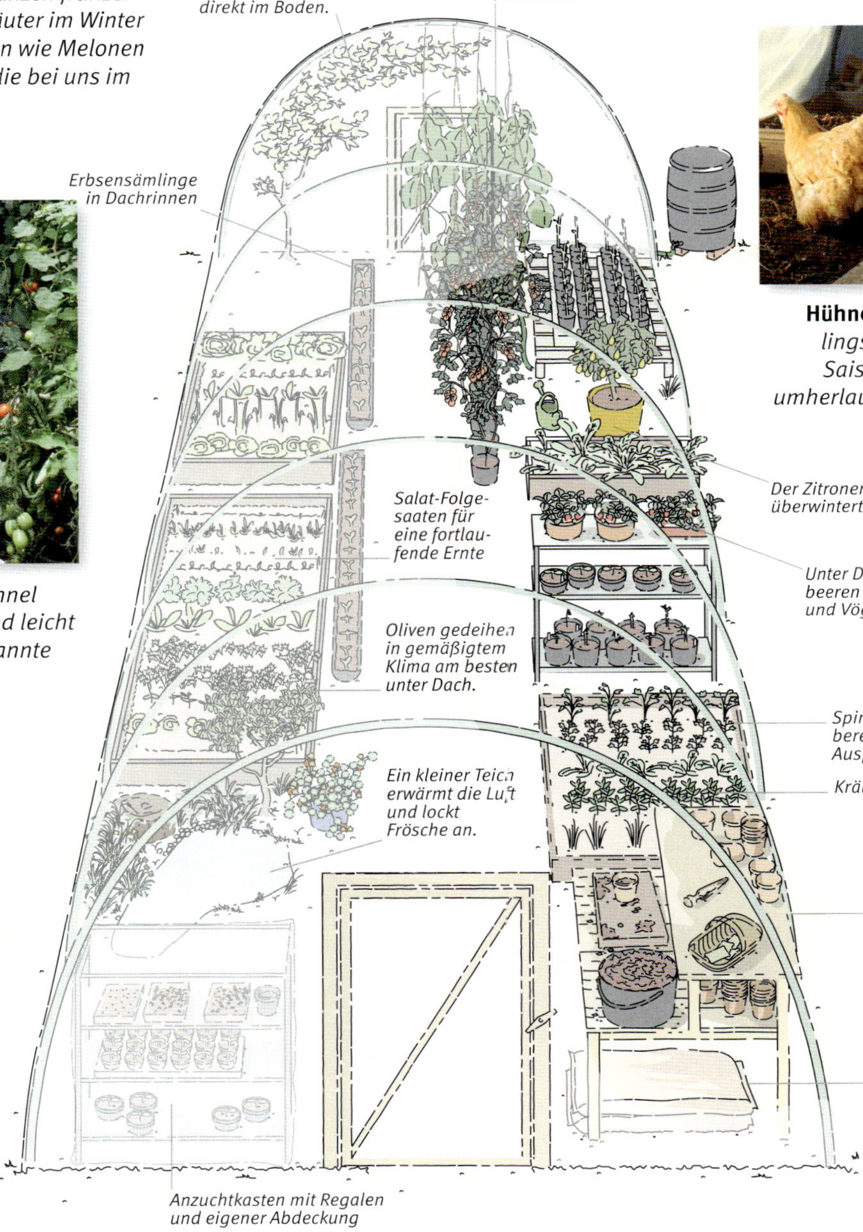

Hohe Tomaten- und Gurkenpflanzen an den Tunnelstreben festbinden

Wein wächst direkt im Boden.

Erbsensämlinge in Dachrinnen

Tomaten *tragen im Folientunnel reichlich und die Früchte sind leicht zu ernten. Halt geben verspannte Schnüre.*

Salat-Folgesaaten für eine fortlaufende Ernte

Oliven gedeihen in gemäßigtem Klima am besten unter Dach.

Ein kleiner Teich erwärmt die Luft und lockt Frösche an.

Rote-Bete-Sämlinge *zum Auspflanzen oder als Schnittsalat*

Hühner *helfen bei der Schädlingsbekämpfung. Nach der Saison dürfen sie im Tunnel umherlaufen und überwinternde Schädlinge fressen.*

Der Zitronenbaum überwintert im Tunnel.

Unter Dach sind Erdbeeren vor Schmutz und Vögeln geschützt.

Spinatsämlinge, bereit zum Auspflanzen

Kräuter in Reihen

Arbeitstisch

Substratsäcke lagern unter dem Arbeitstisch.

Anzuchtkasten mit Regalen und eigener Abdeckung

Ein kaltes Frühbeet bauen

Ein einfaches kaltes Frühbeet ist im Grunde nicht mehr als ein Kasten mit Glasdeckel, der Sämlingen gute Wachstumsbedingungen bietet und sie vor rauer Witterung und Frost schützt. Statt neue Baumaterialien zu kaufen, schöpfen Sie ruhig aus dem Fundus. Alte Fenster beispielsweise lassen sich ausgezeichnet als Deckel wiederverwerten.

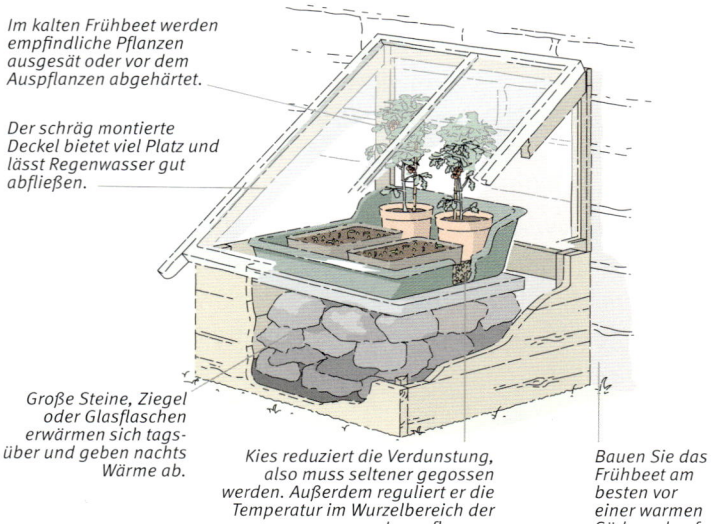

Im kalten Frühbeet werden empfindliche Pflanzen ausgesät oder vor dem Auspflanzen abgehärtet.

Der schräg montierte Deckel bietet viel Platz und lässt Regenwasser gut abfließen.

Große Steine, Ziegel oder Glasflaschen erwärmen sich tagsüber und geben nachts Wärme ab.

Kies reduziert die Verdunstung, also muss seltener gegossen werden. Außerdem reguliert er die Temperatur im Wurzelbereich der Jungpflanzen.

Bauen Sie das Frühbeet am besten vor einer warmen Südwand auf.

SIE BRAUCHEN

- Bohrmaschine
- Wasserwaage
- Hammer
- Körner
- Bandmaß
- Handsäge
- Schraubendreher

- Holz: Bretter, Pfosten und Leisten
- Altes Fenster, zusätzlich Glas oder Kunststoff
- Scharniere
- Nägel
- Dübel
- Schrauben
- Steine oder Glasflaschen

DER UNTERBAU

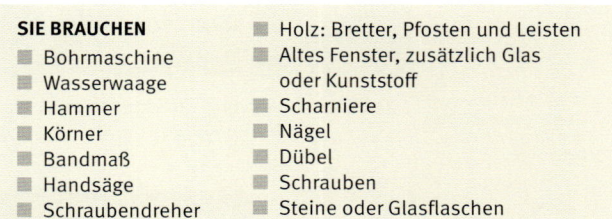

1. Für den Kasten Bretter auf einen Lattenrahmen schrauben. Die Größe richtet sich nach dem Format des Deckels, einem alten Fenster. Als Pfosten dienen Kanthölzer mit 50 mm x 25 mm Querschnitt, die Bretter sind 150 mm breit. Wir konnten Holz sparen, indem wir das Frühbeet direkt an ein Hochbeet und eine Wand gesetzt haben.   **2. Die Seiten** des Kastens mit der Wasserwaage gerade ausrichten.   **3. Hinten trotzdem** eine Querstrebe einziehen, damit sich der Kasten nicht verzieht.

DER DECKEL

4. Ein altes Fenster bildet den Deckel. Die Scharniere in gleichen Abständen zu den Enden an die hintere Rahmenkante schrauben.   **5. Die andere Seite** der Scharniere auf eine Holzlatte in der Länge der Deckelbreite schrauben.   **6. Den Deckel** so an die Wand halten, wie er später sitzen soll: von der Vorderkante des Kastens schräg hoch zur Wand. Die Position der Latte an der Wand anzeichnen, dann den Deckel abnehmen.   **7. Die Bolzen** aus den Scharnieren schieben, um die Scharnierteile wieder zu trennen.   **8. Die Latte** mit Dübeln und Schrauben an der angezeichneten Linie an der Wand befestigen.

DIE SEITEN

9. **Bei aufgelegtem Deckel** die Höhe der Seitenteile ausmessen. Senkrechte Leisten zusägen. Deckel abnehmen.   10. **Die seitliche Diagonale** ausmessen. Zwei Diagonalen zuschneiden.   11. **Die Diagonalen** festschrauben. Dazu lange Schrauben schräg eindrehen. Die dreieckige Öffnung ausmessen und Glas in diesem Format zuschneiden.   12. **Schmale Leisten** an die Innenkanten nageln, damit das Glas nicht in den Kasten fällt.   13. **Die Scheiben** einsetzen und von außen mit weiteren Leisten fixieren. Dabei nicht das Glas zertrümmern! Ein Nageleisen hält den Hammer in sicherer Distanz. Statt Glas dicke, transparente Kunststofffolie oder Luftblasenfolie mit einem Tacker befestigen.

DAS FRÜHBEET VORBEREITEN

14. **Das Frühbeet** bis 10 cm unter den Rand mit großen Steinen, Ziegeln oder mit Wasser gefüllten Glasflaschen füllen. Dazwischen Lücken lassen, damit warme Luft zirkulieren kann.   15. **Eine alte Gehwegplatte** auf die Steine legen. Wieder ringsherum Platz für die Luftzirkulation lassen. Gerade ausrichten.   16. **Eine Aussaatschale** mit feinem Kies füllen und glätten. Ins Frühbeet stellen.   17. **Töpfe und Aussaatschalen** mit Sämlingen auf das Kiesbett stellen – größere hinten, kleinere vorn. Eine Latte zum Hochstellen des Deckels griffbereit legen, um die Pflanzen allmählich an die Witterung im Freien zu gewöhnen (Seite 112–115).

DOPPELNUTZEN
Auch dafür ist ein Frühbeet gut!

Mistbeet
Den Kasten mit Folie auskleiden und zur Hälfte mit frischem Pferdemist füllen. Stroh untermischen und verrotten lassen. Wenn der Ammoniakgeruch verschwindet, 30 cm Gartenboden auffüllen. Pflanzen oder säen, wenn die Bodentemperatur etwa 27 °C beträgt – ideal zur Keimung von Samen.

Saatgut trocknen
Samen fürs nächste Jahr trocknen im Frühbeet schneller. Den Deckel leicht geöffnet lassen, damit Feuchtigkeit entweichen kann.

Frühbeet wird zum Solardörrschrank
Samen nach Sorten getrennt in flachen Schalen trocknen.

Wärmesenke für das Gewächshaus

Auch unter Dach müssen Pflanzen vor Frost geschützt werden. Gewächshäuser und Folientunnel heizen sich schnell auf, kühlen aber auch schnell aus. Es gilt also, die Temperatur so hoch zu halten, dass Pflanzen keinen Schaden nehmen – nicht warm, aber warm genug. Das lässt sich beispielsweise durch eine Wärmesenke gewährleisten.

Was ist eine Wärmesenke?

Eine Wärmesenke nimmt tagsüber Sonnenwärme auf und gibt sie nachts wieder ab, ähnlich wie eine Nachtspeicherheizung.

Uns gefällt die Idee, Wärme für das Gewächshaus einzufangen, statt sie zu erzeugen. Selbst im Winter erwärmt die Sonne das Gewächshaus und den Folientunnel, doch wegen der fehlenden Isolierung geht die Wärme abends schnell verloren.

So beschlossen wir, die kostenlose Wärme am Entweichen zu hindern und zu speichern. Wir setzen einen kleinen Ventilator ein, der ständig läuft. Tags bläst er warme Luft durch einen Kasten voller Glasbruch, der im Boden eingegraben ist. Das ist unsere Wärmesenke. Nachts wird kühlere Luft durch den Kasten geblasen und durch das aufgeheizte Glas erwärmt. Zusätzlich haben wir unser Anlehngewächshaus an eine Südmauer gebaut, die ebenfalls Wärme speichert.

Die Konstruktion

Für unsere Wärmesenke haben wir ein Loch von etwa 1 Kubikmeter Größe im Gewächshausboden ausgehoben. Das genügt für unser Gewächshaus mit 2,4 m x 4 m Grundfläche. Damit keine Wärme ins Erdreich entweicht, wurde das Loch mit alten Styroporplatten isoliert. Dann wurde die Kammer mit Bruch von implodierten Bildröhren gefüllt. Es besitzt erstaunliche thermische Eigenschaften, ist aber schwer zu beschaffen. Stattdessen eignen sich auch Steine, Ziegel, Schamottsteine oder mit Wasser gefüllte Flaschen

und Gläser. Für die Leitungen kann man gut Reste von Rohren verbrauchen. Sie brauchen Standardkunststoffrohr in verschiedenen Längen und Verbindungsstücke. Eine T-Verzweigung liegt dort, wo das Einblasrohr in den Boden eintritt. Eine große Schlaufe aus verschiedenen Rohrstücken mündet in die beiden Enden der Verzweigung. Dichtungsmasse ist an den Verbindungen nicht erforderlich.

Vorteile einer Wärmesenke

■ **Minimale Betriebskosten** Betrieben wird das System mit einem preiswerten Computerlüfter, der jahrelang läuft und kaum Strom braucht. Er kann über einen Akku, der mit Sonnenenergie gespeist wird, versorgt werden.

■ **Keine Abgase,** wie übliche Gewächshausheizungen sie oft verursachen.

■ **Unerwarteter Frost** ist kein Problem. Die Anlage läuft ständig, Sie brauchen also die Wettervorhersage nicht zu verfolgen.

■ **Krankheiten** wie Grauschimmel werden durch die gute Luftzirkulation vermieden.

Die Ergebnisse

Die Effizienz unseres Systems lässt sich schwer objektiv beurteilen, immerhin hat es bisher in Verbindung mit der Südmauer unser Gewächshaus frostfrei gehalten. Salat wächst bis tief in den Winter hinein – nicht schlecht, wenn man bedenkt, dass bei uns regelmäßig Frost, manchmal bis zu −6 °C, vorkommt. Durch die lange Ernte hat sich das System schnell bezahlt gemacht.

■ Bespannen Sie die Gewächshauswände im Winter mit isolierender **Luftblasenfolie.** Dadurch geht etwas Licht verloren, aber die Vorteile überwiegen.

■ Eine besonders effiziente Wärmesenke haben wir in einem Anlehngewächshaus gesehen. Sie bestand aus drei Reihen miteinander verschweißter **Ölfässer** mit je 227 Liter Volumen, die mit Wasser gefüllt waren. So entstand eine »Wasserwand«. Die Innenseite der Wand zeigt nach Süden und ist schwarz gestrichen. So absorbiert sie tagsüber viel Sonnenwärme, die sie abends abstrahlt. Die Außenseite der Wand ist weiß gestrichen und isoliert.

Wärmeteich im Folientunnel

■ Weil Wasser Wärme speichert und Nützlinge anlockt, haben wir im Folientunnel **einen Teich** angelegt.

■ Tagsüber erwärmt sich das Wasser und speichert Wärme. Nachts gibt es sie wieder ab und die Umgebungsluft erwärmt sich um einige Grade.

■ Im Teich laichen Frösche, Kröten und Molche, die reichlich Schnecken und Insekten vertilgen, bevor sie den Pflanzen schaden können.

Wie funktioniert die Wärmesenke?

Das Grundprinzip ist die einfache Tatsache, dass warme Luft aufsteigt. Tagsüber befördert der Ventilator warme Luft, die sich unter dem Gewächshausfirst sammelt, in ein Netz aus gelochten Rohren und heizt die Wärmesenke auf. Nachts saugt er kühle Luft an, die durch die Wärmesenke strömt und erwärmt wieder austritt. Ganz einfach.

Frostfreies Gewächshaus
Sonnenenergie wird in der Wärmesenke gespeichert und nachts zum Heizen genutzt.

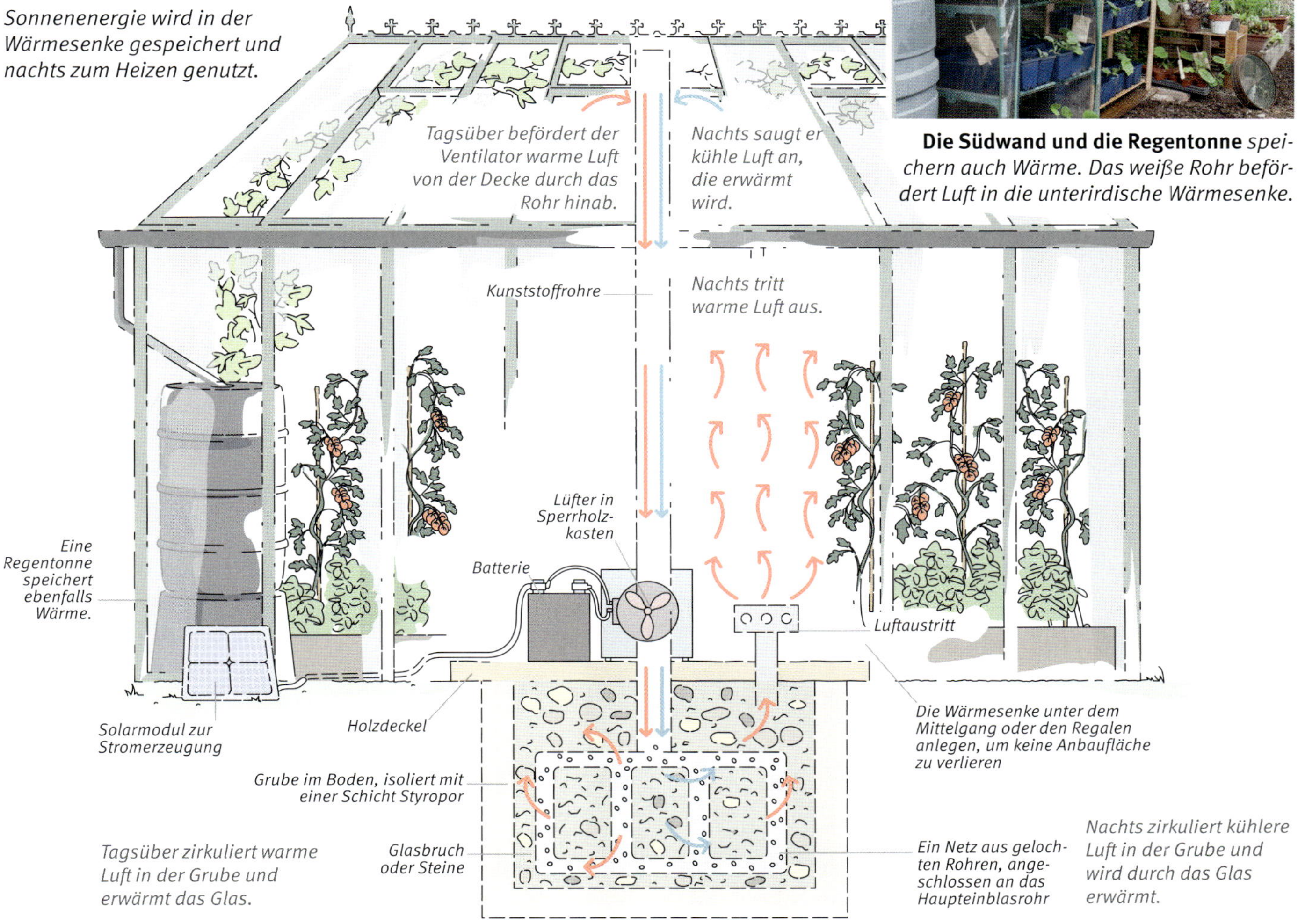

Tagsüber befördert der Ventilator warme Luft von der Decke durch das Rohr hinab.

Nachts saugt er kühle Luft an, die erwärmt wird.

Die Südwand und die Regentonne *speichern auch Wärme. Das weiße Rohr befördert Luft in die unterirdische Wärmesenke.*

Kunststoffrohre

Nachts tritt warme Luft aus.

Eine Regentonne speichert ebenfalls Wärme.

Batterie

Lüfter in Sperrholzkasten

Luftaustritt

Solarmodul zur Stromerzeugung

Holzdeckel

Die Wärmesenke unter dem Mittelgang oder den Regalen anlegen, um keine Anbaufläche zu verlieren

Grube im Boden, isoliert mit einer Schicht Styropor

Tagsüber zirkuliert warme Luft in der Grube und erwärmt das Glas.

Glasbruch oder Steine

Ein Netz aus gelochten Rohren, angeschlossen an das Haupteinblasrohr

Nachts zirkuliert kühlere Luft in der Grube und wird durch das Glas erwärmt.

INSTALLATION DES LÜFTERS

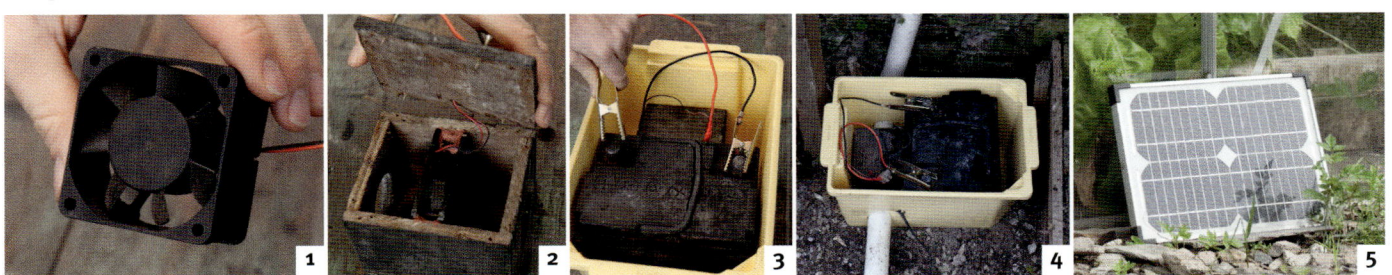

1. Die Kabel anschließen. **2. Aus Sperrholz** einen Kasten mit Deckel für den Lüfter bauen. Seitlich Löcher für die Luftrohre aussägen, Löcher für die Kabel bohren. **3. Mit Krokodilklemmen** an die Batterie anschließen. Den Deckel auf den Lüfterkasten schrauben. Batterie und Lüfter in eine Kunststoffbox stellen, um sie vor Feuchtigkeit zu schützen. Zwei Löcher für die Rohre in die Box schneiden (Lage passend zu denen am Lüfterkasten). **4. Die Rohre** durch die Löcher bis in den Lüfterkasten schieben. **5. Die Batterie** an ein kleines Solarmodul im Freien anschließen – fertig.

Gärtnern im Einklang mit der Natur

Wir freuen uns über Tiere im Garten, weil eine reiche Artenvielfalt eine wirkungsvolle Methode der Schädlingsbekämpfung ist und die Erträge erhöht. Dieses Beispiel zeigt verschiedene Ideen und ihren Nutzen, sodass Sie eine Auswahl für Ihren Garten treffen können. Denken Sie daran: Artenvielfalt ist auch in der Stadt möglich!

DER GARTENPLAN

1 Brennnesseln
2 Nistkasten
3 Fledermauskasten
4 Kleiner Teich
5 Steinhaufen für Blindschleichen
6 Bienenhotel
7 Blüten für Nützlinge
8 Marienkäferquartier
9 Nektartankstelle für Bienen und Falter
10 Hummelhaus
11 Vogelfutterhaus
12 Igelhaus
13 Holzstoß
14 Wildblumen

Blumen für Schmetterlinge (7)
Margeriten locken Schmetterlinge an, die dann weiterfliegen und Nutzpflanzen bestäuben.

Wildblumen (14)
Eine traditionelle Wiese nützt vielen Tieren. Kleine Tiere finden Deckung, Vögel fressen gern die Samen und Wildblüten locken Bienen und Schmetterlinge an.

Ein Holzstoß (13)
aus Stämmen, holzigen Ranken und Zweigen, mit senkrecht in den Boden gerammten Ästen fixiert, bietet Fröschen, Molchen und Kröten Unterschlupf.

Schädlingsbekämpfer
Manche Vögel fangen Insekten im Flug, andere fressen sie am Boden. Spatzen mögen gern Blattläuse und Raupen.

Vögel füttern (11)
Hängen Sie Fettkugeln mit Nüssen und Samen auf.

Teich (4)
Frösche, Kröten und Molche brauchen Wasser zum Laichen. Sie alle fressen Schnecken und andere Schädlinge.

Bienenhotel (6)
Solitärbienen ziehen in Bambusstäbe ein, die in einem Blumentopf stecken.

Spinnennetz mit Tau
Spinnen spielen eine wichtige Rolle im Ökosystem Garten. Sie vertilgen Schädlinge und dienen ihrerseits Vögeln als Nahrung.

121

Tiere im Garten

Tierfreundlich wird ein Garten schon, indem man biologisch gärtnert und auf Chemikalien verzichtet. Wer mit nektarreichen Pflanzen, einem kleinen Teich oder einem Vogelfutterhaus gezielt Nützlinge einlädt, wird feststellen, dass sich so mit wenig Kosten und Mühe der Ertrag des Gartens steigern lässt.

Lebensraum schaffen

Jede Tierart hat andere Vorlieben. In einem schattigen Holzstoß fühlen sich Frösche und Kröten wohl, während Blindschleichen einen Steinhaufen an einem sonnigen Platz schätzen. Sie alle fressen Schnecken.

Eine Ecke mit Brennnesseln lockt Marienkäfer an. Erwachsene Tiere und Larven fressen Unmengen Blattläuse (bis zu 100 pro Tag), aber auch Kartoffelkäfer, Weiße Fliegen und Schmierläuse.

In einen Holzkasten mit einem schmalen Eingangstunnel ziehen Igel gern ein. Auch sie fressen Schnecken, Drahtwürmer und die Larven der Hausmutter.

Wege schaffen

Verbindungen zwischen Lebensräumen erleichtern Insekten und kleinen Tieren die Fortbewegung im Garten. Lassen Sie einfach an den Grenzen, unter Hecken und an Zäunen die Pflanzen wuchern. Wenn Ihre Nachbarn dasselbe tun, entwickelt sich bald eine Autobahn für Nützlinge durch die umliegenden Gärten.

Tierfreundliche Pflanzen

Einheimische Pflanzen fördern die Artenvielfalt im Garten am besten. Bienen mögen nektarreiche Pflanzen wie Borretsch, Lavendel, Zitronenmelisse, Minze, Schnittlauch und andere Kräuter. Schwebfliegen und Raubwespen, die Blattläuse vernichten, bevorzugen flache Blütenstände aus vielen kleinen Einzelblüten, etwa Dill, Fenchel, Schafgarbe, Margeriten und Sumpfblume.

Lassen Sie ruhig einige verwelkte Blüten stehen, denn auch die Samen sind eine Nahrungsquelle. Kornblumen, Karde und Sonnenblumen sind ideale Kandidaten.

Füttern

Wenn Sie in mageren Zeiten Samen und Nüsse ins Freie stellen, gewöhnen sich die Vögel an regelmäßige Besuche im Garten und kommen auch, wenn Schadinsekten schwärmen. Frühe Bienen und Schmetterlinge sind Ihnen zu Zeiten, wenn Nektar knapp ist, für eine Futterstation dankbar. Sie ähnelt einem Vogelhaus, enthält aber einen Schwamm, der mit Zuckerwasser getränkt wird. Seine leuchtend gelbe Farbe lockt Insekten an.

Nistkästen

Vögel sind Freund und Feind zugleich. Wir mögen ihre Gesellschaft und freuen uns, weil sie viele Schadinsekten vertilgen. Unsere Beerensträucher schützen wir aber mit Netzen, damit sie sie nicht vor uns abernten. Nistkästen laden Vögel in den Garten ein. Sie sollten außer Reichweite von Katzen hängen und südöstlich bis nördlich ausgerichtet sein, damit sie bei Sonnenschein nicht überhitzen.

Insektenquartiere

Hängen Sie Bienenhotels (siehe rechte Seite) auf und stellen Sie Tonblumentöpfe mit Moos und trockenem Gras für Hummeln, die unterirdisch überwintern, auf den Boden. Marienkäfer überwintern in einem Stamm mit vielen Bohrlöchern, der senkrecht auf einem Pfosten steht. Alternativ können Sie Bündel aus hohlen Bambusstäben und Zweigen aufhängen. Solche Angebote erhöhen den Nützlingsbestand im Garten.

1. Margeriten locken mit ihren flachen, offenen Blüten Nützlinge an. **2. Die Karde** ist doppelt nützlich: Bienen lieben die Blüten und Vögel fressen die Samen. **3. Auch Mohn** ist bei Bienen und anderen Nützlingen sehr beliebt.

PROJEKT Quartiere für Tiere

Manchmal kann man der Natur etwas auf die Sprünge helfen. Ein Bienenhotel ist ein idealer Unterschlupf- und Brutplatz für Mauerbienen und andere Solitärbienen. Und kaum etwas nützt unserer Meinung nach mehr Tierarten als ein Teich. Er dient Vögeln und kleinen Säugern als Tränke und bietet Fröschen einen Platz zum Laichen.

SIE BRAUCHEN
- Säge
- Hammer
- Bohrmaschine, verschiedene Bohrer
- Holzreste, ein Stück Stamm
- Winkel, Nägel, Schrauben

BIENENHOTEL

1. Ein flaches Stück Holz bildet den Boden. Das Stammstück auf Länge des Bodens absägen. **2. In ein Ende** mit unterschiedlichen Bohrern Löcher bohren – schräg aufwärts, damit kein Wasser eindringt. **3. Stamm und Boden** mit einem Winkel verschrauben. **4. Ein Dach** aus Holzresten bauen. **5. Das Bienenhotel** nach Süden gerichtet in der Nähe von nektarreichen Pflanzen an eine Wand oder einen Zaun hängen.

NATURNAHER TEICH

Den Teich 60 cm tief ausheben, aber auch einen flacheren Bereich einplanen. Spitze Steine abharken, dann Unterlage und Folie auslegen und mit zwei oder drei großen Steinen fixieren, während Sie Wasser einfüllen. Den Rand mit Steinen einfassen.

Ein flaches Ufer erleichtert kleinen Tieren den Zugang.

Möglichst Regenwasser einfüllen. Leitungswasser eine Woche ruhen lassen, erst dann Pflanzen einsetzen.

SIE BRAUCHEN
- Spaten, Harke
- Unterlage, z. B. alten Teppich
- Teichfolie
- Steine als Einfassung

Uferpflanzen geben Tieren, die in den Teich oder hinaus klettern, Deckung.

Schwimmpflanzen liefern Sauerstoff.

Tiefwasserpflanzen

Teichvlies oder alter Teppich unter der Folie schützt diese vor spitzen Steinen.

Steine fixieren und verdecken die Folienränder.

Teichfolie passt sich jeder ausgehobenen Form an.

Sehen Sie verschiedene Wassertiefen für unterschiedliche Pflanzen und Tiere vor.

Im tiefen Wasser überleben Tiere den Winter.

Stufe für Flachwasserpflanzen

Sauerstofflieferanten *Ein Eimer voll Unterwasserpflanzen aus einem anderen Teich enthält auch Teichschnecken und Wasserkäfer.*

Libellen *verbringen einen Teil ihres Lebenszyklus' unter Wasser. Sie fressen schädliche Insekten.*

Der Nutzgarten in der Stadt

Obwohl Platz in der Stadt oft rar ist, kann man auch in einem kleinen Garten oder sogar auf dem Balkon oder einer breiten Fensterbank Essbares ziehen. Mit einfachen und intensiven Methoden werden Sie bald Salat und Kräuter ernten, vielleicht sogar Obst und Gemüse – und alles griffbereit gleich neben der Küchentür.

PFLANZEN FÜR DEN STADTGARTEN

Wählen Sie Gemüse anhand dieser Fragen:
- Essen Sie es gern?
- Ist es im Laden teuer?
- Ist es leicht anzupflanzen?
- Bringt es viel Ertrag bei wenig Arbeitseinsatz?

Was alle Kriterien erfüllt, ist optimal.

Unsere Empfehlungen

- **Salate** sind im Laden oft teuer. Probieren Sie es mit Rucola oder Feldsalat. Schnittsalat kann man den ganzen Sommer über ernten.
- **Unkompliziert** sind Knoblauch, Zwiebeln und Möhren.
- **Schnell wachsende** Radieschen passen zwischen Reihen von langsam wachsenden Arten.
- **Mehrjährige Pflanzen** brauchen wenig Pflege, z. B. ausdauernder Spinat, Beeren oder winterharte Kräuter.
- **Ertragreiche Sorten** sollten die Grundlage bilden, beispielsweise Stangenbohnen, Möhren, Zucchini, Porree, Steckrüben, Mangold und Tomaten.

Salatpflanzen *Rucola (oben) kann man sommers ernten. Kapuzinerkresseblüten (unten) schmecken pfeffrig.*

Quer denken

Balkons, Flachdächer und sogar Schrägdächer können zur Anbaufläche umfunktioniert werden, und in urbaner Enge lassen sich sogar senkrechte Wände nutzen.

Sie müssen nun aber nicht alles dem Nützlichen unterordnen. Wenn Sie den Begriff »dekorativ« nicht zu eng fassen, kann ein ertragreicher Balkon auch ein entspannender Platz für den Feierabend sein. Regenbogenbunter Mangold, stattliche Artischocken und hübsch blühende Bohnen und Erbsen sehen gar nicht unbedingt nach Nutzgarten aus. Denken Sie auch an Blumen mit Mehrfachnutzen. Manche vertreiben Schädlinge (Seite 101), andere kann man essen (Seite 157).

Anbau in Kübeln

Fast alle Obst- und Gemüsearten gedeihen in Kübeln. Die Kultur in Kübeln ist einfach, preiswert, für Gärten jeder Größe geeignet, und obendrein sind Kübel beweglich. Wir haben bei mehreren Umzügen unsere Kübelnutzpflanzen – von Kräutern bis zu Feigenbäumen – mitgenommen.

- **Jede Art von Behältnis** eignet sich eigentlich zum Bepflanzen: Tonkübel, aber auch aufgeschnittene Plastikkanister, Eimer oder gereinigte Farbdosen.
- **Dränagelöcher** im Boden müssen sein. Darauf eine Schicht Blumentopfscherben oder Kieselsteine geben, damit die Löcher nicht verstopfen.
- **Kübelpflanzen** brauchen ein Mehr an Pflege: Regelmäßig gießen und im Frühling das Substrat erneuern, evtl. in einen größeren Behälter setzen.

Anbau in Hochbeeten

Hochbeete bieten sich für Höfe und Gärten mit schlechtem Boden an. Man kann sie leicht selbst bauen (Seite 126) und die Höhe ist rückenschonend.

- **Zum Bau** eines Hochbeets eignen sich verschiedene Materialien.
- **Pflanzen in Hochbeeten** auf gepflasterten Flächen müssen, wie Kübelpflanzen, regelmäßig gegossen und gedüngt werden.

Anbau in Ampeln

In Ampeln kann man auch Obst und Gemüse ziehen, beispielsweise Erdbeeren, niedrige Tomaten, Salat und Kräuter. Ampeln werden mit Trägern an Wänden angebracht oder einfach an Spaliere und Zäune gehängt.

- **Für Schnecken** sind Ampeln schwer erreichbar, vor allem, wenn sie an Kupferdraht hängen, über den Schnecken nicht kriechen mögen.
- **Das Substrat** in Ampeln trocknet sehr schnell aus. Gießen Sie regelmäßig oder installieren Sie besser noch ein automatisches Bewässerungssystem (Seite 110–111).

Die Höhe nutzen

In der Natur wachsen Pflanzen in drei Ebenen: Bäume, Sträucher und krautige Pflanzen (Seite 99). Dieses Vorbild lässt sich nachahmen.

- **Wechseln Sie** hohe, schlanke Gemüsepflanzen mit niedrigen, buschigen ab, um den Platz optimal auszunutzen.
- **Kletterpflanzen** – von Stangenbohnen bis Wein – verwandeln Wände, Zäune, Spaliere und Pergolen in nutzbare Fläche.

PROJEKT **Eine Ampel bepflanzen**

Wir haben einen Weidenkorb verwendet, andere Behältnisse eignen sich ebenso gut. Als Einlage dient stabile Folie, zum Beispiel ein leerer Blumenerdesack. Unsere Ampel haben wir mit Walderdbeeren bepflanzt. Sie sind leicht aus Samen zu ziehen und tragen schon im ersten Jahr. Pflücksalat, Kräuter wie Thymian und Basilikum sowie niedrige Tomaten gedeihen auch in Ampeln.

SIE BRAUCHEN
- Gefäß
- Plastikfolie
- Substrat, Stroh
- Kupferdraht
- Erdbeerpflanzen

1. Das Gefäß mit Folie auslegen. Dränagelöcher in die Folie stechen. Substrat einfüllen. Aus Kupferdraht einen Bügel zum Aufhängen biegen. **2. Mulden ins Substrat** drücken und die Pflanzen einsetzen. Gut andrücken, eventuell Substrat auffüllen und angießen. **3. Stroh** als Mulch auflegen. **4. In die Sonne** hängen und täglich gießen.

1. In kleinen Stadtgärten kann man Obst und Gemüse in Hochbeeten und Kübeln pflanzen. Stangenbohnen wachsen an Spalieren und Pergolen, Kräuter und Salat in Wandtöpfen. In der Mitte steht ein dekorativer Feigenbaum. **2. Ein Hochbeet** mit einer Randbepflanzung aus Kamille für Tee (Seite 236–237) lockt bestäubende Insekten an. Bohnen stehen im Hintergrund, Salat in den Lücken, und ein Kürbis hängt über den Rand.
3. Ampeln bieten zusätzlichen Pflanzplatz »in der Luft«. Der würzige Schnittsalat kann im Sommer einige Wochen lang geerntet werden.

PROJEKT **Ein Hochbeet bauen**

Ein Hochbeet ist praktisch, um auf kleiner Fläche etwas anzupflanzen, selbst wenn diese gepflastert ist. Wir haben viele Anbaumethoden ausprobiert und finden, dass unsere Hochbeete besonders wenig Mühe machen. Man kann bequem und ohne sich zu bücken gießen und jäten, was ältere Gärtner schätzen werden. Weil man die Erde nicht betritt, wird sie nicht verdichtet.

SIE BRAUCHEN

- Hammer
- Zollstock
- Bleistift
- Säge
- Bohrmaschine
- Nägel, Schrauben
- Holz, z. B. alte Bodendielen
- Teichfolie oder stabile Plane
- Schotter
- Pflanzerde

Zuerst die Position *des Beets festlegen. Wir haben unseres vor eine Südwand gebaut, die tagsüber Wärme speichert und abends wieder abgibt. Bepflanzt ist es mit Kürbis, Kamille, Salat und Stangenbohnen.*

DEN RAHMEN BAUEN

1. Die Bretter auf Länge schneiden. Achtung: Die Längen variieren: In der ersten Reihe überlappen die vorderen, in der zweiten Reihe die seitlichen, usf.   **2. Die Bretter** zusammenschrauben. Wir haben lange Kreuzschlitzschrauben verwendet. **3. Den Rahmen** in mehreren Ebenen aufbauen.   **4. Zur Verstärkung** Kanthölzer in die Ecken schrauben.

AUSLEGEN UND FÜLLEN

5. Das Beet auslegen. Wir haben Teichfolie mit einer Leiste an der Wand befestigt **6. Die Folie** passend umfalten und an den Beetrahmen nageln. Sie verhindert, dass Feuchtigkeit aus der Erde ins Holz eindringt.   **7. Auf dem Boden** (dort keine Folie verlegen) eine 10 cm hohe Dränageschicht aus Tonscherben, Kies oder Schotter verteilen. Gute Pflanzerde auffüllen, wässern und bepflanzen.

VERSUCH MACHT KLUG

- **Terrassenplatten** genügen für ein flaches Hochbeet. Die Platten senkrecht stellen und zur Hälfte ins Erdreich einsenken.
- **Steine** aus einem alten Steingarten speichern Wärme und halten die Pflanzenwurzeln warm.
- **Experimentieren Sie:** Bauen Sie die Wände aus alten Autoreifen (Seite 48) oder Glasflaschen und Zement.
- **Ein breites Hochbeet** sollte in E-Form angelegt werden. Über die Nischen gelangt man leichter an die Pflanzen im hinteren Teil.

Wurmkompost ansetzen

Normale Komposter brauchen viel Platz, und die Rotte kann lange dauern. In einem Wurmkomposter werden Küchenabfälle schnell zu hochwertigem Kompost. Kompostwürmer leben im Gegensatz zu Regenwürmern oberirdisch in abgestorbenem Laub. Der Wurmkomposter bietet ihnen ähnliche Bedingungen: feucht, warm und dunkel. Wurmkomposter kann man komplett mit Würmern kaufen. Bitte beachten Sie die Gebrauchsanweisung des jeweiligen Modells. Am Boden des Wurmkomposters sammelt sich eine nährstoffreiche Flüssigkeit, die wir Wurmtee nennen. Sie kann im Verhältnis 1:10 mit Wasser verdünnt als Flüssigdünger verwendet werden.

Ein Wurmkomposter *braucht wenig Platz und kann als Pflanzenständer dienen. Kupferband hält Schnecken fern.*

DAS MÖGEN WÜRMER
- Obst- und Gemüseabfälle
- Teebeutel und Kaffeesatz
- Papier und Pappe (zerrissen)
- Alte Strickkleidung (nur Naturfasern)
- Blumen
- Haare von Mensch und Tier
- Herbstlaub
- Kleine Mengen Rasenschnitt
- Kleine Mengen Kleintierstreu
- Rohe Eierschalen

DAS MÖGEN SIE NICHT
- Fleisch, Fisch und Milchprodukte
- Exkremente von Hunden und Katzen
- Zu viele Zwiebeln oder Zitrusfrüchte
- Gekochte Essensreste

DEN KOMPOSTER AUFBAUEN

1. Das Unterteil mit dem Ablasshahn auf ebenem Untergrund in der Nähe der Küche aufstellen. Einen Ringeinsatz fest eindrücken. Er sorgt dafür, dass die Würmer nicht entwischen. **2. Das Teil** mit dem feinmaschigen Boden aufsetzen, die Würmer hineingeben. **3. Den Würmern** zuerst nur kleine Mengen frischer Küchenabfälle zu fressen geben (große Stücke zerkleinern), bis sie sich etabliert haben. **4. Mit zerrissenem Papier** abdecken. Zum Einfüllen von Abfällen das Papier anheben. Wenn die Würmer aktiv sind und die eingefüllten Mengen verarbeiten, geht es ihnen gut.

5. Einen zweiten gewellten Ring und einen weiteren Komposter aufsetzen. Darauf einen dritten setzen, dann folgt ein Kübel als Deckel. **6. Den Kübel** mit Substrat füllen. **7. Gemüse oder Kräuter** einpflanzen, z. B. eine Zucchini. Der Kübel hat keinen Einfluss auf die Wurmaktivität. Er bietet zusätzliche Nutzfläche und lässt den Komposter attraktiver aussehen.

PFLEGETIPPS

- **Wenn der untere Komposter** voll ist, nehmen Sie einige Handvoll Würmer und Abfälle heraus und füllen sie in den nächsthöheren. Wenn die Würmer aktiv sind, kompostieren sie die Abfälle binnen weniger Wochen.
- **Die Flüssigkeit** wöchentlich abzapfen.
- Den Komposter regelmäßig **kontrollieren**. Sieht er im Sommer trocken aus, etwas Wasser zugießen. Sieht er zu feucht aus, zerkleinertes Papier oder etwas Stroh einfüllen.
- **Nichts einfüllen,** wenn keine Würmer an der Oberfläche der Küchenabfälle zu sehen sind. Bei zu reichlicher Fütterung bekommen die Würmer nicht genug Luft, die Abfälle werden nass und schleimig, und die Würmer können verenden.

Der Kleingarten

Wer ein kleines Grundstück hat, könnte über einen Kleingarten zum Anbau von Gemüse nachdenken. Die Nachbarschaft zu anderen Gärtnern hat Vorteile, denn man kann Samen, Ernteüberschüsse und gute Tipps austauschen. Der Kleingarten erlaubt den Anbau in größerem Stil, sodass Sie genug ernten und konservieren können, um einen Vorrat für das ganze Jahr zu haben.

WELCHES GEMÜSE?

Neulingen empfehlen wir die folgenden Arten:

■ **Knoblauch** gedeiht problemlos und lässt sich monatelang lagern.

■ **Porree** ist ein gutes Wintergemüse.

■ **Rote Bete** sind ebenfalls ertragreich. Die jungen Blätter schmecken im Salat.

■ **Kürbis** lässt sich bis zum Winter lagern, braucht aber viel Platz.

■ **Bunter Mangold** wächst schnell und hat hinreißende Farben.

■ **Radieschen** wachsen schnell – einfach zwischen langsamere Arten säen.

■ **Dicke Bohnen** für eine lange Erntezeit im Vorfrühling und Herbst säen. Auf Schädlinge und Krankheiten achten.

■ **Stangenbohnen** nutzen die Höhe aus. Ans Nordende des Gartens säen, damit sie anderen Arten nicht das Licht nehmen.

■ **Zucchini und Sommerkürbisse** bringen viel Ertrag bei wenig Arbeit – sogar ohne zu gießen (Seite 101).

■ **Kartoffeln** sind im Kleingarten ein Selbstläufer. Wer viel ernten will, sollte sie im Beet und zusätzlich in Reifentürmen, Fässern oder alten Substratsäcken pflanzen.

Zucchini *schmecken am besten, wenn sie nicht länger als 15 cm sind.*

Realistisch bleiben

Kleingärten sind neuerdings wieder sehr beliebt, in manchen Städten gibt es lange Wartelisten. Wer einen Kleingarten übernimmt, sorgt dafür, dass andere Familien noch ein Weilchen warten müssen. Wenn Sie den Garten am Haus nicht für Gemüse nutzen, beginnen Sie zuerst dort. Überlegen Sie genau, ob Sie genug Zeit haben. Ist Ihr Kleingarten ungepflegt, wird man Ihnen eventuell nahelegen, ihn aufzugeben. Die Verpflichtung, den Garten zu pflegen, sichert zwar gute Erträge, kann aber auch Druck erzeugen. Wer unsicher ist, teilt sich den ersten Kleingarten vielleicht mit Freunden oder Nachbarn.

Die Spielregeln

Kleingärten unterliegen Bundesgesetzen, aber jede Kolonie hat auch ihre eigene Satzung. Manche erlauben die Haltung von Hühnern, Bienen, Tauben, Kaninchen oder sogar Schweinen. Hinsichtlich der Pflanzung von Bäumen, der Anlage von Teichen, Art und Höhe von Hecken, Zäunen und Gartenhäuschen gibt es oft klare Regeln. Die gewerbsmäßige Nutzung ist normalerweise nicht erlaubt.

Erste Schritte

Meist bekommt man einen Garten zugewiesen, die Wahl hat man selten. Prüfen Sie ihn genau, achten Sie auf Himmelsrichtung, Gefälle und Bodentyp, und darauf, welche Bereiche viel Sonne oder Schatten bekommen. Im Zweifel lehnen Sie eben ab.

Vor der Bepflanzung versorgen Sie den Boden mit reichlich verrottetem Stallmist und Dünger (Seite 104–109). Falls der Boden schwer und tonig ist, sollten Sie auch groben Sand, Pilzsubstrat oder Holzasche unterarbeiten.

Überlegen Sie dann, welche Pflanzen sich für ihre Gärten am besten eignen. Kräuter und Salat sind im Garten am Haus, auf dem Balkon oder Fenstersims besser aufgehoben, weil man sie fast täglich braucht. In den Kleingarten pflanzen Sie Arten, die nicht so viel Aufmerksamkeit brauchen. Sie können auch Sämlinge im Haus vorziehen und dann in den Kleingarten pflanzen.

Mehrjährige Arten

Das Gute an mehrjährigen Pflanzen ist, dass sie wenig Pflege brauchen – ideal für Menschen mit wenig Zeit. Außerdem sind sie recht robust. Sie

ZEITSPARTIPPS

■ **Unbestellte Flächen** großzügig mulchen, um Unkraut zu unterdrücken (Seite 100), bis Sie Zeit zur Bearbeitung haben.

■ **Folie** kann ebenfalls Unkrautwuchs unterdrücken. Legen Sie transparente Folie auf frisch umgegrabene Flächen und beschweren Sie die Ränder mit Steinen. Wenn sich der Boden auf etwa 26 °C erwärmt hat, setzen Sie im Haus vorgezogene Jungpflanzen ein. Dazu für jede Pflanze die Folie kreuzförmig einschneiden. Nach der Pflanzung gut angießen. Unkraut, das unter der Folie keimt, verträgt die intensive Wärme nicht und geht ein.

■ **Ohne Wasser** gedeihen beispielsweise Zucchini und Sommerkürbisse erstaunlich gut (Seite 101). Sehr praktisch!

haben die Wahl zwischen Obst wie Erdbeeren, Himbeeren und Stachelbeeren, verschiedenen Gemüsearten wie ausdauernder Rauke und Spinat, Artischocken und Topinambur und natürlich Rhabarber. Beinwell ist nicht essbar, verdient aber als Düngerlieferant (Seite 107) einen Platz.

Wenn die Pflanzung hoher Bäume verboten ist, sind vielleicht zwergwüchsige Formen möglich. Alternativ können viele Obstbaumarten am Spalier gezogen werden.

Wasserversorgung

In vielen Kleingartensiedlungen gibt es Wasserhähne, aber der Weg dahin kann weit sein. Um Wasser zu sparen, sollten Sie die Pflanzen nicht zu dicht setzen. So haben die Wurzeln mehr Platz für die Suche nach Feuchtigkeit. Mulch zwischen den Reihen reduziert die Verdunstung und hält so den Boden feucht. Wer einen Schuppen hat, sollte unbedingt eine Dachrinne und eine Regentonne installieren.

Schuppen und Gartenhäuschen

Ein Schuppen oder Gartenhäuschen ist praktisch, weil man Werkzeug vor Ort lassen kann. Ein solides Schloss sollten Sie aber anbringen. Wer auch zu Hause einen Garten hat, braucht dann einige Werkzeuge doppelt. Tipps zur Einrichtung eines Schuppens finden Sie auf Seite 130–131.

Empfehlenswert ist der Bau eines kalten Frühbeets zum Schutz junger Pflanzen (Seite 112–113) und eines Komposters mit mehreren Kammern zur Verwertung der Grünabfälle.

1. **Ein perfekter Kleingarten** mit Schuppen, Kompost und gut angelegten Beeten.   2. **Regentonnen** fangen das Wasser vom Schuppendach auf.
3. **Stangenbohnen** am Nordende des Gartens pflanzen, damit sie keinen Schatten auf andere Pflanzen werfen.
4. **Obstkäfige und Vlies** schützen die Pflanzen vor Schädlingen und Vögeln.

Ein gut ausgerüsteter Schuppen

In unserem Schuppen auf der Newhouse Farm bewahren wir alles auf, was wir für den Hofbetrieb brauchen. Handwerkzeug ist uns meist lieber als Maschinen. Natürlich sind moderne Maschinen für manche Aufgaben praktisch, aber wir finden, dass man auf einem kleinen Hof eher einen Bezug zu seinem Land bekommt, wenn man traditionelle Werkzeuge einsetzt. Außerdem sind Handwerkzeuge preiswerter und einfacher instandzuhalten.

DER PLAN

1	Spaten
2	Grabgabel
3	Harke
4	Zaunpfahlramme
5	Sense
6	Plattschaufel
7	Axt
8	Besen
9	Mistforke
10	Vorschlaghammer
11	Hacke
12	Große Spitzhacke
13	Kleine Spitzhacke
14	Werkzeugständer
15	Angel *(S. 186–187)*
16	Regale
17	Kürbisse für den Winter *(S. 164–165)*
18	Brutkasten, Infrarotlampe *(S. 176)*
19	Imkereizubehör *(S. 182–183)*
20	Gärballons *(S. 224–231)*
21	Handschaufel
22	Blumengabel
23	Gießkanne
24	Benzinkanister
25	Pflanztöpfe
26	Pikier-/Pflanzstab
27	Tonne für Tierfutter
28	Schubkarre
29	Eimer
30	Gummistiefel
31	Erdsieb
32	Rasenmäher
33	Imkeranzug *(S. 182–183)*
34	Obstpresse *(S. 226–231)*
35	Kiste zum Obsthacken *(S. 230–231)*
36	Stroh (Einstreu für Tiere)
37	Sackkarre
38	Kartoffeln zum Vorkeimen *(S. 146)*
39	Leistungsstarker Schredder *(S. 82–83)*
40	Kultivator

Aufgehängtes Werkzeug *verbraucht keinen Stellplatz und ist immer im Zugriff.*

Spaten (3) *werden oft benutzt, darum sollte man hochwertige kaufen, die sich nicht verbiegen.*

Pikier- und Pflanzhölzer (26) *zum Pikieren von Jungpflanzen und zum Pflanzen von Steck- und Blumenzwiebeln gibt es in verschiedenen Größen.*

Ein Erdsieb (31) *zum Aussieben von Steinen und Zweigen aus selbst gemachtem Kompost.*

Kürbisse (17) *auf Regalen in einem frostfreien Schuppen lagern. Regelmäßig wenden, damit sie nicht faulen.*

Regale und Haken *sorgen in einem größeren Schuppen für Ordnung. Ein Ständer verhindert, dass hohe Werkzeuge umkippen. Kleine Teile finden in Kästen und Körben auf den Regalen ihren Platz.*

Eine Handpresse (34) *zum Entsaften von Obst für Saft, Wein und Cider.*

Die Sense (5) *ist eins unserer Lieblingswerkzeuge. Leider kam sie in letzter Zeit viel zu selten zum Einsatz.*

WAS WOLLEN SIE ANPFLANZEN?

Die Vielfalt der Nutzpflanzen ist absolut faszinierend. Sie reicht vom schnell wachsenden Salat bis zum Walnussbaum, der viele Jahre bis zur ersten Ernte braucht. Unter Dach könnten Sie exotische Arten pflanzen – aus Spaß, und um lange Transportwege zu vermeiden. Wir finden, man sollte alles einmal ausprobieren. Wenn es gedeiht und Ihnen schmeckt, pflanzen Sie es wieder an. Obst- und Nussbäume haben einen besonderen Reiz, weil sie für kommende Generationen vorsorgen. Und auch die Speisekammer der Natur, die Wildfrüchte, sollte man nicht vergessen.

Säen und pflanzen

Beim Säen und Pflanzen kommt es auf den richtigen Zeitpunkt an. Erste Saaten werden unter Dach gelegt, weil draußen der Frost die Sämlinge vernichten würde. Vor der Aussaat im Freien muss sich der Boden erwärmt haben. Um fortlaufend ernten zu können, ist es wichtig, jeden Monat kleine Mengen zu säen. Die Tabellen auf Seite 136–139 helfen Ihnen bei der Planung.

Den Boden vorbereiten

Legen Sie an einem warmen Platz ein Saatbeet an und verteilen Sie im Herbst Gartenkompost darauf. Sie können ihn unterarbeiten – oder diese Arbeit den Würmern überlassen. Kompost führt Nährstoffe zu, verbessert die Struktur, lockert schwere Böden und verbessert in sandigen das Wasserhaltevermögen.

Graben Sie sehr schweren Boden im Herbst um, damit der Frost die Klumpen aufbrechen kann. Letzte Brocken zerschlagen Sie im Frühling mit dem Harkenrücken. Wenn der Boden tonig ist oder Bauschutt enthält, legen Sie lieber Hochbeete an (Seite 126).

Vor der Aussaat den Boden harken, um Steine zu entfernen und ihn fein zu zerkrümeln.

Vom Samen zum Beet

Samen kann man kaufen oder von eigenen Gemüsepflanzen ernten (Seite 164). Etwas Platz zur Aussaat unter Dach sollten Sie haben. Folientunnel und Frühbeete schützen Jungpflanzen vor Frost und Schädlingen (Seite 112), und in kühlen Gegenden ermöglichen sie es, die Wachstumssaison früher zu eröffnen.

Wir säen in Schalen, Töpfen und Modulen. Unser Substrat machen wir selbst aus gesiebtem Kompost. Einzeltöpfe sind ideal für große Samen wie Zucchini oder Bohnen. Legt man kleine Samen in Eierkartons (Zellen ausschneiden und komplett einpflanzen) oder Modulschalen, werden später die Wurzeln beim Umpflanzen kaum gestört.

Ausdünnen

Sämlinge in Schalen müssen ausgedünnt werden, damit sie genug Platz zum Wachsen haben. Zuerst gießen, dann schwächere Sämlinge vorsichtig herausziehen. Abstände von 3–4 cm sind ideal. Ausgezupfte Sämlinge separat einpflanzen oder aufessen.

Abhärten

Härten Sie Jungpflanzen vor dem Umzug ins Beet ab. Töpfe und Schalen tagsüber ins Freie stellen und nachts ins Haus holen. Im Frühbeet den Deckel tagsüber aufstellen, bis kein Nachtfrost mehr droht.

Folgesaaten

Säen Sie mehrmals kleinere Mengen derselben Art, um gleichmäßig fortlaufend zu ernten und eine Ernteschwemme zu vermeiden. Die ersten Erbsen werden beispielsweise unter Dach im Februar gesät (und sind im Mai reif). Wenn Sie danach monatlich von März bis Mai einige Reihen säen, können Sie bis Oktober ernten.

1. Sämlinge ausdünnen, damit sie Platz zum Wachsen haben. **2. Den Boden** harken, um für guten Kontakt zwischen Samen und Erde zu sorgen. **3. Reihen markieren** – mit Pflöcken und Schnur – damit sie gerade ausfallen. **4. Vor dem Auspflanzen** Kompost verteilen: als Extraportion Nährstoffe für die Jungpflanzen.

Grundtechniken

Ist ein Topf oder eine Aussaatschale voll mit Wurzeln, muss pikiert werden. Im Freiland wird gesät, wenn der Boden erwärmt und nicht zu nass ist. Generell sät man dünn und nicht allzu tief, Näheres steht auf den Samentüten. Obstbäume und -sträucher werden während der Winterruhe gepflanzt.

SÄMLINGE PIKIEREN

1. Den Sämling (eine Walderdbeere) aus dem Modul nehmen. Das untere Stielende festhalten und den Modulboden hochdrücken. **2. Mit einem Pflanzstab** ein Loch in die Erde stechen. Den Sämling so tief hineinsetzen, wie er im Modul stand. **3. Die Erde** um die Wurzeln vorsichtig festdrücken und gießen.

AUSSAAT IM FREIEN

Mit dem Spaten einen flachen Wall im Beet aufhäufen. **1. Mit der Hand** oder dem Harkenstiel eine Rille in den Wall ziehen. Die Samen dünn in die Rille streuen. Dies sind Radieschensamen. **2. Mit fein gesiebter Erde** bedecken. **3. Die Seiten des Walls** mit dem Spaten festklopfen. Gießen und abwarten. Nach ein bis zwei Wochen zu eng stehende Sämlinge ausdünnen.

STECKLINGE ZIEHEN

1. Gleiche Mengen Gartenkompost und sauberen Sand abmessen. Den Kompost sieben. **2. Kompost und Sand** gut mischen. Sand verbessert die Dränage und verringert die Gefahr von Wurzelfäulnis. **3. Die Mischung in Töpfe füllen** und in jeden Topf einen Steckling stecken. Dies sind Stachelbeeren. Gießen und an einen geschützten Platz stellen. Nicht austrocknen lassen.

BÄUME PFLANZEN

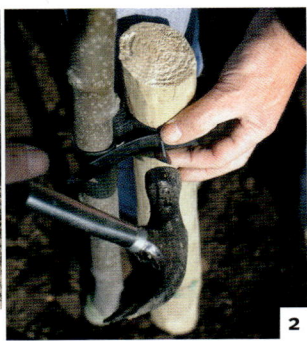

Ein Loch ausheben, das doppelt so breit und tief wie der Wurzelballen ist. Einen Stützpfahl einrammen. **1. Den Baum** so tief pflanzen, wie er im Container stand. Den Aushub mit Kompost mischen und um die Wurzeln einfüllen. Vorsichtig festtreten. **2. Einen alten Fahrradschlauch** um den Stamm legen und am Pfahl festnageln. **3. Reichlich gießen.** Mulchen, aber nicht direkt am Stamm.

DER JAHRESPLANER: GEMÜSE

Wir versuchen, rund ums Jahr etwas Essbares im Garten zu ernten. Das ist uns weitgehend gelungen, weil wir auch im Gewächshaus und im Folientunnel Gemüse anbauen. Wir legen aber auch konsequent Folgesaaten (Seite 134). Weil wir den ganzen Sommer lang in Abständen von wenigen Wochen immer wieder einige Reihen der verschiedenen Arten säen, reifen die Pflanzen zu verschiedenen Zeiten. Im Herbst säen wir Salate für die Winterernte ebenfalls sukzessive im Gewächshaus aus.

Die folgenden Tabellen sollen Ihnen bei der Planung von Aussaat und Ernte helfen. Wir haben auch Empfeh-

ART	ABSTÄNDE		J	F	M	A	M	J	J	A	S	O	N	D
	REIHEN	PFLANZEN												
Artischocken	90 cm	90 cm				P			E	E	E			
Auberginen	60 cm	60 cm	S	S	S	A	A			E	E	E		
Bärlauch	10 cm	10 cm			E	E	E					P	P	
Blattsalate	25–45 cm	25–45 cm	E	S E	S E	S E	S E	S E	S E	S E	S E	S E	E	E
Blumenkohl	50–75 cm	50–75 cm					S	S		A	E	E	E	E
Buschbohnen	45 cm	10 cm						S	S E	S E	E	E	E	
Chilis		im Topf				S	S				E	E		
Dicke Bohnen	25 cm	25 cm		S	S	S	S	E	E	E	E		S	
Erbsen	45–60 cm	8–10 cm		S	S	S A	S A	S E	S E	E	E			
Grünkohl	30–60 cm	30–60 cm	E	E	S E	S E	S E	S	A					E
Gurken	45–75 cm	45–75 cm			S	S	S	A		E	E			
Ingwer		im Topf			P	P					E	E		
Kartoffeln	45–75 cm	30–38 cm			P	P	P	E	E	E	E	E		
Knoblauch	15 cm	15 cm	S						E	E			S	S
Knollensellerie	45 cm	30 cm				S	S	A			E	E		
Kohlrabi	30 cm	15 cm			S	S	S E	S E	S E	E	E	E		
Kopfkohl	30–50 cm	30–50 cm	E			S	S					E	E	E
Kürbis	60–120 cm	60–120 cm				S	S A	S	E	E	E	E		
Mais	30–60 cm	30–60 cm				S	S A		E	E				
Mangold	30–60 cm	30–60 cm	S E	S E	S E	S S E	S S E	E	E	E	E	E	E	E
Meerrettich	30 cm	30 cm				P			E	E	E			

lungen für Reihenabstände und Abstände der Pflanzen innerhalb der Reihen angegeben. Außerdem finden Sie Tipps zur frühzeitigen Aussaat unter Dach und für empfindliche Pflanzen, die ihr ganzes Leben im Gewächshaus verbringen. Näheres zu einzelnen Gemüsearten können Sie auf den Seiten 140–147 lesen.

LEGENDE

S	säen	S	säen unter Dach
P	pflanzen	P	pflanzen unter Dach
A	auspflanzen	A	auspflanzen unter Dach
E	ernten	E	ernten unter Dach

ART	ABSTÄNDE		J	F	M	A	M	J	J	A	S	O	N	D
	REIHEN	PFLANZEN												
Möhren	15 cm	5–8 cm		S	S	S	SE	SE	SE	E	E	E	E	E
Paprika	30–50 cm	30–50 cm		S	S	S			E	E	E	E		
Pastinaken	20–30 cm	10–15 cm	E	SE	S				E	E	E	E	E	
Porree	30 cm	15 cm	E	E	SE	SE	E	A	A		E	E	E	E
Radieschen	15 cm	2,5 cm	S	S	S	S	SE	SE	SE	SE	E	E	E	
Rhabarber	90 cm	90 cm		E	PE	E	E	E	E			P	P	P
Rosenkohl	25–45 cm	25–45 cm	E		S		A					E	E	E
Rote Bete	23–30 cm	10 cm			S	S	S	SE	SE	E	E	E		
Sauerampfer	38 cm	38 cm		P	P				E	E	E	P	P	
Schalotten	23 cm	10 cm					S	S		E	E	E		
Schwarzwurzeln	30 cm	15 cm	E	E			S	S			E	E	E	E
Spargel	45 cm	45 cm					P	E						
Speiserüben	15–23 cm	15–23 cm	E	E	SE	S	S	S	S				E	E
Spinat	30 cm	8–15 cm	E	E	E	SE	SE	E	E	SE	SE	E	E	E
Spross-Brokkoli	60–75 cm	60–75 cm			S	S	S	S	A	A	E	E	E	E
Stangenbohnen	45 cm	23 cm				S	SA	S		E	E	E	E	
Steckrüben	38 cm	23 cm	E	E				S	S			E	E	E
Tomaten	25–45 cm	25–45 cm	S	S	S	S	A		E	EE	EE	EE	E	
Topinambur	90 cm	45 cm	E	P	P								E	E
Zucchini	60–120 cm	60–120 cm				S	S	A	E	E	E			
Zwiebel	30 cm	5–8 cm			S	S	S	S	E	E	E			

DER JAHRESPLANER: OBST UND NÜSSE

Die angegebenen Abstände beziehen sich auf ausgewachsene Obst- und Nussbäume und sollten bei der Anlage eines Obstgartens berücksichtigt werden. Für die meisten Gärten ist allerdings schon eine Esskastanie zu groß. Zum Glück gedeihen Zwerg-Obstbäume, Erdbeeren und Heidelbeeren gut in Kübeln.

LEGENDE

P	pflanzen	P	pflanzen unter Dach
E	ernten	E	ernten unter Dach
X	schneiden	X	schneiden unter Dach

ART	ABSTÄNDE REIHEN	ABSTÄNDE PFLANZEN	J	F	M	A	M	J	J	A	S	O	N	D
Aprikosen, Pfirsiche	3,6–6 m	3,6–6 m	P	P	P	X		E	E	E	E	E	P	P
Äpfel, Birnen	2,5–5 m	2,5–5 m	XP	XP	P				XE	XE	E	P		XP
Brombeeren	1,8–2,2 m	1,8–2,2 m	P	P	P				E	E	E	X		P
Erdbeeren	90 cm	45 cm	P	P	P			E	E	E			P	P
Esskastanien		5 m	P	P	P						E	E	P	P
Feigen	3,6 m	3,6 m	P	P	P	X				E				P
Haselnüsse	4,5 m	4,5 m	P	P					X		E	E	XP	P
Heidelbeeren	1,5 m	1,5 m	P	P	XP				E	E	E		P	P
Himbeeren	2 m	30–37 cm	P	XP	P				E	XE	E	E	E	P
Johannisbeeren	1,8 m	1,8 m	P	P	P			E	E	E	E		XP	P
Kapstachelbeeren	25–45 cm	25–45 cm				S	S				E	E		
Kirschen	6–7 m	6–7 m	P	P	XP			E	E	E	E		P	P
Kiwis	3 m	3 m	P	P	P								E	P
Maulbeeren	4 m	4 m	P	P	P					E	E		P	P
Mispeln, Quitten	5–8 m	5–8 m	P	P	P					E	E	E	XP	P
Oliven	1,8 m	1 m	P	P	P								EP	XP
Pekannüsse	1,8–10 m	1,8–10 m	P	P	P						E	E	XP	P
Pflaumen	2,4–4,5 m	2,4–4,5 m	P	P	P		X	X		E	E		P	P
Stachelbeeren	1,2–1,5 m	1,2–1,5 m	P	P	P			XE	XE	E			XP	P
Weintrauben	1,8 m	1,2 m	P	P	P							E	XP	P
Zitronen		im Topf	XP	P	P						E	E	P	P

DER JAHRESPLANER: KRÄUTER

Kräuter gedeihen gut in Töpfen, in Blumenkästen und drinnen auf der Fensterbank. Von manchen kann man ganzjährig ernten, andere sind einjährig. Wir haben die optimalen Reihenabstände und Pflanzabstände in den Reihen angegeben. Wer reichlich einjährige Kräuter zieht, kann sie für den Winter trocknen.

LEGENDE			
S	säen	S	säen unter Dach
P	pflanzen		
A	auspflanzen		
E	ernten	E	ernten unter Dach
X	schneiden		

ART	ABSTÄNDE REIHEN	PFLANZEN	J	F	M	A	M	J	J	A	S	O	N	D
Basilikum	30 cm	20 cm		S	S	S	AE	SE	SE	E	E	E		
Dill	30 cm	23 cm				S	S	SE	SE	E	E			
Estragon	60 cm	6 cm					P	E	E	E	E			A
Koriander	30 cm	15 cm	E	E	S	S	S	SE	E	E	SE	SE	SE	SE
Lorbeer		1,2 m	E	PE	PE	E	E	E	XE	XE	E	PE	PE	E
Majoran	20 cm	60 cm			S	S		E	E	E	E			A
Minze	30 cm	30 cm	E	E	PE	PE	E	E	E	E	E	E	E	A
Petersilie	25–30 cm	25–30 cm					S	SE	SE	SE	E	E		
Rosmarin	15 cm	90 cm	E	E	E	S	S	E	XE	XPE	E	E	E	E
Salbei	15 cm	60 cm			S	S	S	S	XE	XE	E	E		
Schnittlauch	30 cm	30 cm				S	S		E	E	E	E		
Thymian	60 cm	15 cm	E	E	E	E	P	PE	XE	XE	E	E	E	E

Sämlinge, die beim Ausdünnen anfallen, können eingepflanzt werden. Basilikum und andere mediterrane Kräuter gedeihen unter Dach perfekt.

Der richtige Obstbaumschnitt verbessert den Fruchtansatz und lässt mehr Licht in die Krone, sodass die Früchte besser reifen (Seite 154–155).

Kürbis und Zucchini bauen wir reichlich an. Zucchini essen wir sofort, Kürbisse lagern wir für den Wintervorrat ein (Seite 164–165).

ANBAUTIPPS FÜR GEMÜSE

Es ist ungemein befriedigend, sein eigenes Gemüse zu ernten und zu verwerten – von den ersten Stangenbohnen bis zum Winterporree. Schwierig ist jedoch, die richtige Auswahl zu treffen. Unserer Meinung nach muss das Verhältnis zwischen bewährten und ungewöhnlicheren, aber interessanten Arten stimmen. Dazu können ein paar Extras wie Artischocken kommen. Auch Beschaffenheit und pH-Wert des Bodens spielen bei der Auswahl eine Rolle (Seite 104–109).

Die Bewährten

Diese Arten genügen für die ganzjährige Grundversorgung (siehe die Tabellen Seite 136–139). Mit etwas Planung und regelmäßigen Folgesaaten können Sie zu jeder Jahreszeit in den Garten gehen und etwas ernten. Gesät wird ins Freiland, sofern nicht anders angegeben.

Rote Bete (1)
Beta vulgaris

■ **Anbau** Rote Bete haben eine lange Saison. Folgesaaten ab April den ganzen Sommer über legen. Alle 10 cm einige Korn in 2–3 cm tiefe Rillen mit 30 cm Abstand säen. Ausdünnen, wenn die Sämlinge etwa 3 cm hoch sind.

■ **Probleme** Rote Bete brauchen regelmäßig Wasser, sonst werden sie holzig.

■ **Ernte, Verwertung, Vorrat** Bei der Ernte die Blätter 5 cm über der Wurzel abdrehen, damit sie nicht bluten. In Mieten oder in einer Kiste mit Sand in einem kühlen Raum lagern (Seite 164–165). Jungpflanzen, die beim Ausdünnen anfallen, können sofort im Salat gegessen werden. Junge Blätter und Wurzeln schmecken besonders gut.

DICKE BOHNEN STÜTZEN

Höhere Sorten *dicker Bohnen müssen gestützt werden, sonst kippen sie um, und die Schnecken fressen die Bohnen. Wir verwenden dafür Spaliere, die wir waagerecht legen. An den Ecken auf 30 cm lange Pflöcke legen.*

Dicke Bohne (2)
Vicia faba

■ **Anbau** Weil bei uns in Cornwall die Winter mild sind, säen wir dicke Bohnen für die frühe Ernte im November. In kühleren Lagen wird von Februar bis Mai gesät, und zwar 2 cm tief und mit 10 cm Abstand. Wir säen nicht in Reihen, sondern in Blöcken, um die Pflanzen mit Spalieren zu stützen (siehe Kasten). Versetzte Reihen mit 60 cm Abstand eignen sich ebenso.

■ **Probleme** Blattläuse lieben die zarten Triebspitzen. Unbedingt ausknipsen, bevor sie befallen werden. Gedämpft oder in Butter gedünstet schmecken die Triebspitzen ausgesprochen gut.

■ **Ernte, Verwertung, Vorrat** Die Ernte kann vom Spätfrühling bis in den Frühherbst erfolgen. Man kann die Bohnen auch gut trocknen. Zur späteren Zubereitung müssen sie 8 Stunden eingeweicht und 40 Minuten gegart werden.

Brokkoli (3)
Brassica oleracea
Cymosa-Gruppe

■ **Anbau** Wir bauen violetten Spross-Brokkoli an, weil er besonders winterhart und sehr ertragreich ist – ein ideales Gemüse für Spätherbst und Winter. Im April unter Dach sehr dünn in Rillen oder Einzeltöpfchen säen. Wenn die Pflanzen kräftig genug sind, an ihren endgültigen Platz im Freien setzen. 40–50 cm Abstand lassen, denn die Pflanzen werden sehr groß.

■ **Probleme** Eine Vogelscheuche aufstellen oder Schnur zwischen Zweigen spannen, damit Vögel nicht landen können. Die Pflanzen können kopflastig werden, darum sollte man sie stützen oder mit Spalieren fixieren (siehe Kasten).

■ **Ernte, Verwertung, Vorrat** Bevor sich die Knospen öffnen, schneiden Sie zuerst den mittleren Kopf ab. Erntet man regelmäßig einen Teil der Köpfe, werden bis weit in den Winter hinein immer wieder neue gebildet. Spross-Brokkoli eignet sich besonders gut für Wok-Gerichte. Man kann ihn einfrieren, aber frisch schmeckt er unserer Meinung nach viel besser.

Rosenkohl (4)
Brassica oleracea
Gemmifera-Gruppe

■ **Anbau** Was wäre der Weihnachtsbraten ohne Rosenkohl? Für die Ernte pünktlich zum Fest sollten Sie ihn um Ostern herum unter Dach in Einzeltöpfchen oder sehr dünn in Rillen säen. Ende Mai können Sie den Rosenkohl mit mindestens 60 cm Abstand auspflanzen, denn die Pflanzen werden sehr groß. Danach brauchen Sie nur noch auf den Winter zu warten.

5 6 7 8

■ **Probleme** Rosenkohl ist pflegeleicht, aber Vögel fressen gern die Sämlinge und Kohlröschen. Sämlinge mit gespannten Schnüren schützen, größere Pflanzen mit Vogelscheuchen.
■ **Ernte, Verwertung, Vorrat** Geerntet wird von unten nach oben mit einem scharfen Messer. Auch die Triebspitzen kann man essen. Rosenkohl kann blanchiert und dann eingefroren werden. Wir essen ihn lieber während der Saison frisch.

MÖHREN IN PAPPRÖHREN

Möhren *ziehen wir in Papp-rollen von Toilettenpapier. Substrat einfüllen und oben Samen einlegen. Mit den Röhren lassen sich die Säm-linge leicht umpflanzen und die Wurzeln wachsen schön gerade. Die Pappe verrottet im Boden mit der Zeit.*

Möhren (5)
Daucus carota
■ **Anbau** Dünn im Abstand von 1 cm säen, der Reihenabstand beträgt 15 cm. Folgesaaten von Spätwinter bis Frühsommer legen. Es gibt viele Sorten – von kugelförmigen bis zu gelben, weißen und violetten Möhren. Eins haben alle gemeinsam: Sie schmecken gut.
■ **Probleme** Mischkultur mit Zwiebeln beugt der Möhren-fliege vor. Dabei werden auch die Zwiebeln vor der Zwiebel-fliege geschützt.
■ **Ernte, Verwertung, Vorrat** Wer Folgesaaten legt, kann von Juni bis Dezember ernten. Im Oktober alle Möhren ziehen und in einer Miete (Seite 165) oder einem Wurzelkeller lagern. Mit knackigen Möhren direkt aus dem Beet, nur kurz unter dem Wasserhahn abgespült, kann man sogar Kinder zum Gemüseessen verführen. Wir rösten sie auch im Ofen als Bei-lage oder geben sie gerieben an Kuchenteig.

Knollensellerie (6)
Apium graveolens var. *rapaceum*
■ **Anbau** Eine Form von Sel-lerie gehört unbedingt in jeden Küchengarten, weil der Geschmack so wunderbar herz-haft ist. Knollensellerie ist einfa-cher anzubauen als Stangensel-lerie. Im zeitigen Frühling unter

Dach aussäen und Ende Mai mit 30 cm Abstand auspflanzen. Reihenabstand 40–50 cm.
■ **Probleme** Weitgehend pfle-geleicht, nur Schnecken können bedrohlich werden.
■ **Ernte, Verwertung, Vorrat** Die Knollen im Herbst und Win-ter ernten oder im Boden lassen und nicht einlagern. Sie schme-cken roh und gekocht gut. Die Zubereitung ist etwas mühsam, weil sich die Erde schwer entfer-nen lässt, aber man bekommt Übung. Die Blätter können für wärmende Wintereintöpfe ver-wendet werden.

Zucchini und Kürbis (7)
Cucurbita-Familie
■ **Anbau** Wir pflanzen viele Kür-bisse und Zucchini an. Im April unter Dach in Einzeltöpfe säen und Ende Mai, wenn keine Frost-gefahr mehr besteht, auspflan-zen. Wir gießen unsere Zucchini überhaupt nicht (Seite 101) und sparen dadurch eine Menge Wasser und Arbeit. Kürbisse brauchen viel Platz, man kann sie aber gut über Hochbeet-Wände herabhängen oder an Netzen und Spalieren klettern lassen.
■ **Probleme** Unter große Früchte ein Stück alten Teppich oder eine Dachpfanne legen, damit sie sauber und trocken bleiben und nicht faulen.

■ **Ernte, Verwertung, Vorrat** Zucchini und Sommerkürbisse regelmäßig ernten. Wenn sie zu groß werden, schmecken sie fade. In Olivenöl mit Knoblauch und ein paar Tomaten gebraten sind sie ein schnelles, köstliches Sommeressen. Winterkürbisse kann man einige Monate in einem frostfreien Schuppen auf offenen Regalen lagern. Sie schmecken sehr gut in gehaltvol-len Wintereintöpfen.

Grünkohl (8)
Brassica oleracea
Acephala-Gruppe
■ **Anbau** Grünkohl ist ein alt-modisches Gemüse mit vielen Vorzügen. Er ist ungemein frost-verträglich, schmeckt sehr gut und gedeiht fast überall ohne Mühe. Im Mai aussäen und die Sämlinge im Juli an ihren end-gültigen Platz setzen.
■ **Probleme** Weitgehend unpro-blematisch.
■ **Ernte, Verwertung, Vorrat** Ab November beginnt bei uns die Ernte und dauert bis zum folgenden Mai. Wir holen immer ein paar schöne Blätter ins Haus, wenn wir auf die Schnelle etwas Grünes brauchen. Es gibt viele verschiedene Grünkohl-sorten, aber uns gefallen die krausen am besten. Man kann Grünkohl einfrieren, aber das ist nicht nötig, weil er auch bei strengem Frost im Beet stehen bleiben kann.

141

1 2 3 4

Porree (1)
Allium porrum

■ **Anbau** Porree ist ein herrlich aromatisches Gemüse. Wir säen alle 15 cm ein Korn in 1 cm Tiefe. Wenn die Pflanzen etwa 20 cm hoch sind, werden sie umgepflanzt. Dann nehmen wir einige Jungpflanzen und drehen das Grün bis auf 5 cm ab. Mit einem Pflanzholz stechen wir 5 cm tiefe Löcher und stecken in jedes eine Pflanze. Beim Wässern wird genug Erde ins Loch geschwemmt, andrücken ist nicht nötig. Porree gedeiht auch in kalten, feuchten Gegenden gut.

■ **Probleme** Weitgehend unproblematisch.

■ **Ernte, Verwertung, Vorrat** Porree kann ab September bis zum folgenden Mai geerntet werden. Bis zum Verbrauch bleibt er einfach im Boden. Es ist beruhigend, einen Vorrat im Beet zu haben. Zum Ernten die Pflanze mit der Grabgabel lockern, sonst reißen womöglich nur die äußeren Blätter ab oder die Pflanze bricht durch. Übrigens schmeckt auch der grüne Teil gut, man muss ihn nur etwas länger kochen (zum Beispiel im Eintopf). Supermärkte schneiden ihn ab, damit die Stangen ordentlicher aussehen, dabei landet ein wertvoller Teil im Abfall. Die harten Enden sollten Sie abschneiden, aber verwerten Sie den Rest!

Zwiebeln und Schalotten (2)
Allium-Familie

■ **Anbau** Zwiebeln kann man günstig kaufen, aber es macht mehr Freude, einen Zopf selbst gezogener Zwiebeln griffbereit aufzuhängen. Wir säen sie nicht, sondern pflanzen kleine Steckzwiebeln, die widerstandsfähiger gegen Krankheiten sind. Wir pflanzen im Spätwinter in Abständen von 10 cm (Reihenabstand 25 cm).

■ **Probleme** Gepflanzte Zwiebeln blühen manchmal vorzeitig. In dem Fall den Blütenstiel abschneiden und die Zwiebel sofort verwerten.

■ **Ernte, Verwertung, Vorrat** Wegen des zarten Aromas sind Schalotten bei Profiköchen beliebt. Wir benutzen Sie früh im Jahr wie Frühlingszwiebeln, die erst später erntereif sind. Reife Schalotten sind klein und mühsam zu verarbeiten. Normale Küchenzwiebeln können etwa im Juli geerntet werden.

Pastinaken (3)
Pastinacea sativa

■ **Anbau** Pastinaken sind etwas aus der Mode gekommen, dabei schmecken sie ausgezeichnet. Der Ernteerfolg ist etwas unkalkulierbar. Die kleinen Samen wehen leicht weg. Wir säen sie um Ostern herum sehr dünn: einige Samen alle 15 cm in 1 cm Tiefe bei einem Reihenabstand von 30 cm. Wennn die Wurzeln ungefähr so groß sind wie Golfbälle, dünnen wir sie aus.

■ **Probleme** Steine im Boden führen zu verformten oder »beinigen« (zweigeteilten) Wurzeln. Reichlich Kompost untergraben, um den Boden zu lockern, damit die Pastinaken lang und gerade wachsen.

■ **Ernte, Verwertung, Vorrat** Wir ernten ab Oktober bis Ostern. Pastinaken können über Winter im Beet bleiben. Merken Sie sich, wo sie stehen, denn die Blätter welken im Winter ab. Wir mögen sie gern geröstet oder in einer Suppe mit reichlich Curry. Kleine Wurzeln, die beim Ausdünnen anfallen, kann man in Butter dünsten. Wussten Sie, dass Pastinaken ein Grundnahrungsmittel waren, ehe die Kartoffel nach Europa kam?

ERBSEN IN DACHRINNEN ZIEHEN UND MIT REISERN STÜTZEN

Unter Dach *säen wir Erbsen in Zickzack-Reihen in Reststücken von Dachrinnen aus, in die wir Dränagelöcher gebohrt haben. Wenn die Sämlinge groß genug sind und keine Frostgefahr mehr besteht, kann man sie einfach aus der Rinne in einen vorbereiteten Graben im Beet schieben.*

Erbsenreiser *verhindern, dass die Erbsen auf dem Boden liegen und von Schnecken gefressen werden. Zweige und dünne Äste aller Art sind für diesen Zweck geeignet. Wir verwenden Weidenruten, die beim Kappen der Bäume anfallen. Uns gefällt der Gedanke, auch für vermeintlichen Abfall noch eine sinnvolle Verwendung zu finden.*

5

6

7

8

Erbsen (4)

Pisum sativum

▦ **Anbau** Unter Dach im Spätwinter aussäen und auspflanzen, wenn keine Frostgefahr mehr besteht. Bis Frühsommer alle paar Wochen Folgesaaten legen – bei wärmerem Wetter direkt im Freiland.

▦ **Probleme** Erbsenreiser (siehe links) verhindern Schwund durch Schnecken. Höhere Sorten brauchen mehr Halt, etwa durch gespannte Netze zwischen Pfosten.

▦ **Ernte, Verwertung, Vorrat** Geerntet wird ab Juni bis September. Die allerersten Erbsen der Saison essen wir mitsamt den zarten Schoten roh. Die Triebspitzen dünsten wir ganz kurz in Butter und aus den Hülsen kann man einen Bauernwein machen (Seite 228).

Radieschen (5)

Raphanus sativus

▦ **Anbau** Manche Gärtner belächeln Radieschen, weil sie zu »einfach« sind. Eine oder zwei Reihen wachsen bei uns immer irgendwo. Gesät wird von Februar bis August in 1 cm tiefen Rillen mit 15 cm Abstand. Radieschen kann man sehr gut zwischen Rillen langsam wachsender Gemüsesorten säen. Durch eine solche Markiersaat lässt sich auch vermeiden, dass man die Position des langsameren Gemüses vergisst.

▦ **Probleme** Erdflöhe befallen manchmal die Blätter, aber die Radieschen selbst sind meist unversehrt.

▦ **Ernte, Verwertung, Vorrat** Radieschen nicht zu groß werden lassen, sonst werden sie holzig und sehr scharf. Frisch aus dem Garten in Salate geben. Im Kühlschrank halten sie sich nur einige Tage.

Rhabarber (6)

Rheum x *hybridum*

▦ **Anbau** Ja, wir wissen, dass Rhabarber normalerweise wie

RHABARBER TREIBEN

Wir treiben Rhabarber, *indem wir unsere Pflanzen mit einem Haufen gut verrottetem Stallmist abdecken und ein halbes Fass darüber stülpen. Das Fass nehmen wir ab, wenn sich helle Triebe aus dem Mist schieben. Traditionell sagt man, dass Rhabarber nur jedes zweite Jahr getrieben werden soll, aber wir treiben unsere Pflanzen jedes Jahr, und sie gedeihen gut.*

Obst zubereitet wird. Aber botanisch zählt er zu den mehrjährigen Gemüsearten. Bewurzelte Teilstücke älterer Pflanzen in 90 cm Abstand einpflanzen. Alle fünf Jahre sollten die Pflanzen geteilt werden.

▦ **Probleme** Weitgehend unproblematisch.

▦ **Ernte, Verwertung, Vorrat** Neue Pflanzen sollte man im ersten Jahr in Ruhe wachsen lassen und nicht ernten. Ab dem zweiten Jahr können die Stangen von Februar bis Juli geerntet werden. Die Stangen nicht abschneiden, sondern abreißen. Lecker für Kuchen, rote Grütze, Chutney und Marmelade, und auch gut zum Einfrieren geeignet. Die Blätter sind giftig.

Stangenbohnen (7)

Phaseolus coccineus

▦ **Anbau** Die Aussaat von Stangenbohnen im Gewächshaus und das Auspflanzen nach den letzten Frösten gehört zu unseren jährlichen Ritualen. Später kann mit 25 cm Abstand direkt im Freiland gesät werden. Wir stellen Bambusstangen wie ein rundes Zeltgestänge auf und binden sie oben zusammen.

▦ **Probleme** Stangenbohnen sind als hart und faserig verrufen, aber das stimmt nicht. Erstens gibt es eine Reihe fadenloser Sorten und zweitens sind sie ausgesprochen zart

und knackig, wenn man sie nur jung genug pflückt.

▦ **Ernte, Verwertung, Vorrat** Regelmäßig pflücken, solange die Pflanzen tragen. Bohnen, die Sie nicht frisch verbrauchen, können Sie kurz blanchieren und dann einfrieren.

Blattsalate (8)

Lactuca und andere

▦ **Anbau** Salat, vor allem grüne Kopfsalate (*Lactuca*) und Rucola oder Rauke (*Eruca*), kann wirklich jeder anbauen. Dünn in 1 cm tiefen Rillen mit 30 cm Pflanzabständen säen. Bei so großen Abständen braucht normalerweise kaum ausgedünnt zu werden. Besonders praktisch sind Schnittsalate, von denen man mehrmals ernten kann, weil sie wieder austreiben. Wer regelmäßig Folgesaaten legt, kann den ganzen Sommer lang frischen, gesunden Salat ernten.

▦ **Probleme** Bierfallen und »Kragen« aus abgeschnittenen Plastikflaschen schützen junge Salatpflanzen vor Schnecken. Sinnvoll ist auch, natürliche Feinde der Schnecken (Seite 166–167) anzulocken.

▦ **Ernte, Verwertung, Vorrat** Am besten morgens ernten, dann sind die Blätter besonders knackig. Ernten Sie immer nur so viel, wie Sie geich verbrauchen, denn Salat hält sich auch im Kühlschrank nicht lange.

143

Spinat (1)

Spinacia oleracea

■ **Anbau** Popeye kannte sich aus: Spinat ist gesund und sehr einfach anzubauen. Um ganzjährig zu ernten, legt man Folgesaaten 2–3 cm tief in Reihen mit 30 cm Abstand – aber nicht zu viel, denn Spinat schmeckt am besten ganz jung. Es gibt auch mehrjährige Sorten, aber unserer Meinung nach schmeckt einjähriger Spinat um Längen besser.

TOMATEN AUSGEIZEN

Seitentriebe, *die in den Blattachseln von Tomaten wachsen, sollte man ausknipsen. So wird die Pflanze angeregt, weniger, aber größere Früchte zu bilden. Verzichtet man auf das Ausgeizen, erntet man viele kleine Tomaten. Wer Zeit hat, kann die Seitentriebe einpflanzen und zu neuen Pflanzen aufziehen.*

■ **Probleme** Schießt bei Wassermangel schnell in Saat.

■ **Ernte, Verwertung, Vorrat** Wir schneiden unseren Spinat großzügig mit einer Schere ab. Danach treibt er noch einmal aus. Leider bleibt nach dem mühsamen Verlesen und Waschen im Topf nur wenig übrig. Aber die jungen Blätter schmecken großartig roh im Salat. Vor dem Einfrieren die Blätter blanchieren.

Tomaten (2)

Lycopersicon esculentum

■ **Anbau** Tomaten gedeihen auf der Fensterbank, auf dem Balkon, unter Dach und im Freien. Auf der Newhouse Farm ziehen wir sie hauptsächlich im Gewächshaus. Wir säen im März in kleine Töpfe und Schalen aus und pflanzen sie später um. In Töpfen gedeihen sie hervorragend, obwohl man viel Substrat und Wasser braucht. Tomaten müssen regelmäßig gedüngt werden. Durch Dünger aus dem Wurmkomposter (Seite 127) und Beinwelldünger (Seite 107) bleiben unsere Tomaten lange kräftig und gesund. Die Pflanzen mit Stäben stützen oder an Schnüre binden, die zum Gewächshausdach gespannt sind.

■ **Probleme** Wir hatten Ärger mit der Krautfäule, die auch Kartoffeln befällt. Wir haben versucht, die Pflanzen kopfüber zu ziehen, damit der Erreger nicht

angreifen kann. Dazu haben wir sie in Hängeampeln gepflanzt, und zwar durch ein Loch im Boden. So wachsen die Wurzeln aufwärts und die Pflanze nach unten. Das ist relativ wirkungsvoll und sorgt auf jeden Fall für Gesprächsstoff.

■ **Ernte, Verwertung, Vorrat** Tomaten voll ausgereift ernten, dazu kurz über dem Blütenstiel abschneiden. Ziehen Sie verschiedene Sorten zum Kochen, für Salate etc. Reifen zu viele gleichzeitig, kann man sie einfrieren: erst häuten, dann gut 10 Minuten kochen und durch ein Sieb streichen. Sie eignen sich auch gut zum Einmachen (Seite 211). Am Ende der Saison kochen wir aus noch grünen Tomaten Chutney oder lassen die Tomaten in einer Schale neben einer Banane nachreifen.

Die Interessanten

Wer wenig Zeit hat, wird vielleicht auf einige der folgenden Arten verzichten müssen. Lohnend sind sie aber allemal, darum sollten Sie sie kennenlernen.

Spargel (3)

Asparagus officinalis

■ **Anbau** Grüner Spargel ist erheblich unkomplizierter zu kultivieren als weißer. Die Pflanzen brauchen aber etwas

Zeit, um sich zu etablieren. Gepflanzt wird im April (siehe Kasten).

■ **Probleme** Schnecken am besten im Dunkeln mit der Taschenlampe absammeln und ans Geflügel verfüttern. Wer keins hat, kann sie in einem Eimer Wasser ertränken.

■ **Ernte, Verwertung, Vorrat** Zwei Jahre nach der Pflanzung kann erstmals geerntet werden, dann alljährlich im Spätfrühling. Grünen Spargel mit einem Messer knapp unter der Erde abschneiden, wenn die Stangen 10 cm lang sind. Ab Johanni (24.6.) nicht mehr ernten und die Pflanzen wachsen lassen. Wir mögen Spargel am liebsten gedämpft mit etwas Butter. Wer viel erntet, kann ihn einfrieren.

Kopfkohl (4)

Brassica oleracea
Capitata-Gruppe

■ **Anbau** Manche Gärtner finden Kopfkohl unerlässlich, aber wir bevorzugen andere Arten aus der Kohlfamilie. Wenn man genug Platz hat, ist eine Reihe Kohlköpfe allerdings schön. Frühlingskohl wird im Sommer gesät. Wirsing für deftige Wintergerichte sät man im Frühling.

■ **Probleme** Eine Vogelscheuche (Seite 167) vertreibt Vögel, die die Sämlinge fressen. Raupen können später lästig werden. Absammeln und an die Hühner verfüttern.

144

5 6 7 8

■ **Ernte, Verwertung, Vorrat**
Frühlingskohl ab April ernten, Wirsingkohl im Winter. Man kann ihn einfrieren, aber frisch schmeckt er uns besser.

Gurken (5)
Cucumis sativus
■ **Anbau** Gurken sind relativ einfach anzubauen und sie tragen oft reichlich. In unserem ersten Jahr auf der Newhouse Farm haben wir von einer einzigen Pflanze über hundert Gurken geerntet. Zugegeben,

unsere Gurken sehen nicht so gestylt aus wie die im Laden. Sie sind kürzer und dicker, aber auch aromatischer. Unter Dach im April säen, im Juni im Freiland.
■ **Probleme** Gewächshausgurken mit Wasser besprühen. Hohe Luftfeuchtigkeit beugt Spinnmilbenbefall vor.
■ **Ernte, Verwertung, Vorrat**
Bis zum ersten Frost fortlaufend pflücken. Überschüsse kann man einlegen oder zu Tsatsiki verarbeiten.

Buschbohnen (6)
Phaseolus vulgaris
■ **Anbau** Buschbohnen tragen weniger reichlich als dicke oder Stangenbohnen. Von einer 3 m langen Reihe kann man etwa 9 kg dicke Bohnen, 27 kg Stangenbohnen und schwache 4,5 kg Buschbohnen erwarten. Aber sie schmecken großartig! Ab Mai und dann fortlaufend bis Ende Juni im Freiland säen.
■ **Probleme** Jungpflanzen sollten Sie mit Bierfallen vor Schnecken schützen. Später anhäufeln und mit Spalieren oder Reisern stützen, damit sie keinen Bodenschädlingen zum Opfer fallen.
■ **Ernte, Verwertung, Vorrat**
Von Juli bis Oktober ernten. Man kann die Schoten auch an den Pflanzen ausreifen lassen und die Kerne für den Winter trocknen. Alternativ die jungen Bohnen blanchieren und einfrieren.

Artischocken (7)
Cynara cardunculus
Scolymus-Gruppe
■ **Anbau** Artischocken sind dekorative, distelartige Stauden. Sie brauchen viel Platz und bringen wenig Ertrag, aber wir schätzen sie. Die Anzucht aus Samen ist schwierig. Einfacher wachsen bewurzelte Ableger an, die man von älteren Pflanzen abnimmt.

■ **Probleme** Junge Pflanzen mit Bierfallen vor Schnecken schützen. Ältere Pflanzen verkraften einige angefressene Blätter.
■ **Ernte, Verwertung, Vorrat**
Ab dem zweiten Jahr jeden Sommer die Knospen abschneiden – und zwar bevor sie sich zu Blüten entwickeln, denn sonst verstecken sich Insekten darin. Man kann die Böden einlegen, aber die Vorbereitung ist mühsam und kostet Zeit.

Topinambur (8)
Helianthus tuberosus
■ **Anbau** Topinambur ist ertragreich, und wir kennen nur wenige Leute, die ihre gesamte Ernte verbrauchen. Von unserer bekommen die Schweine einen Teil ab. Die Knollen schmecken gut, können aber Blähungen verursachen. Der Standort muss mit Bedacht gewählt werden. Die über 2 m hohen Pflanzen mit gelben Strahlenblüten neigen zum Wuchern. Hat man sie einmal gepflanzt, wird man sie kaum je wieder los. An einer freien Stelle sind sie aber ein dekorativer und nahrhafter Windschutz.
■ **Probleme** Weitgehend unproblematisch.
■ **Ernte, Verwertung, Vorrat**
Ab November die Knollen ausgraben. Mit anderem Gemüse im Ofen garen oder zur Suppe geben.

SPARGEL PFLANZEN

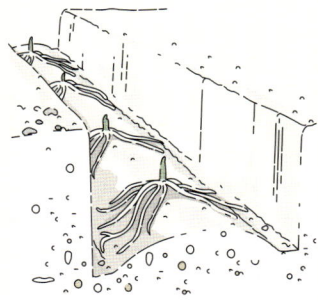
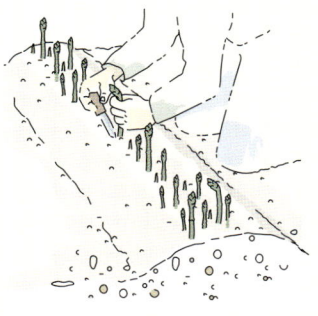

Einen Graben ausheben
und auf seinem Grund einen flachen Wall aufhäufen. Die Pflanzen in Abständen von ca. 50 cm auf den Wall setzen. Die Wurzeln ausbreiten und mit Erde bedecken. Wenn die Pflanzen wachsen, die Reihen anhäufeln, sodass kleine Wälle entstehen.

Diese werden mit den Jahren höher, wenn man Mulch

und verrotteten Kompost auflegt. Spargel ist mehrjährig, darum muss der Standort gut bedacht werden: Er hat es nicht gern, wenn man ihn später umpflanzt. Quecke, Giersch und andere ausdauernde Unkräuter müssen vor der Pflanzung des Spargels rigoros entfernt werden, denn danach ist das nicht mehr möglich.

Kohlrabi (1)
Brassica oleracea
Gongylodes-Gruppe

■ **Anbau** Kohlrabi ist ein zart schmeckender Angehöriger der Kohlfamilie. Gesät wird von April bis Juli.

■ **Probleme** Jungpflanzen sollten Sie von einer Vogelscheuche bewachen lassen.

■ **Ernte, Verwertung, Vorrat** Im Beet lassen und ab Hochsommer nach Bedarf ernten. Einfach die Blätter abschneiden und die Knollen abschrubben. Schmeckt gekocht oder als Rohkost.

Kartoffeln (2)
Solanum tuberosum

■ **Anbau** Wir haben die Kartoffeln nur deshalb nicht den Must-Haves zugeordnet, weil sie viel Platz brauchen und in der Saison durchaus günstig zu kaufen sind. Frisch aus dem Garten schmecken sie aber um Längen besser. Frühkartoffeln pflanzt man Ende März, mittelfrühe Sorten im April.

■ **Probleme** Mit der Hacke Erde über die Blätter ziehen, um sie vor Frost zu schützen.

■ **Ernte, Verwertung, Vorrat** Frühkartoffeln ab Juni ausgraben, die Haupternte ab September. Zügig ernten, bevor Schnecken sich über die Knollen hermachen. Lagerkartoffeln am besten in einer Miete (Seite 165) aufbewahren.

Steckrüben und Rüben (3)
Brassica napobrassica und *Brassica rapa*

■ **Anbau** Wir pflanzen immer reichlich Rüben an und verfüttern alle, die nicht schön genug für die Küche sind, an die Schweine. Gesät wird im Mai.

■ **Probleme** Jungpflanzen vor Vögeln schützen.

■ **Ernte, Verwertung, Vorrat** Geerntet wird ab Oktober. Kulinarisch gibt es offenbar nur zwei Meinungen: Entweder man mag Rüben, oder man verabscheut sie.

KARTOFFELN VORKEIMEN

Pflanzkartoffeln *können schon einige Monate vor der Pflanzung angeregt werden, Keime zu bilden. Dazu die Kartoffeln an einem trockenen, kühlen, aber frostfreien Platz ans Licht – aber nicht in die Sonne – legen. Ideal ist ein Schuppen mit einem Fenster.*

Mais (4)
Zea mays

■ **Anbau** Gemüsemais braucht viel Sonne, damit die Kolben ausreifen. Im April unter Dach aussäen und nach den letzten Frösten auspflanzen.

■ **Probleme** In windigen Lagen die Pflanzen stützen.

■ **Ernte, Verwertung, Vorrat** Ende August bis September ernten. Die Kolben sofort essen, bevor sich der Zucker in Stärke umwandelt.

Die Extras

Den folgenden Arten würden wir keine Priorität geben, aber vielleicht haben Sie Lust zum Experimentieren?

Aubergine (5)
Solanum melongena

■ **Anbau** Bei uns in Cornwall gedeihen Auberginen auch im Freien, aber im Gewächshaus ist der Erfolg meist besser. Im März unter Dach aussäen. Wie Tomaten anbinden und düngen.

■ **Probleme** Rote Spinnmilben treten im Gewächshaus oft auf. Häufig sprühen, um die Luftfeuchtigkeit zu erhöhen.

■ **Ernte, Verwertung, Vorrat** Früchte pflücken, wenn sie mindestens 10 cm lang sind und eine glänzende Haut haben. Vorsicht vor den Stacheln an den Stielen und den grünen Kelchblättern.

Blumenkohl (6)
Brassica oleracea
Botrytis-Gruppe

■ **Anbau** Blumenkohl ist heikel in der Anzucht. Er braucht nährstoffreichen, aber nicht frisch umgegrabenen Boden und reichlich Wasser. Wer verschiedene Sorten pflanzt, kann von Frühling bis Herbst ernten. Im Frühling säen und ausdünnen, wenn die Pflanzen größer werden. Später auf 60 cm Abstand verpflanzen.

■ **Probleme** Vögel mit selbst gemachten Vogelscheuchen auf Distanz halten.

■ **Ernte, Verwertung, Vorrat** Die Köpfe schneiden, wenn die Knospen noch fest geschlossen sind. Vorher die Blätter über die Köpfe schlagen und mit einer Dachpfanne bedecken. Wir mögen die Röschen roh mit Dipsaucen oder verarbeiten sie zu Piccalilli (Senfpickles). Zum Einfrieren die Köpfe in Röschen teilen und blanchieren.

Chili (7)
Capsicum annuum

■ **Anbau** Chilis sind einfach zu kultivieren. Auf der Newhouse Farm haben wir viele Sorten ausprobiert – von megascharfen, die einem die Schuhe ausziehen, bis zu mild-pikanten Sorten. Die schnell wachsenden Einjährigen bevorzugen warme Sommer und genügend Feuchtigkeit. In gemäßigtem

5

6

7

8

Klima hält man sie am besten im Gewächshaus. Im Frühling aussäen.

■ **Probleme** Gegen rote Spinnmilben oft mit Wasser einsprühen. Die Pflanzen mögen die hohe Luftfeuchtigkeit.

■ **Ernte, Verwertung, Vorrat** Wir verwerten Chilis frisch in Salsas, Currys oder zu gerösteten Nüssen. Zum Trocknen auffädeln und an einen luftigen Platz hängen. Zum Einfrieren zuerst die Kerne entfernen.

KEIMSPROSSEN ZIEHEN

Keimsprossen *sind eine gesunde Salatzutat. Wir mögen gern die Sprossen von Radieschen, Brokkoli, Sonnenblumen und Kichererbsen. Die Samen in Wasser einweichen, dann auf einem Sieb an einen hellen Platz stellen. Täglich mit klarem Wasser durchspülen. Nach 4 bis 5 Tagen keimen Sie. Abspülen, abtropfen lassen und im Kühlschrank aufbewahren. Binnen zwei Tagen verbrauchen.*

Ingwer
Zingiber officinale

■ **Anbau** Wer frischen Ingwer mag, kann ein Stück Wurzel aus dem Laden einpflanzen. Es sollte mindestens eine Knospe zeigen. Im Frühling in einen kleinen Topf mit Erde setzen und umtopfen, wenn die Pflanze größer wird. Die hohen Pflanzen mit schmalen Blättern gedeihen in gemäßigtem Klima nur im Gewächshaus.

■ **Probleme** Rote Spinnmilben sind ein Gewächshausproblem. Mit Wasser besprühen.

■ **Ernte, Verwertung, Vorrat** Im Herbst den Topf auskippen und die Wurzeln ernten. Ein Stück wieder einpflanzen, den Rest verwerten oder einfrieren. Wir machen daraus Ingwerbier (Seite 224–225) oder Ingwertee gegen Erkältungen.

Meerrettich
Armoracia rusticana

■ **Anbau** Meerrettich wächst in feuchtem, fruchtbarem Boden. Er verträgt Schatten.

■ **Probleme** Meerrettich wuchert stark. Er braucht einen Platz, wo man ihn leicht eindämmen kann.

■ **Ernte, Verwertung, Vorrat** Neun Monate nach der Pflanzung die Wurzeln ausgraben. Die kleineren wieder einpflanzen, die größeren in einer Miete (Seite 165) aufbewahren oder einfrieren. Geriebener Meerret-

tich schmeckt gut zu geräuchertem Fisch.

Mangold (8)
Beta vulgaris var. *flavescens*

■ **Anbau** Mangold wächst problemlos, er sät sich manchmal auch selbst aus. Im April aussäen, später auf 30 cm ausdünnen. Sorten mit Stielen in Rot, Orange, Gelb und Pink sehen sehr dekorativ aus.

■ **Probleme** Problemlos, nur gelegentlich Schneckenfraß.

■ **Ernte, Verwertung, Vorrat** Den ganzen Sommer über die Blätter ernten. Die Blätter von den Stielen streifen und wie Spinat zubereiten (und ebenso einfrieren). Die Stiele separat in Butter dünsten – eine Pflanze reicht für zwei Gemüsegerichte.

Paprika
Capsicum annuum

■ **Anbau** Wie Tomaten, jedoch prinzipiell im Gewächshaus.

■ **Probleme** Hohe Stiele stützen.

■ **Ernte, Verwertung, Vorrat** Im Spätsommer ernten.

Haferwurz
Tragopogon porrifolium

■ **Anbau** Die Wurzeln sehen aus wie kleine, dünne, dunklere Pastinaken, schmecken aber wie Pilze. Im April säen.

■ **Probleme** In tiefe Löcher mit lockerer Erde pflanzen, damit die Wurzeln gerade wachsen.

■ **Ernte, Verwertung, Vorrat** Im Oktober ausgraben, sofort kochen. Erst danach schälen.

Schwarzwurzel
Scorzonera hispanica

■ **Anbau** Wurzelgemüse, ähnlich der Haferwurz, mit schwarzer Schale. Im April säen.

■ **Probleme** siehe Haferwurz.

■ **Ernte, Verwertung, Vorrat** Im Oktober ausgraben. Blanchiert an Salate geben. Schwarz- und Haferwurzeln in einer Miete oder im Wurzelkeller lagern (Seite 165 und 181).

Sauerampfer
Rumex acetosa

■ **Anbau** Bevorzugt einen feucht-schattigen Platz.

■ **Probleme** Pflanzen, die erschöpft aussehen, teilen.

■ **Ernte, Verwertung, Vorrat** Die Blätter mit dem frischen Zitronengeschmack regelmäßig für Salate und Suppen pflücken. Lecker in Pesto.

Bärlauch
Allium ursinum

■ **Anbau** Am besten Jungpflanzen kaufen. Bevorzugt einen feucht-schattigen Platz (möglichst wie Waldboden).

■ **Probleme** Unproblematisch.

■ **Ernte, Verwertung, Vorrat** Die würzigen Blätter im Frühling für Suppen, Salate und Risottos pflücken. Auch die Blüten sind essbar, zum Beispiel im Salat.

147

1 2 3 4

ANBAUTIPPS FÜR OBST UND NÜSSE

Ein Vorteil eines Hofs liegt darin, dass man eine größere Bandbreite von Obst und Nüssen anbauen kann.

In einen kleineren Garten kann man kletternde Arten wie Wein und Kiwis pflanzen. Heidelbeeren und Zwergobstbäume gedeihen sogar in Kübeln auf der Terrasse.

Beerenfrüchte

Bei Beerensträuchern muss man bis zur Ernte nicht viel Geduld haben. Normalerweise pflanzt man wurzelnackte Sträucher von Oktober bis März. Man muss sie lediglich mulchen und unkrautfrei halten, dafür bringen sie oft stattliche Erträge.

Brombeeren (1)
Rubus fruticosus

■ **Anbau** Auf der Newhouse Farm würden wir niemals Brombeeren pflanzen, weil sie überall wild wuchern. Einmal im Jahr verzichten wir darauf, über sie zu schimpfen, und ernten ihre leckeren Früchte. Wer für einen kleineren Garten Pflanzen kauft, sollte stachellose Sorten oder die ebenso leckeren Hybriden wie Loganbeeren und Taybeeren wählen. An der Wand oder an Pfosten und Spanndrähten ziehen.

■ **Probleme** Wilde Brombeeren wuchern entsetzlich. Wer welche im Garten hat, sollte versuchen, sie zu leicht zugänglichen Büschen zurechtzustutzen.

■ **Schnitt** Bei Kulturformen an Drähten jedes Jahr im Herbst abgestorbene Triebe abschneiden und neue anbinden.

■ **Ernte, Verwertung, Vorrat** Geerntet wird von Juli bis August. Wir verwenden sie für Streuselauflauf und Gelee oder frieren sie auf Tabletts ein, ehe wir sie in Gefrierbeutel füllen.

Schwarze und Rote Johannisbeeren (2)
Ribes nigrum, Ribes rubrum

■ **Anbau** Schwarze Johannisbeeren gedeihen auf kühlem, schwerem und sogar tonigem Boden. Im Frühling reichlich mit verrottetem Stallmist mulchen. Die Sträucher tragen reich und die Früchte enthalten viel Vitamin C. Rote Johannisbeeren schmecken gut und wachsen sogar im Schatten und vor Nordwänden – ideal für die Stadt.

■ **Probleme** Die Früchte mit Netzen vor Vogelfraß schützen. Im Sommer kann die Johannisbeerblasenlaus auftreten. Befallene Triebe sollten Sie bis zu den ersten Früchten zurückschneiden.

■ **Schnitt** Von Schwarzen Johannisbeeren zwischen November und März ein Drittel der Triebe herausschneiden, damit die Sträucher offen bleiben. Rote Johannisbeeren wie Stachelbeeren schneiden.

■ **Ernte, Verwertung, Vorrat** Im Juli und August pflücken. Das Abstreifen der Beeren ist mühsam. Manche Leute schneiden die fruchtenden Triebe im Ganzen ab, aber wir ernten die kleinen Trauben einzeln, damit die in den Zweigen gespeicherte Energie den Pflanzen nicht entzogen wird. Schwarze Johannisbeeren verwenden wir für Kuchen und Gelee, Rote auch für Sommerdesserts und ein Gelee, das zu Lammbraten toll schmeckt. Beide Sorten kann man gut einfrieren.

Heidelbeeren (3)
Vaccinium corymbosum

■ **Anbau** Heidelbeeren stammen aus dem Gebirge und gedeihen gut in gemäßigtem Klima. Der Bestäubung wegen sollten zwei Arten, die zur gleichen Zeit blühen, nebeneinanderstehen. Sie brauchen sauren Boden, den man ihnen auch in Kübeln und Hochbeeten bieten kann, wenn man sie mit Moorbeetsubstrat füllt. Sträucher im April oder Mai pflanzen.

■ **Probleme** Nur mit Regenwasser gießen. Leitungswasser enthält zu viel Kalk.

■ **Schnitt** Nicht notwendig.

STECKLINGE VON STACHELBEEREN

Vergrößern Sie *Ihren Bestand an Stachelbeersträuchern einfach durch Stecklinge. Im Frühherbst die Spitze eines Triebs, der im Sommer gebildet wurde, etwa 15 cm lang schräg abschneiden (siehe links). In einen kleinen Topf mit Substrat stecken und an einen geschützten Platz oder ins Frühbeet stellen. Nach zwei Jahren wird er Früchte tragen. Sie können auch Triebe, die am Fuß einer älteren Pflanze aus dem Boden kommen, mit einigen Wurzeln abstechen und einpflanzen (siehe links).*

5
6
7
8

■ **Ernte, Verwertung, Vorrat** Von Juli bis September pflücken, wenn die Beeren dunkel mit heller Bereifung sind und weich werden. Wir mögen Heidelbeeren gern in Obstsalaten und Muffins. Überschüsse frieren wir für Smoothies ein.

Kapstachelbeeren und Tomatillos (4)
Physalis peruviana,
P. ixocarpa
■ **Anbau** Kapstachelbeeren sind einjährig. Jede Frucht ist von einem papierdünnen »Lampion« umhüllt. Tomatillos (siehe Foto) sind eng mit ihnen verwandt. Beide müssen im Gewächshaus oder im Haus kultiviert werden. Von Februar bis März aussäen. Wie Tomaten pflegen und anbinden.
■ **Probleme** Regelmäßig einsprühen, um Spinnmilben vorzubeugen.
■ **Schnitt** Nicht notwendig.
■ **Ernte, Verwertung, Vorrat** Von August bis Oktober ernten, wenn die Beeren kräftig orangerot sind. Tomatillos sind köstlich in mexikanischer Salsa. Kapstachelbeeren schmecken süß. Nur zum Naschen.

Cranberrys (5)
Vaccinium oxycoccos
■ **Anbau** Unsere Cranberrys essen wir zum selbst großgezogenen Weihnachtstruthahn. Sträucher im März in sauren

Boden pflanzen, sonnig und geschützt aufstellen und regelmäßig gießen. Kübel mit Moorbeetsubstrat füllen und auf Untersetzer stellen, die stets mit Wasser gefüllt sind.
■ **Probleme** Nur mit Regenwasser gießen, um den pH-Wert niedrig zu halten.
■ **Schnitt** Nicht notwendig.
■ **Ernte, Verwertung, Vorrat** Im September und Oktober pflücken. Man kann die Beeren gut einfrieren.

Stachelbeeren (6)
Ribes uva-crispa
■ **Anbau** Stachelbeeren brauchen fruchtbaren, feuchten Boden. Regelmäßig gießen. Im Herbst pflanzen und mit Laubkompost mulchen.
■ **Probleme** Sägewespenraupen von Hand absammeln. Sorten kaufen, die gegen amerikanischen Stachelbeermehltau resistent sind.
■ **Schnitt** Altes Holz im Winter entfernen. Kräftige Leittriebe auf halber Länge über einer nach oben zeigenden Knospe abschneiden. Im Sommer auslichten, damit die Früchte viel Licht zum Reifen bekommen. Zum bequemen Pflücken ist eine offene Kelchform ideal.
■ **Ernte, Verwertung, Vorrat** Von Mai bis Juli pflücken. Je kleiner die Beeren sind, desto saurer schmecken sie. Bei uns wachsen auch rote Stachelbee-

ren, die süßer sind und roh gut schmecken. Wie alle Beeren gut zum Einfrieren geeignet.

Weintrauben (7)
Vitis vinifera
■ **Anbau** Wir haben an einem Südhang einen kleinen Weingarten angelegt und ziehen auch einige Rebstöcke unter Dach. Den Gewächshauswein gießen wir wöchentlich, und im Frühling bekommt er wöchentlich flüssigen Tomatendünger. Der Freilandwein wird im Frühling und Herbst gemulcht. Er

REBSTÖCKE SCHNEIDEN

Den Haupttrieb *mit einer Stütze aufrecht stellen. Einige Seitentriebe seitlich an Drähten festbinden. Im Winter die Seitentriebe bis auf zwei oder drei Knospen vom Haupttrieb zurückschneiden. Im Sommer die Triebspitzen drei oder vier Blätter über jeder heranwachsenden Traube abknipsen.*

wächst auf dünner Deckerde mit tonigem Unterboden.
■ **Probleme** An den Enden der Rebenreihen stehen Maulbeerbäume. Sie schützen die Weinstöcke vor Pilzkrankheiten.
■ **Schnitt** In den ersten Jahren die Pflanzen in Form schneiden, dann jährlich im Dezember schneiden (siehe Kasten).
■ **Ernte, Verwertung, Vorrat** Von August bis Oktober ernten. Trauben verwenden wir hauptsächlich für Wein, aber sie schmecken auch roh gut.

Kiwi (8)
Actinidia deliciosa
■ **Anbau** Exotische Kiwis gedeihen in gemäßigtem Klima recht gut, vor allem an einer Südwand oder im Folientunnel. Kaufen Sie eine selbstbefruchtende Art, dann brauchen Sie nur eine Pflanze.
■ **Probleme** Weitgehend unproblematisch.
■ **Schnitt** Nicht notwendig, aber wenn man nicht schneidet, brauchen Kiwis viel Platz. Der Schnitt – von November bis Februar – regt auch die Fruchtbildung an. Seitentriebe an Drähte binden und nach einigen Jahren die Triebspitzen 15 cm über dem letzten Fruchtansatz abschneiden.
■ **Ernte, Verwertung, Vorrat** Von Oktober bis Dezember ernten und bald verbrauchen. Kiwis halten sich nicht lange.

1

2

3

4

ANBAUTIPPS FÜR OBST

WAS WOLLEN SIE ANPFLANZEN?

Melonen (1)
Cucumis melo

■ **Anbau** Auf unsere Melonen sind wir stolz. Wir säen sie im April in Töpfe, stecken zu jeder Pflanze eine Stütze und halten die Früchte mit Netzen. Man kann sie auch auf dem Boden ziehen. Melonen vertragen Kälte schlecht und gedeihen am besten im Gewächshaus.

■ **Probleme** Melonen auf Erdwälle pflanzen, um zu vermeiden, dass der Wurzelhals (zwischen Wurzel und Stängelansatz) durch Bodenfeuchtigkeit fault.

■ **Schnitt** Die Triebspitzen zwei Blätter hinter jeder Frucht abknipsen. So fließt die Kraft in die Früchte und nicht in unnötige Blattmasse.

■ **Ernte, Verwertung, Vorrat** Melonen reifen von August bis Oktober. Sie halten sich nicht lange.

Himbeeren (2)
Rubus idaeus

■ **Anbau** Himbeeren sind im Laden teuer. Sie bevorzugen durchlässigen Boden in sonniger Lage, wachsen aber sogar in kalten, feuchten Regionen gut und tragen lange. An Drähten ziehen, die zwischen Pfählen an den Reihenenden gespannt sind.

■ **Probleme** Mit Netzen oder Maschendrahtkäfigen vor Vögeln schützen.

■ **Schnitt** Im Winter die meisten Ruten 3 cm über dem Boden abschneiden. Nur wenige stehen lassen. Mit den Jahren immer mehr Ruten unbeschnitten lassen oder auf verschiedene Höhen stutzen, damit die Früchte gut verteilt sitzen.

■ **Ernte, Verwertung, Vorrat** Himbeeren reifen ab Juli und je nach Sorte bis Oktober. Das Pflücken macht Spaß, aber nicht alle gelangen in die Küche. Naschen ist erlaubt. Wir essen sie frisch oder verarbeiten sie zu Marmelade und Likör (Seite 211).

Erdbeeren (3)
Fragaria x ananassa

■ **Anbau** Erdbeeren müssen sein. Von März bis April auf Erdwälle pflanzen, damit sie nicht faulen. Weil die Pflanzen nur drei oder vier Jahre gut tragen, ziehen Sie rechtzeitig Jungpflanzen aus den Ausläufern heran.

■ **Probleme** Ampeln bieten guten Schutz vor Schnecken, müssen aber oft gegossen werden. Im Beet legen wir im Sommer Stroh unter die Pflanzen, damit die Früchte nicht durch Bodenfeuchtigkeit faulen. Netze verhindern, dass die Vögel vorzeitig ernten.

■ **Schnitt** Nicht nötig.

■ **Ernte, Verwertung, Vorrat** Im Juli pflücken. Große Mengen zu Marmelade verarbeiten oder auf Tabletts einfrieren und später in Beutel umfüllen.

Obstbäume

Obstbäume – vor allem lagerfähige Apfelsorten – helfen langfristig dabei, Lebensmitteltransportkosten und die damit verbundenen Umweltprobleme zu reduzieren. Welche Sorten sich für Ihr regionales Klima am besten eignen, sehen Sie am besten, wenn Sie die Nachbargärten genauer inspizieren.

Viele zwergwüchsige Sorten gedeihen auch in Kübeln auf Balkon oder Terrasse. Gepflanzt werden Obstbäume möglichst während der Winterruhe von Oktober bis März (Seite 139). Gehen Sie bei der Pflanzung sorgfältig vor, denn ein Obstbaum ist eine Investition fürs Leben. Die Spaliererziehung spart nicht nur Platz, sondern steigert auch den Ertrag. Was Sie dabei beachten sollten, lesen Sie auf Seite 154.

ÄPFEL VON HOHEN BÄUMEN ERNTEN

Ernten Sie Äpfel, *ehe sie fallen, um Problemen vorzubeugen. Faulendes Fallobst lockt Wespen an und kann Krankheiten Vorschub leisten. Folgendes »Werkzeug« eignet sich gut, um Äpfel einzeln von hohen Bäumen zu pflücken: Von einer Plastikgetränkeflasche den Boden abschnei-* *den. Einen Besenstiel in den Flaschenhals stecken und mit Klebeband fixieren. Die Flasche über einen Apfel schieben und vorsichtig rütteln, bis er sich löst. Das Pflücken dauert länger als das Schütteln, aber nur Äpfel ohne Druckstellen vom Fallen eignen sich für die Vorratshaltung.*

150

5

6

7

8

Äpfel und Birnen (4)

Malus domestica
und *Pyrus communis*

■ **Anbau** Beide einmal jährlich dick mit Kompost mulchen. Birnen sind empfindlicher als Äpfel und brauchen einen geschützten Platz. Ein zweiter Baum als Bestäuber sollte nicht weiter als 100 m entfernt stehen. Alternativ kaufen Sie einen Mehrsortenbaum, dessen Sorten sich gegenseitig bestäuben. Äpfel und Birnen sind auch als Zwergformen erhältlich.

■ **Probleme** Gegen Apfelwicklerlarven Pheromonfallen aufhängen, um erwachsene Tiere vor der Paarung zu fangen.

■ **Schnitt** Von Birnen nur im Sommer lange Triebe entfernen, im Winter leicht beschneiden. Näheres zum Schnitt von Apfelbäumen auf Seite 155.

■ **Ernte, Verwertung, Vorrat** Ernte von Juli bis Oktober. Manche Äpfel müssen schnell verbraucht werden, andere halten sich bis ins nächste Jahr. Äpfel und Birnen in flachen Steigen kühl und trocken lagern. Sie eignen sich für Kuchen und als Basis für Kräutergelee.

Aprikosen, Pfirsiche und Nekatrinen (5)

Prunus armeniaca, P. persica
und *P. persica* var. *nectarina*

■ **Anbau** Alle drei brauchen einen sonnigen, geschützten Platz. Wir ziehen unsere Nek-tarinen zum Fächer erzogen an einer Südwand.

■ **Probleme** Die Bäume blühen früh, wenn noch wenige Insekten fliegen. Eventuell ist Handbestäubung sinnvoll. Zwergaprikosenbäume für die Terrasse werden nur etwa einen Meter hoch, tragen aber Früchte von normaler Größe.

■ **Schnitt** Bei Bedarf abgestorbene Triebe entfernen.

■ **Ernte, Verwertung, Vorrat** Ernte von Juli bis September. Aprikosen- oder Pfirsichmarmelade schmecken fantastisch. Schöne Pfirsiche und Nektarinen frisch essen, die restlichen in Alkohol einlegen oder dörren (Seite 210–213).

Kirschen und Pflaumen (6)

Prunus avium
und *P. domestica*

■ **Anbau** Kirschen und Pflaumen sind unproblematisch. Ideal ist ein sonniger, geschützter Platz oder die Erziehung am Spalier an einer Südwand.

■ **Probleme** Die Früchte mit Netzen vor Vögeln schützen. Reife Pflaumen täglich pflücken – Wespen mögen sie auch sehr gern.

■ **Schnitt** Möglichst wenig schneiden, um das Risiko von Bleiglanz gering zu halten.

■ **Ernte, Verwertung, Vorrat** Kirschen im Juli pflücken, Pflaumen von August bis September. Wir kochen aus Pflaumen Marmelade und Chutney. Kirschen legen wir gern in Alkohol ein.

Feigen

Ficus carica

■ **Anbau** Feigen mögen wir gern, und sie gedeihen erstaunlich gut in gemäßigtem Klima. Sie wachsen gut in Kübeln und schätzen es, wenn sie im Winter unter Dach stehen. Regelmäßig düngen und gießen. Wenn die Wurzeln wenig Platz haben, tragen sie umso mehr Früchte.

■ **Probleme** Unproblematisch.

■ **Schnitt** Von Dezember bis Januar. Alle unreifen Früchte entfernen, sonst fällt die folgende Ernte geringer aus.

■ **Ernte, Verwertung, Vorrat** Von August bis September ernten, wenn die Früchte weich werden und sich das »Auge« auf der Unterseite etwas öffnet. Im Idealfall pflücken, kurz bevor sie von selbst vom Baum fallen würden. Zügig verbrauchen.

Zitronen (7)

Citrus limon

■ **Anbau** Zitronen gedeihen von allen Zitrusarten am besten in gemäßigtem Klima. Möglichst in große Kübel pflanzen und frostfrei unter Dach überwintern. Bei großen Kübelpflanzen ist es wichtig, die oberste Substratschicht (2–3 cm) alljährlich im Frühling zu erneuern.

■ **Probleme** Gegen Spinnmilben mit Wasser einnebeln.

■ **Schnitt** Im Winter kräftig schneiden, damit sie kompakt bleiben. Abgeschnittene Triebspitzen können bewurzelt werden.

■ **Ernte, Verwertung, Vorrat** Von Juli bis Oktober pflücken. Vorsicht, manche Sorten haben Stacheln.

Ausgefallene Arten

Oliven haben bei uns nicht oberste Priorität, aber wir stecken noch in der Experimentierphase. Vielleicht möchten Sie es versuchen? Folgendes haben wir bisher herausgefunden:

Oliven (8)

Olea europaea

■ **Anbau** Unsere Olivenbäume tragen noch spärlich, aber wir üben uns in Geduld. In gemäßigtem Klima gedeihen Oliven am besten unter Dach. Sie bevorzugen sandiges Substrat mit tonigen Schichten. Bei Sommerhitze kleine Bäume gießen.

■ **Probleme** Oliven an Böschungen pflanzen, damit ihre Wurzeln nicht zu feucht stehen.

■ **Schnitt** Informieren Sie sich bitte in einem Fachbuch.

■ **Ernte, Verwertung, Vorrat** Im Spätsommer ernten. Oliven kann man nicht roh, direkt vom Baum essen, sondern muss sie einlegen (Seite 206).

1   2   3   4

Alte Obstsorten

Diese alten Obstsorten finden zunehmend wieder Anhänger, und das ist auch gut so.

Mispel (1)

Mespilus germanica

■ **Anbau** Mispeln sind mittelgroße Bäume mit Früchten, die wie gelbliche, verholzte Hagebutten aussehen. Die robusten Bäume bevorzugen einen sonnigen, offenen Platz. Sie gedeihen auch in großen Kübeln oder halben Fässern.

■ **Probleme** Weitgehend unproblematisch.

■ **Schnitt** Nicht schneiden, weil Früchte an den Triebspitzen gebildet werden.

■ **Ernte, Verwertung, Vorrat** Im Oktober ernten, wenn die Früchte dunkel goldgelb und fast überreif sind. Mit einem Teelöffel ausschaben (die Kerne entfernen) und zu Käse und einem Glas Portwein genießen. Mispeln halten sich nicht lange, aber man kann Gelee, Marmelade und Kompott damit kochen.

Maulbeeren (2)

Morus nigra

■ **Anbau** Der Transport von Maulbeeren ist kaum möglich. Wer sie probieren will, muss sie selbst pflanzen. Bei uns wächst die schwarze Art. Von den Blättern der weißen ernähren sich Seidenraupen. Weil Maulbeeren recht spät blühen, treten selten Frostschäden auf.

■ **Probleme** Weitgehend unproblematisch, aber die Vögel fressen die Früchte (und hinterlassen dunkelrote Kleckse auf Wegen, Terrasse oder der Wäsche).

■ **Schnitt** Im Winter bei Bedarf die Form korrigieren.

■ **Ernte, Verwertung, Vorrat** Von August bis September pflücken. Dabei alte Kleidung anziehen – die Flecken sind hartnäckig. Die Früchte schmecken wie Himbeeren mit Rotwein. Sie halten sich nicht lange. Einfrieren oder zu Marmelade, Gelee oder Wein verarbeiten.

DIE OBSTERNTE SCHÜTZEN

Ein Obstkäfig *ist die beste Verteidigung gegen Vögel. Im Frühsommer lassen wir die Tür offen, damit die Vögel Schädlinge fressen können. Wenn die Beeren reifen, wird sie geschlossen. Auch im Winter bleibt der Käfig zu, sonst picken die Vögel die Knospen von den Johannisbeersträuchern.*

Netze *auf Obststräuchern oder Erdbeerreihen sind eine Alternative. Am besten Bögen aus festem Draht in den Boden stecken, die Netze darüberspannen und am Boden feststecken, damit keine Vögel durchschlüpfen. Netze nicht direkt auf Früchte legen, sonst picken die Vögel durch die Maschen.*

Quitte (3)

Cydonia oblonga

■ **Anbau** Quittenbäume werden etwa 5 m hoch und tragen Früchte, die wie dicke, goldgelbe Birnen aussehen. Sie bevorzugen feuchten Boden und einen geschützten Standort. Weil sie spät im Frühling blühen, treten selten Frostschäden auf.

■ **Probleme** Die Früchte ausdünnen, um weniger, aber größere Quitten zu ernten.

■ **Schnitt** Nicht notwendig.

■ **Ernte, Verwertung, Vorrat** Quitten reifen im Oktober. Sie sind hart und nur gegart genießbar, auch gemischt mit Äpfeln als Kuchenbelag. Wir mögen sie gern in Rosenwasser gedünstet mit einem Klecks Holunderblütensahne. Quitten bald verbrauchen, sie halten sich nur wenige Wochen.

Nussbäume

Nüsse sind reich an Proteinen und unkompliziert anzubauen. Gepflanzt wird von Oktober bis März, geerntet meist von September bis November. Dunkel und trocken kann man die meisten Nüsse etwa sechs Monate lagern. Folgende Sorten ernten wir auf der Newhouse Farm:

Mandel (4)

Prunus dulcis

■ **Anbau** Ideal als Fächer an einer Südwand. Mandeln sehen Pfirsichen sehr ähnlich und stellen dieselben Ansprüche. Die hübschen Blüten erscheinen im Frühling noch vor den Blättern.

■ **Probleme** Im Winter mit einer Plastikplane abdecken, um die Knospen trocken zu halten und der Kräuselkrankheit vorzubeugen.

■ **Schnitt** Möglichst nicht schneiden, um Krankheiten vorzubeugen. Im Notfall im Frühling schneiden, wenn der Austrieb beginnt.

■ **Ernte, Verwertung, Vorrat** Mandeln im Herbst pflücken und die ledrige Haut (mit Handschuhen) abreiben. Trocknen und lagern.

5 6 7 8

Hasel (5)
Corylus avellana

■ **Anbau** Haselnüsse schmecken gut, die Sträucher eignen sich für Wildhecken. Stämme sind gutes Brennholz, die Ruten kann man zu Pflanzenstützen und Flechtzäunen verarbeiten. Neben der Wildform gibt es Kultursorten mit größeren Nüssen.

■ **Probleme** Vögel und Eichhörnchen stibitzen einen Teil der Nüsse. Das lässt sich nicht vermeiden, weil man sie nicht unreif ernten kann. Möglichst täglich ernten, sobald sich die Hüllblätter braun färben.

■ **Schnitt** Im Winter auf eine für Sie praktische Höhe stutzen oder als Knickstrauch regelmäßig auf den Stock setzen.

■ **Ernte, Verwertung, Vorrat** Die Nüsse im Herbst pflücken, wenn sie reif sind. Sofort verbrauchen. Zum Einlagern die Hüllblätter entfernen.

Esskastanie (6)
Castanea sativa

■ **Anbau** Die pflegeleichten Bäume tragen köstliche Nüsse in stacheligen Schalen. Sie werden sehr groß und eignen sich nicht für kleine Grundstücke.

■ **Probleme** Weitgehend unproblematisch.

■ **Schnitt** Nicht notwendig.

■ **Ernte, Verwertung, Vorrat** Die Nüsse im Herbst vom Baum schlagen und aus den Schalen lösen (mit Handschuhen!). Vor dem Einlagern trocknen lassen. Vor dem Rösten im Ofen oder auf offenem Feuer die Schalen anstechen, damit sie nicht explodieren.

Walnuss (7)
Juglans regia

■ **Anbau** Walnussbäume pflanzt man fürs Leben. Sie wachsen langsam und werden bis 33 m hoch – überlegen Sie also vor der Pflanzung, wo so ein Baum stehen kann. Veredelte Bäume tragen nach drei oder vier Jahren, andere oft erst nach 10 bis 15 Jahren.

■ **Probleme** An einen geschützten Platz pflanzen, um Frostschäden an den Blüten zu vermeiden.

■ **Schnitt** Normalerweise nicht nötig. Einzelne Äste bei Bedarf im Herbst aussägen, damit kein Saft austritt.

■ **Ernte, Verwertung, Vorrat** Zum Einlegen die Nüsse ernten, ehe sich die Schalen bilden. Ansonsten später ernten, die klebrige Haut abrubbeln und gut trocknen lassen. Sie halten sich lange.

Zum Ausprobieren

Diese ungewöhnlichen Bäume möchten wir noch pflanzen. Es sind langfristige Projekte, aber sie scheinen uns gut für Permakultur im Gehölzgarten geeignet zu sein (Seite 99).

Pekannuss (8)
Carya illinoinensis

■ **Anbau** Wir assoziieren Pekannüsse mit dem Süden der USA, sie vertragen aber Frost. Allerdings tragen sie erst nach 10 bis 20 Jahren. Ein ausgewachsener Baum kann 30 m hoch und 20 m breit werden.

■ **Probleme** In der Anfangszeit sind die Bäume anfällig für Mehltau, wenn sie zu wenig Wasser bekommen.

■ **Schnitt** Selten nötig. Einzelne Äste bei Bedarf im Herbst entfernen, damit kein Saft austritt.

■ **Ernte, Verwertung, Vorrat** Im Oktober ernten, wenn sich die Hüllen öffnen. Einige Wochen bei Zimmertemperatur trocknen. Tiefgekühlt halten sich die Pekannüsse am längsten.

Gleditschie
Gleditsia triacanthos

■ **Anbau** Diese vielseitigen Bäume stammen aus Nordamerika. Die Samenkapseln sind essbar, die Blüten locken Insekten an. Man kann die Bäume kappen, um sie als Knicksträucher zu halten, und die Blätter eignen sich als Viehfutter.

■ **Probleme** Junge Bäume vor strengem Frost schützen.

■ **Schnitt** Nicht notwendig. Vorsicht, ältere Bäume haben Stacheln.

■ **Ernte, Verwertung, Vorrat** Die Samen sammelt man auf, wenn sie von selbst abfallen. Das in ihnen enthaltene Mark ist essbar (und zur Bierherstellung geeignet). Die Hülsen kann man an Schafe, Rinder, oder Schweine verfüttern.

GEFLÜGEL IM OBSTGARTEN

Wer Hühner, Enten oder Gänse *im Obstgarten frei laufen lässt, tut Bäumen und Geflügel einen Gefallen. Die Vögel fressen allerlei Insekten und reduzieren damit die Schädlingspopulationen. Gänse halten zudem das Gras kurz. Schützen Sie dennoch junge Bäume mit Manschetten um den Stamm oder lassen Sie das Federvieh erst in den Obstgarten, wenn die Bäume älter sind.*

Schnitt, Erziehung und Veredelung

Der richtige Obstbaumschnitt fördert Fruchtansatz und -qualität und erleichtert die Ernte erheblich. Die Erziehung zu Spalierobst ist eine Spezialform des Schnitts, die das Wachstum begrenzt und strenge, platzsparende Formen schafft. Das Veredeln ist eine Möglichkeit, mit geringem Kostenaufwand den Obstbaumbestand zu vergrößern.

Obstbäume beschneiden

Das Beschneiden dient dazu, den Ertrag zu verbessern und eine offene Kronenform zu schaffen, die sich leicht abernten lässt. Auch kranke und abgestorbene Zweige müssen entfernt werden. Je nach Baumart sind unterschiedliche Schnittmaßnahmen nötig, über die Sie sich in einem Fachbuch informieren sollten.

Generell unterscheidet man zwischen dem Winterschnitt und dem Sommerschnitt. Im Winter lichtet man die Krone aus und entfernt krankes und abgestorbenes Holz.

Sommerschnitt

Er fördert die Fruchtbildung im folgenden Jahr und lässt mehr Licht in die Krone, damit die Früchte besser reifen. Im Sommer schneidet man auch Bäume, die am Spalier gezogen werden sollen, weil dann die Triebe geschmeidiger sind. Geschnitten wird, wenn die Blätter dunkelgrün sind und die Rinde am Ansatz der Triebe braun wird – etwa gegen Ende August. In kalten Gegenden sind die Triebe manchmal erst im Herbst schnittreif. Nähere Informationen zu einzelnen Baumarten finden Sie auf Seite 148–153.

Das richtige Werkzeug

Für dünne Zweige bis zu einem Durchmesser von etwa 2 cm Durchmesser genügt normalerweise eine kräftige, robuste Rosenschere. Für dickere Zweige sollten Sie sich eine scharfe, handliche Astsäge und eine Astschere mit langen Hebelgriffen anschaffen. Beide brauchen Sie auch für den Knickschnitt.

Spaliererziehung

Spalierobst ist die ideale Lösung für kleine Gärten. Es braucht wenig Platz, lässt sich bequem ernten, und an einer warmen Südwand oder einem Zaun reifen die Früchte schnell.

Spalierobst muss immer fixiert werden – entweder an Drähten an einer Wand oder einem Zaun, oder an Drähten zwischen Pfosten (siehe unten). Ältere Spalierbäume sind leicht zu pflegen.

Beliebte Spalierformen
Spalierobst braucht wenig Platz, passt also auch in einen kleinen Garten. Der Schnitt regt die Produktivität des Baums an.

Obstbäume veredeln

Beim Veredeln kommen die Eigenschaften zweier Arten zusammen: Wurzel und Stamm von der Unterlage und Früchte vom Edelreis. Gekaufte Obstbäume sind immer veredelt.

Die Okulation ist sinnvoll, um beispielsweise eine Lieblingsapfelsorte auf einen schwach tragenden Baum aufzusetzen. Bei der Kopulation mit Gegenzungen entsteht ein neuer Baum.

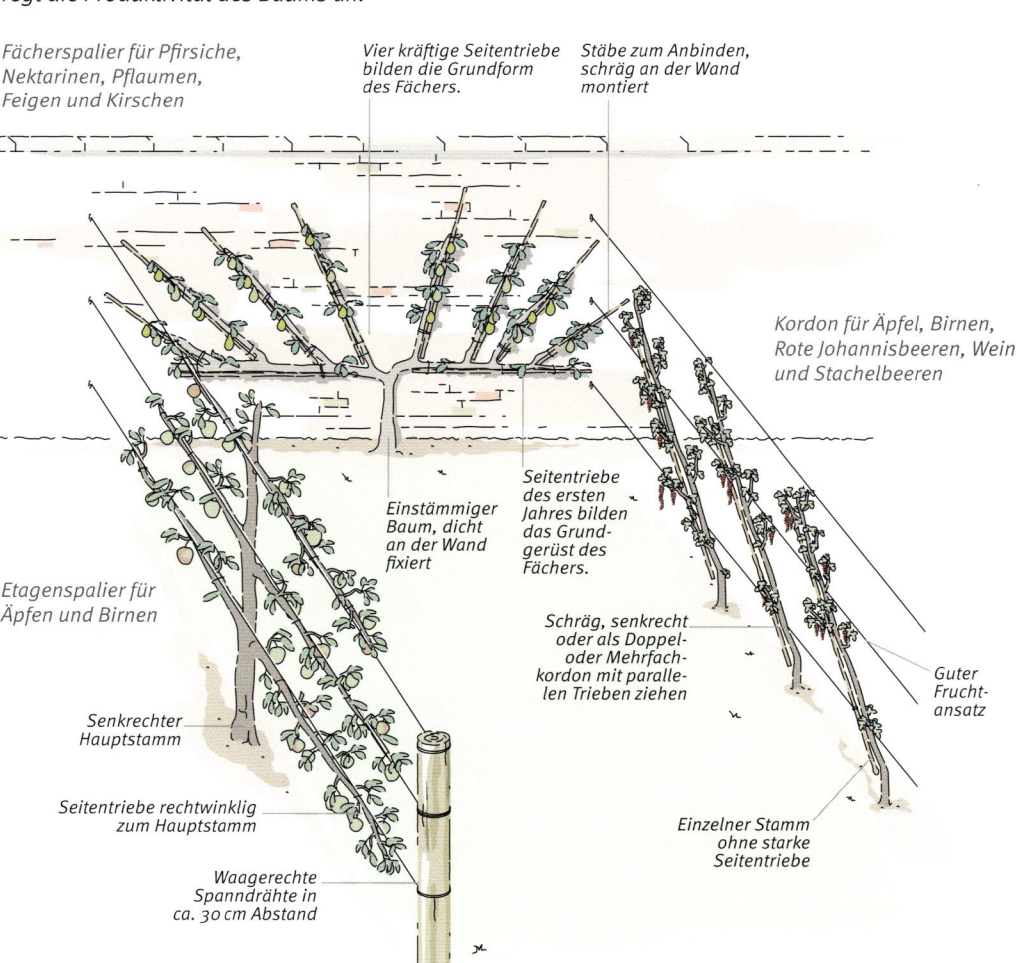

Fächerspalier für Pfirsiche, Nektarinen, Pflaumen, Feigen und Kirschen

Vier kräftige Seitentriebe bilden die Grundform des Fächers.

Stäbe zum Anbinden, schräg an der Wand montiert

Kordon für Äpfel, Birnen, Rote Johannisbeeren, Wein und Stachelbeeren

Etagenspalier für Äpfen und Birnen

Einstämmiger Baum, dicht an der Wand fixiert

Seitentriebe des ersten Jahres bilden das Grundgerüst des Fächers.

Senkrechter Hauptstamm

Schräg, senkrecht oder als Doppel- oder Mehrfachkordon mit parallelen Trieben ziehen

Guter Fruchtansatz

Seitentriebe rechtwinklig zum Hauptstamm

Einzelner Stamm ohne starke Seitentriebe

Waagerechte Spanndrähte in ca. 30 cm Abstand

PROJEKT **Einen Apfelbaum am Spalier ziehen**

Die Formgebung erfolgt beim Sommerschnitt. Die hier erklärten Schritte gelten für alle Arten von Spalieren, aber auch für gewöhnliche Obstbäume mit buschigem Wuchs. Mit einer scharfen Schere immer oberhalb einer nach außen gerichteten Knospe schneiden.

1. Sauber mit der Schere in flachem Winkel vom Blatt weg schneiden. Etwas Platz zwischen Schnitt und letzter Blattknospe lassen. **2. Beblätterte Triebe**, die direkt aus den seitlichen Haupttrieben wachsen, drei Blätter oberhalb des Ansatzes abschneiden. **3. Seitentriebe** des Hauptstamms an einen Draht binden und in die Form integrieren. Wenn der Baum zu dicht wird, diese Triebe entfernen.

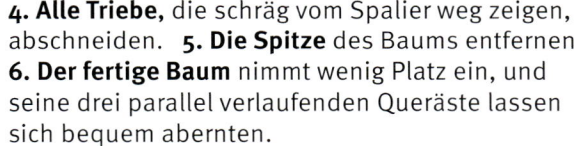

4. Alle Triebe, die schräg vom Spalier weg zeigen, abschneiden. **5. Die Spitze** des Baums entfernen. **6. Der fertige Baum** nimmt wenig Platz ein, und seine drei parallel verlaufenden Queräste lassen sich bequem abernten.

PROJEKT **Veredelungstechniken**

OKULATION

Die Okulation wird im Hochsommer vorgenommen. Ein gesundes, kräftiges Edelreis von ca. 30 cm Länge wird auf einen kräftigen, gesunden Ast der Veredelungsunterlage aufgesetzt.

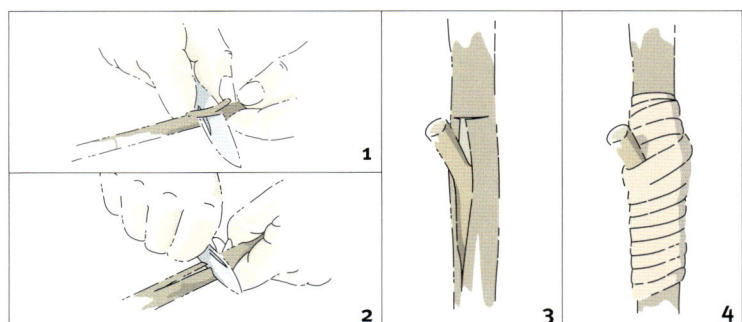

1. Vom Edelreis ein Stück Rinde mit einer Blattknospe abschneiden. **2. Die Rinde** eines Zweigs der Unterlage T-förmig einritzen. **3. Die Blattknospe** unter die Klappen des Einschnitts schieben. Die Klappen über die Blattknospe legen. **4. Die Veredelungsstelle** mit Veredelungsband umwickeln. Wenn die Blattknospe wächst, den Zweig der Unterlage oberhalb der Veredelungsstelle abschneiden, damit die Kraft dem Edelreis zugutekommt.

KOPULATION MIT GEGENZUNGEN

Für diese Veredelung, die im Februar durchgeführt wird, brauchen Sie eine einjährige Quittenunterlage. Im Dezember eine 25 cm lange Triebspitze für das Edelreis abschneiden und in Erde einschlagen, um die Winterruhe nicht zu unterbrechen. Unterlage und Edelreis sollten 2–3 cm Durchmesser haben.

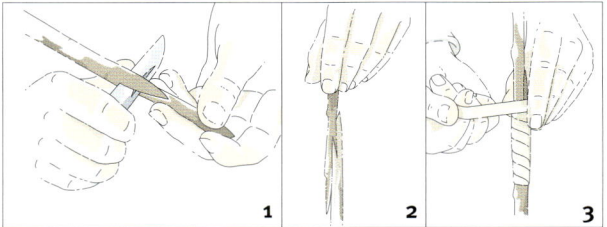

Die Unterlage 15–30 cm über dem Boden abschneiden. **1. Der Schnitt** verläuft schräg und ist ca. 5 cm lang. Für die aufwärts gerichtete Zunge nochmals einschneiden. Das Edelreis direkt hinter einer Knospe einschneiden (Zunge nach unten) **2. Die Zungen** von Edelreis und Unterlage zusammenstecken. **3. Mit Veredelungsband** umwickeln.

1   2   3   4

ANBAUTIPPS FÜR KRÄUTER

Kräuter gedeihen ausgezeichnet in Töpfen und Kübeln, darum eignen sie sich hervorragend für Nutzgarteneinsteiger. Pflanzen Sie Kräuter, die Sie gern mögen, am besten an einen Platz, den Sie von der Küche aus schnell und sauber erreichen. Diese Sorten sind unsere Favoriten:

Lorbeer (1)
Laurus nobilis

■ **Anbau** Lorbeer ist eine mehrjährige, immergrüne Pflanze und braucht sehr wenig Pflege. Er gedeiht gut in Kübeln und passt auch in einen kleinen Stadtgarten.

■ **Ernte, Verwertung, Vorrat** Man kann die Blätter trocknen, aber wer einen Baum hat, kann zu jeder Jahreszeit frische ernten. Ein Lorbeerblatt gehört unbedingt in einen kräftigen Eintopf.

Basilikum (2)
Ocimum basilicum

■ **Anbau** Basilikum ist in wärmeren Ländern mehrjährig, bei uns wird es aber meist einjährig kultiviert. Wir mögen es so gern, dass wir es jedes Jahr aussäen. Es gedeiht gut an einem Sonnenplatz, braucht aber regelmäßig Wasser. Triebspitzen ausknipsen, damit die Pflanzen buschig bleiben, und Blütenan-

sätze entfernen, damit weiterhin Blätter gebildet werden.

■ **Ernte, Verwertung, Vorrat** Nichts schmeckt im Sommer besser als Bruschetta mit saftigen Tomaten und würzigem Basilikum aus dem eigenen Garten. Große Blätter haben ein besonders intensives Aroma. Basilikum sollten Sie am besten frisch verwerten. Man kann es trocknen, aber dabei geht viel Aroma verloren.

Schnittlauch (3)
Allium schoenoprasum

■ **Anbau** Schnittlauch gehört zur Familie der Zwiebelgewächse, ist mehrjährig und winterhart. Er bildet kleine Horste. Im Frühling an einem warmen, sonnigen Platz aussäen oder ältere Horste teilen und in gute Erde pflanzen. Schnittlauch gedeiht in jedem Boden, bevorzugt aber Feuchtigkeit, darum haben wir unseren in die Nähe der Teiche gepflanzt. Bei Aussaat unter Dach kann man schon nach wenigen Wochen ernten.

■ **Ernte, Verwertung, Vorrat** Wir würzen Kartoffelsalat und Omelette mit frischen Schnittlauchröllchen. Die rundlichen, rosafarbenen Blüten sind eine würzige Garnierung für Sommersalate. Man kann Schnittlauch einfrieren und trocknen, aber frisch schmeckt er am besten.

Koriander
Coriandrum sativum

■ **Anbau** Wir lieben Koriander. Gesät wird ab Spätfrühling in relativ fruchtbaren Boden in sonniger Lage. Folgesaaten sichern die fortlaufende Versorgung. Wegen der Wärmesenke können wir Koriander und andere einjährige Kräuter auch im Winter unter Dach ernten (Seite 118–119).

■ **Ernte, Verwertung, Vorrat** Blätter und Samen werden vor allem für asiatische Gerichte gern verwendet. Die Samen wie vom Dill ernten.

Dill
Anethum graveolens

■ **Anbau** Dill ist winterhart, aber einjährig. Die Blätter haben einen mild-würzigen Geschmack, die Samen sind aromatischer. An Ort und Stelle säen und regelmäßig jäten, weil die Sämlinge sich gegen die Konkurrenz anderer Pflanzen schlecht behaupten können. Folgesaaten von Spätfrühling bis Frühsommer sorgen für eine fortlaufende Ernte.

■ **Ernte, Verwertung, Vorrat** Dillspitzen sind ein klassisches Fischgewürz. Wir verwenden sie für Graved Lachs (Seite 216). Traditionell würzt man Gurkensalat mit Dillspitzen, sie passen aber auch zu anderen frischen Salaten. Zur Ernte der Samen die Pflanzen dicht über

dem Boden abschneiden, wenn die Samenstände sich bräunlich verfärben. Die Stängel zu lockeren Sträußen zusammenbinden. Braune Papiertüten über die Samenstände stülpen, dann alles kopfüber einige Tage zum Trocknen an einem luftigen Platz aufhängen. Die reifen, trockenen Samen fallen in die Tüte und müssen nur noch in Gläser umgefüllt werden. Blätter zum Trocknen sollten Sie schneiden, wenn die Pflanzen ca. 30 cm hoch sind und noch keine Blüten gebildet haben.

Majoran
Origanum majorana

■ **Anbau** Außer verschiedenen Kultursorten gibt es auch noch die Wildform Oregano (*Origanum vulgare*), der Kennern zufolge besonders aromatisch schmecken soll. Manche Majoransorten sind frostempfindlich, aber die meisten überwintern problemlos im Freien. Alle gedeihen in Kübeln oder im Beet an einem Platz in voller Sonne.

■ **Ernte, Verwertung, Vorrat** Oregano und Majoran sind die klassischen Würzkräuter für Nudelsaucen und Pizza. Die Blätter lassen sich gut trocknen (Seite 212–213), man kann aber auch einen oder zwei Töpfe über Winter auf die Fensterbank stellen, um jederzeit frische Blätter zu ernten.

5

6

7

8

Minze (4)

Mentha-Arten

■ **Anbau** Es gibt enorm viele Minzearten und die meisten schmecken gut. Minze wuchert und braucht einen Platz, wo sie andere nicht einengt – etwa an einer Wand oder in einem im Beet versenkten Eimer ohne Boden, der das Wurzelwachstum begrenzt. Sie verträgt Schatten recht gut und braucht viel Wasser.

■ **Ernte, Verwertung, Vorrat** Wir verwenden Minze für Sauce zu Lammbraten, zu Tsatsiki während der Gurkensaison oder frisch gepflückt in einer Tasse Tee. Oft kann man sie ganzjährig ernten. Es lohnt sich aber, für alle Fälle einige Wurzeln in einen Topf zu pflanzen und über Winter auf die Küchenfensterbank zu stellen.

Petersilie (5)

Petroselinum crispum

■ **Anbau** Petersilie ist eins der bekanntesten Kräuter: vielseitig, aromatisch und obendrein reich an Vitamin C und Eisen. Wir säen sie jedes Jahr in fruchtbaren, fein krümeligen Boden. Sie braucht relativ viel Wasser und gedeiht auch an einem halbschattigen Platz gut. Großblättrige, glatte Petersilie schmeckt würziger als mooskrause.

■ **Ernte, Verwertung, Vorrat** Die Blätter einige Minuten bei hoher Temperatur in der Mikrowelle trocknen. Petersilie nicht mitkochen, dabei verliert sie ihr Aroma.

Rosmarin (6)

Rosmarinus officinalis

■ **Anbau** Rosmarin ist ein hübscher, immergrüner Strauch. Einige Sorten können bis 1,5 m hoch werden und eignen sich sogar als Heckenpflanze. Rosmarin bevorzugt trockenen, leichten Boden. Im Frühling aussäen oder im Spätsommer Stecklinge von Zweigen, die nicht geblüht haben, beim Nachbarn schneiden (vorher fragen!) und in Töpfe mit Erde stecken. Bis zum Frühling frostfrei stellen, dann auspflanzen. Ältere Pflanzen im Frühling nach der ersten Blüte schneiden.

■ **Ernte, Verwertung, Vorrat** Im Spätsommer können Triebe zum Trocknen geschnitten werden. Das ist aber eigentlich unnötig, weil man ganzjährig ernten kann. Wir verwenden Rosmarin für Braten und Ofengemüse und natürlich zum Grillen.

Salbei (7)

Salvia officinalis

■ **Anbau** Salbei ist mehrjährig und kann an einem sonnigen Platz mit durchlässigem Boden ca. 60 cm hoch werden. Am besten zieht man im Spätfrühling Jungpflanzen aus Stecklingen heran. Die Sträucher im Spätsommer zurückschneiden, damit sie nicht zu stark verholzen.

■ **Ernte, Verwertung, Vorrat** Hervorragend für Geflügelfüllungen oder statt Basilikum im Pesto oder mit Butter und Bandnudeln. Die Blätter im Spätsommer schneiden und an einem luftigen Platz zum Trocknen aufhängen. Die Trocknung dauert allerdings recht lange.

Estragon

Artemisia dracunculus

■ **Anbau** Estragon ist mehrjährig und sieht etwas unordentlich aus. Es gibt zwei Sorten: den französischen und den russischen. Wir empfehlen den französischen, weil er ein feineres Aroma hat. Aus Stecklingen ziehen und Jungpflanzen im Haus überwintern. Französischer Estragon ist etwas frostempfindlich. Im Garten auf gute Dränage achten: An einen Sonnenplatz mit Gefälle oder in den oberen Bereich der Kräuterspirale (Seite 156) pflanzen.

■ **Ernte, Verwertung, Vorrat** Die Blätter besser einfrieren als trocknen. Zu Geflügel oder zur Herstellung von Gewürzessig für Salate.

Thymian (8)

Thymus-Arten

■ **Anbau** Thymian ist mehrjährig und braucht durchlässigen, eher trockenen Boden. Die Aussaat ist schwierig. Einfacher ist es, im Frühsommer 15 cm lange, nicht verholzte Triebspitzen als Stecklinge zu ziehen. Nach der Blüte schneiden, damit die Pflanze kompakt bleibt.

■ **Ernte, Verwertung, Vorrat** Thymian lässt sich zwar gut trocknen, aber weil er immergrün ist, ernten wir auch im Winter frische Blätter. Wir mögen ihn besonders gern in Tomatengerichten.

ESSBARE BLÜTEN

Wir garnieren *Salate im Sommer gern mit essbaren Blüten. Borretschblüten in der Bowle kennen viele Leute, aber sie staunen doch, wenn sie Kapuzinerkresse, Ringelblumen oder Tagetes, Bärlauchblüten oder Hornveilchen im Salat finden. Rosa Schnittlauchblüten sehen besonders hübsch aus. Wie alle Salatzutaten, so auch Blüten gut ausschütteln, falls Insekten darin sitzen.*

Die Kräuterspirale

In einer dreidimensionalen Kräuterspirale schaffen sich die Pflanzen gegenseitig günstige Bedingungen. Für kleine Gärten hat diese Bauweise den Vorteil, dass die Höhe genutzt wird und wenig Grundfläche erforderlich ist – fast wie ein Wolkenkratzer für Kräuter. Aber keine Angst, die Spirale ist viel einfacher zu bauen.

So funktioniert es

Das Funktionsprinzip der Kräuterspirale basiert darauf, dass Pflanzen unterschiedliche Ansprüche an Licht, Dränage und Boden haben. Eine Kräuterspirale bietet verschiedene Standortbedingungen auf kleinem Raum, sodass jede Kräuterart ihr eigenes, passendes Mikroklima zugewiesen bekommt.

Permakultur im Kleinformat

Die Spirale kann recht dicht bepflanzt werden. Dies ist eins der Grundprinzipien der Permakultur (Seite 98–101): viel Ertrag auf möglichst wenig Fläche. Der obere Bereich der Spirale bietet Kräutern wie Rosmarin, Thymian und Salbei Boden mit sehr guter Dränage. Durch die Höhe gibt die Spirale anderen Pflanzen Windschutz, und an der unteren Nordseite bleibt der Boden schattig und feucht, was Kräuter wie Schnittlauch und Bärlauch schätzen. Wenn die Kräuter größer werden, wirft auch die Spirale als Ganzes Schatten, selbst wenn sie in voller Sonne liegt.

Richtig anfangen

Die Lage der Kräuterspirale will gut bedacht sein. Damit sonnenhungrige Pflanzen gedeihen, sollten Sie im Idealfall einen Platz wählen, der den ganzen Tag Sonne bekommt. Die Spirale kann zwar Schatten werfen, aber Sonne kann sie nicht erzeugen.

Beobachten Sie einfach, welcher Gartenbereich im Lauf des Tags die meisten Sonnenstunden hat. Bei der Pflanzung der Kräuter müssen Sie auf die Himmelsrichtungen achten.

Bei der Permakultur legt man meist Zonen an. Pflanzen, die viel Aufmerksamkeit brauchen, sollten nahe am Haus stehen – das gilt auch für die Kräuterspirale.

Die Materialien

Für die Wände der Spirale sollten Sie mittelgroße Natursteine verwenden, die dem Erdreich Halt geben und Wärme speichern. Die Wärme sorgt für frühen Austrieb und verlängert so die Wachstumssaison. Bevor Sie aber Material einkaufen, denken Sie an das ökologische Grundprinzip »Reduzieren, Wiederverwerten, Recyceln«. Wir hatten einen Haufen Natursteine auf dem Hof liegen, aber Sie können auch andere Materialien verwenden, beispielsweise Holz, Ziegel oder alte Weinflaschen.

VERSUCH MACHT KLUG

■ **Experimentieren** Sie mit verschiedenen Kräutern. Aber achten Sie darauf, Ihnen den richtigen Platz in der Spirale zu geben!

■ **Leere Weinflaschen** eignen sich gut als Baumaterial. Vor der Verarbeitung mit Erde füllen, damit sie stabil werden und besser die Sonnenwärme absorbieren und speichern.

■ **Ein kleiner Teich** am nördlichen Fuß der Spirale ist ein guter Standort für Brunnenkresse und lockt Frösche an, die bei der Schädlingsbekämpfung helfen. Eine flache Grube ausheben, mit Teichfolie auslegen und mit Steinen einfassen (Seite 123).

■ **Walderdbeeren** gedeihen im Schatten zwischen den Kräutern. Himmlisch zum Naschen beim Jäten oder während der Kräuterernte!

VORSCHLAG FÜR EINEN PFLANZPLAN

Beachten Sie bei der Pflanzung die Standortvorlieben Ihrer Kräuter.

Schattenliebhaber auf der Nordseite

Trockener Standort im oberen Bereich

Guter Platz für einen kleinen Teich

Sonnenhungrige Pflanzen auf der Südseite

Steine halten den Boden und speichern Wärme.

feucht und schattig

trocken und sonnig

KRÄUTER FÜR DIE NORDSEITE

1 Bärlauch
2 Minze
3 Schnittlauch
9 Petersilie
10 Sauerampfer
11 Estragon

KRÄUTER FÜR DIE SÜDSEITE

4 Majoran
5 Thymian
6 Kamille
7 Koriander
8 Basilikum
12 Salbei
13 Rosmarin

Eine Kräuterspirale anlegen

Eine Mulchfolie unter der Spirale erspart Ihnen das Umgraben und verhindert, dass Unkraut zwischen den Kräutern wächst. Liegt die Spirale mitten im Rasen, legen Sie eine Mähkante aus flachen Schieferplatten. Sie werden im Sommer froh darüber sein.

SIE BRAUCHEN

- Schnur und Bleistift
- Bandmaß
- Schere/Cutter
- Handschaufel
- Gießkanne
- Mittelgroße Natursteine
- Mulch oder Pappe
- Schieferplatten (bei Bedarf)
- Kompost oder Gartenerde
- Kräuterpflanzen

1. Auf dem Boden einen Kreis mit ca. 1,5 m Durchmesser anzeichnen. Mit einem »Zirkel« aus Stift und Schnur ist das ganz einfach. Die Kontur mit Steinen markieren. **2. Streifen von Mulchfolie** oder Pappe schneiden, die etwas größer als der Kreis sind. Die Streifen mit reichlich Überlappung unter die Steine schieben. **3. Eine Mähkante** aus alten Dachpfannen oder Schieferplatten verlegen.

4. Eine Dachpfanne in die Mitte legen, um die Unterlage zu beschweren. Dann von der Nordseite beginnend die Spirale nach innen hin aufbauen. **5. Zwischendurch Erde** oder Kompost aufschütten, um die Spirale zu stabilisieren. Die untersten Steine müssen direkt auf dem Mulch liegen, nicht auf Erde. **6. Spiralförmig** fortfahren, immer wieder Erde zwischen die Steine füllen und gut andrücken. Die Kräuterspirale sollte mindestens 50 cm hoch sein.

7. Auf der Südseite die Wand durch weitere Steine erhöhen. Die Kräuter laut Pflanzplan anordnen. **8. Die Kräuter** einpflanzen und angießen. **9. Geerntet wird** erst, wenn die Kräuter gut angewachsen sind. Hier wachsen Salbei, Schnittlauch, Bärlauch, Majoran und Estragon. Walderdbeeren füllen die Lücken.

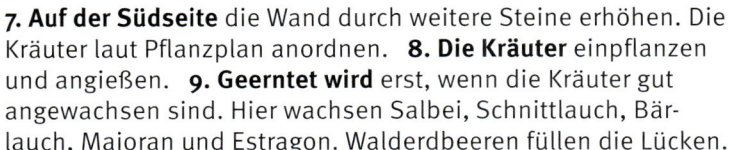

DIE KRÄUTERSPIRALE

WAS WOLLEN SIE ANPFLANZEN?

PROJEKT **Pilze anbauen**

Wer Pilze in der Natur sammeln will, muss genießbare Arten sicher erkennen können. Bei Pilzen aus eigenem Anbau besteht kein Risiko. Man kann verschiedene Arten ziehen, ohne ein Pilzkenner zu sein. Selbst angebaute Pilze sind preiswerter als gekaufte, und bei beiden hier vorgestellten Methoden werden Altmaterialien recycelt.

Witzig und einfach ist die Pilzkultur auf einem alten Taschenbuch. Wir haben es mit Austernpilzen probiert. In der Natur wachsen sie auf abgestorbenen Laubbäumen, wir haben sie auf der Fensterbank geerntet.

Die Baumstamm-Methode wurde schon vor Jahrtausenden in China eingesetzt. Damals stellte man einfach frisch gefällte Stämme neben andere, auf denen Pilze wuchsen, und wartete ab, bis sie sich ausbreiteten. Heute kann man mit Pilzbrut geimpfte Holzdübel kaufen, die man in Bohrungen in die Stämme steckt. Mit Shiitake- und Austernpilzen sowie Krausser Glucke hatten wir guten Erfolg.

BUCHMETHODE: SIE BRAUCHEN
- Pilzbrut (im Internet bestellen)
- Taschenbuch mit 200–400 Seiten
- Plastikbeutel und Gummibänder
- Wasserzerstäuber

BAUMSTAMM-METHODE: SIE BRAUCHEN
- Axt
- Spaten
- Scherenschaufel
- Kuhfuß oder Brechstange
- Bohrmaschine und 8-mm-Bohrer
- Stücke von Baumstämmen (im letzten halben Jahr gefällt), je ca. 1,2 m lang und 15–18 cm Durchmesser
- Pro Stamm ca. 50 Pilzbrut-Dübel (im Internet bestellen)

BUCHMETHODE

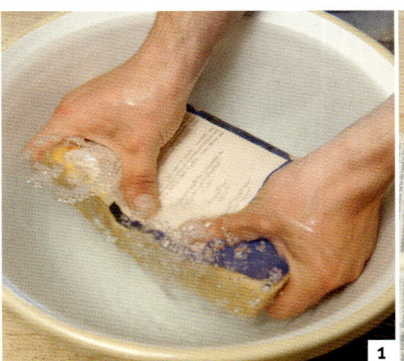   

1. Das Buch 20 Minuten in warmem Wasser einweichen. Unter Wasser möglichst viel Luft zwischen den Seiten herausdrücken. Aus dem Wasser nehmen und gut ausdrücken. Es soll nass, aber nicht tropfnass sein. **2. Vorsichtig aufschlagen.** Die Pilzbrut zerkrümeln. **3. Etwas Brut** auf die Seiten geben. **4. Die Seiten** zuschlagen und andrücken. Etwa alle 50 Seiten wiederholen, bis die Brut verbraucht ist.

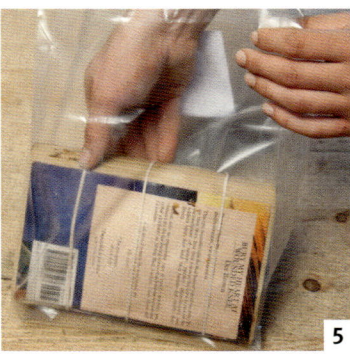  

5. Gummibänder um das Buch spannen. Dann mit dem Rücken nach unten in einen transparenten Plastikbeutel stecken, verschließen und das Datum daraufschreiben. An einen warmen, zugfreien Platz ohne direkte Sonne legen, im Winter in die Nähe einer Wärmequelle. Die Temperatur sollte bei 20 °C liegen. Nach 24 Stunden wird die Pilzbrut aktiv und nach etwa 2 Wochen ist das Papier mit einem weißlichen Flaum überzogen, dem Myzel. Wenn die Buchränder weiß aussehen, den Beutel für zwei Tage in den Kühlschrank legen. **6. Aus dem Kühlschrank** nehmen, den Beutel öffnen und bis über den Buchblock zurückfalten. Hell, aber nicht sonnig legen und regelmäßig mit Wasser besprühen. **7. Austernpilze ernten**, wenn sie ca. 10 cm groß sind.

ANBAUTIPPS

- **Viel Feuchtigkeit** ist sehr wichtig, weil Pilze größtenteils aus Wasser bestehen. Bei Kultur auf einem Buch brauchen sie etwa so viel Aufmerksamkeit wie Zimmerpflanzen. Dafür können Sie viel früher ernten als beim Anbau auf Holzstämmen.
- Von einem Buch kann man meist **dreimal ernten**. Nach der Ernte wachsen die Pilze einfach weiter, das Buch muss nicht wieder gekühlt werden.
- Die Pilze im Solardörrschrank (Seite 212–213) **trocknen**, dann in luftdicht schließenden Gläsern vor Licht geschützt aufbewahren.

BAUMSTAMM-METHODE

1. Von einem gesunden Stamm eines Laubbaums alle Zweige und Äste, Flechten und Moos entfernen. Dabei darf die Rinde nicht beschädigt werden. Sie hält das Holz feucht. Das ist sehr wichtig, denn Pilzkulturen brauchen viel Feuchtigkeit.
2. Ein Loch an einem feuchten, schattigen, windgeschützten Platz ausheben. Falls nötig, zuerst mit dem Kuhfuß arbeiten. **3. Mit einer Scherenschaufel** fortfahren. Die Lochtiefe sollte der halben Stammlänge entsprechen. **4. Den Stamm** in das Loch stellen, Schotter und Erde auffüllen und gut andrücken. Der Stamm nimmt nun Feuchtigkeit aus dem Boden auf.

5. Horizontal Löcher in den Stamm bohren. Die Tiefe entspricht der halben Länge der Pilzbrutdübel. Die Löcher rings um den Stamm versetzt in Abständen von 10–15 cm anordnen. **6. Sofort nach dem Bohren** mit sauberen Händen die Dübel in die Löcher stecken und mit einem Hammer festklopfen. **7. Gründlich wässern.** Einen Topf oder ein Stück Folie mit Gummiband auf dem oberen Stammende befestigen, um die Verdunstung zu reduzieren. Bei Hitze regelmäßig wässern. Wenn der Stamm trocken wird, blättert die Rinde ab. Bildet sich grüner Schimmel, haben Sie zu viel gegossen. **8. Weitere Stämme** vorbereiten, wenn Sie genug Platz haben. In 12 bis 18 Monaten kann geerntet werden, wenn die Pilze Gruppen von etwa 15 cm Durchmesser bilden. Mit einem scharfen, kurzen Messer dicht an der Rinde abschneiden.

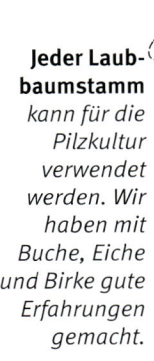

Jeder Laub-baumstamm *kann für die Pilzkultur verwendet werden. Wir haben mit Buche, Eiche und Birke gute Erfahrungen gemacht.*

VERSUCH MACHT KLUG

■ **Baumstümpfe** sind ideal für die Pilzkultur, weil ihre Wurzeln noch Feuchtigkeit aus dem Boden ziehen. Sie sollten aber binnen weniger Monate nach der Fällung geimpft werden. Von oben Löcher in das Splintholz bohren und Pilzbrutdübel einschlagen.

■ **Die Nordseite eines Gebäudes** ist günstig für die Stamm-Methode, weil die Mauern etwas Wärme abstrahlen. Die Stämme nicht zu dicht an die Wand setzen, sonst stehen sie im Regenschatten.

■ **In flachen Kästen** kann man sehr gut Champignons züchten. Kästen von etwa 20 cm Tiefe mit gut verrottetem Pferdemist füllen. Trockene Pilzbrut daraufstreuen, mit feuchtem Zeitungspapier abdecken und die Kästen in den Schuppen oder die Garage stellen. Nach zwei Wochen, wenn das Myzel gewachsen ist, das Papier abnehmen. 5 cm gute Gartenerde auffüllen und wässern. Nach weiteren zwei Wochen kann geerntet werden.

WILDPFLANZEN SAMMELN

Die Jäger und Sammler waren auf Wildpflanzen angewiesen, heute sammeln wir sie zum Vergnügen. Selbst in Parks und an Spazierwegen kann man fündig werden. Allerdings sollten Sie genau wissen, was Sie tun. Supermarktgemüse erkennen wir leicht, aber in der Natur sind wir nicht mehr so sicher. Schaffen Sie sich ein Bestimmungsbuch an und essen Sie nichts, was Sie nicht mit absoluter Sicherheit identifizieren.

SAMMLERREGELN

- **Nur essen,** was eindeutig als essbar erkannt wurde.
- **Genug für andere** (auch Tiere) übrig lassen.
- **Von mehreren Pflanzen** ernten, statt nur von einer. So haben die Pflanzen die Chance, sich zu regenerieren.
- **Wählerisch sein** – nur junge, zarte Blätter und makellose Früchte pflücken.
- **Straßenränder** meiden (wg. Auspuffgasen). Nur über Kniehöhe pflücken – darunter Gefahr von Urinspuren von Hunden/Füchsen.
- **Eine Tasche** sollten Sie immer bei sich haben.
- **Geben und nehmen:** Beteiligen Sie sich an freiwilligen Naturschutzaktionen.

Salate und Wurzeln im Frühling

Im Frühling kann man an den Feldrändern und in Knicks junge Brennnesseln, ungewöhnliche Salate und verschiedene Wurzeln ernten.

Brennnesseln (1)

Urtica dioica
Zum Kochen und für Tee. Junge, zarte Blätter mit wenig Wasser wie Spinat garen und mit etwas Butter als Beilage servieren. Keine Angst: Die Hitze zerstört die Nesselzellen.

Buchenblätter

Fagus sylvatica
Junge Buchenblätter sind leuchtend hellgrün und haben ausgeprägte, paarweise angeordnete Rippen. Zarte Blätter schmecken roh auf Käsebrot mit Tomate oder kurz gedünstet als Gemüse.

Schmalblättriges Weidenröschen (2)

Epilobium angustifolium
Junge Triebe wie Spargel dämpfen oder in ganz wenig Wasser kochen.

Weißdorn

Crataegus monogyna
Der kleine Baum mit tief gelappten Blättern trägt im Mai viele intensiv duftende Blüten. Die jungen Blätter schmecken gut im Salat. Vorsicht, der Baum hat lange, spitze Dornen!

Klette

Arctium lappa
Die hohe, distelähnliche Pflanze hat runde Blüten in Violett. Geerntet werden die köstlichen Wurzeln. Schälen und gewürfelt an Eintöpfe geben oder in Streifen schneiden und wie Pommes in Öl braten.

Löwenzahn

Taraxacum officinale
Wer keinen im Garten hat, findet ihn auf Brachland. Die Wurzeln schmecken gut in Schmor- und Wok-Gerichten. Man kann sie auch rösten, mahlen und als Kaffeeersatz verwenden. Junge Blätter an den Salat geben. Zum Ausgraben empfiehlt sich ein Grabstock (siehe Kasten).

DER GRABSTOCK

Ein traditionelles *Sammlerwerkzeug wird aus einem stabilen Ast gemacht. Hasel ist ideal. Ein Ende spitz anschrägen und in der Glut eines Feuers härten. Ein tiefes Loch neben einer Pflanze stechen, ringsherum bis zur Wurzelspitze ausheben, dann die Wurzeln herausheben. Anschließend das Loch wieder füllen!*

Bärlauch (3)

Allium ursinum
Unsere Lieblingswildpflanze! An Waldrändern kann man ihn oft riechen, ehe man ihn sieht. Die Blätter in Butter dünsten und als Beilage servieren oder frisch gehackt unter Kartoffelpüree rühren.

Wald-Sauerklee

Oxalis acetosella
Die hübsche Pflanze wächst im Frühling am Waldboden und sieht aus wie übergroßer Klee mit zarten, rosa-weißen Blüten. Die herzförmigen Blätter mit kräftigem Zitronenaroma würzen Suppen und Salate. Nicht zu viele essen, weil die Oxalsäure Verdauungsbeschwerden verursachen kann.

Sommerfrüchte

Von Sommerspaziergängen bringen wir Früchte, Wurzeln und saftiges Grün mit.

Queller

Salicornia europaea
Die fleischige grüne Pflanze findet man auf Feuchtwiesen und Marschen. Eingelegt zu

5

6

7

8

Schinken und Toast ein Genuss. Der Geschmack ist, wie oft bei Wildpflanzen, schwer zu beschreiben.

Meerrettich
Armoracia rusticana
Die Blätter erinnern an Sauerampfer: lang, groß und grob. Man findet ihn auf Wiesen und Brachland. Die scharf schmeckende Wurzel reiben und mit Sahne und einem Spritzer Zitronensaft mischen.

Brombeeren
Rubus fruticosus
An die Brombeerzeit haben viele von uns schöne Kindheitserinnerungen. Sammeln Sie wegen der Auspuffgase keine Beeren in der Nähe befahrener Straßen.

Holunderbeeren (4)
Sambucus nigra
Aus diesen Wildbeeren kann man leckeren Saft und dunklen Bauernwein zubereiten. Im Frühling ernten wir Blüten, aus denen wir duftenden Holunderblütensekt (Seite 229) machen.

Walderdbeeren (5)
Fragaria vesca
Die winzigen Erdbeeren sind viel aromatischer als die großen Kulturformen. Man findet sie an Waldrändern und schattigen Wegen.

Holzapfel (6)
Malus sylvestris
Aus den kleinen Früchten kann man köstliches Gelee machen. Einfach einen Korb unter einen Ast halten und kräftig schütteln.

Herbsternte
Traditionell sammeln Menschen (und Eichhörnchen) im Herbst Nüsse für den Wintervorrat. Auch Pilze kann man um diese Zeit sammeln. Wer sich nicht wirklich gut auskennt, sollte allerdings mit einem Pilzkenner auf die Suche gehen oder seine Beute in der Apotheke oder einer Pilzberatungsstelle begutachten lassen.

Esskastanien
Castanea sativa
Die Nüsse sitzen in stacheligen Schalen. Wir mögen sie gern als Füllung für den Weihnachtstruthahn. Zum Rösten auf dem Feuer oder im Backofen unbedingt die Schale anritzen oder einstechen, damit sie nicht explodiert.

Walnüsse
Juglans regia
Alte Bäume tragen viele Nüsse. Wer einen Baum in freier Natur kennt, sollte den Standort lieber nicht verraten und einmal im Jahr ausgiebig ernten gehen. Tipps zum Lagern und Konservieren von Walnüssen finden Sie auf Seite 153.

Haselnüsse (7)
Corylus avellana
Wer den Eichhörnchen zuvorkommen will, muss schnell sein. Haselnüsse gehören in viele Koch- und Backrezepte. Wir knabbern sie auch gern im Winter. Zum Lagern müssen sie vollständig trocken sein, sonst faulen sie schnell.

Winterfrüchte und Küstenfunde
Wenn in Feld und Flur nichts mehr zu ernten ist, gehen Sie doch einmal warm angezogen am Meer auf die Suche!

Schlehen
Prunus spinosa
Die Früchte des Schwarzdorns sehen aus wie kleine Pflaumen. Zum Essen sind sie zu herb, aber man kann leckeren Likör daraus machen (siehe Kasten).

Hagebutten
Rosa canina
Hagebutten sind Vitamin-C-reich. Wenn man die haarigen Samen herausschabt, kann man sie roh essen. Auch im Kompott sind sie lecker.

Flügeltang
Alaria esculenta
Dieser Tang hat lange, braune Blätter. Er wächst in Gezeitentümpeln und tieferem Wasser. In Stücke schneiden, 5–10 Minuten in warmem Wasser einweichen, dann an Wok-Gerichte geben.

Dulse
Rhodymenia palmata
Eine würzige Rotalge, die im kalten Wasser in der Gezeitenzone wächst.

Meeressalat (8)
Ulva lactuca
Der Meeressalat ist an seiner leuchtend grünen Farbe leicht zu erkennen. Wir verwenden ihn für Wok-Gerichte.

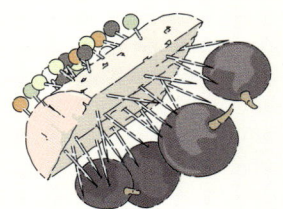

SCHLEHENSTECHER

Zur Herstellung von Likör
müssen Schlehen mehrfach eingestochen werden, damit der Saft austreten kann. Das geht flink mit einem längs halbierten, mit Stecknadeln gespickten Weinkorken. 250 g Schlehen und 250 g Zucker in eine weithalsige Flasche geben und mit einem klaren Schnaps (z. B. Gin oder neutraleren Korn) bedecken. In den ersten Tagen mehrmals schütteln, damit sich der Zucker auflöst. Nach zwei Monaten dürfen Sie probieren.

Die Ernte einlagern

Wer Obst und Gemüse selbst anbaut, ist dem Selbstversorgerleben schon ein großes Stück näher – vor allem, wenn auch die Lagerhaltung gut funktioniert. Wer seine Ernte richtig einlagert, kann sicher sein, dass nicht ein Teil auf dem Kompost landet oder ans Vieh verfüttert wird. Und natürlich ist ein guter Vorrat auch wichtig für die ganzjährige Versorgung mit frischen Lebensmitteln.

Ernten für den Vorrat

Grundsätzlich sollte man Obst und Gemüse ernten, wenn es voll ausgereift und verzehrfertig ist. Es gibt aber einige Ausnahmen. Kürbis bleibt an der Pflanze, bis der Fruchtstiel schrumpelig wird und die Schale nicht nachgibt, wenn man mit dem Fingernagel daraufdrückt. Auch Äpfel und Birnen zum Einlagern pflückt man erst gegen Ende der Erntesaison. Zum Einlagern eignen sich viele spät reifende Sorten, die möglichst lange am Baum bleiben sollten. Pflückreif sind sie, wenn sie sich ganz leicht von den Zweigen abnehmen lassen.

Beim Pflücken oder Ausgraben sollte Obst und Gemüse nicht beschädigt werden. Lagern Sie beschädigte oder von Krankheiten befallene Produkte gar nicht erst ein, sondern werfen Sie sie auf den Kompost oder geben Sie sie den Schweinen oder Hühnern.

Säubern und putzen

Klopfen Sie Erde von Wurzelgemüse ab, aber waschen oder schrubben Sie die Wurzeln erst, wenn Sie sie zubereiten. Schneiden Sie Unebenheiten nicht ab, denn durch Schnittverletzungen können Fäulniserreger eindringen. Die Blätter werden aber entfernt, weil sie der Wurzel Feuchtigkeit entziehen. Zudem können sie faulen und anderes Gemüse im Vorrat anstecken.

Im Vorratsraum

Jahrtausendelang haben die Menschen ohne Kühlschrank und Frischhaltefolie gelebt. Sie lagerten ihre Vorräte in Speisekammern, Kellern oder Vorratsräumen. Auf der Newhouse Farm halten wir unsere Erträge über Monate im Vorratsraum frisch. So ein Raum muss eine konstante, niedrige Temperatur haben, aber unbedingt frostfrei sein. Dunkel wie ein Wurzelkeller muss er nicht sein, aber direkte Sonne ist unvorteilhaft, weil sie den Raum aufheizt und die Vorräte verfärben kann. Ist die Luftfeuchtigkeit zu hoch, faulen Obst und Gemüse. Ist sie zu niedrig, verschrumpelt die Ernte. Ideal ist ein Mittelwert. Gute Lüftung ist sehr wichtig. Fliegengitter an Fenstern und Lüftungsöffnungen lassen Luft herein und halten Ungeziefer draußen.

SAMEN AUFBEWAHREN

■ **Samen an der Pflanze** ausreifen lassen, aber abnehmen, ehe sie auf die Erde fallen. Eine Papiertüte über die Samenstände stülpen. Kopfüber aufhängen – die trockenen Samen fallen in die Tüte.

■ **Tomatensamen** kurz in Wasser einlegen, um das »Gelee« zu entfernen. Dann auf einem Teller trocknen. An Küchenpapier kleben sie fest.

■ **Erbsen und Bohnen** vor dem Trocknen auspalen.

■ **Im kalten Frühbeet** trocknen Samen schneller (siehe Seite 117).

■ **In beschrifteten Briefumschlägen** in einem luftdicht schließenden Behälter kühl und trocken lagern.

■ **Beutel mit Trocknungsmittel**, die elektronischen Geräten beigelegt sind, in den Behälter zu den Samen legen.

Reife Bohnen müssen vor dem Trocknen ausgepalt werden.

1. Kürbisse zum Einlagern abschneiden, wenn der Fruchtstiel trocken ist. **2. Rote Bete** halten sich länger, wenn man die Blätter entfernt. **3. Zwiebeln** vor dem Einlagern trocknen. Das kann einige Wochen dauern.

Aufhängen

Eine ideale Methode, um für gute Belüftung und Schutz vor Ungeziefer zu sorgen. Wir hängen Knoblauch, Zwiebeln und Mais an Schnüren auf. Kürbisse hängen wir in Netze. Das erspart uns das regelmäßige Wenden, das auf Regalen nötig wäre.

Steigen

Zwiebeln und Äpfel sind in flachen Steigen mit gelochten, luftdurchlässigem Boden gut verstaut. Äpfel wickelt man am besten einzeln in Papier, damit eine faulende Frucht die anderen nicht anstecken kann. Höhere Kästen können verwendet werden, um Rote Bete, Topinambur, Pastinaken und Möhren in Sand oder Sägemehl aufzubewahren. Zuerst eine Schicht Sand auf den Boden füllen, dann die Wurzeln so einlegen, dass sie sich nicht berühren. Abwechselnd Sand und Wurzeln einschichten, mit Sand abdecken. Die Kisten im Vorratsraum füllen, denn die Sandfüllung ist sehr schwer.

1. Hohe Kästen zur Lagerung von Wurzelgemüse in Sand. **2. Zwiebeln,** Knoblauch, Kräuter und Chilis aufhängen. **3. Saft und Wein,** Eingemachtes, gepökelten Schinken, Eier, Obst und Gemüse in einem übersichtlichen Vorratsraum. **4. Pappen mit Mulden** eignen sich ebenfalls gut zum Einlagern von Äpfeln.

PROJEKT **Eine Kartoffelmiete anlegen**

Wer keinen Vorratsraum hat, kann Kartoffeln in einer traditionellen Miete lagern. Weil sie nicht hundertprozentig frostsicher ist, sollte sie an einem geschützten Platz liegen. Nur makellose Kartoffeln einlagern und auf Schnecken achten. Auch anderes Wurzelgemüse und Futterrüben können so gelagert werden.

SIE BRAUCHEN
- Grabgabel
- Durchschlag
- Stroh
- Spaten

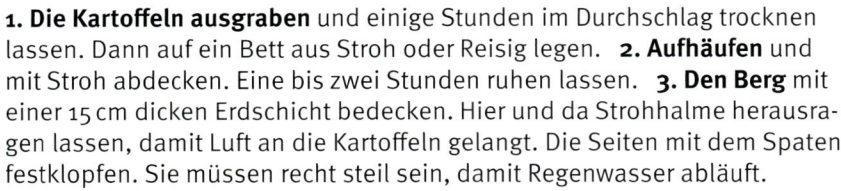

1. Die Kartoffeln ausgraben und einige Stunden im Durchschlag trocknen lassen. Dann auf ein Bett aus Stroh oder Reisig legen. **2. Aufhäufen** und mit Stroh abdecken. Eine bis zwei Stunden ruhen lassen. **3. Den Berg** mit einer 15 cm dicken Erdschicht bedecken. Hier und da Strohhalme herausragen lassen, damit Luft an die Kartoffeln gelangt. Die Seiten mit dem Spaten festklopfen. Sie müssen recht steil sein, damit Regenwasser abläuft.

Probleme und Lösungen

Probleme mit Krankheiten, Schädlingen und Unkraut gehen wir ganzheitlich an, indem wir auch den Boden und die Pflanzen betrachten. Dafür ist es wichtig, Schädlinge und ihre natürlichen Feinde zu kennen. Diese Methode basiert auf dem Prinzip »Vorbeugen ist besser als Heilen«. Sie ist nicht perfekt, aber kostengünstig und ungefährlich für Mensch und Umwelt.

KAMPF DEM UNKRAUT

Unkraut bekämpft man am besten, bevor es zu einem ernsten Problem wird. Mit Mulch lässt es sich unterdrücken (Seite 100). Wo nicht gemulcht werden kann, regelmäßig junges Unkraut mit der Hacke entfernen – an sonnigen Tagen vertrocknet es schnell. Größere Pflanzen werden ausgegraben. Unkraut immer beseitigen, bevor es Samen bildet und sich vermehrt. Es ist zwar befriedigend, ein überwuchertes Stück Land umzugraben, aber leider ist der Erfolg oft von kurzer Dauer, weil beim Graben ruhende Unkrautsamen ans Licht kommen, keimen und neue Probleme verursachen. Decken Sie den Boden lieber mit Pappe ab, um das Unkraut abzutöten, und pflanzen Sie durch Einschnitte in der Pappe.

Zwei Methoden gegen Unkraut. *Mulch (ganz oben) nimmt dem Unkraut das Licht. Lange Löwenzahnwurzeln (oben) gräbt man am besten aus.*

Zuerst die Pflanzen

Um reichlich zu ernten, kaufen wir zuerst einmal Samen von resistenten Sorten. Meist handelt es sich um traditionelle, einheimische, bewährte Sorten. Dann stärken wir die Gesundheit und Widerstandskraft unserer Pflanzen, indem wir den Boden anreichern. »Wurmtee« (Seite 127) ist ideal, weil er neben Nährstoffen auch nützliche Pilze und Bakterien enthält.

Wir achten auf die Fruchtfolge (Seite 108–109), um die Anreicherung von Krankheiten im Boden zu vermeiden. Großzügige Pflanzabstände sorgen für gute Luftzirkulation und beugen ebenfalls Krankheiten vor. Beim Umgraben im Winter kommen Schädlinge ans Licht und werden von Vögeln gefressen. Mischkultur im Frühling und Sommer lockt Nützlinge an oder schützt vor Schädlingen wie der Möhrenfliege. Solche Präventivmaßnahmen sind hilfreich, ersetzen aber nicht das wachsame Auge.

Unerwünschte Tiere

■ **Maulwürfe** sind lästig. Sie fressen viele Würmer, schädigen Wurzeln und werfen an den unmöglichsten Stellen Haufen auf. Eine Falle anbringen und täglich kontrollieren.

■ **Vögel** kann man mit einer traditionellen Vogelscheuche verjagen, die allerdings gelegentlich umgestellt werden sollte: Vögel lernen schnell. Plastikflaschen eignen sich ebenfalls, man kann auch reflektierende CDs aufhängen. Beerensträucher und junge Kohlpflanzen schützen wir mit Netzen. Feine Netze hindern auch Kohlweißlinge und Möhrenfliegen an der Eiablage.

■ **Kaninchen** können einen Garten verwüsten. Am besten sperrt man sie mit feinem Maschendraht (2,5 cm Maschengröße) aus, der 60 cm hoch sein sollte und mindestens 15 cm tief im Boden eingegraben wird.

Kleine Schädlinge

■ **Blattläuse** können die Salat- oder Bohnenernte ruinieren. Säen Sie dazwischen Ringelblumen (*Calendula officinalis*). Sie locken Schwebfliegen an, die Blattläuse fressen. Andere Fressfeinde sind Marienkäfer, die man mit einem Marienkäferhotel (Seite 121) anlocken kann. Verlauste Triebspitzen von Erbsen und dicken Bohnen knipsen wir aus und geben sie den Schweinen.

■ **Schnakenlarven** sind groß, dick, weißlich und hässlich. Sie fressen die Wurzeln vieler Pflanzen. Wenn wir eine ausgraben, werfen wir sie den Enten hin.

■ **Raupen** kann man gut sehen und von Hand absammeln. Alternativ feines Netz oder Vlies verwenden, das Licht an die Pflanzen lässt, aber Schmetterlinge, andere Schadinsekten, Vögel und Kaninchen fernhält.

■ **Der Kohlfliege** kann man durch 15 cm große Manschetten aus Teichfolie vorbeugen, die um die Basis jeder Pflanze gelegt werden. So kann die Fliege keine Eier an die Wurzel legen.

■ **Schnecken** mögen nicht über Kupferband kriechen, das um Kübelränder gelegt ist. Es wirkt Wunder, ist aber teuer und eignet sich für alle, die sie nicht zertreten oder zerschneiden mögen (am besten nachts mit einer Taschenlampe). Wir haben es mit Eierschalen, Kaffeesatz und Ruß probiert, aber Bierfallen waren am erfolgreichsten. Der Geruch lockt die Schnecken an, sie fallen hinein und ertrinken. Regelmäßig ausleeren, sonst entsteht ein ekliger Brei.

Krankheiten

Sauberkeit ist die beste Vorbeugung. Pflanzgefäße vor der Verwendung reinigen, Fallobst und Laub nicht liegen lassen, kranke Pflanzen verbrennen.

Krautfäule befällt Kartoffeln und Tomaten und erzeugt braune und schwarze Flecken auf Blättern und Früchten. Sie tritt bei nassem Wetter auf, darum ist gute Dränage wichtig.

Kohlhernie ist eine Bodenkrankheit, die Kohlgewächse befällt. Wo sie auftritt, Pappkartons eingraben, frische Erde einfüllen und den Kohl darin pflanzen.

Grauschimmel tritt oft im Gewächshaus auf. Zuerst zeigen die Blätter braune Flecken, dann graufilzigen Belag. Für gute Luftzirkulation sorgen, nicht zu reichlich gießen, befallene Pflanzenteile verbrennen.

Rost zeigt sich an gelben, roten oder braunen Pusteln auf den Blättern. Er kann die ganze Zwiebelernte vernichten. Befallene Blätter verbrennen, beim Gießen die Blätter nicht benetzen und vor hoher Luftfeuchtigkeit schützen.

Bleiglanz zeigt sich als silbriger Belag auf den Blättern von Steinobstbäumen. Zweige 15 cm hinter dem befallenen Bereich abschneiden.

1. CDs und Flaschendeckel als Vogelscheuchen aufhängen. **2. Vogelscheuche** aus einer Plastikflasche: Seitliche Flügel sorgen dafür, dass sie sich im Wind dreht. **3. Bierfallen** sind tödlich für Schnecken. **4. Blattläuse** mit dem Schlauch abspritzen. **5. Raupen** absammeln und an die Hühner verfüttern. **6. Netze** halten Vögel und Schmetterlinge von Kohlpflanzen fern. **7. Zackige Kanten** von abgeschnittenen Plastikflaschen und Kupferband schützen Salatpflanzen vor Schnecken.

NUTZTIERHALTUNG Wer Nutztiere hält, befindet sich auf dem besten Wege zu einer autarken Lebensweise. Schon ein paar Hühner können uns ein Gefühl der Unabhängigkeit geben. Wer sein Federvieh essen will, darf jedoch nicht zimperlich sein. Das Fleisch verarbeitet sich nun einmal nicht von selbst und wir kennen viele Leute, die Probleme damit haben, ihre eigenen Tiere zu schlachten. Doch wir finden es besser, den Tieren ein gutes Leben zu geben und sie dann so schnell und stressfrei wie möglich zu töten. Den meisten Tieren in der Massenhaltung wird nicht annähernd so viel Respekt entgegengebracht.

Hühnerhaltung

Hühner werden seit Tausenden von Jahren als Nutztiere gehalten. Schon die alten Ägypter, Griechen, Chinesen und Römer liebten ihre Eier und ihr Fleisch. Auch heute noch sind Hühner ideale Nutztiere, egal, ob am Stadtrand oder auf dem Lande. Es geht doch einfach nichts über ein Frühstücksei aus dem eigenen Hühnerstall!

Die richtige Rasse

Wir halten sowohl Rassehühner als auch Hybriden. Hybridrassen werden zumeist in der gewerblichen Produktion eingesetzt, sie legen mehr Eier als reinrassige Hühner. Traditionelle Rassen sind jedoch sehr viel interessanter und lohnen sich, wenn Sie selbst züchten wollen. Light Sussex und Rhodeländer sind ideal für Fleisch und Eier, werden kommerziell jedoch nicht genutzt, da die Eier recht klein sind. Wir selbst lieben die Zwergrasse Bantam. Sie brauchen wenig Platz und sind preiswert in der Haltung. Bei eingeschränktem Platz, besonders in Wohngebieten, empfehlen wir, auf einen Hahn zu verzichten (siehe Kasten rechte Seite). Inzwischen gibt es eine Meldepflicht für Geflügelhalter – unabhängig von der Anzahl der Tiere müssen diese bei der zuständigen kommunalen Behörde gemeldet werden.

Wann kaufen?

Frisch geschlüpfte Küken sind billig in der Anschaffung, aber leider werden Sie das Geschlecht der Tiere erst später erfahren. Das macht zwar nichts, wenn Sie die Hühner auch wegen ihres Fleisches halten, ist aber schlecht, wenn Sie an Legehennen interessiert sind. Küken brauchen beheizte Ställe und zusätzliches Futter, bis sie im Legealter sind.

Hühnchen

Junghühner sind zwischen acht und 20 Wochen alt. Man kann sie nun gezielt nach Geschlecht kaufen. Sie brauchen zwar ebenfalls Zusatzfutter,

UNSERE FREILANDPHILOSOPHIE

Es war uns immer wichtig, den Hühnern so viel Auslauf wie möglich zu gewähren. Als wir noch am Stadtrand wohnten, ließen wir sie tagsüber in den Garten und schlossen sie nachts in den Stall. Auf der Farm haben unsere Hühner wesentlich mehr Auslauf.

Hühner sind von Natur aus Waldvögel und lieben daher unser Weidendickicht. Doch sie scharren auch gern auf der Weide nach Insekten und Grassamen. Freilandhaltung hat jedoch auch Nachteile. Die Hennen werden anfangen, ihre Eier zu verstecken, anstatt sie in die Legeboxen zu legen. Wenn das zum Problem wird, sollte man sie eine Weile bis mittags im Hühnerstall lassen, bis sie die Eier wieder dort legen.

Frisch oder faul?
Legen Sie das Ei in eine Schüssel mit Wasser. Frische Eier sinken (links); faule Eier schwimmen auf (rechts).

bis sie anfangen, Eier zu legen, aber es lohnt sich, sie jetzt zu kaufen.

Legebereite Hennen

Hennen fangen etwa mit 20 Wochen an, Eier zu legen. Im ersten Jahr sind sie besonders produktiv. Daher sind sie zu diesem Zeitpunkt besonders teuer. Wir schaffen gelegentlich Legehennen an, wenn unsere alten Hennen allmählich nachlassen und wir den Tagesertrag etwas aufstocken wollen.

Einjährige Batteriehühner

Batteriehühner werden nach einem Jahr Legezeit geschlachtet, denn danach sind sie nicht mehr wirtschaftlich. Batteriehaltung ist ohnehin eine äußerst zwiespältige Angelegenheit. Die Tiere verbringen ihr Leben an einem Platz, der nicht größer ist als ein DIN-A4-Blatt. Sie verlieren die Federn, lernen das Scharren nicht und bieten einen mitleiderregenden Anblick. Wir kaufen Batteriehühner, um ihnen noch ein gutes Leben zu geben. Es sind meist Hybriden und daher gute Eierleger. Es ist bewegend und macht uns große Freude, die misshandelten Tiere zu beobachten, wie sie ihre Instinkte neu entdecken, das erste Staubbad genießen und den ersten Wurm fangen. Bald sind ihre Kämme nicht mehr kränklich blassrosa, sondern leuchtend rot.

1. **Marans** gehören zu unseren Lieblingsrassen. Die robusten Tiere legen große, tiefbraune Eier. **2. Light Sussex** ist eine schöne alte englische Rasse, gut für Fleisch und Eier. **3. Buff Orpingtons** sind ruhige Tiere, die kleine Eier legen. Es sind ausgezeichnete Bruthennen. Da sie schnell brütig werden, sind sie für reine Fleisch- und Eierhaltung nicht zu empfehlen. **4. Ehemalige Batteriehennen** sind Hybriden. Sie finden sich in der Freilandhaltung schnell zurecht und sind verlässliche, produktive Eierleger.

HAHN ODER NICHT HAHN?

Ein Hahn hält seine Hühnerschar im Freiland zusammen und beschützt sie vor Feinden. Unser Hahn William büßte die Schwanzfedern ein, als er seine Damen vor einem angreifenden Fuchs beschützte und lief monatelang mit einem unansehnlichen Bürzelstumpf herum. Ein Hahn lohnt sich vor allem, wenn Sie selber Küken aufziehen wollen. Der größte Nachteil, besonders in Wohngebieten, ist seine angeborene Weckfunktion – wir möchten uns an dieser Stelle einmal bei all' unseren Nachbarn entschuldigen, denen über die Jahre der Schlaf geraubt wurde!

Unterbringung und Pflege

Ob im Vorstadtgarten oder auf dem Lande – Hühner brauchen eine gemütliche Legebox, um Eier zu legen, ausreichend Auslauf zum Scharren und Picken und vor allem einen sicheren, vor Angreifern geschützten Schlafplatz. Unser Haupthühnerstall befindet sich in einem großen Schuppen; der Auslauf ist direkt daran angeschlossen. Daher ist das Ausmisten selbst an Regentagen kein Problem. Außerdem haben wir noch einen beweglichen Hühnerstall auf dem Feld (Seite 174–175). So etwas ist auch ideal im Garten: Die Hühner haben immer Auslauf und wenn der Boden mit der Zeit gerupft aussieht, wird der Stall einfach versetzt. Regelmäßig frisches Wasser und eine Stange zum Sitzen und Schlafen sind ganz wichtig.

Hühner sind Waldvögel *und brauchen eine runde Sitzstange – Kanthölzer sind schlecht für die Füße.*

UNSER HÜHNERSTALL

1 **Auslauf**
2 **Staubbad mit Regenschutz**
3 **Auslauf mit Gitterdach**
4 **Hühnerstall im Schuppen**
5 **Flaschenzug zum Türöffnen**
6 **Tür zum Auslauf**
7 **Hühnerstangen**
8 **Legebox mit Zugangsklappe**
9 **Hühnertür zur Legebox**
10 **Schädlingssicheres Futterlager**
11 **Klappe zur Eierentnahme**
12 **Sägemehl als Bodenstreu**
13 **Rattensicherer Futterbehälter**
14 **Schüsseln mit Austernschalen**
15 **Automatische Wassertränke**

Staubbäder sind wichtig, denn dadurch werden die Hühner Parasiten los; dafür eine flache Kiste mit feinem Sand füllen und vor Regen geschützt aufstellen.

Austernschalen unterstützen die Verdauung und schützen vor Kalziummangel.

Hühner brauchen sauberes Wasser. Ein Wasserautomat spart Zeit und Arbeit – denn das Wasser muss sehr oft nachgefüllt werden.

HÜHNERSTANGE FÜR DEN BEWEGLICHEN STALL

Obwohl die Schlafplätze in einem beweglichen Hühnerstall (Seite 174–175) ohnehin erhöht angebracht sind, brauchen die Tiere eine Sitzstange. **1. Holzstange** zurechtschneiden. Sie sollte einen Durchmesser von ca. 7 cm haben. Die Rinde nicht entfernen. Stützklötze zuschneiden **2. Die Stange** mit langen Schrauben auf den Stützklötzen befestigen, Schraubköpfe versenken. **3. Im Stall installieren**.

Ein beweglicher Hühner-stall *bietet einen sicheren Schlafplatz für die Nacht. Er muss alle paar Tage versetzt werden.*

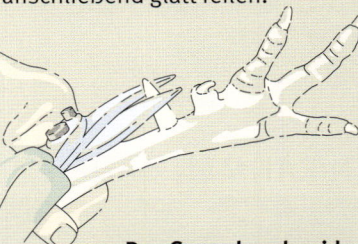

4

5

Wellblechdächer vermeiden, da sie im Sommer zu heiß und im Winter zu kalt werden.

7

Hühnerstangen aus Rundholz (Durchmesser etwa 7 cm), möglichst 75 cm über dem Boden. So anbringen, dass der Kot auf den Boden und nicht auf andere Hühner herabfällt.

6

Zutritt für die Hennen vom Stall aus

8

Die Legebox soll warm und gemütlich sein; viel frisches Stroh ist wich-tig. Unsere Box hat eine Entnahmeklappe.

13

9

11

12

10

Der Futtertrog muss zum Schutz vor Ratten erhöht hängen. Es darf kein Hühnerkot hineingelangen. Den Boden mit Sägemehl ausstreuen und regel-mäßig reinigen.

Früher wurden Hühner mit Küchenabfällen und Getreide gefüttert. Wir geben ihnen auch Küchen-abfälle, doch nur vegetarische Abfälle ohne Fleisch. Zusätzlich zur Freilandnahrung bekommen sie noch eine Mischung aus Mais und Legemehl. Das Futter wird in einer ratten- und mäusesicheren Metalltonne aufbewahrt.

Hühner sollen täglich ins Freie – *auch bei Frost. Nur bei hohem Schnee müssen sie im Stall bleiben. Die Eierproduktion wird im Winter abfallen, da sie sich nach den Tageslichtstun-den richtet.*

KRANKHEITEN
UND PARASITEN

Die Hühnerhaltung ist eine relativ unkomplizierte Angelegenheit, aber trotzdem können dabei ein paar Probleme auftauchen.

Hahnensporn beschneiden

So werden Ihre Hennen bei der Kopulation nicht verletzt. Den Hahn in ein Handtuch wickeln, gut festhalten. Den Sporn mit einer Drahtschere abknipsen und anschließend glatt feilen.

Den Sporn beschneiden
Aufhören, sowie die Blutbahnen unter der Haut sichtbar werden.

Spinnmilben

Die Parasiten kommen nachts aus dem Holz. Den Stall peinlich sau-ber halten, Milbenmittel geben.

Kalkfüße

Milben nisten sich unter der Haut ein. Kranke Tiere isolieren und den Tierarzt konsultieren.

Brütige Hennen

Wenn eine Henne brütig ist und Sie keine neuen Küken wollen, das Tier ein paar Tage lang in einen kleinen Stall mit Lattenboden ste-cken. Die kalte Luft von unten wird sie am Glucken hindern.

Der Kühler
Die kalte Luft unter den Latten hin-dert die brütige Henne am Glucken.

PROJEKT **Einen Hühnerstall bauen**

Ein beweglicher Hühnerstall ist ideal für kleine Gärten, denn die Hühner haben Auslauf und bleiben doch, wo sie sollen. Wenn der Boden unansehnlich wird, versetzt man den Stall einfach ein paar Meter. Durch die erhöht angebrachte Legebox wird die Bodenfläche optimal ausgenutzt. Zwei bis drei Hennen haben in solch einem Stall bequem Platz.

SIE BRAUCHEN

- Fuchsschwanz
- Kreissäge, Stichsäge
- Akku-Bohrschrauber
- Drahtschere
- Bandmaß, Bleistift
- Hammer
- Druckimprägnierte Bretter und Latten
- Sperrholz, Schalbretter
- Hühnerdraht
- Tacker, Nägel, Schrauben
- Scharniere, Riegel, Seil

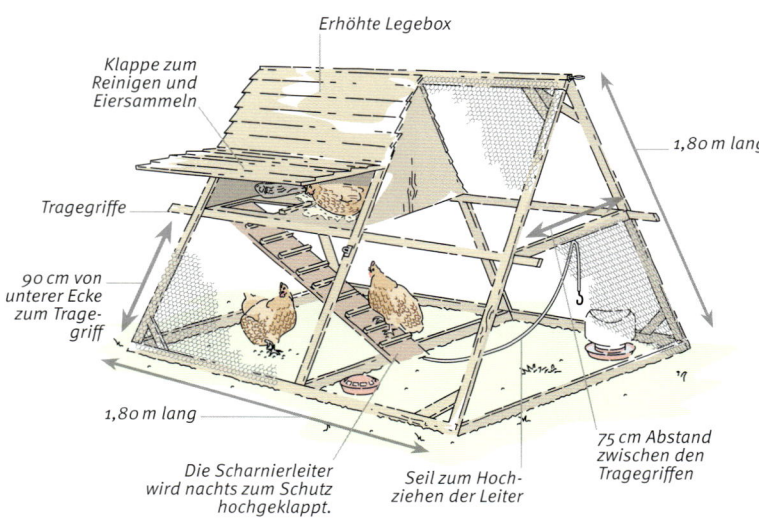

Erhöhte Legebox

Klappe zum Reinigen und Eiersammeln

1,80 m lang

Tragegriffe

90 cm von unterer Ecke zum Tragegriff

1,80 m lang

Die Scharnierleiter wird nachts zum Schutz hochgeklappt.

Seil zum Hochziehen der Leiter

75 cm Abstand zwischen den Tragegriffen

DEN RAHMEN BAUEN

1. Die Latten zurechtschneiden und verschrauben. Wir haben zwei 1,80 m x 1,80 m-Rahmen gebaut, da die Hühnerdrahtbahnen 90 cm breit sind. An allen Ecken mit Ausnahme der, an der sich die Tür befinden wird, sind Eckverstärkungen angebracht. **2. Die letzte Eckverstärkung** auf der Innenseite des Rahmens anbringen, damit die Tür in den Rahmen passt. Die Rahmen zur Stabilisierung beim Verschrauben ineinanderschieben. **3. Senkrechte Streben** in der Rahmenmitte befestigen. Horizontale Streben auf Hüfthöhe an der Rahmeninnenseite anbringen. Die Enden sollen jeweils eine Handbreit überstehen, da sie später als Tragegriffe zum Versetzen des Hühnerstalls dienen.

4. Die Rahmen gegeneinanderlehnen, um die richtigen Proportionen zu ermitteln. Die Hühner sollen so viel Auslauf wie möglich haben, der Stall muss jedoch noch bequem zu tragen sein. **5. Maß nehmen.** Unser Stall ist unten 1,50 m und auf Griffhöhe 75 cm breit. Latten für die Querverstärkungen zuschneiden. **6. Die Schrägung** einzeichnen und die Latten zurechtsägen. **7. Die Querverstrebungen** jeweils auf den Innenseiten der vertikalen Seiten- und Mittelstreben befestigen. Eine zusätzliche Querstrebe zur Befestigung der Tür anbringen (Schritt 12).

DIE LEGEBOX BAUEN

ÜBERLAPPENDE BRETTER

Indem Sie die Bretter dachziegelartig überlappen lassen, kann Regenwasser problemlos abperlen. Unten mit der Montage anfangen und zum Dachfirst vorarbeiten.

8. Den Boden für die Legebox ausmessen und aus Sperr- oder Leimholz zurechtsägen. Mit der Stichsäge eine Öffnung in »Hennengröße« aussägen. Den Boden auf die Querstreben aufschrauben. **9. Die Seitenwände** für die Legebox ausmessen, zuschneiden und einbauen. **10. Für die Leiter** Sprossen aus Holzleisten auf eine 30 cm x 120 cm große Sperrholzplatte aufnageln. Die Leiter mit einem Scharnier an ein Holzstück schrauben und unter der Bodenöffnung befestigen. **11. Eine Seite** der Legebox überlappend verschalen (siehe Kasten); an der anderen Seite zunächst nur die obere Hälfte verschalen.

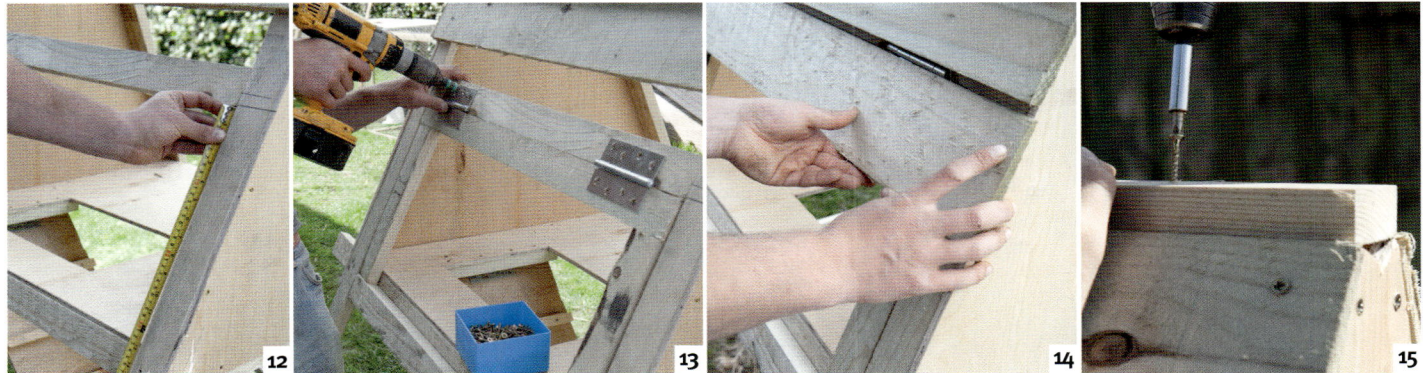

12. Eine Eierentnahmeklappe anbringen; die Unterseite des letzten Schalbretts soll den oberen Scharnierteil bedecken. **13. Durch ein Scharnier** auf Stoß mit dem Rahmen verbinden. Die Unterseite soll über die Querstrebe hinausstehen, um Luftzug in der Legebox zu vermeiden. **14. Die Klappe** decken und nach Wunsch einen Haken für ein Vorhängeschloss anbringen. **15. Eine Firstleiste** verhindert, dass Regenwasser durch die Giebelnaht eindringt.

HÜHNERDRAHT BEFESTIGEN

16. Eine Tür bauen, die in eins der unteren Rechtecke passt. An gegenüberliegenden Ecken Schrägverstärkungen anbringen. Scharniere montieren. Hühnerdraht zurechtschneiden und auf den Rahmen tackern. **17. Die Türscharniere** anbringen, Schnappriegel anbauen, um Angreifer fernzuhalten. **18. Den kompletten Rahmen** mit Hühnerdraht beziehen; dabei Lücken und lose Enden vermeiden. Scharfe Enden abschneiden. **19. Futter- und Wasserbehälter** anbringen und die Hühner einsetzen.

Die Hühnerschar vergrößern

Was war zuerst da: Das Huhn oder das Ei? Wir haben mit Hühnern angefangen und dann die Schar mit selbst bebrüteten Eiern vergrößert – darum halten wir uns einen Hahn (Seite 171). Wir empfehlen Anfängern, befruchtete Eier zu kaufen (das geht übers Internet) und sie im Inkubator auszubrüten. Das macht zwar mehr Mühe, als der Natur ihren Lauf zu lassen, hat jedoch die beste Erfolgsquote.

Inkubatoraufzucht

Ein Inkubator oder Brüter reguliert Temperatur und Luftfeuchtigkeit automatisch. Die Eier müssen jedoch dreimal am Tag gewendet werden, damit der Embryo nicht an der Innenschale anhaftet. Die Inkubationszeit beträgt 21 Tage. Nach 7 Tagen werden die Eier durchleuchtet, um zu prüfen, ob sie befruchtet sind (Kasten rechts). Ab dem 19. Tag nicht mehr wenden.

Nach dem Schlüpfen bleiben die Küken 24 Stunden im Inkubator. Sie werden noch nicht gefüttert. Dann kommen sie für 6 Wochen in den rattensicheren, mit einer Infrarotlampe beheizten Aufzuchtapparat. Der Boden wird mit Sägemehl ausgestreut. Die Temperatur soll anfangs 35 °C betragen; danach wird sie jede Woche um 3 °C gesenkt.

Natürliche Aufzucht

Eine brütige Henne verlässt die Legebox nicht und plustert sich zu doppelter Größe auf. Wird sie bewegt, gibt sie lautes Glucksen von sich und läuft sofort zu den Eiern zurück.

Wenn die Henne brüten soll, braucht sie einen eigenen Platz: wegen der Sicherheit und damit sie die anderen Hennen nicht vom Legen abhält.

Der Brutplatz muss warm und gemütlich sein, mit Nahrung und Wasser in erreichbarer Nähe. Nach unserer Erfahrung ist es am einfachsten, Glucken während der Nacht zu versetzen. Das Ausbrüten erledigt die Glucke dann ganz allein.

KÜKENAUFZUCHT

■ **Brutmaschinen** sind mit oder ohne vollautomatischen Wendeeinsatz erhältlich.

■ **Den Brüter** vor dem Einsetzen der Eier anwärmen. Die ideale Temperatur in einem Flächenbrüter beträgt 39,4 °C (5 cm über den Eiern gemessen), die Luftfeuchtigkeit 75–80 %.

■ **Beschriften** Sie die Eier mit dem Datum des Einsetzens.

■ **Die Eier drehen:** Das Ei wird jedes Mal anhand der Bleistiftmarkierung um 180 Grad gedreht.

■ **Durchleuchten:** Zwei Löcher in gegenüberliegende Wände eines Pappkartons bohren, das Ei vor ein Loch halten und mit einer Taschenlampe durch das andere Loch leuchten. Unbefruchtete und nicht lebensfähige Eier entfernen.

Eier durchleuchten
Von links: nicht lebensfähig – unbefruchtet – befruchteter Embryo

■ **Im Brüter.** Tauchen Sie die Schnäbel der Küken ins Wasser, damit sie trinken und streuen das Futter vor ihnen aus, wie es die Glucke täte.

■ **Mit Infrarotlampe:** Wenn die Lampe zu warm ist, weichen die Küken ihr aus; ist sie zu kalt, drängen sie sich unter ihr.

Buff Orpingtons geben wunderbare Glucken ab. Sie brüten befruchtete Eier aus und ziehen die geschlüpften Küken wie ihre eigenen auf.

Hühner schlachten und bratfertig machen

Ein Huhn zu schlachten ist relativ einfach. Das erste Mal sollte eine erfahrene Person dabei helfen, damit das Huhn sofort bewusstlos ist und nicht unnötig leiden muss.

SCHLACHTEN UND RUPFEN

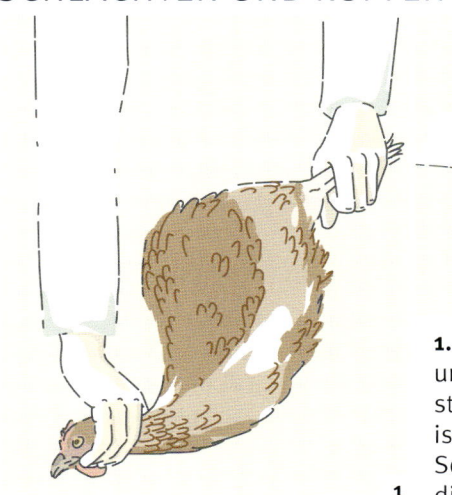

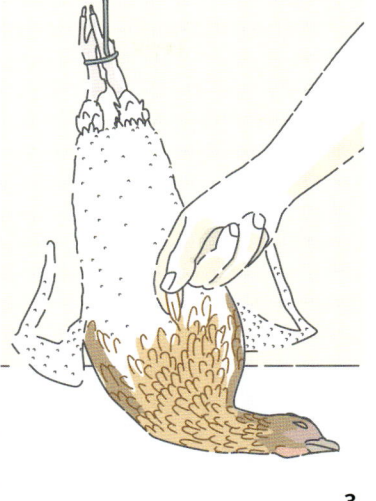

WICHTIG
- Das Huhn darf 24 Stunden nichts gefressen haben, damit der Darmtrakt leer ist.
- Holen Sie sich erfahrene Helfer.
- Entspannt bleiben!
- Das Huhn noch warm rupfen.
- Zwischen Rupfen und Ausnehmen die Hände waschen.

NICHT ...
- in Panik geraten!
- zu viel Kraft anwenden!
- vor anderen Hühnern schlachten.
- mit zu viel Kraft rupfen, da die Haut sonst einreißt.

1. **Beide Beine** fest mit der linken Hand festhalten. Den Kopf mit der rechten Hand umfassen, der Hals liegt zwischen Zeige- und Mittelfinger. **2. Den Hals** nach unten strecken, sodass sich der Kopf nach hinten biegt. Ziehen, bis der Hals gebrochen ist – nicht zu weit, sonst reißen Sie den Kopf ab. **3. An den Füßen** aufhängen. Sofort rupfen – es geht nämlich am besten, wenn das Huhn noch warm ist. Zuerst die Flügel, dann die Beine und zuletzt den Rumpf rupfen.

AUSNEHMEN

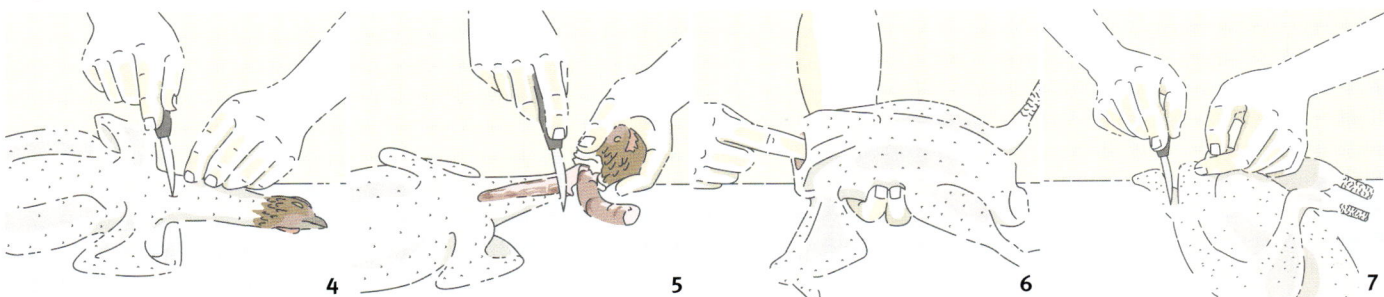

4. **Die Haut** am Hals von unten bis zum Kopf einschneiden. **5. Den Hals** mit dem Kopf entfernen. **6. Einen Finger** in die Halsöffnung stecken und die Eingeweide lösen. **7. Umdrehen** und einen Schnitt zwischen Kloake und Bürzel machen. Nicht den Mastdarm beschädigen, damit das Fleisch nicht beschmutzt wird. Vorsichtig um die Kloake herumschneiden.

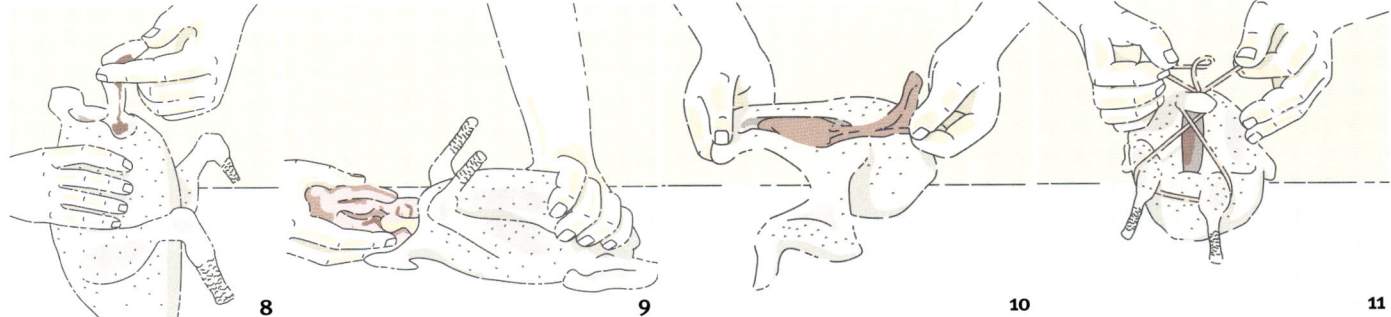

8. **Die Kloake** und den Enddarm herausziehen, das sollte jetzt leicht gehen. **9. Gedärm,** Magen, Lunge, Leber und Herz zusammen mit dem Mastdarm vorsichtig herausziehen. **10. Den Kropf** vorsichtig aus der Halsöffnung ziehen, damit er nicht aufreißt. Die überstehenden Hautlappen an beiden Seiten nach innen stecken. Die Haut mit einer Kerze oder einem Brenner abflammen, um Federreste zu entfernen. **11. Das Huhn** bratfertig machen: Füße abschneiden, Flügelspitzen an die Beine binden, den Bindfaden um die Beine und den Bürzel schlingen und verknoten.

Truthühner (Puten)

Zum ersten Weihnachtsfest auf der Newhouse Farm kauften wir beim Schlachter eine Bio-Pute – ein kapitaler Vogel, aber auch sehr teuer. So haben wir die Kosten überschlagen und dabei festgestellt, dass wir für etwa ein Drittel der Kosten selbst Puten halten konnten. Also schafften wir uns zwölf Truthühner an und machten sie mit viel Gras und Biofutter fett – ein Riesenerfolg!

Welche Rasse?

Wir kaufen 5–6 Wochen alte Vögel, da es uns die mühevolle und zeitintensive Aufzucht erspart. Normalerweise nehmen wir Norfolk-Black-Puten, die man zu diesem Zeitpunkt noch nicht durch bloßen Augenschein nach Geschlecht unterscheiden kann.

Normalerweise kann man Puter erst ab etwa der 12.–13. Woche von Puten unterscheiden. Denken Sie daran, dass Nutzvieh unabhängig von der Anzahl immer bei der zuständigen kommunalen Behörde angemeldet werden muss.

Die besten Rassen sind:

Red Bourbon stammt aus den USA, genauer gesagt aus Kentucky und Pennsylvania. Tiere dieser Rasse können beeindruckende 15 Kilogramm schwer werden. Das Federkleid der Red Bourbon ist rötlich braun, die Schwanzfedern leuchtend weiß.

Cambridge-Bronze sind nach ihrem Gefieder benannt, das im Sonnenlicht bronzefarbig schillert. Aufgrund der extrem großen Brust müssen die Puten oft künstlich befruchtet werden. Cambridge-Bronze ist eine sehr ausgeglichene Rasse. Die Tiere können sehr groß werden.

Jersey-Buff haben rötlich-beigefarbenes Gefieder; die Puten sind recht gute Eierleger. Ein weiterer Vorteil sind ihre fast weißen Haarfedern, wodurch sie gerupft sehr appetitlich aussehen.

Narragansett-Puten haben sehr wohlschmeckendes Fleisch. Die Vögel sind aufgrund ihrer gemischten genetischen Herkunft sehr robust und widerstandsfähig. Narragansetts haben ein ausgeglichenes Temperament und geben gute Mütter ab.

FLÜGEL BESCHNEIDEN

Wenn Sie vermeiden wollen, dass die Tiere fliegen, müssen Sie ihre Flügel beschneiden. Werden beide Flügel beschnitten, verdoppeln die Tiere ihre Anstrengungen und heben am Ende doch ab. Einseitiger Beschnitt bringt sie so aus dem Gleichgewicht, dass sie aufgeben. Dafür die Schwungfedern entlang der Kante der Deckfedern mit einer Schere abschneiden.

Ein Helfer hält *den Vogel beim Beschneiden der Schwungfedern fest.*

1. Truthühner sehen nicht sehr gut und müssen daher in den Stall geführt werden. **2. Biofutter** und Sauberkeit sind ganz wichtig. **3. Die Tiere** fühlen sich wohl, wenn sie viel Auslauf haben.

Norfolk-Black ist unsere Lieblingsrasse. Die Tiere wachsen zwar langsamer als industriell gezüchtete Rassen, aber dafür schmecken sie besonders gut. Und obwohl sie langsam wachsen, können die Puter immerhin noch stolze 11 Kilogramm erreichen!

Unterbringung und Pflege

Truthühner müssen getrennt von Hühnern gehalten werden, um der leider nur allzuoft tödlich verlaufenden Schwarzkopfkrankheit (Histomonose) vorzubeugen.

Wir geben unseren Puten Aufzuchtfutter, das weniger Protein enthält als das Futter für erwachsene und industriell gehaltene Tiere. Das funktioniert deshalb, weil wir unsere Tiere so früh im Jahr wie möglich kaufen, damit sie reichlich Zeit haben, auf natürliche Weise zu wachsen. Sie beziehen einen großen Teil des notwendigen Proteins aus den Käfern und Insekten in ihrem Grüngehege.

Truthühner brauchen außerdem eine Beigabe von feinem Sand zur Unterstützung des Magens bei der Zerkleinerung der Nahrung.

Tipps zur Haltung
Sauberkeit ist wichtig!

Halten Sie Bodenstreu und Futterbehälter immer peinlich sauber und sorgen dafür, dass dem Federvieh stets frisches Trinkwasser zur Verfügung steht. Dadurch wird verhindert, dass sich die Tiere mit Krankheitskeimen infizieren.

Nachts geht es in den Stall.

»Freilaufend« ist gut und schön, aber deshalb brauchen Sie dem hungrigen Meister Reineke noch nicht den roten Teppich auszulegen.

Das Weideland soll 12 Monate lang brachliegen, bevor neues Geflügel darauf gelassen wird. Dadurch wird der gefürchteten, oft tödlich verlaufenden Schwarzkopfkrankheit (Histomonose) vorgebeugt. Sie wird durch einen Parasiten hervorgerufen, der sich vor allem in Regen- und Blinddarmwürmern einnistet. Krankheitssymptome sind schwefelgelber Kot und Müdigkeit.

Bevorzugen Sie homöopathische Wurmmittel.

Wenn Sie selbst Truthühner aufziehen wollen, sollten Sie die Hennen mit speziellen Stoff- oder Ledersätteln, den sogenannten »poultry saddles« ausstatten. Diese hindern die Puter daran, die Pute während der Kopulation mit ihren Sporen blutig zu treten. Die Sättel werden im Frühling angebracht und erst im Frühherbst wieder abgenommen.

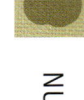

GROSSE VÖGEL SCHLACHTEN

Hier muss man zügig arbeiten, damit die Tiere nicht leiden. Wir bringen sie in aller Ruhe einzeln in den Stall und stecken sie über Kopf in einen Verkehrskegel mit abgeschnittener Spitze. Einer hält die Füße fest, während zwei Helfer je einen Besenstiel zu beiden Seiten des Halses halten, zusammendrücken und nach unten drehen, während der Vogel an den Füßen nach oben gezogen wird. So werden die Halswirbel durchtrennt. Gleich danach schneiden wir die Halsschlagader durch, hängen den Vogel an den Füßen auf und rupfen ihn (Seite 177).

Wenn Sie allein sind
Den Besenstiel über den Hals legen und mit den Füßen fest am Boden halten. Dabei den Vogel mit einer Drehbewegung nach oben ziehen.

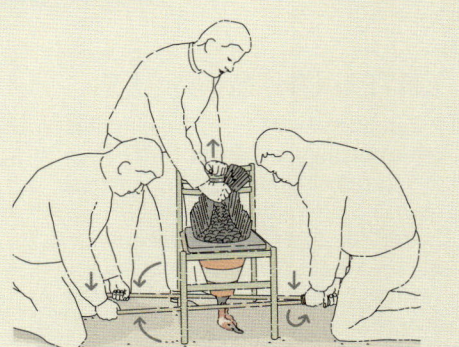

Die Verkehrskegel-Methode *ist gründlich und gnädig. Dafür brauchen Sie jedoch zwei Helfer.*

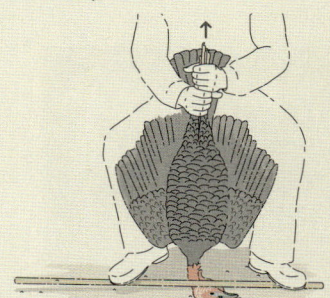

Beim Schlachten im Alleingang *brauchen Sie viel Kraft und Geschick, um schnell und gnädig vorzugehen.*

179

Enten und Gänse

Es macht Riesenspaß, Gänse zu halten. Sie sind zäh, robust und erstaunlich genügsam – eigentlich das ideale Nutztier. Allerdings machen sie reichlich Krach und sind recht respekteinflößend, wenn Sie keine Erfahrung mit großen Vögeln haben. Auch Enten sind äußerst nützlich, machen jedoch reichlich Dreck!

Warum Enten und Gänse?

Wenn Sie über eine Wasserquelle verfügen, lohnen sich Enten aus vier Gründen: Sie legen köstliche Eier, mit denen man die allerbesten Kuchen backen kann; sie haben sehr wohlschmeckendes Fleisch; sie richten auf Grünflächen weniger Schaden an als Hühner und sie vertilgen Ungeziefer wie zum Beispiel Schnecken.

Gänse halten den Rasen kurz und sind ausgezeichnete Wachtiere, denn ihr lautes Geschnatter ertönt, sobald ein Fremder das Grundstück betritt. Im Februar und März beginnen sie mit dem Eierlegen. Ein Gänseei zum Frühstück ist schon etwas Besonderes: Zunächst in kaltes Wasser legen und

ENTEN UND WASSER

Enten müssen den Kopf regelmäßig untertauchen, um Augen und Nasenlöcher reinzuhalten. Wir finden, dass man Enten – und auch Gänse – nur halten sollte, wenn man über einen Bach verfügt oder zumindest einen Teich hat, der regelmäßig mit Wasser aufgefüllt werden muss. Bach oder Teich sind ideal, doch wenn beides nicht vorhanden ist, brauchen Sie zumindest einen tiefen Wasserbehälter, dessen Wasser regelmäßig gewechselt werden kann.

Eine Moschusente *vergnügt sich am Bach mit ihren Küken.*

dann 6 Minuten sprudelnd kochen – perfekt! Denken Sie jedoch daran, dass Gänse sehr große Vögel sind und sich bei respektloser Behandlung mit einem mächtigen Flügelschlagen zur Wehr setzen.

Welche Entenrasse?

Sowohl Enten als auch Gänse kann man als befruchtete Eier oder Jungvögel kaufen oder selber aufziehen. Hier sind ein paar der besten Entenrassen aufgelistet:

■ **Aylesbury-Enten** sind berühmt für ihre Größe – sie können bis zu 4,5 Kilogramm wiegen.

■ **Indische Laufenten** sind nicht sehr groß, doch ausgezeichnete Eierleger – eine Ente legt im Schnitt 180 Eier pro Jahr. Sie erinnern durch ihren eigenartig aufrechten Gang ein wenig an Pinguine.

■ **Khaki Campbells** können bis zu 300 Eier im Jahr legen!

■ **Moschusenten.** Diese schweren Tiere sind ausgeglichen und geben ausgezeichnete Brutenten ab. Da sie sehr gut fliegen, müssen Sie wahrscheinlich die Schwungfedern stutzen (Seite 178). Vorsicht – die Füße haben scharfe Krallen! Moschusenten sollen von Gänsen abstammen, aber wir betrachten sie als Entenrasse.

■ **Welsh Harlekins** sind groß genug für einen stattlichen Entenbraten und zudem recht gute Eierleger.

Welche Gänserasse?

Auch bei den Gänsen hat man die Qual der Wahl:

■ **Brecon-Gänse** sind nicht nur sehr schön, sondern auch delikat!

GRÜNE GÄNSE

Traditionell war die Gänseaufzucht eng an den Lebenszyklus des Grases gekoppelt. Die Gössel beginnen im Frühling, wenn das erste Gras wächst, mit dem Grasen und werden geschlachtet, wenn das Wachstum im September langsam eingestellt wird. Das klingt hart, ist aber ein natürlicher und rationeller Lebenszyklus. Früher wurden Gänse zum Martinstag am 11. November gegessen; in den USA werden sie oft zu Thanksgiving (am 25. November) verspeist.

»Gänsemäher« *halten auf preiswerte Art den Rasen und Wiesen kurz.*

■ **China-Gänse** sind ausgezeichnete Eierleger und sind bereits ab 8 Wochen schlachtreif.

■ **Toulouse-Gänse** stammen aus Frankreich und sind besonders in England als Neuzüchtungen beliebt.

■ **Emden** (oder Embden) ist die klassische, weiße deutsche Hausgans.

■ **Pommern-Gänse:** Eine sehr alte deutsche Rasse, die groß und fleischig ist und sich auch gut zum Brüten eignet.

Unterbringung

Enten und Gänse sind nicht allzu anspruchsvoll:

Enten fühlen sich wohl im Hühnerstall, sofern dieser in Bach- oder Teichnähe steht, denn Enten brauchen Wasser. Sie sollten eine Rampe am Eingang des Hühnerstalls installieren, da Enten schwerfällig sind und sich beim Hineinklettern leicht verletzen. Eine Sitzstange ist jedoch nicht nötig. Der Stall muss vor allem vor Ratten und Füchsen sicher sein, dazu vor Zugluft geschützt, jedoch gut belüftet. Es ist sehr wichtig, die Streu regelmäßig zu wechseln. Enten lieben es herumzuwandern, aber wir halten unsere Tiere meist in einem abgeschlossenen Gehege mit Teich, damit wir nicht überall in Entenkot treten.

Gänse brauchen größere Behausungen als Enten. Der traditionelle Gänsestall ist eine offene dreiseitige Konstruktion, die oft aus Strohballen besteht. Wir schließen unsere Gänse nachts in einem fuchssicheren Stall ein. Ratten und Füchse werden vor allem jungen oder brütenden Gänsen gefährlich.

Gänse brauchen mehr Platz zum Grasen als Hühner und Enten. Unser Obstgarten ist die perfekte Gänsewiese. Obwohl Gänse als Wasservögel klassifiziert werden, brauchen sie nicht unbedingt einen Teich. Wichtig ist ein Wasserbehälter, in den sie ihren Kopf tauchen können, um Nasenlöcher und Augen sauber zu halten. Ein Teich muss tief sein und das Wasser muss regelmäßig gewechselt werden.

Nahrung

Enten grasen nicht wie Gänse, doch sie fressen sehr gern Gras, wenn sie dazu Zugang haben. Wir geben unseren Enten täglich Mais, um sie fett zu machen und das Eierlegen anzuregen. Enten sind halbe Fleischfresser und verzehren daher gern Schnecken, Würmer, Frösche und Insekten. Daher lassen wir unsere Enten im Frühjahr vor dem Pflanzen in den Gemüsegarten, um die Schädlinge aufzufressen. Das restliche Jahr über sollten sie dort jedoch ferngehalten werden, da sie nur allzugern auch jungen Kohl, Salat oder Erbsen fressen und in Nutzgärten wahre Verwüstungen anrichten können.

Gänse sind lebende Rasenmäher und können sogar zum Jäten auf Erdbeerfeldern oder Weinbergen eingesetzt werden, da sie großblättrige Pflanzen normalerweise meiden.

Junge Gänse bekommen in den ersten beiden Lebensmonaten Kükenfutter. Wenn sie mit dem Grasen beginnen, die Rationen allmählich reduzieren. Erwachsene Gänse können zusätzlich Maisfutter bekommen, damit sie schneller fett werden.

Enten und Gänse schlachten

Folgen Sie für Enten und Gänse den Anweisungen auf Seite 179 zum Schlachten großer Vögel. Holen Sie sich zum Gänseschlachten ein oder zwei Helfer; bei Enten können Sie das auch allein besorgen. Enten sind schon ab etwa 10 Wochen schlachtreif, obwohl wir unsere viel länger leben lassen (Seite 177). Gänse werden mit 5–6 Monaten geschlachtet.

1. Prägen Sie die frisch ausgeschlüpften Gössel auf sich, dann werden Sie Ihnen später bereitwillig folgen. **2. Klappen, Maschendraht** und eine abschließbare Tür schützen die Gänse vor Angreifern. **3. Die kecken indischen Laufenten** sind unsere ganz besonderen Lieblinge.

Honigbienenhaltung

Honig ist die Nahrung, die Honigbienen für sich selbst aus Blütennektar herstellen. Wir haben vor 15 Jahren in unserem Vorstadtgarten mit der Bienenhaltung begonnen, weil der so produzierte Honig wesentlich besser schmeckt als der aus dem Supermarkt. Wenn Sie an Allergien leiden oder ein anaphylaktischer Schock zu befürchten ist, sollten Sie mit der Imkerei jedoch vorsichtig sein.

Das Bienenvolk

Sie können Bienen im Postversand bestellen – eine Königin mit oder ohne Bienenvolk, die in winzigen Transportkäfigen ohne Brut oder Rahmen versendet werden. Mit einer Königin und einem etwa fünf Rahmen großen Kern kann man nach und nach ein größeres Volk züchten – oder man macht es wie wir, indem man ein bereits voll entwickeltes Bienenvolk kauft.

Bienenstöcke aus zweiter Hand kommen öfters auf den Markt und der örtliche Imkerverband wird Ihnen auch Auskunft darüber geben, welches Zubehör Sie brauchen. Wenn Sie zum ersten Mal Bienen halten, sollten Sie vorher unbedingt bei professionellen oder Hobby-Imkern Rat holen.

Der Aufbau eines Bienenstocks

Alle Bienenstöcke oder »Bienenbeuten« sind ähnlich aufgebaut.

■ **Der Brutraum** ist die Basis des Bienenstocks. Die Königin legt ihre Eier ab und die geschlüpften Larven werden mit dem dort gelagerten Honig und Pollen gefüttert.

■ **Die Honigwaben** über dem Brutnest dienen zur Einlagerung der Honigreserven. Der Honig im Brutnest ist ausschließlich den Bienen vorbehalten; geerntet wird nur der Wabenhonig. Die Bienen können sich durch eine ca. 6 mm breite Lücke, den »Bienenabstand«, frei zwischen den Rahmen bewegen. Bei manchen Fabrikaten werden dafür Abstandhalter benötigt; kleinere für das Brutnest und größere für die Honigwaben.

■ **Das Königinabsperrgitter** hindert die Königinnen, in die Honigwaben vorzudringen, um darin Eier abzulegen. Die Arbeiterinnen können die Maschen passieren, während die Königinnen wegen des größeren Hinterleibs nicht hindurchpassen.

■ **Die Rahmen** befinden sich im Brutraum und ermöglichen den Bienen, mit der Honigeinlagerung zu beginnen. Die sechseckigen Zellen bestehen aus Holz mit einem Wachsblatt, die von den Bienen dann fertiggebaut werden.

Der Standort des Bienenstocks

Der Standort ist von elementarer Bedeutung. Der Zugang sollte vor den vorherrschenden Winden geschützt sein und möglichst nach Osten oder Südosten weisen, um die Morgensonne einzufangen.

Wenn Sie in einem Wohngebiet leben, stellen Sie eine Barriere aus Weidengeflecht vor den Eingang der Bienenstöcke. Das zwingt die Bienen, zuerst nach oben statt waagerecht über Nachbars Garten hinweg aus-

1. Die Bienen gehen durch die »Bienenabstände« zwischen den Honigwaben ein und aus. **2. Der offene Bienenstock (Bienenbeute)** gibt den Blick auf die Wabenrahmen frei, die sich senkrecht über dem Brutraum befinden. **3. Schutzanzug, Brille, Handschuhe und Stiefel** sind wichtig. Bienen krabbeln immer aufwärts – lassen Sie keine Einstiegslücke in die Kleidung frei.

Honig ernten

Der Honig wird Ende August oder im September geerntet. Holen Sie sich dabei unbedingt Unterstützung von einem erfahrenen Imker. Sie brauchen einen Smoker und eine Honigschleuder. Der Smoker simuliert einen Waldbrand und stimuliert die Bienen zum Fressen, sodass sie träge und stechunlustig werden. Honigschleudern sind teuer; versuchen Sie, eine beim Imkerverband auszuleihen.

SIE BRAUCHEN
- Rauchapparat (Smoker)
- Scharfes Messer
- Honigschleuder
- Honiggläser

1. Den Smoker mit stark rauchendem Material füllen. Wir verwenden dafür trockenes, faules Holz und gerollte Wellpappe.
2. Ein paar Rauchschwaden in den Eingang des Bienenstocks blasen und ein paar Minuten warten, damit sich beim Bienenvolk der Fressimpuls einstellt. **3. Die Rahmen herausnehmen** und den Honig so schnell wie möglich herauskratzen – bevor die Bienen davon Wind bekommen! **4. Mit einem scharfen Messer,** das in kochendem Wasser sterilisiert wurde, den Wabenverschluss abschneiden, dann kann der Honig auslaufen. **5. Vier entdeckelte Rahmen** in die Honigschleuder spannen. Schleudern, bis der Honig an den Seiten der Trommel in den Auffangbehälter gelaufen ist. **6. Den Honig filtern,** um das Wachs zu entfernen, in Gläser abfüllen und dunkel lagern.

zuschwärmen. Eine Wasserstelle in der Nähe verhindert, dass die Bienen benachbarte Teiche belästigen.

Wartung und Pflege
Die Bienenstöcke müssen regelmäßig kontrolliert werden. Am besten besorgen Sie das an warmen Nachmittagen, wenn die meisten Bienen ausgeflogen sind, um Pollen und Nektar zu sammeln. Machen Sie wöchentliche Kontrollgänge von April bis Oktober und prüfen, ob
- **die Königin** noch Eier ablegt.
- **die Brut** kräftig und gesund ist.
- **die Bienen** genug Platz zur Honigablage zur Verfügung haben – wenn nicht, müssen Sie eine zusätzliche Honigwabe aufsetzen.

Wenn Sie nicht oft genug nachschauen, kann es passieren, dass Königinnenzellen angelegt wurden, indem ausgewählte Bienen mit Gelée Royale gefüttert werden. Das bedeutet, dass sie bald ausschwärmen und

Sie damit einen großen Anteil der Arbeiterinnen verlieren. Außerdem werden die Bienen alles mit einer Propolisschicht überzogen haben. Wenn Sie versuchen, die Königinnen jetzt umzusiedeln, kann der gesamte Bienenstock in Aufruhr geraten.

In Jahren, in denen das Wetter schlecht war oder die Bienen krank waren, ernteten wir keinen Honig, denn er ist nun einmal die beste Nahrung für das Bienenvolk. Wenn Sie trotzdem ernten oder wenn Ihre Bienen nicht genug Honig haben, müssen Sie zufüttern, damit sie den Winter überleben. Lösen Sie 1 kg Zucker in 1 l heißem Wasser und geben den Sirup in einen Plastikbehälter. Diesen mit Gaze verschließen und den Deckel aufsetzen, in den vorher ein kleines Loch gebohrt wurde. Dann kopfüber auf den Innendeckel über dem obersten Wabenrahmen stellen. Das durch den Sirup erzeugte Vakuum hindert ihn am Auslaufen.

MÖGLICHE PROBLEME
Informieren Sie sich regelmäßig bei den kommunalen Imkerverbänden über Neuheiten und Epidemien.
- **Varroa-Milben** setzen sich auf Arbeitsbienen fest, dringen in die Brutzellen ein und fressen die Larven. Überprüfen Sie die Brutzellen regelmäßig und zählen die toten Larven unter dem Bienenstock. Die Bekämpfung erfolgt mit pyrethoidhaltigen Mitteln oder mit Ameisen-, Oxal- oder Milchsäure.
- **Europäische Faulbrut** ist eine Bakterieninfektion der jüngeren Larven. Sie endet auch ohne Behandlung. Man kann die am stärksten infizierten Brutwaben austauschen.
- **Ausschwärmen** Bienenvölker mit einer älteren Königin neigen eher zum Ausschwärmen. Man kann die Bienen daran hindern, indem man den Stock 2 m weit versetzt und um 180° dreht. Die Bienen werden dann einen leeren Stock am alten Standort beziehen. Dann beide Völker so lange füttern, bis sie sich etabliert haben.

Wild, Fisch und Schädlinge

Stadtbewohner haben oft ihre Probleme mit der Vorstellung, Tiere zu erlegen, um sie zu essen. Doch wer auf dem Lande aufgewachsen ist, sieht das grundlegend anders. Allerdings kann man heute längst nicht mehr einfach zur Angel oder zum Gewehr greifen, um für das Abendessen zu sorgen – man braucht für alles eine Genehmigung.

TIPPS FÜR JÄGER

Viel Übung und Sicherheitsbewusstsein sind beim Schießen das A und O. Diese Tipps werden Sie immer wieder hören, aber es lohnt sich immer wieder, sie zu beherzigen.

Sicherheit
▪ **NIEMALS** auf eine Person anlegen.
▪ **Zäune und Gatter** nie mit geladenem Gewehr im Arm erklimmen.
▪ **Niemals** auf Tiere am Horizont schießen.
▪ **Das Gewehr** regelmäßig reinigen und bei Problemen vom Fachmann begutachten lassen, bevor Sie wieder damit schießen.
▪ **Im Zweifelsfall** – lieber sein lassen!

Übung
▪ **Grundsätzlich** vorher die Schussgenauigkeit der Waffe überprüfen.
▪ **Schießscheiben** aus Papier sind ausgezeichnete Trainingsziele.
▪ **Üben-üben-üben** verleiht Ihnen eine sichere Hand.
▪ **Im Liegen oder auf Knien** schießen will auch geübt sein.
▪ **Immer** auf den Kopf oder auf die Schulter zielen (für Herzschüsse).
▪ **Ruhig atmen** und abdrücken, während Sie ausatmen.

Auf der Pirsch
▪ **Warme** Tarnkleidung tragen.
▪ **Im Schutz von Hecken** anpirschen.
▪ **Ruhe bewahren** und starke Gerüche vermeiden – also nicht rauchen und vorher kein Parfum oder Aftershave verwenden.
▪ **Geduld** bewahren – nichts überstürzen.
▪ **Langsam** und überlegt vorgehen.
▪ **Ein scharfes Messer** erlöst ein verwundetes Tier schnell und gründlich.
▪ **Nachsicht-Zielvisiere** lohnen sich, wenn Sie öfter bei schlechten Lichtverhältnissen oder in der Dämmerung jagen.

Auf die Jagd gehen

Wie auch immer Ihre Einstellung dazu ist, die Hege und Pflege des heimischen Wildes würde nicht in gleicher Qualität gewährleistet, wenn es die Jagd nicht gäbe.

Allerdings sollte man dabei schon wissen, was man tut. Natürlich kann man sich viel Wissen anlesen, aber es geht doch nichts über praktische Erfahrung. Wer schießen lernen will, findet in Schützenvereinen und beim Tontaubenschießen willige Aufnahme. Für die Jagd braucht man in jedem Fall einen Jagdschein, aber selbst als frisch gebackener Jäger sollten Sie die ersten Male nur als Beobachter mitgehen, damit Sie genau sehen, wie alles funktioniert.

Die Jagdausrüstung

▪ **Anfänger** sollten sich ein Luftgewehr mit Unterspannhebel oder ein Knicklauf-Luftgewehr im Kaliber 4,5 oder 5,0 mm anschaffen. Diese haben eine gerade Flugbahn und ihre Durchschlagskraft reicht aus, um Ratten und Kaninchen zu erlegen. Für Füchse braucht man schon ein Gewehr mit 5,5-mm-Kaliber.
▪ **Für jede Waffe,** die außerhalb des eingefriedeten Besitztums – d. h. Ihres eingezäunten Grund und Bodens – verwendet wird, brauchen

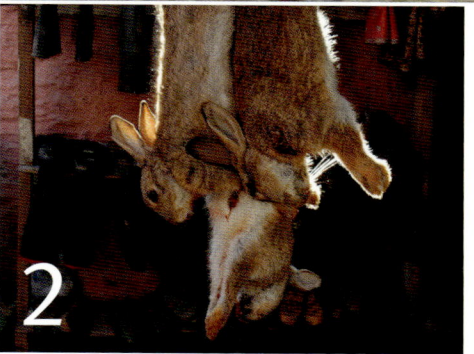

1. Im Forellenfischen – und hier in Cornwall Lachsfischen – haben wir jahrelange Übung. Ehrlich gesagt, steht die aufgewendete Zeit und Mühe in keiner Relation zum Ertrag, aber es ist einfach herrlich entspannend!
2. Wildkaninchen richten in Gärten verheerenden Schaden an, aber sie sind eine äußerst schmackhafte Bereicherung des Speiseplans (Seite 187).

Sie grundsätzlich einen Waffen-schein. Erkundigen Sie sich bei der zuständigen Polizeibehörde.

■ **Munition** für Luftgewehre gibt es in großer Auswahl. Wir bevorzugen Stahlspitzkugeln wegen der Präzision.

Jagdtypen

Es gibt zwei Arten der Jagd, die wir empfehlen können:

■ **Treibjagd:** Ein Team von Treibern und Hunden treibt das Wild vor sich her auf die fest ansitzenden Jäger zu.

■ **Buschierjagd:** Hier streift ein Team von Jägern durch das Jagdgebiet und schießt, was zufällig aufgestöbert wird. Das ist immer eine Art Glücks-spiel, denn man weiß nie, was man finden wird, aber gerade darin liegt der Reiz dieser Jagd. Natürlich kann man dabei auch Jagd auf Flurschäd-linge machen.

Was wird wann gejagt?

Manche Wild- und Fischarten haben Schonzeiten, d. h. sie dürfen zu bestimmten Zeiten nicht gejagt oder geangelt werden, damit sie sich unge-stört vermehren können. In Deutsch-land unterscheidet man bei der Jagd, grob gesagt, nach Revierjagd, die der Grundeigentümer auch weiter verpachten kann, und der Lizenzjagd, die sich auf öffentliches Eigentum bezieht. Dafür gilt das Bundesjagd-gesetz (BJagdG) im Verbund mit dem Waffengesetz; zusätzlich hat jedes Bundesland eigene Landesgesetze.

Zum Jagen braucht man grundsätz-lich einen Jagdschein, der nur nach abgelegter schriftlicher, mündlicher und praktischer Jägerprüfung aus-gestellt wird. Im Kasten oben sind einige Wildarten mit ihrer jeweiligen Jagdsaison angeführt.

In anderen Bundesländern oder in unbekannten Gebieten ist es immer erforderlich, sich in den Jagd- und Angelgeschäften der Gegend nach den örtlichen Gesetzen und Gegeben-heiten zu erkundigen.

JAGDSAISON *

Tierart	Saison
■ Blässhuhn (Blessralle)	11. September – 20. Februar
■ Iltis/Hermelin/Wiesel	1. August – 28. Februar
■ Schwarzwild Bache/Keiler	16. Juni – 31. Januar
■ Schwarzwild Frischlinge	ganzjährig
■ Dachs	1. August – 31. Oktober
■ Dam-/Sikawild	1. September – 28. Februar
■ Ente	1. Oktober – 15. Januar
■ Fasan	1. Oktober – 15. Januar
■ Fuchs	ganzjährig
■ Gans	1. November – 15. Januar
■ Graugans	1. November – 15. Januar , 1. – 31. August
■ Hase	1. Oktober – 15. Januar
■ Marder	16. Oktober – 28. Februar
■ Muffelwild	1. August – 31. Januar
■ Rebhuhn	1. August – 15. Dezember
■ Rehwild, Bock	1. Mai – 15. Oktober
■ Rehwild, Kitz	1. September – 28. Februar
■ Rehwild, Ricke	1. September – 31. Januar
■ Rehwild, Schmalreh	1. Mai – 31. Januar
■ Rotwild, Hirsch/Alttiere	1. August – 31. Januar
■ Rotwild, Kälber	1. Juni – 28. Februar
■ Rotwild, Schmalspießer	1. Juni – 28. Februar
■ Schwan	1. November – 20. Februar
■ Taube	1. November – 20. Februar
■ Waldschnepfe	16. Oktober – 15. Januar
■ Wildkaninchen	ganzjährig

* Bundesregelung für Deutschland, je nach Bundesland sind Variationen möglich.

Fischfang

Unser Fischhändler hat Fisch im Sorti-ment, der in einem Radius von 64 Kilometern gefangen wurde, daher haben wir bei frischem Fisch die Qual der Wahl. Doch selber fischen macht nun einmal ganz besonders viel Spaß, und daher packen wir oft unsere Siebensachen und fahren ans Meer. In England gelten spezi-elle Gesetze für die Binnenfischerei, doch das Fischen im Meer ist überall erlaubt.

Wir haben unsere Angelruten, Rol-len und Köder auf Flohmärkten oder per Kleinanzeigen gekauft, aber die Ausrüstung kann sich trotzdem sehen lassen!

Die beliebtesten Süßwasserfische sind wohl die Edelfische Forelle und Lachsforelle, doch es gibt noch viele andere sehr leckere Süßwasserfische, zum Beispiel Aal, Hecht, Karpfen und Barsch, um nur einige wenige zu nen-nen. In England ist die Auffassung, dass diese Fische essbar sind, lange in Vergessenheit geraten, während sie in vielen anderen Ländern nicht selten als Delikatesse gelten.

In Deutschland ist das Angeln streng reglementiert. Sie brauchen zum Angeln grundsätzlich einen Angelschein, den man nur nach einer absolvierten Prüfung vor der unteren Fischereibehörde an seinem Haupt-wohnsitz ausgehändigt bekommt, sowie einen Gewässerschein, der von dem jeweiligen Fischereirecht-inhaber ausgestellt wird. Für einige Gewässer in Deutschland müssen

Sie eine Sonderlizenz erwerben und es gelten auch für manche Fischarten Schonzeiten – am besten erkundigen Sie sich bei der Fischereibehörde in Ihrem Bundesland, da unterschiedliche Bestimmungen gelten.

Mit einem Angelschein dürfen Sie übrigens noch lange nicht überall angeln. Das Lachsfischen ist in Deutschland vielerorts verboten, es empfiehlt sich dafür ein Angelurlaub im Ausland. Lebende Köder sind in Österreich ein Problem; in der Schweiz hingegen gilt für viele Seen das Freiangelrecht.

Wir teilen Angler in zwei Gruppen ein:

■ **Die aktiven Angler** werfen Spinnerbaits oder Makrelenfedern aus. Diese müssen immer wieder ausgeworfen und eingeholt werden. Makrelen sind sehr schmackhaft, besonders gegrillt, und lassen sich wunderbar einfrieren. Fangfrische Makrele, filetiert, gewürzt und auf den Grill gelegt, wird auch den ärgsten Fischmuffel überzeugen.

■ **Die weniger aktiven Angler** verwenden Schwimmer oder spezielle Federruten, bei denen der Köder in einem Köderkorb am Boden liegt.

Dies erscheint auf den ersten Blick einfacher zu sein, verlangt aber viel Sachkenntnis bei der Handhabung der Köder. Wir haben darum stets ein paar Sand-Aale, Tintenfische und Makrelen als Köder im Gefrierschrank.

Flurschädlinge

Als Wild bezeichnet man Tiere, die zum Sport, für ihr Fleisch oder aus kommerziellen Gründen gejagt werden. Schädlinge hingegen sind Tiere, die Krankheiten verbreiten oder Wild- oder Flurschäden anrichten. Manche dieser Schädlinge, wie Kaninchen oder Tauben, haben jedoch auch sehr schmackhaftes Fleisch und es lohnt sich, sie für den Kochtopf zu jagen.

Schädlinge, ob Vögel, Nager oder Kleinsäuger, können in Ihrem Garten verheerenden Schaden anrichten. Sie verzehren die Ernte, töten das Geflügel und sind in jeder Hinsicht eine Landplage. Innerhalb Ihres eigenen, abgezäunten Grundstücks dürfen Sie ungefragt Jagd auf sie machen. Wir haben die meisten der nachfolgend beschriebenen Methoden mit Erfolg angewendet. Sogar die Theorie, dass fleischessende Männer ihren Grund

und Boden durch Urin »markieren« und so vor Füchsen schützen können, haben wir getestet!

■ **Wildkaninchen** kann man auf verschiedene Art und Weise in Schach halten (siehe Kasten unten), z. B. indem Sie sich einen Longdog (eine Windhundkreuzung), ein Luftgewehr oder ein paar Frettchen anschaffen. Wenn Sie auf eine Gruppe von Kaninchen schießen, beginnen Sie mit dem am weitesten entfernten und arbeiten sich vor, bis alle davongelaufen sind. Man erkennt Kanincheninvasionen an kurz abgegrastem Grün, frischem Kot, Kaninchenbauten und kaninchengroßen Löchern im Zaun.

■ **Ratten und Mäuse** sind überall. Obwohl sie ein Gesundheitsrisiko darstellen und viel Schaden anrichten, akzeptieren wir ihren Anspruch auf Lebensraum. Man muss sie also nicht gleich ausrotten, sollte aber ihre Zahl schon so niedrig wie möglich halten. Wir stellen auf der Farm Rattenfallen auf und legen zuweilen Rattengift auf ihren Pfaden aus.

■ **Füchse** haben sich nicht erst, seit in Großbritannien die Fuchsjagd abgeschafft wurde, zu einem echten Politikum entwickelt. Wir sind der

1 & 2. Eine gute Mischung: Unser Longdog ist ein exzellenter Kaninchenjäger und Katzen sind wunderbare Mäusejäger. **3. Um unsere Gänse und Enten** vor Füchsen zu schützen, halten wir sie tagsüber in einem eingezäunten Gehege. Nachts kommen sie in den Stall.

VERSUCH MACHT KLUG

■ **Frettchen** sind interessante und nützliche Haustiere. Es gibt viel Literatur zu diesem Thema und unserer Meinung nach ist es eine gute und relativ natürliche Methode, um den Kaninchenbestand im Winter zu regulieren.

■ **Fuchsfallen** funktionieren recht gut, sind aber umstritten. Gesetzlich sind nur Fallen zugelassen, die entweder »sofort töten« oder »unversehrt fangen«, aber leider funktioniert das nicht immer. Erkundigen Sie sich auf jeden Fall nach den gültigen Bestimmungen.

■ **Abschießen** ist unsere bevorzugte Methode, um mit zu vielen Kaninchen und Ratten umzugehen.

■ **Vergiften** tun wir Ratten und Mäuse nur im Extremfall.

PROJEKT **Ein Kaninchen häuten und zerlegen**

Wenn Sie ein Kaninchen geschossen haben und es verzehren wollen, müssen Sie es zuallererst an den Vorderläufen hochheben und ein paar Mal fest den Unterleib hinabstreichen, um die Blase zu entleeren. Mehrere tote Kaninchen sollten getrennt voneinander aufbewahrt werden, damit sie schneller auskühlen.

> **SIE BRAUCHEN**
> - Scharfes Messer
> - Hackbrett zum Zerlegen

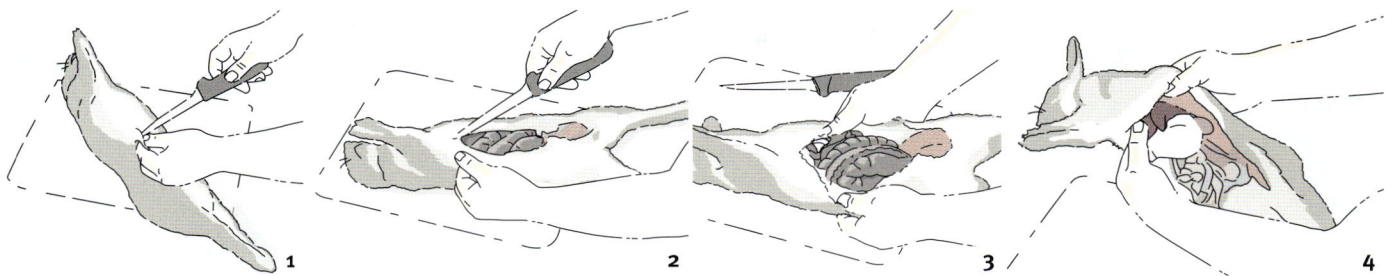

1. Das Kaninchen auf den Rücken legen und das Bauchfell leicht anheben. Mit dem Messer einschneiden, ohne das Fleisch zu verletzen. **2. Die Haut** am Bauch (oder bis zu den Beinen) vorsichtig aufschneiden, ohne die Innereien zu verletzen (das gäbe eine ziemliche Schweinerei). **3. Die Bauchdecke** aufziehen, um die Innereien freizulegen. **4. Das Kaninchen** umdrehen und die Innereien herausnehmen.

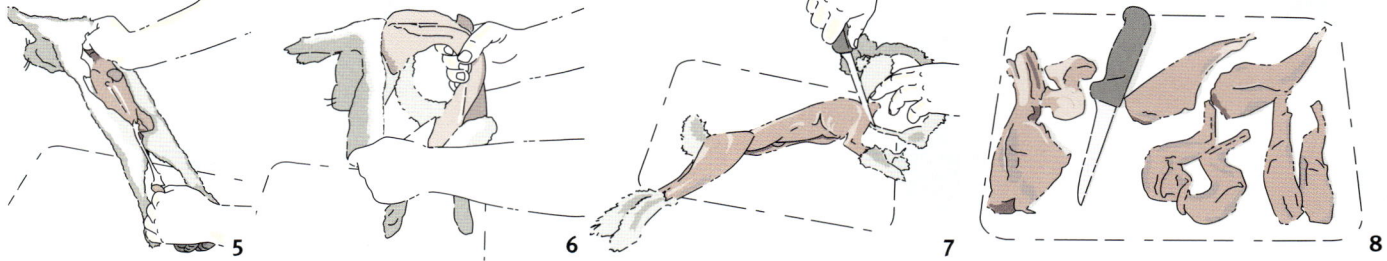

5. Die Kloake freischneiden und Kot und Darm entfernen. **6. Die Haut** vom Rücken abziehen. Dann Kaninchen und Haut wie einen Expander auseinanderziehen. **7. Die Haut** wird von den Beinen gleiten und abreißen, sodass nur Schwanz und Pfoten noch behaart sind. Kopf, Füße und Schwanz abschneiden. **8. Mit einem scharfen Messer** zerlegen: Rücken und Hüften für Brühe (links), Hinterläufe (oben), Vorderläufe (Mitte) und Lende (rechts).

Ansicht, dass Vorbeugen die beste Maßnahme ist. Unsere Tiere werden durch regelmäßig in Stand gehaltene Elektrozäune geschützt, das Geflügel kommt nachts in den Stall und wir halten uns zwei große Hunde. Reicht das nicht aus, kann man Fallschlingen auslegen oder ein Luftgewehr anschaffen.

Wirksame Vorbeugung

Vorbeugung gegen Schädlinge macht viel Arbeit, aber es zahlt sich aus, will man das Anwesen ordentlich und wohl organisiert halten. Bewahren Sie Tierfutter in dicht verschließbaren Behältern auf und hängen die Futterspender für Geflügel ein gutes Stück über dem Boden auf, sodass sie vor

Nagern sicher sind. Gute Zäune und Haustiere sind ebenfalls wirksame Schutzmaßnahmen.

■ **Zäune.** Schützen Sie den Garten vor Wildkaninchenverbiss, indem Sie 1,20 m breiten, feinen Maschendraht 20 cm tief in den Boden einlassen. Diese Maßnahme ist jedoch arbeitsintensiv, teuer und leider nicht unbedingt ausreichend wirksam.

Wir persönlich betrachten unser kleines Kaninchenproblem als willkommene Maßnahme, unseren Speisezettel zu ergänzen. Elektrische Weidezäune schützen das Geflügel vor hungrigen Füchsen.

■ **Hunde und Katzen.** Auf der Newhouse Farm halten wir uns Katzen in erster Linie als Ratten- und Mäuse-

jäger. Unsere Katzen sind allesamt kastriert oder sterilisiert, denn wir haben keine Lust, dem Stereotyp eines Bauernhofs zu entsprechen, in dem sich Katzen und Kätzchen in jeder Scheune tummeln. Abgesehen davon sind Katzen natürlich auch als Haustiere eine Bereicherung.

Unsere Hunde sind ebenfalls zur Abwehr von Füchsen, Kaninchen und manchmal sogar Ratten im Einsatz. Terrier, besonders Jack Russell oder eine andere kleine Terrierrasse, sind die idealen Rattenhunde. Unsere beiden Hunde sind uns treue vierbeinige Freunde, doch sie müssen sich genau wie die Katzen ihren Lebensunterhalt mit der Bekämpfung von Schädlingen verdienen.

IN DER KÜCHE Wir leben buchstäblich in der Küche. Wir genießen gutes Essen sehr und schauen oft im Garten nach, was erntereif ist, um nur mit topfrischen, vollreifen Zutaten zu kochen. Wer keinen Küchengarten hat, kann immerhin frische, einheimische Produkte der Saison einkaufen. In diesem Kapitel lernen Sie viele traditionelle Küchengeheimnisse kennen. Vielleicht entdecken Sie Ihre Leidenschaft fürs Brotbacken oder für die Käseherstellung? Spüren Sie das Gefühl von Zufriedenheit, wenn Sie beim Öffnen der Speisekammertür reihenweise Gläser mit selbst gemachten Chutneys und Marmeladen sehen.

Die Ökoküche

Die Küche ist Mittelpunkt des Hauses. Hier trinken wir morgens Kaffee, verwerten die Ernte aus dem Garten, essen mit der Familie oder mit Gästen. Aber in der Küche wird auch viel Energie verbraucht. Durch Überlegung und Sorgfalt bei der Zubereitung von Speisen lässt sich eine Menge Geld sparen. Außerdem kann man so vermeiden, dass Lebensmittel verschwendet werden oder verderben.

Verschwendung vermeiden

Der erste Schritt zur umweltfreundlichen Küche besteht darin, Verschwendung zu vermeiden und keine Lebensmittel wegzuwerfen. Das bedeutet, aufs Verfallsdatum zu achten und Großpackungen zu kaufen, die Verpackungs- und Transportkosten sparen.

Ordnen Sie Ihre Vorräte wie in einem Supermarktregal, damit Sie schnell sehen, was nachgekauft werden muss. In unserer Speisekammer haben wir ein Regal für geöffnete Zutaten und ein anderes mit der Aufschrift »Geschlossen, Vorrat«. So vermeiden wir, dass mehrere Gefäße gleichzeitig geöffnet werden. Für frisches Obst und Gemüse verwenden wir ausziehbare Körbe.

Wir haben für Großvorräte von Zucker, Mehl und Haferflocken verschließbare Plastikbehälter angeschafft. Wer keinen Platz hat, um große Mengen zu lagern, kann sich vielleicht mit Nachbarn oder Freunden zusammentun. So können Sie preiswerte Großpackungen kaufen und doch relativ kleine Mengen einlagern. Das Mindesthaltbarkeitsdatum bedeutet nicht unbedingt, dass Lebensmittel verdorben sind, wenn es überschritten ist. Nur abgelaufene Eier sollten Sie nicht mehr verwenden. Wenn Sie verderbliche Lebensmittel bis zum Mindesthaltbarkeitsdatum nicht verwerten können, weil Sie verreisen oder andere Essenspläne haben, frieren Sie sie ein.

Auch durch kreative Resteküche lässt sich Verschwendung von Lebensmitteln vermeiden. Probieren Sie bewährte Rezepte oder erfinden Sie eigene. Schrumpelige Äpfel beispielsweise kann man in Kuchen backen, Wurstscheiben werden in Salate geschnitten, trockenes Brot wird zu Paniermehl.

Energie sparen beim Kochen

Herde und Backöfen werden meist mit Gas oder Strom betrieben. Zur Gewinnung von Strom wird die Energie zuerst aus fossilen Brennstoffen in Elektrizität umgewandelt und dann wieder in Hitze. Effizienter ist es, Hitze direkt aus Gas zu gewinnen. Die umweltfreundlichste Lösung ist aber ein Elektroherd, der mit Strom aus erneuerbaren Energien betrieben wird.

Auch Holz ist ein umweltfreundlicher Brennstoff. Es ist CO_2-neutral, und moderne Holzbrenner sind sehr effizient (Seite 82–83). Unserer Meinung nach ist das Kochen auf Holzfeuer nur an kalten Tagen sinnvoll, aber gerade dann wünscht man sich ja eine wärmende Mahlzeit. Verwenden Sie Töpfe und Pfannen mit dicken Böden und fangen Sie frühzeitig an, denn die Garzeiten sind deutlich länger. Wenn der Kaminofen ohnehin brennt, setzen wir auch gleich einen großen Kessel für das Abwaschwasser auf.

Ein Tonofen wird auch mit Holz befeuert, wir benutzen unseren jedoch nur in der warmen Jahreszeit.

DIE KOCHKISTE

Eine altbewährte Energiesparmethode besteht darin, den Herd abzuschalten, bevor ein Gericht ganz gar ist. Dann wird seine eigene Wärme genutzt, um es in einer traditionellen Kochkiste fertig zu garen.

■ **Sie brauchen** eine Kiste aus Kunststoff oder Metall mit dicht schließendem Deckel. Die Kiste mit trockenem Heu füllen.
■ **Ein Gericht** wie üblich kochen – aber nicht ganz zu Ende garen.
■ **Den Herd abschalten.** Den Topf schnell in die Kochkiste auf eine Schicht Heu stellen. Mit reichlich Heu bedecken und die Kiste fest verschließen.
■ **Nach einigen Stunden** ist das Essen in der isolierten Kiste gar. Planen Sie für diese Methode – je nach Gericht – die vier- bis fünffache Garzeit ein. Experimentieren Sie, aber achten Sie darauf, Fleisch ganz durchzugaren.

Ideal für Gerichte mit viel Flüssigkeit *Die Kochkiste nutzt die Heuisolierung und die im Topf vorhandene Wärmeenergie für den weiteren Garvorgang. Der Deckel muss fest schließen, damit keine Hitze entweicht.*

1. **Auf dem Kaminofen** garen Eintöpfe langsam und Wasser wird im Kessel erhitzt. **2. Auf schmalen Regalen** hat man den Vorrat gut im Blick und nichts verschwindet in der hintersten Reihe. **3. Mehl in Großpackungen** spart Verpackungsmaterial und Sie können jederzeit frisches Brot backen.

TIPPS & TRICKS

Transportkosten vermeiden, Energie sparen – so geht's:

Beim Einkauf

■ **Große Mengen** Wir kaufen bei einem Biogroßhändler hochwertige, organische Produkte preisgünstig ein. Großpackungen sparen auch Verpackungsmaterial.

■ **Kleine Läden am Ort** statt Supermarkt. Sie sparen Transportkosten und die Produkte enthalten eventuell weniger Zusätze. Bei uns im Ort gibt es Schlachter, Gemüsehändler und einen Fischwagen.

■ **Eine gute Vielfalt** macht das Kochen interessanter und sorgt für Abwechslung auf dem Tisch.

■ **Einkaufsliste** Vor dem Einkauf den Vorrat kontrollieren und nur einkaufen, was nötig ist. Und strikt an die Liste halten!

■ **Recycelbare Verpackungen** Behälter und Flaschen aus Glas können im Gegensatz zu Plastik unbegrenzt recycelt werden, und man kann sie für selbst gemachte Marmeladen und Chutneys gut gebrauchen.

■ **Haltbare Produkte** wie Bohnen in Dosen, Trockenfrüchte, Nüsse, Nudeln, Reis und Getreide verderben selten, ehe sie verbraucht sind.

In der Küche

■ **Gemüse mit wenig Wasser** garen; je geringer die Wassermenge, desto schneller kocht sie. Kochwasser nicht wegschütten, sondern für Brühe verwenden oder Pflanzen damit gießen.

■ **Töpfe abdecken,** um Wärmeverlust zu vermeiden. Der Topfboden sollte die Kochplatte komplett bedecken, sonst geht am Rand Wärme verloren.

■ **Im Sommer** können Sie im Freien einen Solarkocher verwenden.

■ **Eintöpfe** beanspruchen nur eine Herdplatte und sparen Abwasch.

■ **Speisen nur völlig abgekühlt** in Kühlschrank oder Gefrierschrank stellen, um Energie zu sparen.

■ **In den Wasserkocher** nur so viel Wasser füllen, wie wirklich erhitzt werden soll.

■ **Die Backofentür nicht öffnen,** sonst geht Wärme verloren. Nur im Winter ist es sinnvoll, nach dem Backen die Tür zu öffnen, um den Raum zu heizen, oder die Restwärme zum Trocknen von Pilzen oder Kräutern zu nutzen.

Schnellkochtöpfe

Die ersten Schnellkochtöpfe explodierten manchmal, aber die modernen Versionen sind risikolos und leicht in der Anwendung. Wegen der höheren Innentemperatur und des Drucks garen Speisen in einem Drittel der normalen Zeit, dadurch lässt sich viel Energie einsparen. Außerdem bleiben beim Garen im Schnellkochtopf mehr Vitamine und Mineralien erhalten. Wer umweltbewusst kochen und nebenbei noch Geld sparen will, sollte sich unbedingt einen Schnellkochtopf anschaffen.

Kochen auf dem Motor

Wer oft mit dem Auto unterwegs ist, kennt die dürftige Qualität von Raststättenessen. Meist ist nur Fast Food mit viel zu viel Verpackungsmaterial im Angebot. Eine originelle und umweltfreundliche Alternative ist das Garen unter der Motorhaube, die jede längere Autofahrt zu einem Abenteuer macht. Einfach vor der Abfahrt das Gericht in mehrere Lagen Alufolie wickeln und unter der Haube an einen Platz ohne bewegliche Teile legen. Am Ende der Reise ist das Essen auf Rädern gar.

Kelly-Kessel

Ideal für ein heißes Getränk bei der Arbeit im Freien ist ein Kelly-Kessel. Das doppelwandige Gefäß aus Metall wird mit Wasser gefüllt. Dann wird darunter ein kleines Feuer aus Zweigen und trockenem Gras angezündet. Die Hitze des Feuers steigt durch den »Schornstein« in der Mitte des Freiluftkochers auf und erhitzt selbst eine größere Wassermenge binnen weniger Minuten.

Die Ernte konservieren

Zu manchen Jahreszeiten fallen reiche Erträge an, aber leider ist die Erntezeit oft kurz. Wer das eigene Obst und Gemüse richtig einlagert oder konserviert, kann es rund ums Jahr genießen. Einige Konservierungsmethoden verbessern sogar den Geschmack. Solche Köstlichkeiten sorgen gerade im Winter für willkommene Abwechslung auf dem Tisch.

Vorräte anlegen

Wer saisonbewusst isst, wird feststellen, dass sich das einheimische Lebensmittelangebot im Lauf des Jahres verändert. Setzt man ausschließlich auf saisonale Produkte, riskiert man im Winter Vitaminmangel. Dem lässt sich durch Vorräte, die im Sommer angelegt wurden, vorbeugen. Außerdem hat man im Winter manchmal einfach Appetit auf ein Dessert mit süßem Obst oder auf fruchtige Tomatensauce zu Nudeln. Darum ist es wichtig, zur Erntezeit im Sommer und Herbst vorausschauend zu planen. Ein bisschen Know-how gehört natürlich auch dazu, wenn man vermeiden will, dass all das schöne Eingemachte verdirbt.

Die besten Methoden

Chutneys und Pickles (Seite 206–207) sind lange haltbar und oft ausgesprochen interessant im Geschmack. Zur Herstellung werden Obst und Gemüse mit Essig, Gewürzen und anderen Zutaten gekocht. Pickles und Chutney schmecken köstlich zu kaltem Fleisch, Käse und Currygerichten.

Marmelade und Gelee (Seite 208–209) kann man aus fast allen Früchten kochen, die im Sommer und Frühherbst geerntet werden.

Einmachen (Seite 210–211) erfordert etwas Sorgfalt, aber Regale voller Gläser mit farbenprächtigen Sommerfrüchten haben schon etwas Verführerisches.

Trocknen (Seite 212–213) ist die älteste Konservierungsmethode. Sie ist einfach und kostet fast nichts. Auf der Newhouse Farm trocknen wir häufig Kräuter. Tomaten, Samen, Chilis, Salami und Schinken. Wir haben auch einen Solardörrschrank gebaut (Seite 214–215).

Pökeln (Seite 216–217) ist eine Konservierungsmethode für Fisch und Fleisch. Mit viel Salz wird dem Fleisch die Feuchtigkeit entzogen, sodass darin keine schädlichen Mikroorganismen überleben können.

Räuchern (Seite 218–221) kann man heiß oder kalt. Zur Konservierung ist es sinnvoll, Lebensmittel vorher zu pökeln. Heute dient das Räuchern weniger der Konservierung als der Geschmacksverbesserung. Aber wenn man etwas lange genug räuchert, wird es trocken und hält sich lange.

Mieten und Kisten mit Sand (Seite 164–165) sind traditionelle Lagertechniken, die jeder leicht einsetzen kann.

Einfrieren kann man Fleisch, Fisch, Obst und Gemüse. Wir frieren auch Suppen und Essenreste ein, nachdem sie abgekühlt sind. Der Vorteil des Kälteschlafs ist, dass Vitamine und andere Inhaltsstoffe weitgehend erhalten bleiben. Allerdings kann die Konsistenz leiden. Beschriften Sie Dosen und Beutel mit Inhalt und Einfrierdatum. Halten Sie Ordnung im Gefrierschrank. Packen Sie Neuzugänge immer nach hinten, sonst bleiben womöglich die Erbsen aus dem vorigen Sommer bis zur nächsten Eiszeit in der hintersten Ecke einer Schublade liegen.

1. Gemüse und Obst möglichst bald nach der Ernte konservieren. **2. Obst** eignet sich gut zum Einmachen, Gemüse weniger. **3. Beeren** offen auf Tabletts einfrieren und erst dann in Beutel umfüllen. So kann man sie portionsweise entnehmen.

DER VORRATS-KALENDER

Januar

■ **Pilze** Im Solardörrschrank oder im Backofen trocknen. In Schraubgläsern dunkel aufbewahren. Sie halten sich ewig. Vor der Verwendung einweichen.

■ **Steckrüben** In einer Miete oder einer Kiste mit Sand lagern.

Februar

■ **Porree** Einfrieren oder einfach bis zum Verbrauch im Beet lassen.

März

■ **Rhabarber** Gut zum Einmachen geeignet.

■ **Thymian** Trocknen und mit grobem Salz mischen (zum Einreiben von Grillfleisch).

April

■ **Spargel** Ernteüberschüsse 2 Minuten blanchieren, dann einfrieren.

■ **Spinat** Kann eingefroren werden, aber möglichst bald nach der Ernte.

■ **Salbei und Rosmarin** Am besten trocknen, das ist schnell und effektiv.

Mai

■ **Rote Bete** Einlegen oder zur späteren Zubereitung in Kisten mit Sand lagern.

■ **Rettich** In Scheiben schneiden und in Essig einlegen.

■ **Stachelbeeren** Behalten auch beim Einfrieren ihr feines Aroma.

■ **Dill** Wir verwenden Dill für hausgemachten Graved Lachs. Dazu wird der Fisch mit Salz und Dill eingelegt.

■ **Minze** Trocknen Sie einen kleinen Vorrat für erfrischenden Tee.

Juni

■ **Dicke Bohnen** Kurz blanchieren und einfrieren.

■ **Möhren** In einer Miete oder einer Kiste mit Sand lagern oder einfrieren.

■ **Zwiebeln** Trocknen lassen, dann flechten und aufhängen. Aber nicht im Dunkeln, sonst treiben sie aus.

■ **Erbsen** Ernteüberschüsse einfrieren.

■ **Rote Johannisbeeren** Einfrieren oder zu Gelee verarbeiten.

■ **Erdbeeren** Probieren Sie mal diesen Snack: Die Früchte pürieren, mit Zucker mischen und in Streifen auf Käseleinen streichen. In der Sonne trocknen lassen.

Juli

■ **Gurken** Süßsauer eingelegt oder als würziges Relish sind sie absolut köstlich.

■ **Chilis** Wir verarbeiten unsere Chilis für Chutneys oder fädeln sie zum Trocknen auf. Danach in dicht schließenden Gläsern aufbewahren.

■ **Kartoffeln** Am besten in einer Miete lagern. Alternativ in einem großen Papiersack in einem kühlen, dunklen Raum aufbewahren (**1**).

■ **Stangenbohnen** Putzen, schräg in Streifen schneiden, 2 Minuten blanchieren. Ab-

tropfen und abkühlen lassen, dann einfrieren.

■ **Tomaten** Wir trocknen sie in der Sonne oder geben sie an Chutneys und eingemachte Saucen.

■ **Heidelbeeren** Bestens zum Einfrieren geeignet.

■ **Himbeeren** Marmelade kochen oder einfrieren, wenn die Ernte reich ausfällt (**2**).

■ **Schnittlauch** Hacken und in Eiswürfelformen einfrieren.

■ **Zitronenverbene** Aus dem getrockneten, duftenden Kraut kann man Tee zur Entspannung kochen.

August

■ **Knoblauch** Auf der Newhouse Farm flechten wir Knoblauchzöpfe und hängen sie griffbereit neben die Küchentür. Wir legen auch einige Zehen ein.

■ **Artischocken** Wir kochen sie mit Kräutern und anderen Würzzutaten und bewahren sie dann in Öl auf.

■ **Brombeeren** Die leckeren Wildfrüchte sollten Sie unbedingt sammeln. Sie eignen sich gut zum Einfrieren.

■ **Koriandersamen** Einfach zu trocknen und sehr würzig, zum Beispiel für Currygerichte, Dressings und Würzöle.

September

■ **Meerrettich** Um diese Jahreszeit bereiten wir einige Gläser Meerrettichsauce zu.

■ **Markkürbisse** Wenn Sommerkürbisse zu groß werden, schmecken sie ziemlich fade. Aber man kann sie noch sehr

gut als Zutat für pikante Chutneys verwenden.

■ **Äpfel** Wir verarbeiten Äpfel zu Cider (Seite 230–231) (**3**). Alternativ in Papier wickeln und kühl lagern oder in Ringe schneiden und trocknen.

■ **Trauben** Wir geben Trauben an Chutneys oder keltern Wein daraus (Seite 226–227).

Oktober

■ **Kürbis** Kurz vor dem ersten Frost (oder unmittelbar danach) Kürbisse abschneiden und in einem dunklen Raum in Netzen aufhängen oder auf Regale legen. Sie halten meist bis ins nächste Jahr.

■ **Cranberrys** Bei Cranberrys sind wir altmodisch. Wir kochen sie ein und rühren sie erst zu Weihnachten an, wenn ein selbst aufgezogener Truthahn auf den Tisch kommt.

■ **Esskastanien und Walnüsse** Beide eignen sich sehr gut zum Einfrieren.

November

■ **Blumenkohl** Wer einmal Picalilli selbst gekocht hat, wird es jedes Jahr wieder tun (**4**).

■ **Pastinaken** In einer Miete oder in Kisten mit Sand lagern.

Dezember

■ **Rosenkohl** Man kann ihn blanchieren und einfrieren. Wir versuchen, den Aussaatzeitpunkt so zu wählen, dass wir Weihnachten ernten können.

■ **Kohl** Vor allem Rotkohl ist ausgezeichnet zum Einlegen geeignet.

Sahne, Butter und Joghurt herstellen

Wer Milch »frisch von der Kuh« beim Bauern holen kann, sollte einmal versuchen, daraus Sahne, Butter oder Joghurt herzustellen. Selbst wenn Sie in der Stadt wohnen und Milch kaufen müssen, lohnt sich ein Versuch, denn die Herstellung von Milchprodukten ist ausgesprochen befriedigend. Wir machen immer gleich genug Butter, um eine Portion einzufrieren.

Rahm abschöpfen

Lässt man unbehandelte Rohmilch bei Zimmertemperatur stehen, steigt der fetthaltige Rahm von selbst an die Oberfläche. Man kann ihn dann mit einem Schaumlöffel abschöpfen. Der Schaumlöffel hat kleine Löcher, durch die die Milch abfließt.

Alternativ verwendet man einen speziell diesem Zweck dienenden flachen Trog mit einem Spundloch am Boden. Die Milch einfüllen und warten, bis der Rahm aufgestiegen ist. Wenn er beinahe fest ist, den Pfropfen aus dem Loch ziehen. Die Milch fließt heraus und der Rahm bleibt im Trog zurück.

Wer Milch zur Herstellung von Butter kauft, muss vollfette, nicht homogenisierte Vorzugsmilch wählen. Man bekommt sie in gut sortierten Supermärkten, Bioläden und manchen Käsegeschäften. Homogenisierte Vollmilch ist nicht geeignet, weil die Homogenisierung dafür sorgt, dass sich der Rahm nicht von der Milch trennt und an die Oberfläche aufsteigt.

GEWÜRZBUTTER

Gewürzte Butter kann bis zu drei Monaten eingefroren werden. Probieren Sie einmal diese Zutaten:
- Getrockneter Thymian und Salz
- Schnittlauchröllchen
- Petersilie und Zitronenschale
- Salbei und körniger Senf

Salz und Kräuter unter frische Butter kneten, dann in Pergament wickeln.

1. Frische Butter, in einen traditionellen Holzmodel gepresst.
2. Clotted Cream ist ein Klassiker aus England. Himmlisch zu Erdbeeren.

Säuern zur Joghurtherstellung

Joghurt ist Milch, die durch Milchsäurebakterien gesäuert ist. Rühren Sie einfach 2 Esslöffel gekauften Naturjoghurt mit lebenden Kulturen in 1,2 Liter Vollmilch oder fettarme Milch, die zuvor sterilisiert und auf Körpertemperatur abgekühlt wurde. Das Gefäß abdecken und über Nacht bei Zimmertemperatur stehen lassen. Sie können es auch in eine Kochkiste stellen (Seite 192). Der Joghurt ist essfertig, wenn er eine dickliche Konsistenz hat. Dann sollten Sie ihn in den Kühlschrank stellen. Wenn Sie die Joghurtkultur mehrfach verwenden wollen, lassen Sie sie in der Kochkiste. Jedes Mal, wenn Sie Joghurt zum Essen entnehmen, füllen Sie die gleiche Menge Milch nach.

Säuern zur Butterherstellung

Um Rahm für Butter zu verwenden, muss er zuerst reifen: Milchsäurebakterien müssen einen Teil der Laktose in Milchsäure umwandeln. Bei warmem Wetter geschieht das von allein. Anderenfalls rühren Sie einige Teelöffel Joghurt oder saure Sahne unter den Rahm.

Clotted Cream

Zur Herstellung von Clotted Cream wird unpasteurisierte oder nicht homogenisierte Milch erhitzt, bis sie eindickt und die Oberfläche gelblich wird. Frische Milch 12 Stunden bei Zimmertemperatur stehen lassen, dann auf 92 °C erhitzen und sofort zum Abkühlen in eine Schüssel gießen. Nach dem Abkühlen 24 Stunden in den Kühlschrank stellen, dann die köstliche Rahmschicht abschöpfen.

REZEPT **Selbst gemachte Butter**

Schlägt man gesäuerte Sahne (siehe linke Seite), wird sie zu Butter. Sie brauchen dafür kein Butterfass, ein elektricher Handmixer genügt. Wenn die Sahne etwa 20 °C warm ist, muss sie nur wenige Minuten lang geschlagen werden.

SIE BRAUCHEN
- 1,2 Liter Crème double
- 15 ml Naturjoghurt mit lebenden Kulturen
- Salz
- Handrührgerät
- Brett mit Saftrinne
- Holzspatel
- Model oder Pergamentpapier

1. Die Sahne in eine saubere, sterilisierte Schüssel gießen. **2. Den Joghurt** zugeben und einige Minuten schlagen. **3. Die Masse** wird langsam steif. **4. Weiter schlagen,** bis die Masse gelblich wird und wie Rührei aussieht. Nach 2–3 Minuten bilden sich kleine Butterklümpchen. Wenn sich die Klümpchen verfestigen, etwas kaltes Wasser zugießen und noch 1 Minute auf niedriger Stufe schlagen. Die Flüssigkeit (Buttermilch) abgießen und auffangen. Für Pfannkuchen (siehe unten rechts) verwenden.

5. Mit Holzspateln oder geriffelten Butterbrettchen die Butter auf ein Holzbrett legen. Jetzt wird sie gewaschen. **6. Die Butter** mit den Spateln kneten und drücken. Dabei klares Wasser zugießen. Das Waschen sorgt dafür, dass die Butter nicht so leicht ranzig wird. **7. Die Buttermilch** auffangen. Weiter waschen und die Buttermilch auffangen, bis die ablaufende Flüssigkeit klar ist.

BUTTERMILCH-PFANNKUCHEN

Mehl-Natron-Mischung
- 500 g Mehl
- 1 TL Weinsteinsäure
- 1 TL Natron
- ½ TL Salz
- ½ TL Zucker

Für die Pfannkuchen
- 500 g Mehl-Natron-Mischung
- 300 ml Buttermilch
- 2 kleine Eier

Eine Mulde ins Mehl drücken. Die Eier hineinschlagen. Mit einer Gabel verrühren, dabei langsam die Buttermilch zugießen. Eine Pfanne fetten und erhitzen. Kleine Teigkleckse im heißen Fett von jeder Seite 2–3 Minuten goldbraun braten.

8. Die Butter mit Salz (mindestens 2 Prozent ihres Gewichts) in den Model schichten. **9. Gut andrücken,** um Lufteinschlüsse zu vermeiden. **10. Muster aufstempeln.** Alternativ die Butter zur Rolle formen und in Pergamentpapier wickeln.

Käse selbst herstellen

Ursprünglich diente die Käseherstellung als Methode, Milchüberschüsse zu verwerten. Aber man muss keine Kuh besitzen, um sich einmal daran zu versuchen. Auch mit gekaufter Milch macht die Käseherstellung Spaß und ist ausgesprochen kreativ, weil man den Käse ganz nach Geschmack mit Kräutern aus dem eigenen Garten würzen kann.

Was ist Käse?

Lässt man Milch an einem warmen Platz stehen oder gibt Zusatzstoffe hinein, steigt ihr Säuregehalt. Dann gerinnt die Milch teilweise und die Feststoffe trennen sich von der Molke. Aus den Feststoffen wird Käse hergestellt.

Käse schmeckt gut und ist reich an Proteinen, enthält aber mehr Kalorien als Fleisch. Unser Frischkäse aus fettarmer Milch eignet sich aber durchaus für Figurbewusste.

Welche Milch?

Im Gegensatz zu Sahne (Seite 196) kann Käse aus homogenisierter Milch hergestellt werden. Vollmilch oder fettarme Milch sind geeignet, entrahmte Milch jedoch nicht.

Pasteurisierte Milch ist geeignet, wenn Sie einen Starter zugeben (siehe rechts) und die Milchsäurebakterien über Nacht arbeiten lassen, ehe Sie selbst ans Werk gehen.

Frischkäse

Zur Frischkäseherstellung kann man Milch an Sommertagen natürlich gerinnen lassen oder ein Gerinnungsmittel zufügen. Weil Frischkäse mild schmeckt, können Sie nach Herzenslust mit Würzzutaten experimentieren (siehe Rezept auf der rechten Seite). Wenn Sie statt Milch Sahne verwenden, erhalten Sie einen fetteren, besonders cremigen Weichkäse.

Hartkäse

Früher fiel im Sommer viel Milch an, die man für den Winter konservieren wollte. Damals verwendete man für Hartkäse Milch von mehreren Kühen und aus morgendlichen und abendlichen Melkgängen. Begonnen wurde mit der Abendmilch, am nächsten Tag gab man Morgenmilch dazu. Aber keine Sorge, mit Biomilch aus dem Supermarkt klappt es auch (Seite 200–201).

Der Starter

Ein Starter ist Milch mit sehr hohem Milchsäuregehalt, der den Prozess beschleunigt. Man kann solche Starter kaufen oder selbst herstellen. Wir lassen einen Liter fettarme Milch 24 Stunden bei 27–30 °C stehen, bis sie sauer wird. Von dieser Mutterkultur schöpfen wir die oberste Schicht ab und geben sie an einen halben Liter fettarme Milch. Mit einem Tuch abdecken und nochmals 24 Stunden lang bei 21 °C stehen lassen, fertig ist die Kultur.

Gerinnungsmittel

Lab ist eine wichtige Zutat zur Käseherstellung. Das Enzym, das die Milchgerinnung und die Trennung von Feststoffen und Molke fördert, wird aus den Mägen von Kälbern, Lämmern oder Ziegen gewonnen.

Vegetarier können Lab tierischen Ursprungs durch fermentierte Mikroorganismen, Pflanzenextrakte, synthetisch hergestellte Gerinnungsmittel oder frisch gepressten Zitronensaft ersetzen.

1. **Frischkäse** kann ohne Lab hergestellt werden – Zitronensaft genügt als Gerinnungsmittel. Ideal für Vegetarier und sehr lecker zu dicken Scheiben von warmem Brot. 2. **Selbst gemachter Hartkäse** hält sich bei richtiger Lagerung monatelang. Unserer wird aber immer zügig aufgegessen. Dieser wurde in Schnittlauchröllchen gewälzt und hat ein feines Zwiebelaroma. Zu herzhaften Knäckebrottalern servieren.

REZEPT **Frischkäse**

Frischkäse kann schon nach 24 Stunden serviert werden. Er hält sich nicht lange und sollte recht schnell verbraucht werden. Weil er so mild schmeckt, kann man ihn wunderbar mit Würzzutaten wie fein gehacktem Knoblauch und Kräutern oder grobem Pfefferschrot aufpeppen.

SIE BRAUCHEN
- Kochtopf
- Schaumlöffel
- Käseleinen
- Küchenschnur
- 1 Liter Milch
- Saft von einer Zitrone
- Gehackte Kräuter
- Zerdrückten Knoblauch
- Salz und Pfeffer

1. Milch in einem Topf schwach zum Kochen bringen. Sofort vom Herd nehmen und den Zitronensaft zugeben. Umrühren, bis die Milch zu gerinnen beginnt. **2. Die Feststoffe** mit dem Schaumlöffel in den Leinenbeutel füllen. Mit Schnur zubinden. **3. Über Nacht** den Beutel über eine Schüssel hängen, damit die Molke abtropfen kann.

4. Die Masse aus dem Beutel nehmen: Der Frischkäse ist fertig. **5. Den Frischkäse** auf einem Brett mit Würzzutaten verkneten. Wir haben frische Schnittlauchröllchen, zerdrückten Knoblauch, Salz und Pfeffer verwendet. Im Kühlschrank hält sich der Frischkäse einige Tage.

BITTE MIT SAHNE

Sahne langsam erwärmen, bis sie gerinnt. Über Nacht stehen lassen. Morgens die Molke abgießen und die Käsemasse mit einer langen Messerklinge hacken. Salz und nach Wunsch etwas Butter (für das Aroma) zugeben. In einem Käseleinenbeutel einen Tag abtropfen lassen. Am nächsten Tag den Beutel straff ziehen und einen Monat aufhängen. Der Käse kann nun bis zu vier Monate reifen, aber so viel Geduld haben wir nie.

VOR ORT EINKAUFEN

Wir haben nicht genug Zeit, um all unseren Käse selbst herzustellen, darum kaufen wir einige hiesige Sorten ein. In letzter Zeit bieten immer mehr kleine, regionale Betriebe hervorragenden Käse an. Hören Sie sich um, ob es auch bei Ihnen solche kleinen Käsereien gibt, bevor Sie zu herkömmlichem Supermarktkäse greifen. Alternativ könnten Sie einfachen Käse kaufen und selbst räuchern, um ihm einen interessanteren Geschmack zu geben (Seite 218–221).

REZEPT **Hartkäse**

Wir dachten, dass man zur Käseherstellung Spezialgeräte und Expertenwissen braucht. Tatsächlich kann man Käse aber bequem in der eigenen Küche machen. Wichtig ist, alle Utensilien vorher gründlich mit kochendem Wasser zu reinigen. Wer genügend Geduld hat, wird feststellen, dass der Käse mit zunehmender Reife immer besser schmeckt.

SIE BRAUCHEN
- Kochtopf (9 Liter Volumen)
- Küchenthermometer
- Käseleinen, Nessel
- Messer mit langer Klinge
- Sieb, Kelle, Schaumlöffel
- Form, schweres Gewicht
- 9 Liter Vollmilch
- 1 gehäuften Teelöffel Starter
- 1 Becher Naturjoghurt mit lebenden Kulturen
- 1 Teelöffel Lab
- Salz
- Schnittlauch oder andere Kräuter

FESTSTOFFE UND MOLKE TRENNEN

1. 5 Liter Milch in den Topf gießen. Auf 20 °C erhitzen, vom Herd nehmen. Den Starter und einen halben Becher Joghurt einrühren. Den Topf mit Käseleinen bedecken und über Nacht ruhen lassen. **2. Den Rahm** mit einem Sieb abschöpfen und in einem anderen Topf auf ca. 30 °C erhitzen. Wieder in die Milch rühren. **3. Weitere** 5 Liter Milch zufügen. Langsam auf 32 °C erhitzen. **4. Das Lab** in einer Tasse kaltem Wasser auflösen. Den Topf vom Herd nehmen, das Lab einrühren.

5. & 6. Die Milch 5 Minuten lang mit den Händen rühren, bis sich die Molke trennt und Flocken an den Händen kleben bleiben. **7. Mit der Wölbung** eines Siebs über die Mischung streichen, damit keine Sahne mehr aufsteigt. 5 Minuten fortfahren, bis die Sahne an den Feststoffflocken haftet. Die Mischung eine Stunde stehen lassen. **8. Die Molke** abschöpfen und in einen anderen Topf füllen. Für Schritt 10 aufbewahren. **9. Die Käsemasse** mit einer langen Messerklinge in 5 mm große Würfel schneiden, damit noch mehr Molke austritt. Die Molke abnehmen.

DIE FESTMASSE AUFBEREITEN

10. Die Festmasse mit etwas Molke auf 39 °C erhitzen, dabei mit den Händen rühren. Die Masse sieht aus wie Rührei.
11. Den Säuregehalt mit der Kneifprobe prüfen. Etwas Masse zwischen den Fingern zerreiben. Lässt sie sich auf 5 cm ziehen, ohne zu reißen, ist sie fertig. Reißt sie, noch etwas länger erhitzen. **12. Die Masse** soll nun etwa walnussgroße Klümpchen bilden. Dabei können Sie mit den Fingern nachhelfen. Jetzt können auch Kräuter, Gewürze oder andere Geschmackszutaten unter die Masse gemengt werden.

FORMEN, PRESSEN UND SALZEN

13. Eine Form (z. B. eine ausgewaschene Konservendose) mit Käseleinen auslegen. Die Käsemasse mit einem Schöpflöffel hineinfüllen. Die Menge reicht für zwei kleine Käselaibe. **14. & 15. Die Masse** schichtweise gut andrücken (wir verwenden einen Holzstempel) und jede Schicht mit etwas Salz bestreuen – 25 g Salz auf je 500 g Käsemasse. **16. Das Käseleinen** über den Käse falten. **17. Beschweren**, z. B. mit einem Gefäß voll Glasmurmeln, und über Nacht ruhen lassen.

18. Den Käse auswickeln und mit warmem Wasser abwaschen. Umdrehen, wieder einpacken und noch einen Tag beschweren. **19. Auswickeln** und in frisch gehackten Kräutern wälzen. **20. Wieder einwickeln** und noch zwei Tage beschweren. Aus dem Käseleinen nehmen und in Nesselstoff wickeln. Auf einem Regal bei ca. 13–16 °C lagern. In der ersten Woche täglich wenden, danach wöchentlich.

Brot backen

Der Duft von ofenfrischem Brot ist so herrlich, dass es sich lohnt, es regelmäßig selbst zu backen, statt es im Laden zu kaufen. Viele Brotsorten kann man ganz leicht in der eigenen Küche herstellen, und auch das Angebot an Mehlen und anderen Zutaten ist vielfältig und interessant. Viel Spaß beim Experimentieren und Abwandeln der Rezepte!

Abwechslung muss sein

Grundsätzlich kann man zwischen drei Brotsorten unterscheiden:

■ **Hefelaibbrote,** etwa Weißbrot, Weizenvollkornbrot und andere mit Hefe als Triebmittel.

■ **Fladen- und flache Brote** wie Pitta, Knäckebrot oder Chapattis, die nicht zu Laiben aufgehen.

■ **Sauerteigbrot** (Seite 204–205), geht zu Laiben auf, wird aber nicht mit Hefe gebacken.

Hefe

Für die meisten Brote wird Hefe als Triebmittel zugesetzt. Sie gehen auf, weil die Hefe die im Mehl enthaltenen Zuckerstoffe in Alkohol und Gase umwandelt. Wenn der Alkohol verdunstet, bilden sich Kohlendioxidblasen im Teig, die ihm seine luftige Konsistenz geben. Hefe braucht Wärme, um aktiv zu werden, bei Temperaturen über 35 °C wird sie jedoch unwirksam.

Frische Hefe sieht in etwa aus wie Fensterkitt und hat einen intensiven Geruch. Die 42 g schweren Würfel müssen im Kühlschrank aufbewahrt werden, man kann sie aber auch einfrieren. Wir verwenden meist Trockenhefe. Die Dosierung ist auf der Verpackung oder im Brotrezept angegeben.

Kneten

Das Kneten ist nicht nur wichtig für das Gelingen des Brotteigs, sondern auch gut gegen Stress. Während man angestaute Spannungen abreagiert, verteilt man die Hefe gleichmäßig im Teig, sodass sich Glutenstränge bilden können, ohne die der Teig nicht aufgehen könnte. Brotteig nimmt grobe, geradezu brutale Behandlung nicht übel, im Gegenteil. Drücken und knuffen Sie ihn, bis er glatt und seidig wird. Ziehen Sie nach einer Weile ein Stück Teig zwischen den Händen, bis es so dünn wird, dass Licht hindurch scheint. Wenn es dabei reißt, müssen Sie weiter kneten.

Dann den Teig gehen lassen, bis sich sein Volumen verdoppelt hat. Drücken Sie den Teig mit dem Finger ein. Zieht sich die Mulde schnell wieder glatt, ist der Teig lange genug gegangen.

Verschiedene Mehle

Probieren Sie statt fadem Supermarktbrot einmal selbst gebackenes Brot aus diesen Mehlsorten:

■ **Weizenvollkornmehl** enthält wertvolle Faserstoffe, Proteine und die Vitamine B und E. Es ist reich an Gluten, geht gut auf und ergibt einen elastischen Teig, der sich gut verarbeiten lässt.

■ **Roggenmehl** wird für dunklere, saftige Brote mit kräftiger Kruste und leicht säuerlichem Geschmack verwendet. Weil es wenig Gluten enthält, eignet es sich gut für Allergiker.

■ **Gerstenmehl** schmeckt besonders mild und leicht süßlich, wenn es zuerst geröstet wird. Wir mischen ein Drittel Gerstenmehl mit zwei Dritteln Weizenmehl. Gerste enthält ebenfalls wenig Gluten.

■ **Dinkelmehl** aus dem ältesten, bekannten Getreide ist reich an Proteinen, Vitaminen und Mineralien, enthält aber wenig Gluten. Damit der Teig gut aufgeht und nicht trocken wird, mischen wir es meist mit Weizenmehl.

VOLLKORNBROT

- 600 g Dinkel- oder Weizenvollkornmehl
- 2 TL Trockenhefe
- 400 ml lauwarmes Wasser
- 100 g Körnermischung
- 2 TL Salz

■ **Mehl und Hefe** in einer Schüssel mischen. Das Wasser zugießen.

■ **Verrühren,** dann auf der Arbeitsplatte kneten, bis der Teig elastisch wird. Salz und den Großteil der Körner zugeben.

■ **Mit einem Teigschaber** die Teigränder hochschlagen. Zur Kugel formen.

■ **In eine eingeölte Schüssel legen,** mit etwas Öl besprenkeln und abgedeckt an einen warmen Platz stellen.

■ **Den Teig kurz durchkneten,** in zwei Portionen teilen und in eingeölte Kastenformen legen.

■ **Mit Wasser befeuchten** und mit den restlichen Körnern bestreuen. In Frischhaltefolie ca. 2 Stunden ruhen lassen.

■ **Bei 200 °C** 20 Minuten backen. Aus der Form nehmen und noch 10 Minuten backen, damit die Kruste knusprig wird. Beim Daraufklopfen muss das Brot hohl klingen, sonst noch weiterbacken.

REZEPT **Kräuterbrötchen**

Vollkornbrot-Fans werden sich wundern, hier ein Rezept für helle Brötchen zu finden. Wir kennen aber keine Brotsorte, die sich so gut toasten lässt. Sie können auch andere Kräuter verwenden, knackige Körner oder Honig unter den Teig kneten.

SIE BRAUCHEN
- 1 kg Weizenmehl
- 600 ml warmes Wasser
- 30 g frische Hefe
- 3 EL Oliven- oder Rapsöl
- 20 g Salz
- 1 Handvoll Kräuter, z. B. Salbei, Rosmarin, Thymian
- Ölzerstäuber und Schüssel

1. Alle Zutaten bis auf Salz und Kräuter mischen. Den Teig auf der Arbeitsfläche flach drücken, gründlich kneten und wieder flach drücken. Mit Salz bestreuen. **2. Die Kräuter hacken** und aufstreuen. Den Teig noch zweimal durchkneten, jedes Mal die Ziehprobe machen. Zur Kugel formen, in eine eingeölte Schüssel legen und mit Öl einsprühen. Mit einem feuchtwarmen Geschirrtuch abdecken und gehen lassen. **3. Auf die Arbeitsfläche** stürzen, Portionen abreißen und zu Brötchen rollen. **4. Mit Mehl** bestäuben oder anfeuchten und mit Körnern bestreuen. Nochmals gehen lassen. Im vorgeheizten Backofen bei 200 °C etwa 20 Minuten goldbraun backen.

REZEPT **Blitzbrot**

Dieses Brot ist schnell fertig, weil der Teig nicht gehen muss. In Nordirland formt man aus dem Teig flache Fladen, die in der Pfanne gegart werden. Besonders gut schmecken sie, wenn man sie in ausgelassenem fetten Speck brät.

SIE BRAUCHEN
- 450 g Weizenmehl
- 1 TL Weinsteinsäure
- 1 TL Natron
- 1/2 TL Salz
- 350 ml Buttermilch
- Rührschüssel
- Grillpfanne, Palettenmesser
- Kastenform

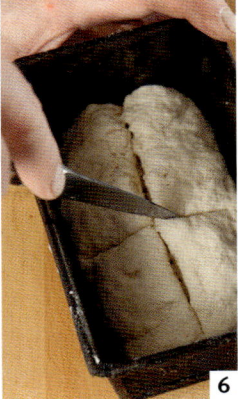

1. Die trockenen Zutaten in eine Schüssel geben, die Buttermilch unterrühren. **2. Den krümeligen Teig** mit einem Palettenmesser gut durchhacken. **3. Auf die Arbeitsfläche** stürzen und in zwei Portionen teilen. Mit bemehlten Händen zusammendrücken. Eine Portion zu einem Kreis ausrollen und in Viertel schneiden. **4. Eine Grillpfanne erhitzen,** mit Mehl bestreuen und die Teigviertel darauf 10 Minuten goldbraun braten. **5. Wenden** und weitere 10 Minuten braten. **6. Den restlichen Teig** zum Laib formen, in eine eingeölte Kastenform legen und die Oberseite kreuzweise einschneiden. Im vorgeheizten Backofen bei 200 °C etwa 30 Minuten goldbraun backen.

REZEPT **Sauerteigbrot**

Für Sauerteigbrot verwendet man keine Hefe, sondern einen Vorteig, der 2–3 Wochen vorher angesetzt werden muss, damit er ausreichend Zeit zum Fermentieren hat. Sie müssen also etwas vorausschauend denken. Der Brotteig ist recht klebrig. Mit einem weichen Plastik- oder Gummischaber lässt er sich relativ gut aus der Schüssel lösen, zerteilen und von Arbeitsfläche und Händen abkratzen.

SIE BRAUCHEN
- 500 g Weizenmehl
- 400 g Vorteig (siehe unten links)
- 250 ml Wasser
- 3 TL Salz
- 1 TL braunen Zucker
- Rührschüssel
- Plastikschaber
- Ölzerstäuber
- Nessel zum Einschlagen
- Scharfes Messer

DER VORTEIG

■ **Gleiche Mengen** Weizenmehl und Wasser (z. B. 500 g Mehl und 500 ml Wasser) in einer Schüssel mischen. Mit einem Tuch abdecken und bei Zimmertemperatur ruhen lassen.

■ **Nach 2–3 Wochen** beginnt die Fermentierung, das Volumen nimmt zu und man sieht Luftblasen. Jetzt hat sich eine natürliche Hefekultur gebildet. Nun kann der Vorteig zum Backen verwendet werden.

■ **Verbrauchter Vorteig** muss ersetzt werden – der Teig wird »gefüttert«. Wenn Sie für ein Brot 400 g Vorteig entnehmen, rühren Sie 200 g Mehl und 200 ml Wasser unter die Restmenge des Vorteigs.

■ **Wenn Sie nicht täglich** backen, bewahren Sie den Vorteig im Kühlschrank auf. 24 Stunden vor der Verwendung herausnehmen. Bei Zimmertemperatur werden die Kulturen wieder aktiv.

■ **Man kann den Vorteig** auch einfrieren, um die Fermentierung zu unterbrechen. Zum Reaktivieren den Vorteig auftauen und 24 Stunden bei Zimmertemperatur stehen lassen, dann wie gewohnt »füttern«.

1. Mehl, Vorteig und Wasser in eine Schüssel geben. Das Mehl braucht nicht gesiebt zu werden. **2. Beide Zutaten** mit den Händen gut vermischen. Zwischendurch den klebrigen Teig mit dem Plastikschaber von den Händen kratzen.

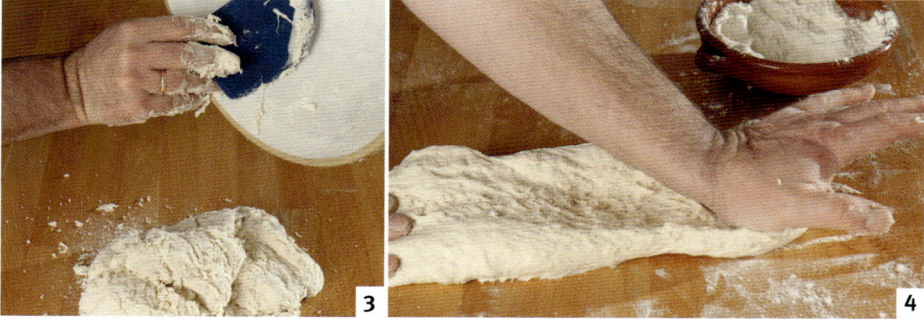

3. Den Teig auf eine leicht bemehlte Arbeitsfläche stürzen. **4. Die Hände** mit Mehl bestäuben. Den Teig mit den Handballen gründlich durchkneten. Packen Sie ihn fest an, Sie tun ihm nicht weh. Der Teig fühlt sich feucht an. Geben Sie trotzdem kein zusätzliches Mehl zu. Flach drücken und Zucker und Salz aufstreuen, damit die überschüssige Feuchtigkeit aufgesogen wird.

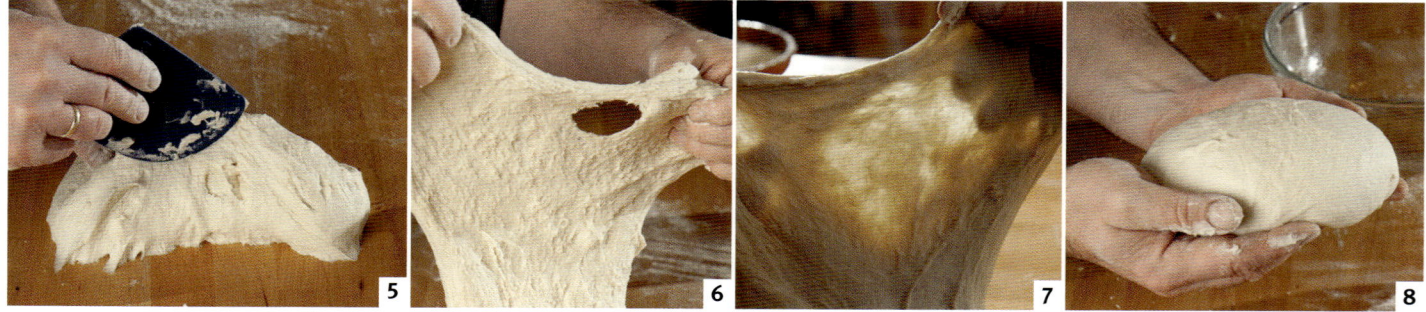

5. Den Teig mit dem Plastikschaber zusammenschieben und nochmals gründlich und kräftig kneten. Dabei können Sie fühlen, wie er allmählich trockener wird. **6. Die Ziehprobe** durchführen. Wenn der Teig beim Ziehen zwischen den Händen reißt, müssen Sie ihn noch ein Weilchen länger kneten. **7. Lässt er** sich so dünn ziehen, dass Licht durchscheint, ist er fertig. Diese Probe ist zuverlässiger als jede Zeitangabe für die empfohlene Dauer des Knetens. **8. Den Teig** zu einer glatten, abgeflachten Kugel formen.

9. Eine große Schüssel einölen. Den Teig hineinlegen und mit Öl einsprühen, damit seine Oberfläche nicht austrocknet. Mit einem feuchtwarmen Tuch oder mit Frischhaltefolie abdecken und an einem warmen, aber nicht heißen Platz mindestens 2 Stunden ruhen lassen. Im Gegensatz zu Hefeteig verdoppelt sich das Volumen nicht, sondern wird nur leicht größer.
10. Nach der Ruhezeit zwei Stücke feinen, ungebleichten Stoff aus Baumwolle oder Hanf (z.B. Nessel) mit Mehl einreiben.
11. Den Teig auf eine bemehlte Arbeitsfäche stürzen, die Ränder einschlagen.

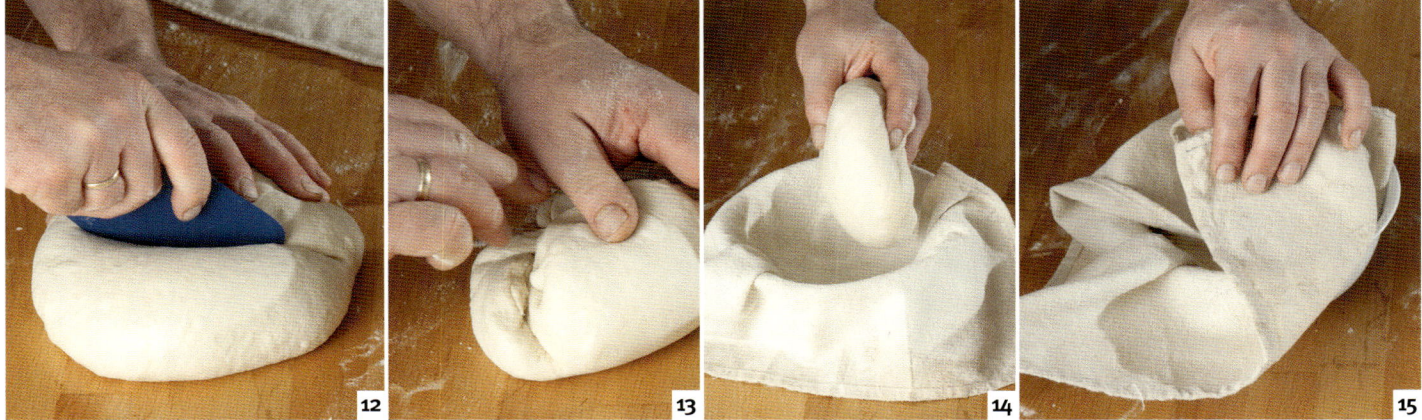

12. Die Kugel mit dem Plastikschaber halbieren. **13. Jede Portion** wieder zur Kugel formen. Dazu die Teigränder einschlagen. **14. Die Nesseltücher** in Schüsseln legen, auf jedes eine Teigkugel legen. Die eingeschlagenen Teigränder zeigen nach oben. **15. Den Stoff** locker über dem Teig zusammenlegen. Nochmals an einem warmen Platz 2 Stunden ruhen lassen.

16. Die Teigkugeln aus den Tüchern wickeln und mit der Naht nach unten auf bemehlte Backbleche legen. (Die Nesseltücher nicht waschen. Nur trocknen lassen und wegräumen.) **17. Die Laibe** mehrmals einschneiden, damit die Kruste beim Backen aufplatzt. Ein sehr scharfes Messer oder eine Rasierklinge verwenden. **18. Die Brote** mit Mehl bestäuben und in den vorgeheizten Backofen (180 °C) schieben. Eine Tasse Wasser direkt auf den Ofenboden gießen und schnell die Tür schließen, bevor der Dampf entweicht. Die Brote 30 Minuten oder länger backen, bis die Kruste goldbraun ist.

Chutneys und Eingelegtes

Der Unterschied zwischen Eingelegtem und Chutney ist ganz einfach. Eingelegtes Obst und Gemüse wird in Essig konserviert, für Chutney dagegen wird es in Essig gekocht. Die Säure des Essigs verhindert, dass die Lebensmittel durch schädliche Mikroorganismen verderben, und gibt den selbst gemachten Konserven gleichzeitig einen herb-würzigen Geschmack.

Einlegen

Grundsätzlich ist das Einlegen die schnellere und einfachere Verarbeitungsmethode. Verwenden Sie dafür junges, frisches und makelloses Obst und Gemüse, das zuerst 24 Stunden in Lake gelegt oder mit Salz bestreut werden muss, um ihm einen Teil seiner Feuchtigkeit zu entziehen.

Für die Lake mischen Sie 100 g Salz mit 1 Liter Wasser.

Das Obst oder Gemüse in sterilisierte Gläser füllen (Schritt 4, rechte Seite unten) und vollständig mit Essig bedecken. Destillierter Essig hat die besten Konservierungseigenschaften. Er ist nicht ganz billig, schmeckt aber besonders gut. Je mehr Sie für den Essig ausgeben, desto milder werden ihre Produkte. Natürlich können Sie auch preiswerteren Essig verwenden und mit Kräutern und Gewürzen ganz nach Belieben aromatisieren.

Eingelegte Eier Wenn Sie mehr Eier im Haus haben, als Sie frisch verbrauchen können, legen Sie einige ein. Die Eier hart kochen, dann pellen und in große Gläser schichten. Mit gewürztem Essig bedecken. Auf ein Dutzend Eier rechnet man etwa 1 Liter Würzessig. Die Gläser fest verschließen. Nach etwa einem Monat können die Eier gegessen werden.

Eingelegte Zwiebeln An den Essig zum Einlegen von Zwiebeln geben wir etwas Zucker (weißen, damit der Essig hell und klar bleibt). Die Zwiebeln 12 Stunden in Lake einlegen, dann erst pellen. Nochmals 2 Tage in Lake ziehen lassen. In ein Glas schichten und mit gesüßtem, gewürztem Essig übergießen. Sie sollten nun mindestens zwei Monate Geduld haben, bevor Sie die würzigen Zwiebeln probieren.

Chutney

Chutneys zu kochen ist so spannend, dass wir jedes Jahr riesige Mengen zubereiten. Fast alle Obst- und Gemüsearten können für Chutneys verwendet werden. Wir haben beispielsweise schon Zucchini, Äpfel, Weintrauben, Rettiche, Rhabarber, rote und grüne Tomaten, Chilis, Auberginen, Birnen, Kürbisse und Rüben ausprobiert, um nur einige zu nennen. Gewürze geben den Chutneys Pepp. Unsere besonderen Favoriten sind Kreuzkümmel, Koriander, Piment, Gewürznelken, Ingwer, Pfefferkörner, Paprika, Senfkörner und Knoblauch.

OLIVEN EINLEGEN

Wir ziehen Oliven im Folientunnel. Roh kann man sie nicht essen, darum legen wir sie ein.

Oliven säubern, entsteinen und in sterilisierte Gläser schichten. Mit Wasser bedecken. Einen kleinen Plastikbeutel mit Wasser füllen und darauflegen, damit sie nicht aufschwimmen. Eine Woche lang das Wasser täglich wechseln. Dann fünf Wochen in Lake (75 g Salz auf 1 Liter Wasser) ziehen lassen. Für den luftdichten Abschluss etwas Olivenöl auf die Lake gießen.

1. **Eingelegte Zwiebeln** schmecken würzig süßsauer. 2. **Chutney** lässt sich mit einem weithalsigen Marmeladentrichter leicht und sauber in die sterilisierten Gläser füllen. 3. **Knackiges Gemüse** wie Gurken und Kohl kann man in kaltem Essig einlegen, ohne es zuerst in Lake ziehen zu lassen.

REZEPT **Würzessig zum Einlegen**

Weinessig, Apfelessig oder Malzessig eignen sich gut zum Einlegen. Sie können auch klaren Branntweinessig selbst mit Gewürzen oder Kräutern aromatisieren. Verwenden Sie aber keine gemahlenen Gewürze, denn dadurch wird der Essig trüb und sieht nicht so gut aus.

SIE BRAUCHEN
- Getrocknete Chilis
- Wacholder- und Sumachbeeren
- Zimtstangen
- Sternanis
- Käseleinen
- 1 Liter Branntweinessig

1. Zwei Stücke Käseleinen auf der Arbeitsfläche übereinanderlegen. Chilis und Beeren leicht zerdrücken, dann alle Gewürze auf den Stoff legen. Die Ecken hochnehmen und zum Säckchen zubinden. Den Faden so lang lassen, dass man ihn über den Topfgriff hängen kann. **2. Den Gewürzbeutel** und den Essig in den Topf geben und aufkochen. Vom Herd nehmen und vollständig abkühlen lassen. Erst dann den Gewürzbeutel herausnehmen. Der Würzessig ist nun gebrauchsfertig. **3. Der Würzessig** eignet sich gut zum Einlegen von Knoblauch, Zwiebeln, Kohl oder auch Eiern.

REZEPT **Newhouse-Farm-Chutney**

Für ein Chutney wird Obst oder Gemüse so lange gekocht, bis ein Großteil der Flüssigkeit verdampft ist und die Masse eine dickliche Konsistenz hat. Dabei verändert sich die Farbe und der Geschmack wird konzentrierter. Das Geheimnis eines guten Chutneys ist der immer neue und überraschende Kontrast der Aromen verschiedener Obst- und Gemüsesorten.

SIE BRAUCHEN
- 3 kg Kürbis
- 1,5 kg Kochäpfel
- 1,5 kg Tomaten
- 1 kg Zwiebeln
- 1 TL Chili
- 2 TL Piment
- 1 TL Senfkörner
- 1 TL rote Pfefferkörner
- 1 TL Paprika
- 100 g Rosinen
- 1 kg braunen Zucker
- 1 l Rotweinessig
- Käseleinen
- Mörser und Stößel

1. Kürbisse, Äpfel, Tomaten und Zwiebeln schälen und würfeln. **2. Die Gewürze** im Mörser zerstoßen. **3. Alle Zutaten** in einem großen Topf mischen und aufkochen. Die Temperatur reduzieren und die Mischung 3 Stunden oder länger kochen lassen, bis die Masse eindickt und beginnt, am Topfboden anzusetzen. **4. In sterilisierte Gläser** füllen, verschließen und beschriften. Zum Sterilisieren die Gläser heiß abwaschen und bei 140 °C für 15 Minuten in den Backofen stellen. Alternativ mit 4 EL Wasser 2 Minuten in die Mikrowelle stellen oder auf heißester Stufe in der Spülmaschine waschen.

Marmelade und Gelee

Mit selbst gekochter Marmelade lässt sich das Aroma von Sommerfrüchten wunderbar einfangen. In unserer Speisekammer reihen sich Gläser mit außergewöhnlichen Sorten wie Reneklodenmarmelade und Quittengelee. Im Laden kosten sie viel Geld, aber wir ernten die Früchte ja in unserem Garten. Damit kein Obst verdirbt, bereiten wir aus Ernteüberschüssen leckeren Sirup zu.

Zutaten für Marmelade

Für Marmelade braucht man drei Dinge: hochwertige Früchte, Pektin und Zucker.

■ **Die Früchte** sollten reif, aber nicht überreif sein. Wer keinen eigenen Garten hat, kann auf vielen Plantagen selbst pflücken oder auf einem Spaziergang frische Brombeeren sammeln.

■ **Damit Marmelade** und Gelee fest werden, muss das Verhältnis von Pektin, Säure und Zucker stimmen. Früchte mit hohem Pektingehalt (Tabelle rechte Seite) gelieren von selbst, während anderen Pektin zugesetzt werden muss. Dazu können Sie einen Sud bereiten (siehe Kasten unten rechts), flüssiges oder pulverförmiges Pektin kaufen oder handelsüblichen Gelierzucker verwenden. Zitronenschale enthält ebenfalls Pektin, muss aber wegen ihres intensiven Eigengeschmacks sparsam verwendet werden.

■ **Zucker** wirkt konservierend, weil er das Wachstum von Hefen hemmt. Damit Marmelade nicht gärt, variiert der Zuckergehalt. Als Faustregel rechnet man 550 g Zucker auf 450 g pektinreiche Früchte, 450 g Zucker auf 450 g Früchte mit mittlerem Pektingehalt und 350 g Zucker auf 450 g pektinarme Früchte.

■ **Jeder Zucker** ist zur Marmeladenherstellung geeignet. Gelierzucker ist besonders praktisch, weil er Pektin enthält. Es gibt auch Gelierzucker »2:1« zur Zubereitung von Marmelade und Gelee mit niedrigerem Zuckergehalt. Einmachzucker löst sich besonders leicht auf. Brauner Zucker dunkelt die Marmelade etwas ab und gibt ihr ein feines Karamellaroma.

Gelee

Zur Herstellung von Gelee werden die Früchte zuerst entsaftet. Dazu müssen sie weder geschält noch entkernt werden, denn die Feststoffe werden nicht verwendet.

REZEPT **Pflaumenmus mit Zimt**

Pflaumen, vor allem etwas unreife, enthalten viel Pektin (siehe Kasten rechts). Darum muss bei diesem Rezept gar kein Geliermittel zugegeben werden.

SIE BRAUCHEN
■ 3 kg blaue Pflaumen oder Zwetschgen, halbiert und entsteint
■ 3 Zimtstangen
■ 1,5 kg Zucker
■ Kochtopf

1. Pflaumen mit Zimtstangen und 1 Tasse Wasser in einem großen Topf 10 Minuten erhitzen, bis die Früchte sehr weich sind, nach Belieben pürieren. **2. Vom Herd nehmen,** den Zucker zufügen und rühren, bis er aufgelöst ist. Wieder erhitzen und 1–2 Stunden offen einkochen. Zimtstangen entfernen. Gelegentlich umrühren. Gelierprobe durchführen (siehe Kasten rechts). **3. Das Mus** in sterilisierte Gläser füllen (Seite 207 unten). Verschließen und beschriften.

RICHTIG GELIEREN

■ **Die Gelierprobe** Bevor Sie Marmelade in Gläser füllen, prüfen Sie, ob sie geliert. Einen Klecks Marmelade auf einen kalten Teller geben und abkühlen lassen. Mit dem Finger darüberstreichen. Bilden sich Fältchen auf der Oberfläche, den Topf vom Herd nehmen. Alternativ etwas Marmelade auf einen Holzlöffel nehmen. Wenn sie beim Abkühlen am Löffel haftet und Tropfen am Rand erstarren, ist die Marmelade fertig zum Abfüllen.

■ **Pektinsud** zum Gelieren von Früchten mit mittlerem oder niedrigem Pektingehalt: 1 kg Äpfel ungeschält würfeln (die Schale und die Kerne enthalten Pektin) und in einem Topf knapp mit Wasser bedecken. Aufkochen, dann 20 Minuten leicht kochen lassen, bis die Äpfel weich sind. Die Flüssigkeit durch ein Sieb in einen sauberen Topf abgießen und auf die Hälfte einkochen lassen. In kleine Gefrierdosen füllen. Normalerweise genügen 150 ml Pektinsud zum Gelieren von Marmelade aus 2 kg Früchten.

Apfel-Brombeer-Gelee

Für dieses einfache Rezept brauchen Sie kein Geliermittel, weil die Äpfel reichlich Pektin enthalten. Vor dem Einrühren des Zuckers immer den Topf vom Herd nehmen. Der Zucker löst sich leichter auf, wenn er vor dem Einrühren etwas angewärmt wird. Wenn Sie Gelee nicht lange genug kochen, bleibt es flüssig. Kochen Sie es zu lange, wird es hart.

SIE BRAUCHEN
- Gleiche Mengen Kochäpfel und Brombeeren
- 450 g feinen Zucker auf 600 ml Saft
- Kochtopf, Saftbeutel, Trichter

DIE FRÜCHTE ENTSAFTEN

1. Die Äpfel entkernen und würfeln, aber nicht schälen. Mit den Brombeeren und 1,5 Litern Wasser in einen Topf geben.
2. Aufkochen, dann auf niedriger Temperatur eine Stunde leicht einkochen lassen. **3. Schaum abschöpfen** und die Gelierprobe durchführen. Falls nötig, weitere 10 Minuten kochen lassen und die Gelierprobe wiederholen. **4. Den Saftbeutel** über einen Topf hängen. Die Masse einfüllen und über Nacht abtropfen lassen. Nicht ausdrücken, sonst wird das Gelee trübe.

DAS GELEE KOCHEN

5. Am nächsten Morgen die Feststoffe auf den Kompost geben. Den Saft abmessen und die entsprechende Zuckermenge abwiegen. Den Saft langsam erhitzen, dann vom Herd nehmen und den Zucker darin auflösen. **6. Das Gelee** 10 Minuten kochen, gelegentlich umrühren. Die Temperatur reduzieren und den Schaum abschöpfen. **7. Gelierprobe** durchführen (siehe Kasten links). **8. Sterilisierte Gläser** (Seite 207 unten) bis an den Rand füllen, weil das Gelee beim Abkühlen einsinkt. Sofort mit Frischhaltefolie abdecken, mit Gummibändern fixieren, die Deckel zuschrauben und beschriften.

PEKTINGEHALT

Hoher Pektingehalt	Mittlerer Pektingehalt	Geringer Pektingehalt
Johannisbeeren	Aprikosen	Brombeeren
Zitrusfrüchte (Schale)	Cranberrys (reif)	Heidelbeeren
Kochäpfel	Trauben (unreif)	Süßkirschen
Holzäpfel	Loganberrys	Feigen
Cranberrys (unreif)	Mispeln	Trauben (reif)
Stachelbeeren	Sauerkirschen	Melonen
Pflaumen (unreif), Zwetschgen	Pflaumen (reif)	Nektarinen
Quitten	Himbeeren	Pfirsiche
		Rhabarber
		Erdbeeren

Obst und Gemüse einmachen

1810 wurde der französische Konditor und Erfinder Nicolas Appert vom Innenminister seines Landes mit einem Preis für seine Konservierungsmethode ausgezeichnet. In Deutschland wurde das Verfahren weiterentwickelt und im frühen 19. Jahrhundert durch Johann Weck bekannt gemacht, dem wir bis heute den Begriff »einwecken« verdanken.

Obst einkochen

Obst aus dem Garten kann man mit Alkohol, Lake oder Sirup konservieren. Alle drei wirken gegen Bakterien, Schimmelpilze und Viren. Zum Einmachen in Lake oder Sirup müssen die Früchte in den Gläsern zusätzlich erhitzt werden, um durch hohe Temperatur Mikroorganismen zu vernichten. Unmittelbar nach dem Einfüllen werden die Gläser fest verschlossen, damit keine Bakterien oder andere Erreger eindringen und das Eingemachte verderben können.

Hitze macht haltbar

Durch die Hitze beim Kochen werden schädliche Mikroorganismen abgetötet und Enzyme deaktiviert. Außerdem dehnt sich die Luft in den Gläsern beim Einfüllen heißer Lebensmittel aus und zieht sich beim Abkühlen wieder zusammen, sodass ein Vakuum entsteht.

■ **Im Topf** Zuerst die Gläser abwaschen und zum Sterilisieren fünf Minuten in kochendes Wasser legen. Dann das Obst einfüllen. Die Gummiringe mit kochendem Wasser anfeuchten und auflegen. Die Deckel locker aufsetzen und die Gläser in einen Einkochtopf stellen. Alternativ einen sehr großen Kochtopf verwenden und ein Küchengitter oder ein gefaltetes Geschirrtuch auf den Boden legen. Heißes Wasser zugießen und einkochen (Temperatur und Dauer siehe Tabelle).

■ **Im Backofen** Den Ofen vorheizen (siehe Tabelle). Die Früchte ohne Flüssigkeit in die Gläser füllen, die Deckel lose auflegen. Die Gläser auf einer dicken Lage Zeitungspapier auf ein Backblech stellen und gemäß Tabelle erhitzen. Dann mit kochender Flüssigkeit füllen, fest verschließen und abkühlen lassen.

Wenn später der Deckel lose sitzt, Luftblasen im Glas aufsteigen, die Früchte schimmeln, merkwürdig riechen oder Ihnen irgendwie suspekt erscheinen – nicht essen!

Gemüse einkochen

Das Einkochen von Gemüse ist nicht empfehlenswert, weil die Gläser aus Sicherheitsgründen sehr stark erhitzt werden müssten. Einkochen sollten Sie nur Produkte mit hohem Säuregehalt, weil die Säure verhindert, dass gesundheitsschädliche und zuweilen tödliche *Botulinum*-Bakterien den Inhalt verderben. Gemüse enthält sehr wenig Säure. Um jedes Risiko auszuschließen, müsste man die Gläser mit einem speziellen Dampftopf, der einem großen Schnellkochtopf ähnelt, über 100 °C erhitzen. Darum möchten wir Ihnen dazu raten, nur Obst einzukochen und die Gemüsevorräte lieber einzufrieren.

EINKOCHZEITEN

Obst	Im Topf	Im Backofen
Beerenfrüchte z. B. Johannisbeeren, Himbeeren, Brombeeren, Apfelringe	Die Temperatur binnen 1 Stunde auf 60 °C ansteigen lassen, dann 10 Minuten bei 80 °C einkochen.	Den Ofen auf 120 °C vorheizen, dann die Gläser 45–55 Minuten erhitzen.
Steinobst z. B. Pflaumen, Renekloden, Kirschen	Die Temperatur binnen 1 Stunde auf 60 °C ansteigen lassen, dann 15 Minuten bei 85 °C einkochen.	Den Ofen auf 150 °C vorheizen, dann die Gläser 40–50 Minuten erhitzen.

1. Einmachgläser gibt es in verschiedenen Varianten. Kontakt zwischen Metall und Inhalt vermeiden. **2. Gummiringe** sollten nur einmal benutzt werden.

REZEPT **Himbeeren in Cognac**

Alkohol besitzt konservierende Wirkung, darum müssen diese Früchte bei dieser Verarbeitungsmethode nicht erhitzt werden. Legen Sie einfach gleiche Mengen Früchte und Zucker in einen Schnaps Ihrer Wahl ein. Je höher der Alkoholgehalt, desto länger halten sich die Früchte.

SIE BRAUCHEN
- Himbeeren
- Zucker
- 1 TL Wacholderbeeren
- Käseleinen
- Sterilisierte Gläser (Seite 207)
- Cognac (oder anderen Alkohol)

1. Himbeeren und Zucker in einer Schüssel mischen.   **2. Die Wacholderbeeren** in Stoff wickeln (Seite 207) und in ein Glas mit Cognac legen.   **3. Die gezucker-ten** Himbeeren zufügen.   **4. Die Früchte** ganz mit Alkohol bedecken. Verschlie-ßen, dunkel aufbewahren und in der ersten Woche täglich schütteln.

REZEPT **Tomaten in Lake**

Tomaten liefern im Winter wertvolle Vitamine und schmecken herrlich nach Sommer. Wenn die Ernte reichlich ausfällt, sollten Sie den Über-schuss in Lake einlegen.

SIE BRAUCHEN
- Tomaten
- Lake aus 15 g Salz auf 1 Liter kochendes Wasser
- Sterilisierte Gläser (Seite 207 unten)
- Einmachthermometer

1. Die Stielansätze der Tomaten entfernen und die Haut mehrmals anritzen.
2. Die Tomaten in einer Schüssel mit kochendem Wasser übergießen. Kurz ziehen lassen, bis sich die Haut löst. Abgießen, kalt abschrecken und die Haut abziehen. Die Tomaten dabei nicht zerdrücken.

3. Die Tomaten locker in Gläser schichten. Kochende Lake auffüllen und die Deckel lose auflegen.   **4. In einem Topf** mit Wasser bei 90 °C 30 Minuten einko-chen. Abkühlen lassen. Die Klammern lösen. Falls ein Deckel nicht fest sitzt, den Glasinhalt einfrieren oder sofort verbrauchen.

PFIRSICHE IN ZUCKERSIRUP

- **400 g Zucker** und 1 Liter Wasser in einem Topf zum Kochen bringen und 1–2 Minuten bei 60 °C ziehen lassen.
- **4–5 Pfirsiche** häuten, halbieren und entsteinen.
- **Warme, sterilisierte** Einmach-gläser (Seite 207) in einen Bräter oder Topf stellen. Die Pfirsiche einfüllen und bis zum Rand hei-ßen Sirup aufgießen.
- **Die Gläser** fest auf die Arbeits-fläche klopfen, damit Luftblasen entweichen. Bei Bedarf etwas Sirup nachgießen.
- **Die Deckel** lose aufsetzen und im Topf einkochen (siehe Tabelle).
- **Abkühlen lassen,** dann den Sitz der Deckel prüfen (siehe Schritt 4, links).

Obst, Kräuter und Gemüse trocknen

Für sonnengetrocknete Tomaten, getrocknete Pilze und Erdbeeren muss man im Handel stattliche Preise bezahlen. Dabei ist das Trocknen eine uralte Methode der Konservierung, die jeder zu Hause anwenden kann. Beim Trocknen wird der Geschmack oft intensiver, außerdem sind Apfelringe oder Gemüsechips eine ausgesprochen gesunde Knabberei.

So funktioniert es

Das Trocknen ist eine sehr effektive Konservierungsmethode, weil unerwünschte Enzyme, Bakterien, Hefen und andere Pilze ohne Feuchtigkeit nicht überleben können. Man kann in der Sonne oder bei niedriger Backofentemperatur trocknen, oder die Frischprodukte mit Salz oder Zucker mischen, um ihnen Feuchtigkeit zu entziehen.

Lufttrocknung

Dies ist die älteste und einfachste Methode. Sie brauchen nur einen dunklen, trockenen, gut belüfteten Raum, wo Sie Kräuter, Früchte und Gemüse aufhängen können. Räume mit hoher Luftfeuchtigkeit sind ungeeignet, denn dort können die Lebensmittel schimmeln oder faulen.

Kräuter etwa eine Woche lang aufhängen, dann mit den Fingern von den Stängeln streifen. Um Samen zu ernten, Pflanzenstiele in Papiertüten stecken und kopfüber aufhängen.

Sonne und Sonnenenergie

Auf Gittern in der Sonne trocknet Obst und Gemüse gut, nur haben wir in unseren Breiten keine Sonnengarantie. Außerdem muss man abends die Gitter unter Dach stellen, damit die Produkte keine neue Feuchtigkeit aufnehmen. Einfacher ist es mit einem Dörrschrank, der mit Sonnenenergie betrieben wird (Kasten rechte Seite unten).

Im Backofen

Gemüsescheiben kann man im Umluftofen bei 45–55 °C trocknen. Damit die Luft gut zirkulieren kann, sollte die Backofentür einen Spalt offen stehen (einen Kochlöffelstiel einklemmen). Pilze vor dem Trocknen abbürsten, aber nicht waschen. Während der Trockenzeit von etwa

TIPPS & TRICKS

- **Nur frisches, makelloses** Obst und Gemüse trocknen.
- **Scharfe Messer** zum Ernten und Zerkleinern verwenden.
- **Nachmittags ernten.** Morgens ist Obst und Gemüse feuchter vom Tau der Nacht, trocknet langsamer und schimmelt leichter.
- **Häufig kontrollieren.** Biegen Sie Chilis zwischen den Fingern. Wenn sie brechen, sind sie fertig. Wenn sie nachgeben, lassen Sie sie noch ein Weilchen hängen. Obst und Gemüse drücken: Es darf kein Saft austreten.
- **Luftdicht** verpackt, kühl und dunkel aufbewahren. Wir heben grundsätzlich alle Schraubgläser auf, waschen sie aus und benutzen sie als Vorratsbehälter.

1. Kräuter an einem luftigen Platz aufhängen. Chilis mit etwas Abstand an den Stielen festknoten. **2. Salz** entzieht Kräutern Feuchtigkeit und konserviert sie. **3. Borlotti-Bohnen** in den Hülsen lassen, bis diese brüchig werden. Dann auspalen und die Kerne weiter trocknen.

4–6 Stunden schrumpfen sie auf die Hälfte ihrer Größe, bleiben aber elastisch. Tomaten enthalten mehr Wasser und müssen 8–12 Stunden getrocknet werden, Äpfel und Birnen sogar bis zu 24 Stunden. Wer Energie sparen möchte, kann im Tonofen trocknen (Seite 222–223). Danach die Lebensmittel abkühlen lassen und luftdicht verpacken.

In der Mikrowelle

Zum Trocknen in der Mikrowelle Obst oder Gemüse in Scheiben schneiden, in Küchenpapier wickeln und auf höchster Stufe mehrmals eine Minute erhitzen. Zwischendurch kontrollieren. Beim Trocknen von Kräutern sollten Sie zusätzlich eine kleine Tasse Wasser in die Mikrowelle stellen, denn Kräuter (und einige Gemüsearten) enthalten nur sehr wenig Flüssigkeit. Trockene Hitze kann manchen Mikrowellengeräten schaden.

Elektrisches Dörrgerät

Dörrgeräte mit Heizelement und Lüfter verfügen oft über mehrere stapelbare Aufsätze für Lebensmittel. Sie sind effizient, aber teuer – das perfekte Geschenk für einen Koch mit einem Faible für technische Geräte.

Trocknungsmittel

Manche Stoffe entziehen Lebensmitteln Feuchtigkeit, ohne ihre Farbe und ihren Geschmack zu verändern. Die bekanntesten Trocknungsmittel sind Zucker und Salz. Die Verwendung ist nicht billig, weil die Lebensmittel zur Trocknung ganz in Zucker oder Salz eingebettet werden müssen.

Wir trocknen Rosmarin und Oregano in Salz und zerkrümeln später die Kräuter zusammen mit dem Salz, ehe wir die Mischung in luftdichte Gläser füllen. Das Kräutersalz eignet sich gut zum Einreiben von Grillfleisch und Bratenstücken.

RICHTIG TROCKNEN

- **Apfel- und Birnenringe** im Solardörrschrank trocknen oder auffädeln und über den Ofen hängen.
- **Erbsen und Bohnen** Reife Schoten lufttrocknen, bis sie spröde werden. Dann auspalen und die Kerne im Solardörrschrank nachtrocknen. Vor dem Kochen einweichen oder im Frühling aussäen.
- **Rote Bete, Möhren, Pastinaken** Dünne Scheiben im Backofen oder Solarschrank trocknen.
- **Kräuter** bündeln und lufttrocknen. Vor der Blüte schneiden, dann sind sie aromatischer.
- **Erdbeeren** Die Indianermethode: Reife Beeren mit Zucker pürieren. Die Masse 2–3 mm dick auf Käseleinen ausrollen. Einige Stunden bis mehrere Tage an der Luft trocknen lassen, dann in mundgerechte Stücke oder Streifen schneiden.
- **Chilis** aufhängen und lufttrocknen.
- **Pilze** im Backofen oder Solardörrschrank trocknen. Große Pilze in Scheiben schneiden, kleine ganz lassen.

PROJEKT **Trocknen im Solarschrank**

Ein Solardörrschrank verursacht keine Betriebskosten. Man richtet ihn nach der Sonne aus und setzt ihn alle paar Stunden um, wenn die Sonne weiterwandert. Wer dazu keine Zeit hat, richtet ihn nach dem höchsten Stand der Sonne aus. Die Bauanleitung finden Sie auf Seite 214–215.

SIE BRAUCHEN
- Scharfes Messer
- Schneidebrett
- Apfelschneider

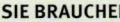
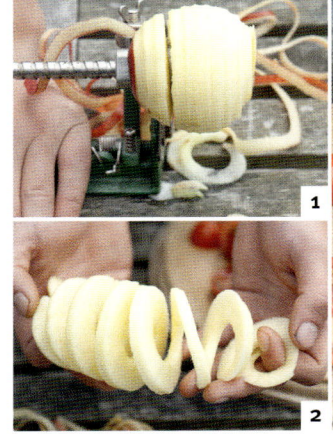

1. Dieses praktische Gerät schält, entkernt und schneidet Äpfel, wenn man an der Kurbel dreht. Auch für Birnen geeignet. **2. Der Apfel** wird zu einer langen Spirale aufgeschnitten. In Ringe teilen und in Zitronenwasser mit etwas Zucker tauchen. Abtupfen, dann in den Dörrschrank legen. **3. Kirschtomaten** werden nur halbiert. **4. Drahtgitter** sorgen für eine gute Luftzirkulation. Mohnkapseln brauchen nicht vorbereitet zu werden. Den Schrank schließen, ausrichten und einige Tage abwarten. Regelmäßig kontrollieren **5. Getrocknete Lebensmittel** luftdicht verpacken.

Einen Solardörrschrank bauen

Das Trocknen mit Sonnenenergie ist eine uralte Methode. Im Kollektor, einem isolierten Kasten mit Glasdeckel, wird Sonnenlicht in Wärme umgewandelt. Erwärmte Luft strömt unten herein und steigt durch die Trockenkammer auf. Wir nutzen unseren Solarschrank zum Trocknen von Obst und Gemüse (Seite 212–213). Mahlzeiten kann man in unseren Breiten nicht darin garen.

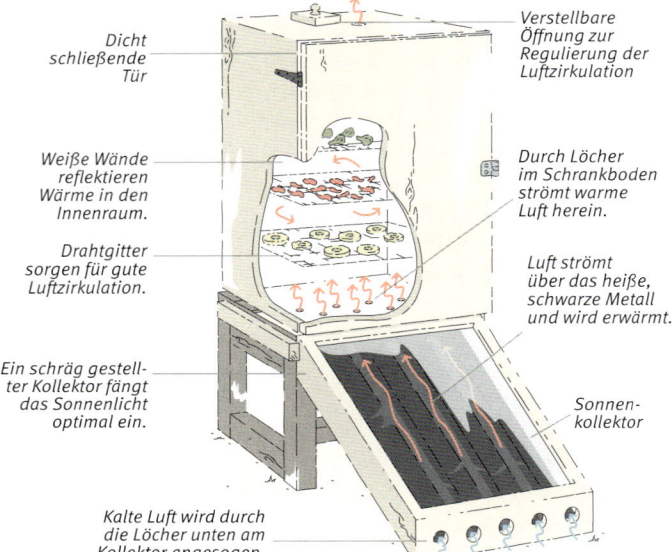

Dicht schließende Tür

Verstellbare Öffnung zur Regulierung der Luftzirkulation

Weiße Wände reflektieren Wärme in den Innenraum.

Durch Löcher im Schrankboden strömt warme Luft herein.

Drahtgitter sorgen für gute Luftzirkulation.

Luft strömt über das heiße, schwarze Metall und wird erwärmt.

Ein schräg gestellter Kollektor fängt das Sonnenlicht optimal ein.

Sonnenkollektor

Kalte Luft wird durch die Löcher unten am Kollektor angesogen.

SIE BRAUCHEN

- Schrank mit Glasfront
- Sperrholz, Leisten, Holzreste
- Bohrmaschine und Bohrer
- Zollstock
- Elektro- und Handsäge
- Wellblech
- Schwarze und weiße Farbe
- Fliegengitter
- Wasserwaage
- Türgriff, Scharniere, Riegel

SONNENKOLLEKTOR UND UNTERBAU

1. Einen alten Küchenhängeschrank verwenden. Die Glastür wird zur Abdeckung des Kollektors, der Korpus dient als Trockenkammer. In die Oberseite mit der Lochsäge ein Luftabzugsloch mit 25 mm Durchmesser schneiden (Schritt 16).   **2. Die Glastür** mittags an eine Wand lehnen, um den Winkel des Kollektors zu ermitteln. Die Tür so schräg stellen, dass ein kleines Notizbuch fast keinen Schatten wirft. In dieser Stellung fängt der Kollektor im Lauf des Tages das meiste Sonnenlicht ein. **3. Die so ermittelte Höhe** der Tür an der Wand anzeichnen. So hoch muss der Unterbau des Schranks werden. **4. Eine Leiste** (50 mm x 25 mm) in der Breite des Schranks zusägen und eine Reihe von Löchern mit 25 mm Durchmesser bohren.

5. Aus Sperrholz einen flachen 3-seitigen Kasten bauen: so breit wie die Tür, aber etwas länger. Die gebohrte Leiste als Unterseite verwenden. Seitenteile in gleicher Höhe anbringen. Der Kasten muss reichlich hoch genug für das Wellblech sein.   **6. Die Innenseiten** weiß streichen.   **7. Fliegengitter** über die Löcher tackern.   **8. Holzstückchen** zum Auflegen des Blechs einschrauben, für die Luftzirkulation.   **9. Wellblech** passend zusägen und schwarz streichen.

10. Die Glastür auf den Kasten schrauben   **11. Den Kasten** im richtigen Winkel (siehe Schritt 2 und 3) an die Wand halten. Mit der Wasserwaage an den offenen Seiten waagerechte Striche anzeichnen. Den Kasten hier absägen. An diesen Kanten wird der Schrank montiert. Sie bestimmen auch die Größe des Unterbaus.   **12. Das schwarze Wellblech** in den Kasten schieben.   **13. Den Unterbau** aus zwei eckigen Leistenrahmen bauen, die mit Kanthölzern (50 mm x 25 mm) verbunden werden. Der Unterbau muss so breit sein wie der Schrank. Die hintere Höhe wurde in Schritt 2 und 3 ermittelt, vorn ist er um die Kollektorhöhe niedriger. Den Kollektor an beiden Seiten mit Leisten am Unterbau festschrauben.

DIE DÖRRKAMMER

14. Auf dem Boden zwei versetzte Reihen von Löchern für die Zuluft aus dem Kollektor anzeichnen.   **15. Die Löcher** mit einem 8-mm-Bohrer bohren.   **16. Den Schrank** auf den Unterbau stellen, das Lüftungsloch nach oben. Die Passform prüfen, aber noch nicht verschrauben.   **17. Eine Tür** aus Sperrholz zusägen und mit Scharnieren anbringen. Parallele, waagerechte Leisten auf die Innenseiten des Schranks nageln. Sie dienen als Auflagen für die Gitter zum Trocknen der Lebensmittel.

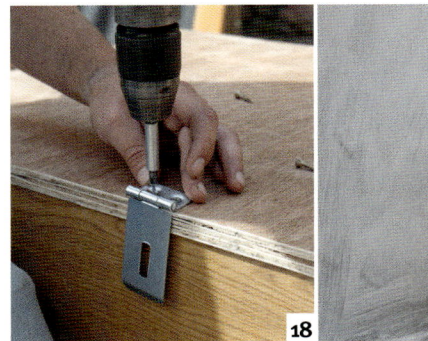

18. Einen Verschluss an die Tür schrauben.   **19. Das Innere** des Schranks weiß streichen.   **20. Den Türknopf** auf ein Stück Holz schrauben, das das obere Lüftungsloch abdeckt. Das Holz an einer Ecke am Schrank befestigen, sodass man es zum Öffnen und Schließen des Lochs drehen kann. Kollektor und Schrank fest zusammenschrauben.   **21. Gitter** einschieben. Tipps zum Trocknen auf Seite 212–213.

Fleisch und Fisch pökeln

Als es noch keine Kühlschränke gab, benutzte man Salz, um Fleisch für den Winter zu konservieren. Auch heute lohnt es sich, dieses traditionelle Verfahren zu lernen, weil es Fleisch und Fisch einen herrlich würzigen Geschmack gibt. Mischen Sie das Pökelsalz mit Kräutern und Gewürzen, um ganz individuelle Rezepte für Schinken, Speck oder Fisch zu entwickeln.

So funktioniert es

Salz unterbindet die Vermehrung von Bakterien und Mikroben. Es entzieht Lebensmitteln Feuchtigkeit durch den Vorgang der Osmose: Wasser wandert aus einem Bereich mit geringer Salzkonzentration – dem zu konservierenden Lebensmittel – in einen Bereich mit hoher Salzkonzentration – der Pökelmischung.

Zum Pökeln kann man Lebensmittel komplett mit trockenem Salz bedecken oder in Lake einlegen. Beide Methoden sorgen für Luftabschluss, sodass sich keine Mikroorganismen vermehren können. Kühle Lagerung verbessert den Schutz vor Schadorganismen zusätzlich. Auch vor dem Räuchern (Seite 218–219) werden Lebensmittel normalerweise gepökelt.

Pökeln in Lake

Eine 80-prozentige Salzlösung besitzt zuverlässige Konservierungswirkung (siehe Kasten rechte Seite). Zur Herstellung löst man in 5 Litern Wasser 1,5 kg Salz auf. Zusätzlich können Würzzutaten wie brauner Zucker, Gewürznelken, weißer Pfeffer, Rohzucker oder sogar Rum zugegeben werden. Nach dem Einlegen nicht abspülen. Nur mit Küchenpapier abtupfen und an der Luft trocknen.

Trocken pökeln

Diese Methode eignet sich gut für Anfänger. Sie entzieht den Lebensmitteln mehr Wasser. Wer Fleisch oder Fisch anschließend räuchern will, kann die Dauer etwas reduzieren. Kaufen Sie reichlich Salz, weil Sie später, wenn Sie die entstehende Flüssigkeit abgießen, Salz nachfüllen müssen. Preiswertes Tafelsalz genügt vollkommen. Für edlen Graved Lachs (Kasten unten) könnten Sie sich grobes Meersalz gönnen.

Unternehmen Sie den ersten Versuch mit kleinen Fischen. Filets nebeneinander auf ein Salzbett legen und 1 cm dick mit Salz bedecken. Weitere Schichten hinzufügen, mit Salz enden. 1–2 Tage ruhen lassen. Den Fisch abspülen, um das Salz zu entfernen, und 24 Stunden zum Trocknen hängen.

Luftgetrockneter Schinken (Kasten rechte Seite) erfordert mehr Erfahrung. Beim Auswickeln werden Sie glauben, dass er verdorben ist. Aber wenn er richtig gepökelt und lange genug getrocknet wurde, ist das Fleisch einwandfrei und köstlich.

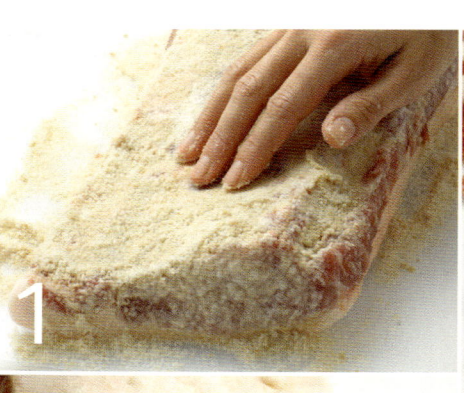

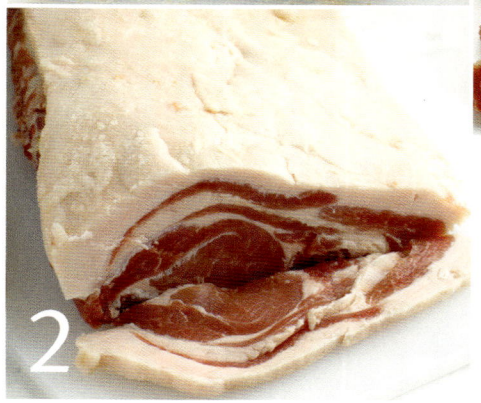

1. **Salz und Zucker** 1:1, dazu ein Teelöffel Ascorbinsäure: eine gute Pökelmischung für Frühstücksspeck.
2. **Gepökelter Speck** ist innen rosa. Wenn er sehr salzig ist, vor dem Braten einen Tag in Wasser einlegen.   3. **Gepökelter Speck in Scheiben** kann eingefroren werden. 2–3 Monate haltbar.

GRAVED LACHS

75 g Zucker, 2 Handvoll frischen Dill, 1 EL Zitronensaft, 50 g Meersalz und 1 TL schwarzen Pfeffer mischen. Ein Lachsfilet ohne Haut in eine Schale legen. Salzmischung darauf verteilen, das andere Filet darauflegen. In Frischhaltefolie wickeln und beschweren. Nach 12 Stunden wenden, die Flüssigkeit abgießen. Nach 1–2 Tagen abspülen und abtupfen. Mit frischem Dill bestreuen.

Graved Lachs *gekühlt und dünn aufgeschnitten servieren.*

REZEPT Luftgetrockneter Schinken

Dies ist unsere Version des noblen italienischen Parmaschinkens. Wir mögen die Chilinote, aber Sie können auch andere Gewürze verwenden, vielleicht Kardamom, Koriandersamen, Kreuzkümmel, Rosmarin, Sternanis, Thymian, Senfkörner, Kümmel, Lorbeer oder Muskatnuss.

SIE BRAUCHEN
- 1 Schweineschinken (5–8 kg)
- 3 getrocknete Chilis
- 6 Sternanis
- 1 Handvoll schwarze Pfefferkörner
- 12 Kardamomkapseln
- Gewürzmühle oder Mörser
- 3 kg Salz
- Plastikbehälter mit Deckel, groß genug für den Schinken
- Wurzelbürste
- Käseleinen und Schnur

    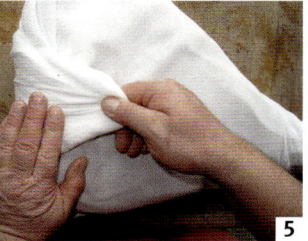

1. Die Gewürze grob zerstoßen. Das Salz in einen großen Plastikbehälter füllen, die Gewürze zufügen. **2. Das Fleisch** gleichmäßig mit der Mischung einreiben, besonders sorgfältig am Gelenk. **3. Das Fleisch** in die Salzmischung legen, den Deckel schließen und an einem kühlen Platz – am besten im Kühlschrank – 10–14 Tage ruhen lassen, je nachdem, wie salzig Sie es mögen. Alle paar Tage die Flüssigkeit abgießen. Bei Bedarf mehr Salz einmassieren. **4. Den Schinken** herausnehmen und das Salz mit einer Wurzelbürste abschrubben. **5. In Käseleinen** wickeln und fest verschnüren.

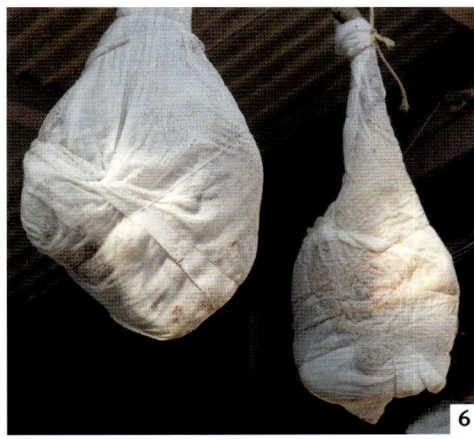 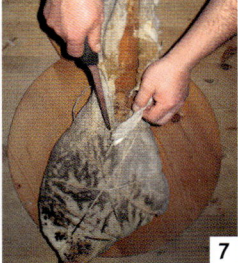 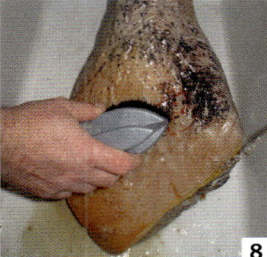 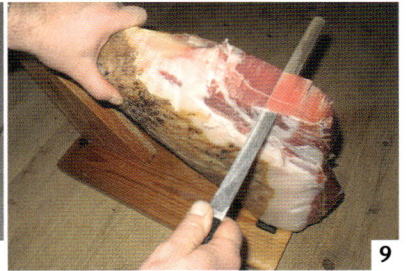

6. Den Schinken für mindestens 18 Wochen an einen trockenen, gut belüfteten Platz im Freien hängen. Wir trocknen ihn 18–24 Monate. **7. Auswickeln.** **8. Schimmel** von der Oberfläche mit Apfelessig abschrubben. Alles gelbliche und etwas weißes Fett abschneiden. Mit Küchenpapier abtupfen. **9. Das Fleisch** ist rötlich ohne graue Flecken!

FLEISCH UND FISCH PÖKELN

IN DER KÜCHE

DAS PÖKELFASS

Traditionelle Pökelfässer bestehen aus Holz, Kunststoffbehälter erfüllen denselben Zweck. Metall ist ungeeignet, weil es Geschmack abgibt. Für Fisch und Fleisch immer getrennte Gefäße verwenden.

So klappt es sicher

Das Fass muss reichlich Platz für Fisch und Fleisch bieten. Den Deckel beschweren. Zum Aromatisieren genügt es, Fisch und Fleisch 2–3 Stunden zu pökeln; ein Schinken braucht 3–4 Tage. Gelegentlich umrühren. Herausnehmen, mit einem sauberen Tuch abtupfen und an der Luft trocknen. Für jeden Pökelgang frische Lake ansetzen.

Holzdeckel mit schwerem Gewicht

Fleisch oder Fisch

Zum trockenen Einsalzen ein Abtropfgitter einlegen

Räuchern

Wenn Sie Geräuchertes mögen, gibt es keinen Grund, es teuer zu bezahlen. Jeder kann mühelos und preiswert zu Hause räuchern. Außerdem ist gekaufte Räucherware oft künstlich aromatisiert und hat nie im Rauch gehangen. Ob Sie Käseecken oder ein ganzes Hähnchen räuchern möchten: Mit diesen Methoden wird es gelingen.

Die Funktionsweise

Ursprünglich räucherte man Lebensmittel, um sie zu konservieren. Wie beim Pökeln wird ihnen Feuchtigkeit entzogen, sodass Bakterien nicht überleben können. Beim Räuchern lagern sich auf der Oberfläche Antioxidanzien aus dem Holzrauch ab, die für den guten Geschmack sorgen.

Der Rauch wirkt aber nur auf die Oberfläche, nicht auf das Innere. Zur wirksamen Konservierung muss Räuchergut darum zuerst gepökelt werden (Seite 216–217). Der Rauch unterstützt die Konservierung und intensiviert den Geschmack.

Kalt räuchern

Dies ist unsere Lieblingsmethode. Geräuchert wird im Freien. Man benötigt ein langsam brennendes Material und ein geschlossenes, hitzebeständiges Behältnis in einer Größe, die dem Rauch erlaubt, um die Lebensmittel zu zirkulieren. Das Feuer glimmt nur leicht und erzeugt duftenden Rauch. Die Hitze des Feuers gelangt nicht bis zum Rauchgut, denn es soll ja nicht gegart werden, sondern nur den Rauchgeschmack annehmen.

Kalt geräucherte Lebensmittel müssen anschließend danach 24 Stunden ruhen, damit sich das Aroma entfaltet. Dann halten sie sich etwa eine Woche lang im Kühlschrank, je nachdem, um welche Art Lebensmittel es sich handelt und ob es vorher gepökelt wurde. Essen Sie keine Räucherwaren, die Ihnen aus irgendeinem Grund suspekt vorkommen! Kalt geräucherten Lachs kann man roh verzehren. Andere Räucherwaren wie Bacon, Bückling, Dorsch und Heilbutt sollte man nach dem Kalträuchern garen.

Heiß räuchern

Dies ist eigentlich eine Garmethode, die Lebensmitteln ein rauchiges Aroma verleiht. Man kann auf dem Herd im Wok (rechte Seite) oder einem Spezialtopf aus Metall mit Gittereinsätzen räuchern. Weil der Rauch sehr heiß ist, gibt er nicht nur Geschmack an die Lebensmittel ab, sondern gart sie. Heiß geräucherte Lebensmittel halten sich im Kühlschrank nur wenige Tage, können dafür aber sofort verzehrt werden.

Der richtige Brennstoff

Unserer Meinung nach ist die Wahl des Brennstoffs Geschmackssache. Wirklich gut geeignet ist aber nur Hartholz. Die Amerikaner schwören auf Hickory, die Briten auf Eiche. Sie könnten auch Buche, Ahorn, Birke, Kastanie oder Apfelbaumholz probieren. Wir haben sogar mit getrockneten Maiskolben experimentiert. Wir verwenden nur Sägemehl oder -späne, die nicht aufflammen, sondern lange gleichmäßig glimmen und stetig Rauch erzeugen. Zum Anzünden niemals Benzin oder Petroleum verwenden. Es ist gesundheitsschädlich und verdirbt den Geschmack.

1. Fische kann man ausgezeichnet mit Haken von alten Kleiderbügeln an die Gitter in der Räucherkammer hängen.
2. Käse in Würfel oder Ecken schneiden, um seine Oberfläche zu vergrößern.
3. Geräucherter Käse bekommt eine appetitlich goldgelbe Färbung. Pikante, geräucherte Chorizo braucht nicht weiter gegart zu werden.

Die Räucherkammer

Der Rauch für diese fest installierte Räucherkammer wird durch ein Feuer in einer Grube erzeugt. Er steigt durch ein Rohr in die Räucherkammer mit Gitterböden für das Räuchergut. Tipps zum Bau einer Räuchertonne finden Sie auf Seite 220–221.

Recycling-Räucherkammer
Für dieses Modell haben wir einen alten Kühlschrank umgebaut. Die Kunststoffinnenverkleidung lässt sich leicht reinigen und wird durch kalten Rauch nicht beschädigt. Verwenden Sie nur Gitterroste aus Edelstahl, die weder Farbe, noch Geschmack oder gesundheitsschädliche Substanzen ans Räuchergut abgeben.

AUSPROBIEREN

Kleine Portionen sind in fünf bis sechs Stunden fertig geräuchert, ein ganzer Schinken kann Wochen brauchen.

- Käse
- Fisch
- Hähnchen
- Schinken
- Speck
- Würste
- Hart gekochte Eier

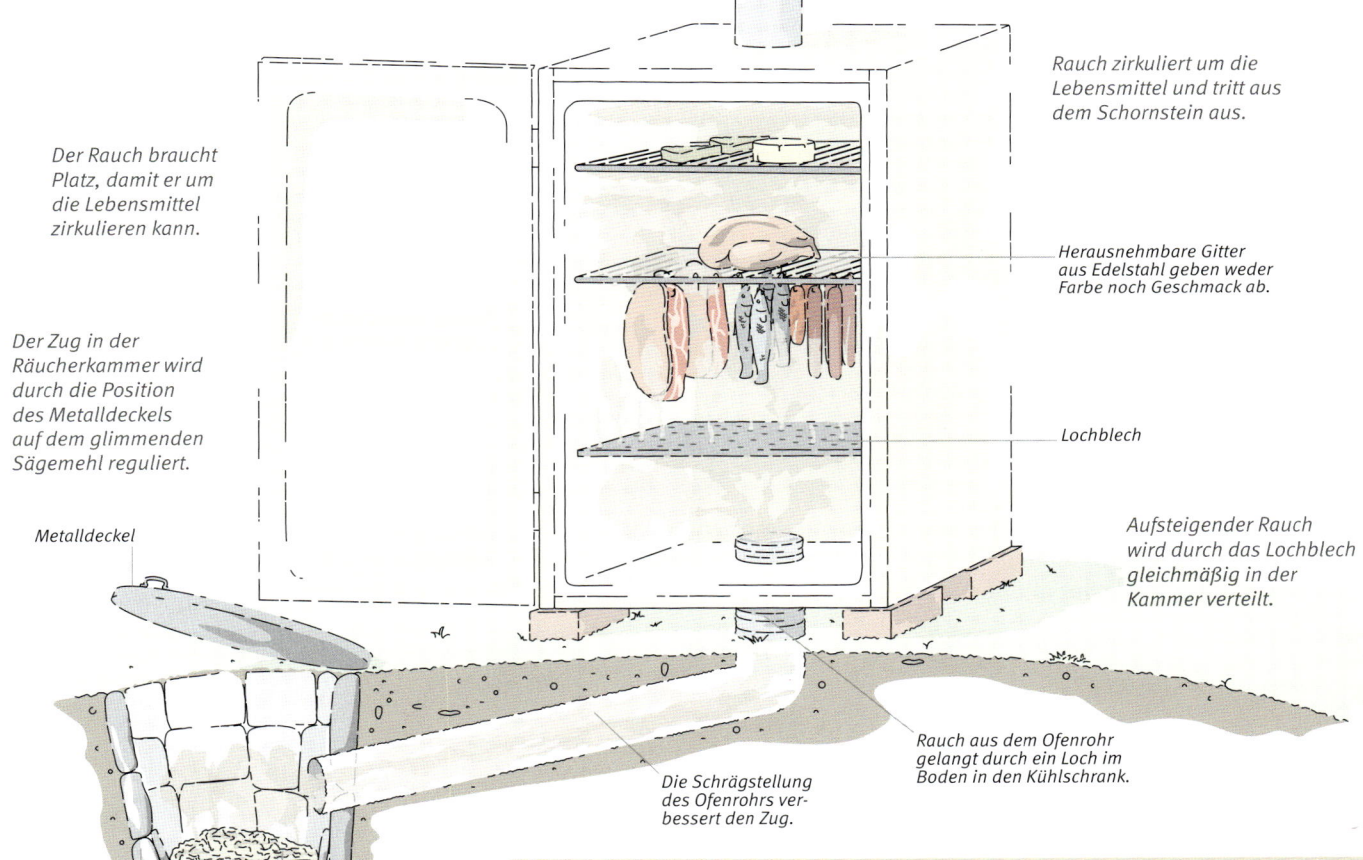

Fliegengitter auf dem Schornstein

Rauch zirkuliert um die Lebensmittel und tritt aus dem Schornstein aus.

Der Rauch braucht Platz, damit er um die Lebensmittel zirkulieren kann.

Der Zug in der Räucherkammer wird durch die Position des Metalldeckels auf dem glimmenden Sägemehl reguliert.

Herausnehmbare Gitter aus Edelstahl geben weder Farbe noch Geschmack ab.

Lochblech

Aufsteigender Rauch wird durch das Lochblech gleichmäßig in der Kammer verteilt.

Metalldeckel

Rauch aus dem Ofenrohr gelangt durch ein Loch im Boden in den Kühlschrank.

Die Schrägstellung des Ofenrohrs verbessert den Zug.

60 cm tiefe Grube

Verkleidung aus Steinen

Glimmendes Sägemehl

Die richtige Temperatur
Beim Kalträuchern sollte die Temperatur bei 32 °C liegen und nie über 50 °C steigen. Mit einem Backofenthermometer lässt sich die Temperatur in der Räucherkammer kontrollieren.

HEISS RÄUCHERN IM WOK

Einen Wok mit Folie auslegen. 100 g Teeblätter, 250 g Reis und 2 Teelöffel Zucker auf den Boden geben. Ein Gitter einhängen und Fisch darauflegen. Die Folie über den Deckel falten. 5 Minuten stark erhitzen, dann 10 Minuten bei niedriger Temperatur räuchern. Ständig beaufsichtigen. Den Fisch sofort servieren.

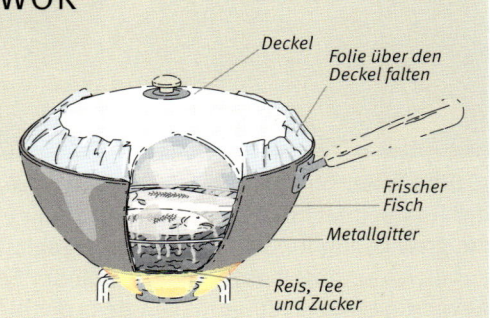

Deckel

Folie über den Deckel falten

Frischer Fisch

Metallgitter

Reis, Tee und Zucker

PROJEKT **Die Räuchertonne**

So eine Räuchertonne ist preiswert, einfach zu bauen und in einer Stunde fertig. Zum Räuchern sollte sie auf festem, hitzebeständigem Boden stehen, etwa auf Ziegeln oder Beton. Wird sie nicht benutzt, gehört sie unter Dach. Wir haben schon selbst gemachte Würste, Eier, Fisch und sogar einen Schinken darin geräuchert. Die Dauer des Räuchervorgangs variiert je nach Produkt und Geschmack, aber das Aroma ist einfach unwiderstehlich.

SIE BRAUCHEN
- Leeres Ölfass
- Stahlbandmaß, Bleistift, Körner
- Bohrmaschine, Schutzbrille
- Scharniere, Türgriff
- Elektrostichsäge, Metallsägeblatt
- Hammer, Arbeitshandschuhe
- Schrauben, Muttern, Gewindestangen, Gitterrost, Sperrholz

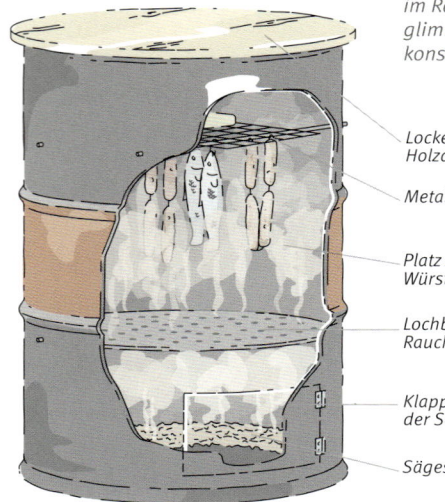

In der Räuchertonne werden Lebensmittel im Rauch schwach glimmender Sägespäne konserviert.

Locker aufliegender Holzdeckel

Metallrost für Räuchergut

Platz zum Aufhängen von Würsten und Fischen

Lochblech verteilt den Rauch gleichmäßig.

Klappe zum Anzünden der Sägespäne

Sägespäne

DIE TÜR AUSSCHNEIDEN

1. Für die Tür knapp über dem Boden des Fasses mit dem Stahlbandmaß ein kleines Rechteck von mindestens 15 cm x 25 cm ausmessen.   **2. Die Kontur** mit dem Körner anreißen.   **3. Die Positionen** der Bohrlöcher für die Scharniere an einer Seite der Tür markieren.   **4. Die Löcher** mit dem Körner vorstechen, damit der Bohrer auf dem Metall nicht abrutscht.

5. Die Löcher für die Scharniere bohren. Sie werden erst später festgeschraubt, lassen sich aber jetzt besser bohren, weil die Tür noch nicht ausgeschnitten ist. Mit einer kleinen Feile entgraten. Dann an allen vier Ecken der Tür Löcher bohren, die groß genug für das Metallstichsägeblatt sind.   **6. Die Tür aussägen** und beiseitelegen.   **7. Oberhalb der Tür** vier Löcher auf gleicher Höhe bohren, zwei auf jeder Seite des Fasses (wie in Schritt 4 mit dem Körner vorstechen). Hier werden die Gewindestangen zum Auflegen des Lochblechs eingeschoben. Weiter oben ebenso vier Löcher für die Gewindestangen zum Auflegen des Gitters für das Räuchergut bohren.

DIE RÄUCHERTONNE ZUSAMMENBAUEN

8. In die Oberseite des Fasses viele Löcher in gleichmäßigen Abständen bohren. Dies wird das Lochblech, das über dem glimmenden Sägemehl eingehängt wird und den Rauch verteilt. **9. Die gebohrte Oberseite** mit der Stichsäge ausschneiden und ins Fass legen. Auch die Tür ins Fass legen. **10. Ein Holzfeuer** im Fass entzünden, um unerwünschte Schadstoffe zu verbrennen. Etwa 30 Minuten lang Holz nachlegen, bis der Rauch relativ sauber aussieht. Bitte informieren Sie vorher Ihre Nachbarn, denn der Geruch kann unangenehm sein.

11. Aus Sperrholz mit der Stichsäge einen runden Deckel ausschneiden. Er soll passend auf der Tonne aufliegen, muss aber nicht luftdicht abschließen. **12. Den scharfen Innenrand** der Tonne flach hämmern, um Verletzungen zu vermeiden. **13. Die Tür** mit den Scharnieren, Schrauben und Muttern anbringen. **14. Einen Griff** anschrauben, damit sich die Tür leicht öffnen lässt und man sich nicht an scharfen Kanten verletzt. **15. Die Gewindestangen** durch die Bohrungen führen.

RÄUCHERN IN DER TONNE

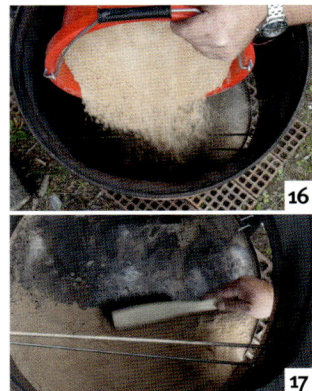   

16. Sägemehl in die Tonne schütten. **17. Mit einem Handfeger** zu einem halbmondförmigen Wall fegen, der langsam abbrennt. **18. Das Lochblech** einsetzen. **19. Eine Blechdose** ohne Boden und Deckel ins Sägemehl drücken. **20. Das Sägemehl** in der Dose anzünden, sodass der Brandherd in der Mitte der Erhöhung liegt. Wir benutzen dafür einen kleinen Gasbrenner. Kein Benzin oder Petroleum verwenden, es verdirbt den Geschmack. **21. Räuchergut** auf das Gitter legen oder anhängen, den Holzdeckel auflegen und über Nacht räuchern.

PROJEKT **Einen Tonofen bauen**

In einem Tonofen kann man knuspriges Brot und erstklassige Pizza backen oder köstliche Aufläufe zubereiten. Der Ofen ist ausgesprochen umweltfreundlich, denn er wird mit CO_2-neutralem Holz gefeuert. Wenn man Ton vom eigenen Grundstück verwendet, kostet der Ofen fast nichts. Der Bau ist zwar eine matschige Angelegenheit, macht aber enorm viel Spaß.

SIE BRAUCHEN

- Bandmaß
- Stift
- Erdsieb
- Rollholz
- Messer
- Kelle
- Ton – möglichst selbst graben
- Sand
- Zeitungspapier
- Ziegel oder Gasbetonsteine
- Steinplatten
- Brennholz

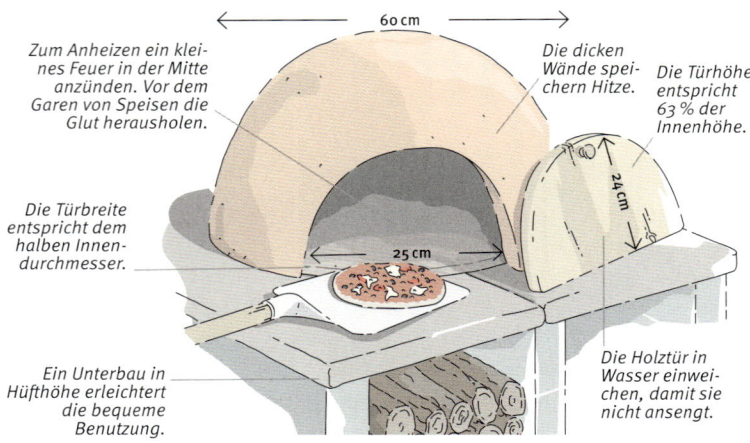

Zum Anheizen ein kleines Feuer in der Mitte anzünden. Vor dem Garen von Speisen die Glut herausholen.

Die dicken Wände speichern Hitze.

Die Türhöhe entspricht 63 % der Innenhöhe.

Die Türbreite entspricht dem halben Innendurchmesser.

Ein Unterbau in Hüfthöhe erleichtert die bequeme Benutzung.

Die Holztür in Wasser einweichen, damit sie nicht ansengt.

60 cm / 24 cm / 25 cm

Jeder Ofen hat seine eigene Temperatur. Ein Feuer anzünden, die Tür offen lassen und einige Stunden warten. Wenn das Feuer nicht mehr rußt, die Glut mit einer Schaufel entfernen. Dann wird gebacken.

DER UNTERBAU

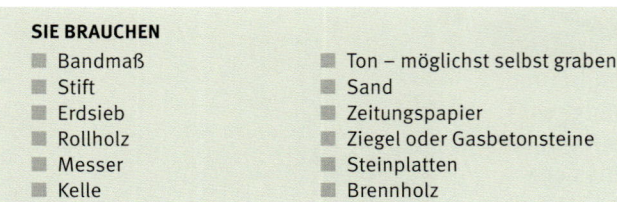

1. Für den stabilen Unterbau haben wir Gasbetonsteine verwendet. Bis knappe Hüfthöhe aufsetzen, dabei Senkrechte und Waagerechte mit der Wasserwaage kontrollieren. **2. Die Grundfläche** des Ofens muss glatt sein. Gehwegplatten sind gut geeignet. **3. Die Mitte** des Ofens anzeichnen. Er sollte möglichst groß sein, z. B. 60 cm Durchmesser. **4. Zwei konzentrische Kreise** mit 7–10 cm Abstand aufzeichnen. Der Abstand entspricht der Wandstärke. Den inneren Radius notieren.

DEN TON VORBEREITEN

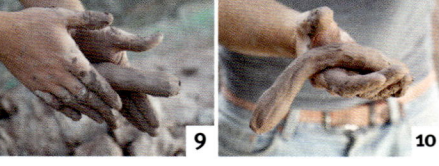

5. Den Ton sieben, um Steinchen und Verunreinigungen zu entfernen. **6. Eine Plane** ausbreiten und den Ton kneten – am besten mit nackten Füßen. **7. Feinen Sand** (etwa einen Eimer) und etwas Wasser zugeben, wenn der Ton trocken ist. Das Kneten kostet Kraft. Nicht ausrutschen!

8. Den Ton wenden und nochmals gründlich kneten. **9. Zur Probe** etwas Ton zu einer Wurst formen. **10. Ein Ende** auf die Handfläche legen, das andere überstehen lassen. Wenn es sich biegt und nicht abbricht, kann der Ton verarbeitet werden.

BODEN UND KUPPEL DES OFENS

11. Etwas Ton 1 cm dick auf der Basisplatte ausrollen und entlang der Kontur des inneren Kreises abschneiden.   **12. Den Ton** anfeuchten und mit den Händen glätten, damit sich das Gargut leicht hineinschieben lässt.   **13. Den Kreis** mit feuchtem Zeitungspapier bedecken, damit kein Sand daran haftet.   **14. Aus sehr feuchtem Sand** auf dem Tonboden eine Kuppel formen, die 5–7 cm höher ist als der Innenradius des Ofens.   **15. Die Höhe** der Sandkuppel nachmessen. Sie bestimmt die Innenhöhe des Ofens. Das Maß mit 0,63 multiplizieren, um die Höhe der Tür zu ermitteln.

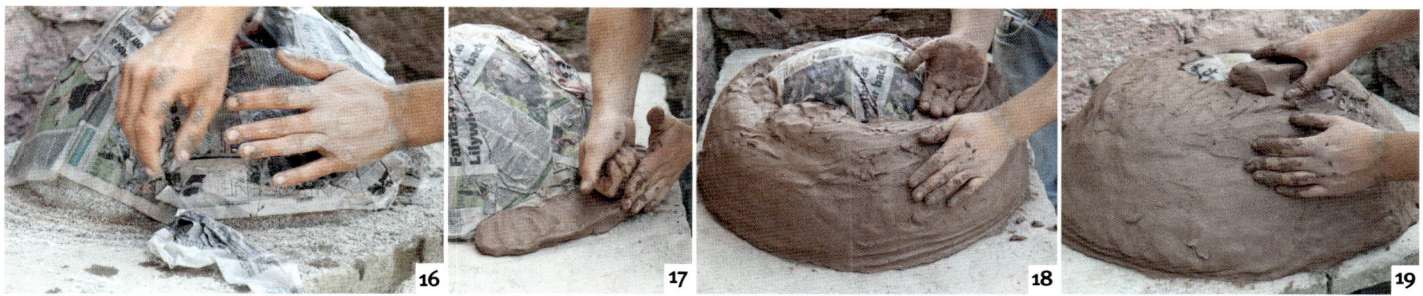

16. Die Sandkuppel mit nassem Zeitungspapier bedecken, damit kein Ton daran festklebt.   **17. Kleine Tonportionen** abteilen, leicht flach drücken und daraus die Kuppel aufbauen. Unten beginnen und in Runden aufwärts arbeiten.
18. Die Tonwände sollen etwa 8–10 cm dick sein. Das entspricht ungefähr einer Handbreite.   **19. Jede Tonportion** an die vorherige drücken, nicht an den Sand. Die ganze Kuppel mit Ton bedecken. Achtung, die Wände dürfen nach oben hin nicht dünner werden. Die Hände anfeuchten und die Oberfäche der fertigen Kuppel glätten.

DIE TÜR

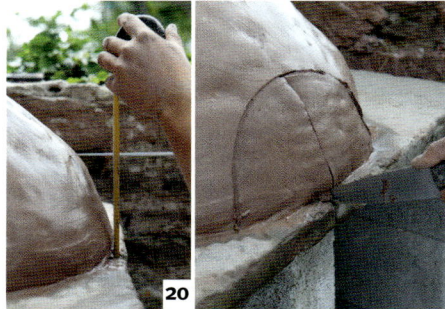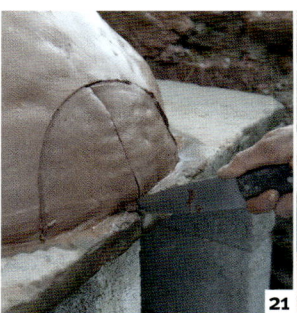

20. Die Türgröße anhand der vorher notierten Maße berechnen. Unsere Sandkuppel ist 38 cm hoch, die Tür muss also knapp 24 cm hoch sein. Die Breite unserer Tür beträgt 25 cm.
21. Die Türkontur aus freier Hand anzeichnen. Dann die Kontur und die senkrechte Mitte mit einem scharfen Messer einschneiden.   **22. Das Messer** unter den Ton schieben und die Türhälften nacheinander herausziehen.   **23. Den inneren Rand** des Türausschnitts etwas erweitern. Den Ofen etwa eine Woche trocknen lassen.   **24. Wenn die Wände** auf Fingerdruck nicht mehr nachgeben, den Sand herausholen. Sie können den Ton langsam trocknen lassen. Wer ihn brennen will, entzündet im Ofen ein kleines Feuer aus Reisig. Die Hitze ganz langsam steigern.

LETZTE HANDGRIFFE
Zum Schluss Trocknungsrisse abdichten und die Tür einbauen.

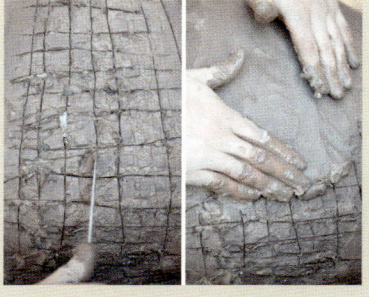
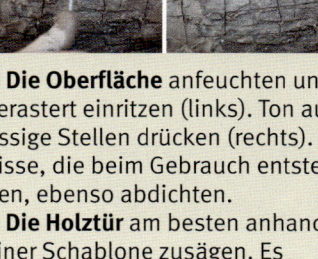

■ **Die Oberfläche** anfeuchten und gerastert einritzen (links). Ton auf rissige Stellen drücken (rechts). Risse, die beim Gebrauch entstehen, ebenso abdichten.
■ **Die Holztür** am besten anhand einer Schablone zusägen. Es macht aber nichts, wenn sie nicht ganz perfekt passt.

Bier und Met brauen

Im Lauf der Jahre haben wir schon eine Menge Bier gebraut und genossen. Köstliches, würziges Bier kann man nahezu überall herstellen. Das Brauen kostet wenig und macht viel Spaß, aber wir würden dazu raten, ungewöhnliche Sorten anzusetzen, die man in keiner Kneipe bekommt. Vielleicht möchten Sie auch einmal traditionellen Met probieren?

Hopfen und Malz ...

Traditionell braut man Bier aus Wasser, Malz und Hefe. Hopfen gibt ihm den erfrischend herben Geschmack.

Wer sich zum ersten Mal an der Bierherstellung versuchen will, ist mit einem Fertig-Set gut beraten. Einfach Zucker, Trockenhefe, Wasser und andere Zutaten nach Wahl (siehe Rezepte rechte Seite) zufügen. Das Reinheitsgebot, das regelt, welche Zusatzstoffe erlaubt sind, muss bei selbst gebrautem Bier natürlich nicht berücksichtigt werden.

■ **Das Malz** (gekeimtes, getrocknetes Getreide) mit einem Rollholz grob zerkleinern und mit der erforderlichen Menge Hopfen mischen. In einen Stoffbeutel füllen, in einem Topf mit Wasser bedecken und 45 Minuten bei geringer Hitze kochen lassen.

■ **Die Flüssigkeit** zum Gären in einen großen Behälter füllen, z. B. einen Glasballon oder einen sauberen Eimer mit Deckel. Mit kaltem Wasser auf 5 Liter auffüllen.

■ **Wenn die Flüssigkeit** auf 15 °C abgekühlt ist, pro 5 Liter 1 TL Gärhefe einrühren. Abgedeckt eine Woche an einem warmen Platz stehen lassen.

■ **Wenn keine Blasen** mehr aufsteigen, ist die Gärung abgeschlossen. Die Mischung noch einen Tag stehen lassen, damit sich die Trübstoffe absetzen können.

■ **Das Bier** mit einem Saugheber in sterilisierte Flaschen füllen. In jede 1/2 TL Zucker geben, damit das Bier beim Öffnen schön sprudelt. Die Flaschen mit Datum beschriften. Nach zwei Wochen können Sie Ihr Bier probieren.

BRAUTIPPS

■ **Brauhefe** zur Bierherstellung verwenden. Backhefe oder Reinzuchthefe für Wein sind weniger gut geeignet.

■ **Dicht schließende Flaschen** verwenden, z. B. mit Bügelverschluss und Gummidichtung. Es gibt auch Kronenverkorker für den Hausgebrauch.

■ **Nicht zu lange lagern,** sonst setzt unter Umständen ein zweiter Gärprozess ein, der dazu führen kann, dass die Flaschen explodieren.

■ **Zur Prüfung** des Gärprozesses ein Alkoholometer einsetzen. Es hilft bei der Bestimmung des richtigen Zeitpunkts zum Umfüllen in Flaschen und zeigt den Alkoholgehalt an.

■ **Zum Verkauf** von Bier braucht man eine Ausschanklizenz, sonst drohen empfindliche Strafen. Aber Sie dürfen Ihre Hausmarke natürlich mit Freunden teilen.

 **Honig-Met**

Met ist eins der ältesten alkoholischen Getränke, das die Menschheit kennt. Man braute ihn vor allem in Nordeuropa, wo keine oder kaum Weintrauben wuchsen. Wir stellen jedes Jahr Met mit dem Honig aus unseren Bienenstöcken her und finden, dass das einer von vielen guten Gründen zur Bienenhaltung ist (Seite 182–183).

SIE BRAUCHEN

■ 2 kg Honig
■ Saft von 2 Zitronen
■ Saft von 2 Orangen
■ 1 gehäuften Teelöffel Trockenhefe

1. Den Honig mit 5 Litern Wasser in einem Topf erwärmen, bis der Honig ganz aufgelöst ist. **2. Orangen- und Zitronensaft** einrühren und die Mischung abkühlen lassen. **3. Die Hefe** unterrühren. **4. Die goldgelbe Flüssigkeit** in einen Glasballon umfüllen. Ein Gärröhrchen aufsetzen (Seite 227). Wenn die Gärung abgeschlossen ist, den Met mit einem Saugheber in sterilisierte Flaschen umfüllen (Seite 226–227) und 6 Monate reifen lassen.

Brennnesselbier

Brennnesselbier

Aus Brennnesseln lässt sich erstaunlich gutes Bier brauen. Für Brennnesseltee oder -suppe können wir uns nicht begeistern, so gesund sie auch sein mögen. Aber beim Bier sieht es anders aus: Es ist leicht zu brauen und schmeckt toll. Verwenden Sie frische, junge Blätter. Alle Utensilien müssen peinlich sauber sein (Seite 226).

SIE BRAUCHEN
- 1 kg junge Brennnesseln
- 2 Zitronen (Saft und Schale)
- 500 g hellbraunen Zucker
- 25 g Weinsteinsäure
- 1 TL Brauhefe
- Kochtopf (groß)
- Plastiktrichter
- Flaschen

1. Die Spitzen der Brennnesseln abschneiden, die Wurzeln wegwerfen. Kurz abspülen, um Insekten zu entfernen.
2. Die Brennnesseln in ca. 5 Litern Wasser kochen. **3. Abseihen,** in einen großen Behälter füllen. Zitronensaft und -schale, Zucker und Weinsteinsäure zugeben. Mit Wasser auf 5 Liter auffüllen und gut umrühren. **4. In einen Glasballon** umfüllen. Nach dem Abkühlen die Hefe zufügen. 3–4 Tage gären lassen, dann das Bier auf saubere, sterilisierte Flaschen ziehen (Seite 226).

Ingwerbier

Ingwerbier

Für Ingwer haben wir eine besondere Schwäche. Seit wir entdeckt haben, wie leicht man ihn selbst ziehen kann, brauen wir auf der Newhouse Farm jedes Jahr Ingwerbier. Im Frühling ein Stück Ingwerwurzel mit einer Knospe in einen Topf mit Erde legen und wachsen lassen. Frostfrei aufstellen. Wir ernten die Wurzeln, wenn im Spätherbst die Stiele vertrocknen. Nicht vergessen, ein Stück zum Einpflanzen für das nächste Jahr aufzubewahren!

SIE BRAUCHEN
- 25 g Ingwerwurzel
- 15 g Weinsteinsäure
- 1 Zitrone (Saft und Schale)
- 500 g weißen Zucker
- 1 TL Brauhefe

1. Die Ingwerwurzel gründlich abschrubben, dann schälen. **2. Den Ingwer** im Mörser zerstoßen. In einer Schüssel mit der Weinsteinsäure und etwas abgeriebener Zitronenschale mischen. Eine Schüssel kochendes Wasser zugießen. Dann den Zucker zugeben und rühren, bis er aufgelöst ist. Abkühlen lassen. Hefe und Zitronensaft zufügen und mit Wasser auf 5 Liter auffüllen. **3. Mit einem Tuch** abdecken und warm stellen, bis die Gärung einsetzt. Den Schaum abschöpfen.
4. In einem Glasballon gären lassen. Nach 2 Tagen auf Flaschen ziehen und verkorken. Binnen weniger Tage trinken.

Trauben keltern

Das Selbstversorgerleben bringt eine Menge harte Arbeit mit sich. Manchmal fällt es schwer, in aller Frühe aufzustehen, um die Tiere zu versorgen, oder bei kaltem Wetter die Gemüsebeete zu jäten. Andererseits hat es schon eine besondere Qualität, nach einem harten Tag vor einem prasselnden Feuer ein Glas aromatischen, selbst gekelterten Wein zu genießen.

Erfolgreich keltern

Es macht außerordentlich stolz und zufrieden, eine gute Flasche Wein aus eigener Herstellung zu entkorken und sich bei einem Gläschen zu entspannen. Viele trinkbare Weine lassen sich für wenig Geld herstellen, und Sie können auch Sorten ausprobieren, die man bei keinem Weinhändler bekommt. Damit der Wein gelingt, braucht man gute Zutaten, blitzsaubere Utensilien und eine ordentliche Portion Geduld.

Man kann die Weinherstellung wissenschaftlich angehen, alles penibel vorbereiten und akkurat abmessen. Uns gefällt der vergnügt-experimentelle Weg besser. Wir halten uns nicht unbedingt an strenge Rezepturen, sondern lassen den Dingen ihren natürlichen Lauf. Einige Grundregeln sollte man allerdings beachten.

Die Grundlagen

Jeder Wein besteht aus Wasser, Geschmacksstoffen, Zucker, Säure, Tannin und Hefe. Die Mengenverhältnisse variieren und beeinflussen Qualität und Geschmack des Weins. Auch Zeit spielt eine Rolle, darum ist es so wichtig, sich während des ganzen Prozesses in Geduld zu üben.

Die Flaschen und alle anderen Utensilien müssen absolut sauber sein. Flaschen im Backofen erwärmen, dann mit kochendem Wasser füllen. Einige Minuten stehen lassen. Ausgießen und kopfüber zum Trocknen in ein Gitter hängen. Zur Reinigung aller Utensilien eignet sich auch Desinfektionsmittel aus dem Winzerbedarf (nach Herstelleranwei-

1. Die reifen Trauben mit einer Rosenschere von den Rebstöcken schneiden.
2. Das traditionelle Stampfen der Maische macht großen Spaß! Socken ausziehen, Füße gründlich waschen (Seife gut abspülen!) und dann hinein ins Vergnügen...

sung dosieren und die Einwirkzeit unbedingt beachten).

Zucker dosieren wir auf traditionell englische Weise: Wir geben ihn zuerst in den Gärballon und füllen ihn dann auf 4,5 Liter (eine Gallone) auf. Für einen trockenen Tafelwein nehmen wir 1 kg Zucker »auf die Gallone«, für einen halbtrockenen 1,25 kg und für einen Dessertwein 1,35 kg.

Reinzuchthefe bekommt man flüssig oder als Granulat im Fach- und Versandhandel. Dort erhält man auch Hefenährsalze und andere Zusatzstoffe. Backhefe kann zwar verwendet werden, doch sie erzeugt meist einen eher trüben Wein von weniger guter Qualität.

Säure muss manchmal bei Wein aus Blüten oder Getreide zugesetzt werden. Sie können Zitronensäure aus der Apotheke oder Zitronensaft verwenden.

Zwei Gärphasen. Während der ersten »stürmischen« Gärung vermehren sich die Hefepilze. Dazu brauchen sie Luft, und der Gäransatz kann schäumen. Darum darf der Gärballon nur zu drei Vierteln gefüllt werden. Für die zweite Phase den Ballon mit Wasser auffüllen und ein Gärröhrchen aufsetzen. Durch das Röhrchen können Gärgase austreten, aber es gelangt keine Luft hinein. Auch Fruchtfliegen und Bakterien, die den kostbaren Wein in Essig verwandeln, können nicht mit dem Wein in Berührung kommen.

Die Temperatur spielt eine wichtige Rolle, denn sie sorgt für die zuverlässige Aktivität der Hefe. Während der ersten Gärphase sollte sie bei 24 °C liegen. Steigt sie über 27 °C, sterben die Hefekulturen ab. Und sinkt sie unter 21 °C, stellen die Hefen ihre Aktivität ein.

REZEPT Wein aus Trauben

Wein kann man aus allem Möglichen machen. Wir haben schon mit Erbsenschoten, Brombeeren, Brennnesseln, Pastinaken und Hagebutten experimentiert. Alle schmeckten gut, aber unserer Meinung nach ist konventioneller Wein aus Trauben kaum zu übertreffen. Mit vollmundigem Rotwein tun wir uns noch schwer, aber der Rosé aus eigenen Trauben, den wir hier vorstellen, ist ausgezeichnet. Wein wächst auch in unserem kühlen Klima (Seite 149), natürlich im Gewächshaus, aber auch im Freien an einer Südwand oder einem Hang mit Südgefälle.

SIE BRAUCHEN
- Dunkle oder helle Trauben
- Zucker (Mengen siehe linke Seite)
- Reinzuchthefe
- Zitronensäure
- Obstpresse
- Käseleinen
- Desinfektionsmittel für Flaschen
- Gärballon, Trichter, Gärröhrchen
- Sieb
- Flaschen, Verschlüsse (Korken o. Ä.)

1. Einen Edelstahlrahmen auf die Obstpresse legen, mit Käseleinen auslegen und mit Trauben füllen. Zucker und Hefe in einen Gärballon geben. Einen Trichter auf den Ballon setzen. Dann den Ballon unter den Auslauf der Presse stellen. **2. Das Käseleinen** über die Trauben schlagen, damit keine herausfallen. **3. Den Stahlrahmen** abnehmen. **4. Bis zu drei** solcher Schichten aufsetzen, dazwischen jeweils eine Holzplatte legen. **5. Die Trauben auspressen.**

6. Den Gärballon höchstens zu drei Vierteln füllen, damit er während der ersten, stürmischen Gärung nicht platzt. Die Hefe braucht die Luft im Ballon auch, um sich zu vermehren. **7. Wenn der Wein** nicht mehr schäumt, setzt die zweite Gärphase ein. Jetzt den Ballon mit Wasser auffüllen und das Gärröhrchen aufsetzen. Nach etwa sechs Monaten kann der Wein abgezogen und in Flaschen gefüllt werden (Kasten rechts). **8. Der Trester** aus der Presse ist relativ fest und trocken, weil er weitgehend aus Stielen und Schalen besteht. Unsere Schweine fressen ihn aber ausgesprochen gern.

ABZIEHEN UND ABFÜLLEN

Den Wein mit einem Stück Plastikschlauch ansaugen und in ein sauberes Gefäß umfüllen. Dabei bleibt der Hefebodensatz im Ballon zurück. Nach einem Monat wiederholen und, wenn Sie genug Geduld haben, nochmals nach drei Wochen. Manche Leute stellen den Wein kühl, damit sich das Sediment schneller absetzt. Nach sechs Monaten den Wein auf sterilisierte Flaschen ziehen. Die Gefahr, dass sie platzen, ist nun gering. Etwa 3 cm Platz für den Korken lassen. Wer kein Gerät zum Verkorken hat, schlägt sie mit einem Holzhammer ein. Die Flaschen beschriften und etwa ein Jahr liegend in einem dunklen Raum bei ca. 13 °C nachreifen lassen.

Wein aus Blüten, Gemüse und Wildfrüchten

Nicht jeder lebt in einem Gebiet, in dem Trauben gut gedeihen. Aber auch aus anderen Zutaten kann man interessanten »Bauernwein« herstellen. Sogar Gemüse ist dafür geeignet, allerdings muss man etwas mehr Zucker oder Honig zugeben. Der einzige Nachteil dieser Weine ist, dass sie sich nicht lange halten. Man sollte sie innerhalb eines Jahres nach dem Abfüllen in Flaschen verbrauchen.

Blütenwein

Blütenwein ist leicht herzustellen, schmeckt gut und duftet herrlich. Einfach 5 Liter kochendes Wasser in einen großen Edelstahltopf füllen, die Blüten zufügen und aufkochen. Dann 15 Minuten auf niedriger Hitze köcheln lassen, dabei ab und zu umrühren. Etwas abkühlen lassen, dann 1,8 kg Zucker und den Saft von 3 Zitronen einrühren. Wenn die Flüssigkeit auf etwa 24 °C abgekühlt ist, 1 Teelöffel Reinzuchthefe einrühren. Die Flüssigkeit durch ein feines Sieb in einen Gärballon gießen und ein Gärröhrchen aufsetzen. Nach Abschluss der Gärung abziehen und in Flaschen füllen (Seite 227). Einige Monate ruhen lassen, dann dürfen Sie probieren.

Diese traditionellen Blütenweine mögen wir besonders gern:

■ **Stechginster** Niemals Ginsterblüten im T-Shirt sammeln! Lange Ärmel und Handschuhe sind ratsam, denn die duftenden Blüten werden von Hunderten spitzer Stacheln geschützt. Die Mühe lohnt sich aber, denn der Wein schmeckt wunderbar süß und duftet zart nach Kokos. Auf 5 Liter Wasser brauchen Sie mindestens ein Volumen von 1,7 Litern Stechginsterblüten.

■ **Löwenzahn** Die Herstellung dieses leichten Weins macht Spaß. Die Blüten am mittleren bis späten Vormittag sammeln und die Blütenblät-ter abzupfen. Sie brauchen 1,2 Liter Volumen Blütenblätter. Unter fließendem Wasser waschen, um Insekten und Schmutz zu entfernen. Dann über Nacht in 5 Litern Wasser ziehen lassen. Am nächsten Tag fortfahren, wie unter »Blütenwein« beschrieben.

Traditionelle »Bauernweine«

■ **Erbsenwein** Dieser Wein wird aus den Hülsen gekeltert, die man normalerweise auf den Kompost wirft. Alle Erbsensorten und auch Bohnen sind geeignet, solange die Schoten noch grün sind. 1,8 kg leere Hülsen, die Schale von einer Orange und einer Zitrone und 5 Liter Wasser zum Kochen bringen, 30 Minuten schwach kochen lassen, dann abkühlen. 900 g Zucker, 1 Teelöffel Reinzuchthefe und den Saft der Zitrone und Orange in ein Gefäß geben. Den Sud der Schoten durch ein feines Sieb zugießen und rühren, bis alle Zutaten aufgelöst sind. Nach der Gärung auf Flaschen ziehen und 6 Monate ruhen lassen. Dann können Sie die Überraschung aus dem Gemüsebeet genießen.

■ **Pastinaken** ergeben einen feinen, hellen Wein. 1,8 kg Pastinaken gründlich säubern und ungeschält in Scheiben schneiden. In 5 Litern Wasser weich kochen. Durch ein feines Sieb in ein anderes Gefäß abgießen. Die Pastinaken für einen Wintereintopf verwenden. Den Sud mit 1,35 kg Zucker, Saft und Schale von einer Zitrone und 1 Teelöffel Reinzuchthefe mischen. Nach der Gärung auf Flaschen ziehen (Seite 227) und binnen 6 Monaten verbrauchen.

Holunderblüten an einem warmen Tag pflücken, wenn sie voll geöffnet sind und intensiv duften. Nehmen Sie eine Leiter mit, denn die schönsten sitzen meist ganz oben. Nicht alle Blüten ernten, sonst trägt der Strauch im Herbst keine Beeren.

WEIN AUS BIRKENSAFT

Wein aus Birkensaft schmeckt ähnlich wie trockener Weißwein. Birkensaft kann man im mittleren Frühling von älteren Bäumen mit mindestens 30 cm Stammdurchmesser zapfen. Mit einem Akkubohrer ein Loch mit 2,5 cm Durchmesser in den Stamm bohren. Ein kurzes Stück Schlauch hineinstecken, einen Eimer darunterhängen und den austretenden Saft auffangen. Den Saft mit Wasser bei Bedarf auf 5 Liter auffüllen. Mit 900 g Zucker aufkochen. Wie beim Erbsenwein fortfahren und nach einem Monat probieren.

Von einem ausgewachsenen Baum *kann man an einem Tag 4,5 Liter Saft zapfen.*

REZEPT **Holunderblütensekt**

Holunderblütensekt ist ein echter Sommerluxus für Selbstversorger. Das erfrischend sprudelnde Getränk mit dem geringen Alkoholgehalt entsteht durch Gärung der natürlichen Hefe in den Blüten. Holunderblütensekt ist preiswert und leicht herzustellen, er schmeckt köstlich und duftet vor allem wunderbar. Lässt man ihn allerdings zu lange gären, platzen die Flaschen und die klebrige Flüssigkeit spritzt in alle Richtungen. Das lässt sich vermeiden, wenn man Plastikflaschen benutzt. Wenn sie beginnen, sich aufzublähen, vorsichtig die Deckel lösen, um etwas Gärgas abzulassen.

SIE BRAUCHEN

- Ca. 600 ml Holunderblüten (zusammengedrückt)
- 675 g weißen Zucker
- 2 Zitronen
- 2 EL Weinessig
- Edelstahlgefäß (5 Liter Volumen)
- Zestenschneider
- Kanne
- Sieb
- Trichter
- PET-Getränkeflaschen

ANSETZEN

1. Ausreichend Blüten sammeln, verlesen und gründlich mit 5 Litern Wasser verrühren. **2. Den Zucker** zufügen und rühren, bis er weitgehend aufgelöst ist. **3. Die Zitronenschale** mit dem Zestenschneider abschälen. **4. Die Zitronen** halbieren und ausdrücken. **5. Die Schale** zu Blüten und Wasser geben, danach den Zitronensaft und den Essig einrühren.

ABFÜLLEN

6. Das Gefäß abgedeckt 24 Stunden an einem warmen Platz stehen lassen. **7. Die Flüssigkeit** durch ein feines Sieb in eine saubere Kanne gießen. **8. In sterilisierte Flaschen** füllen. Wir verwenden 2-l-Plastikflaschen und lassen gelegentlich etwas Gärgas ab, indem wir den Deckel kurz lösen. Mit Desinfektionsmittel behandeln (kochendes Wasser würde die Flaschen verformen). Zwei Wochen ruhen lassen, dann binnen der nächsten zwei Wochen verbrauchen.

HOLUNDERBEERWEIN

- **Im Spätsommer** oder Frühherbst 1,8 kg Holunderbeeren ohne Stiele in einer großen Schüssel zerstampfen.
- **5 Liter** kochendes Wasser zufügen. Auf 20 °C abkühlen lassen, dann 1 TL Reinzuchthefe und den Saft von 2 Zitronen zufügen. Abgedeckt einige Tage an einen warmen Platz stellen. Täglich umrühren.
- **Durch ein Sieb** in einen Topf gießen. 1,35 kg Zucker unter Rühren darin auflösen. In einen großen Gärballon umfüllen. Nach der ersten Gärphase ein Gärröhrchen aufsetzen und die weitere Gärung ablaufen lassen.
- **Nach Abschluss der Gärung** in dunkle Flaschen umfüllen und mindestens 6 Monate ruhen lassen.

Cider und Perry

Jedes Jahr im Herbst pflücken wir alle gemeinsam die Äpfel in unserem Obstgarten. Wir unternehmen auch Touren mit Mountain-Bike und Fahrradanhänger, um vernachlässigte Bäume in der Umgebung abzuernten. Natürlich fragen wir vorher um Erlaubnis. Dann pressen wir die Äpfel und lassen den Saft gären, um daraus traditionellen Cider herzustellen.

Kennen Sie Ihre Äpfel?

Cider kann man aus allen Apfelsorten machen, auch aus krüppelig gewachsenen Früchten und aus Fallobst. Manche Sorten halten sich nach der Ernte nicht besonders lange, vor allem, wenn sie Druckstellen oder andere kleine Schäden haben. Aber auch sie können entsaftet und vergoren werden. Cider ist also eine ausgezeichnete Möglichkeit, um große Mengen Äpfel zu verwerten, das Fallobst vor dem Verderben zu bewahren und gleichzeitig Ausgaben für alkoholische Getränke einzusparen.

Wenn Sie keine speziellen Most-Apfelsorten anbauen, die man sortenrein vergären kann (und sollte), besteht das Geheimnis eines guten Cider in der ausgewogenen Mischung verschiedener Apfelsorten. Im Idealfall sollten Sie je ein Drittel süße, säuerliche und herb-süße Äpfel verwenden.

Herb-süße Äpfel sind ideal für Cider. Sogenannte Mostäpfel enthalten wenig Säure, aber relativ viel Tannin. Sie eignen sich darum aber nicht als Tafeläpfel.

Süße Dessertäpfel wie Cox Orange, Golden Delicius, Braeburn und Gala haben einen mittleren Säuregehalt und wenig Tannin.

Säuerliche Sorten verwendet man für französischen Cidre, etwa Klarapfel, Idared, Gloster oder Jonagold.

Wir haben verschiedene Apfelsorten zum Frischverzehr, zum Kochen und zur Herstellung von Cider angepflanzt. Bis die Bäume herangewachsen sind, verwenden wir alle Äpfel, die gerade anfallen, und unser Cider ist absolut genießbar.

Die Gärung

Wenn der frische Apfelsaft in Gärballons oder Gärfässer gefüllt ist, wird die natürliche Hefe aktiv. Wir verlassen uns auf die Hefen aus den Apfelschalen und der Obstgartenluft. Wer ganz sicher gehen will, gibt einige Teelöffel Reinzuchthefe zu.

Manche Leute süßen den Cider mit Zucker oder Sirup. Wir mögen herben Cider gern und verwenden ihn auch zum Kochen, etwa zu Kaninchen, Senf und manchen Wurzelgemüsen.

Die Gärung dauert zwischen zehn Tagen und einem Monat. Danach kann der Cider mit einem Plastikschlauch als Saugheber direkt auf Flaschen gezogen werden (Seite 227). Meist findet in der Flasche eine zweite Gärung statt. Wir haben einmal Apfelsaft in Flaschen gefüllt, nachdem wir versucht hatten, ihn zu pasteurisieren, und stellten später erstaunt fest, dass er sich in ein sprudelndes Getränk verwandelt hatte, der französischem Cidre ähnelte. Natürlich haben wir unsere Gäste, die begeistert waren, nicht eingeweiht.

Während eines Gärungsstadiums bezeichnet man Cider als »hungrig«. Es kursieren Geschichten von Cider-Herstellern, die ein Stück Fleisch oder auch mal eine verirrte Ratte in ihr Gebräu geworfen haben sollen. Bei Gerüchten soll man ja bekanntlich skeptisch sein. Bei Cider unbekannter Herkunft vielleicht auch ...

Fallobst *rasch einsammeln, bevor es im Gras zu gären beginnt. Ein paar Druckstellen stören bei der Cider-Herstellung nicht.*

APFELESSIG HERSTELLEN

Es ist ärgerlich, wenn Cider versehentlich zu Essig wird. Andererseits eignet sich Apfelessig gut zum Einlegen und für Chutneys. Zur Essigherstellung einige Holzspäne in einem Essig einweichen, der Ihnen gut schmeckt. Die Späne in ein Fass mit einem Zapfhahn am Boden füllen. Eine Holz- oder Kunststoffplatte mit vielen feinen Löchern darauflegen. Darauf Cider gießen, sodass er langsam durch die Löcher sickert. Das Gefäß mit Käseleinen abdecken.

Der Cider kommt nun mit Luft und aktiven Essigbakterien in Berührung. Die Flüssigkeit abzapfen und offen stehen lassen. Nach einer Woche ist daraus Essig geworden.

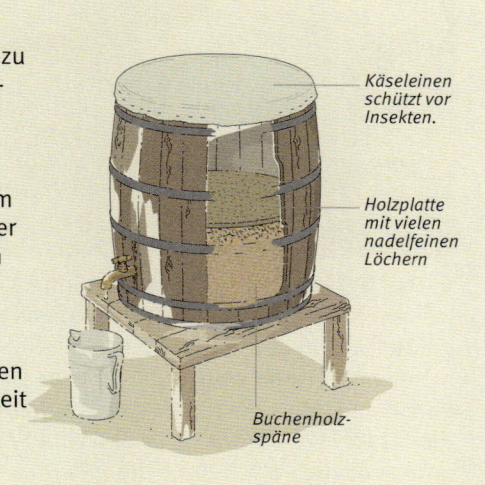

Käseleinen schützt vor Insekten.

Holzplatte mit vielen nadelfeinen Löchern

Buchenholzspäne

Englischer Cider

Lassen Sie frische Äpfel vor dem Pressen 2–3 Tage auf einem Haufen liegen, damit sie etwas weicher werden, oder verwenden Sie Fallobst, das ohnehin weich und saftig ist. Äpfel mit starkem Schädlingsbefall sollten Sie nicht verarbeiten, ansonsten sind alle Äpfel für Cider geeignet – auch weniger hübsche. Die Saftausbeute kann unterschiedlich ausfallen. Zuerst müssen alle Utensilien gründlich gereinigt und sterilisiert werden (Seite 226). Zubehör für saisonale Arbeiten braucht man oft nur einmal im Jahr. Da genügt es nicht, wenn man es nach der Benutzung säubert, es ist bis zum nächsten Einsatz wieder verstaubt. Nach unserem Rezept können Sie auch Birnen verarbeiten. Vergorener Birnensaft, den man bei uns Perry nennt, schmeckt milder und süßlicher als Cider.

SIE BRAUCHEN
- Äpfel (oder Birnen für Perry)
- Obstmühle
- Saftpresse
- Käseleinen oder Gittergewebe
- Gärballon oder -fass (sterilisiert)

1. Die Äpfel in die Obstmühle schütten (Hände weg von den rotierenden Klingen!). Einen Auffangbehälter unterstellen. Alternativ die Äpfel mit einem Spaten zerhacken (Kasten unten).   **2. Die zerkleinerten Äpfel** fallen aus der Obstmühle in den Auffangbehälter.   **3. Käseleinen** auf das Unterteil der Obstpresse legen, rundherum weit überhängen lassen. Eine Schicht Äpfel darauf verteilen.

4. Die Äpfel mit Käseleinen abdecken. Den Gärbehälter unter die Presse stellen.
5. Pressen, bis kein Saft mehr aus den Äpfeln austritt. Den Trester auswickeln und kompostieren (wir spendieren ihn unseren Schweinen). Die Presse wieder mit zerkleinerten Äpfeln füllen. So fortfahren, bis alle Äpfel gepresst sind.   **6. Der Saft** sieht anfangs trüb aus, klärt sich aber während der Gärung allmählich. Im Glasballon gären lassen, dann mit einem Schlauch auf Flaschen ziehen.

SPATENMETHODE
Wir haben uns eine elektrische Obstmühle geleistet, mit der wir schnell und einfach große Mengen Äpfel vor dem Pressen zerkleinern können. Kleinere Portionen kann man ganz ohne Technik in einer stabilen Holzkiste mit dem Spaten zertrümmern. Die Kiste bis knapp unter den Rand mit Äpfeln füllen: dicht an dicht, damit sie nicht verrutschen, und nicht zu hoch, sonst springen sie heraus. Dann die Äpfel mit einem sauberen, scharfen Spaten in kleine Stücke hacken. Danach können die Apfelschnitze leichter gepresst werden.

NATURAPOTHEKE Inzwischen ist allgemein bekannt, welche Auswirkungen chemische Zusätze auf unseren Körper haben können und so wird immer öfter auf natürliche Heilmittel und Methoden zurückgegriffen. Wir selbst verwenden eine Menge alternativer Arzneimittel und wollen Ihnen hier ein paar Lieblingsrezepte vorstellen. Man hat oft den Eindruck, als ob unsere Körper inzwischen als Kriegsgebiet betrachtet werden, auf dem pharmazeutische Produkte gegen Erreger in die Schlacht ziehen. Ein bisschen mehr Ausgleich könnte da nicht schaden, auch, was die Wäsche und den Hausputz betrifft.

Kräutertinkturen

Tinkturen sind eine einfache und wirksame Methode, um Kräuter zu konservieren. Die Wirkstoffe werden den Pflanzen durch Alkohol oder eine Alkohol-Wasser-Mischung entzogen und zugleich bewahrt. Frisch gepresste Pflanzen liefern wesentlich mehr Extrakt als getrocknete, daher lohnt sich das Anlegen eines Kräutergartens.

Die Zutaten

Tinkturen kann man aus allen möglichen Blumen und Kräutern herstellen. Da ist zum Beispiel der immunstärkende Sonnenhut *(Echinacea),* die gegen Arthritis und Rheuma wirksame Brennnessel, der appetitanregende und magenstärkende Löwenzahn sowie Weißdorn, der gegen zu hohen Blutdruck hilft. Wir empfehlen Ihnen jedoch ernsthaft, vor dem Herstellen und Verabreichen eigener Tinkturen einen erfahrenen Arzt oder Kräuterkenner zurate zu ziehen, besonders, wenn Sie diese bei schweren Krankheiten anwenden wollen.

Die einfachste Methode, eine Tinktur herzustellen, ist die Mazeration. Dabei werden die Kräuter in einem Lösungsmittel eingelegt. Meist wird dafür klarer Branntwein verwendet; er muss mindestens 25 % Alkohol enthalten, damit die Tinktur keimfrei bleibt. Apotheker haben Zugang zu 99-prozentigem Ethanol, doch für den Hausgebrauch reicht ein 40-prozentiger Wodka völlig aus. Je höher der pflanzliche Anteil der Tinktur, desto wirksamer wird diese sein.

Tinkturen einnehmen

Die Anwendung einer Tinktur ist so einfach wie die Herstellung: täglich ein paar Tropfen (am besten nach Verordnung eines Heilkundigen) in einem Glas Wasser verdünnt trinken. Tinkturen sind höher konzentriert als Kräutertees (Seite 236–237), daher kann die Dosis sehr viel kleiner sein.

REZEPT **Magenelixir**

Dieses Elixir hilft gegen Aufstoßen, Blähungen und Verdauungsstörungen. Wenn Sie es mit dem guten Essen etwas übertrieben haben, werden Sie froh sein, sich Zeit zum Herstellen der Tinktur genommen zu haben. Vor oder nach dem Essen einnehmen, jedoch nicht während der Schwangerschaft.

SIE BRAUCHEN
- 100 g Rosmarinnadeln
- 85 g Lorbeerblätter
- 10 g Wermut
- 400 ml Wodka
- Schraubdeckelglas
- Presse
- Musselin
- Dunkle Glasflasche

1. Die Pflanzen pflücken und Insekten entfernen. Grob hacken und in ein Glasgefäß geben. Mit dem Wodka übergießen. Deckel festschrauben und gut schütteln. 2 Wochen lang täglich einmal schütteln. **2. Durch das Musselintuch** abseihen und die Pflanzen gut ausdrücken oder – noch besser – pressen. **3. Die Tinktur** in eine dunkle Glasflasche füllen, exakt etikettieren und an einem dunklen Ort aufbewahren. Bis zu dreimal täglich 1 TL Tinktur in einem Glas Wasser einnehmen.

Einen Arzneikräutergarten anlegen

Selbst in den kleinsten Gärten ist Platz für ein kleines Kräuterbeet. Wir haben einen speziellen Arzneikräutergarten für Tinkturen gegen die kleinen Beschwerden des Alltags angelegt. Diese Kräuter sehen nicht nur schön aus, sondern duften wunderbar und locken Honigbienen an. Obwohl sich die Heilwirkung vieler unserer Pflanzen überschneidet, sehen sie zusammen einfach wunderschön aus.

ANWENDUNG BEI ...

Stichen und Blutergüssen
1 **Ringelblume** (*Calendula*)
2 **Beinwell**
3 **Lavendel**

Schlafstörungen
4 **Kamille**
5 **Passionsblume**
6 **Baldrian**
7 **Hopfen**

Kater und Müdigkeit
8 **Sonnenhut** (*Echinacea*)
9 **Löwenzahn**
10 **Minze**
11 **Chilischoten**

Kopfschmerzen
12 **Rosmarin**
13 **Mutterkraut**
14 **Minze**

Husten und Erkältungen
15 **Zitronenmelisse**
16 **Knoblauch**
17 **Salbei**
18 **Thymian**

Verdauungsbeschwerden
19 **Sennesblätter**
20 **Minze**
21 **Feigen**

SCHNELLE HILFE

Wirksamer als die traditionell angewandten Sauerampferblätter: Bei Nessel- oder Insektenstichen ein paar Spitzwegerichblätter zwischen den Händen pressen und den Saft auf die betroffene Stelle träufeln.

Die Spitzwegerichblätter *so lange fest zwischen den Händen rollen, bis der Saft austritt. Auf die schmerzende Stelle träufeln.*

Belebende Kräutertees

Für eine erfrischende und belebende Tasse Kräutertee werden frische oder getrocknete Kräuter einfach mit heißem Wasser übergossen. Die Wahl der Kräuter richtet sich dabei nach dem individuellen Geschmack oder dem Zipperlein, das mit dem Aufguss kuriert werden soll – in solch einem Fall ist das Getränk dann manchmal etwas gewöhnungsbedürftig. Unsere persönlichen Lieblingskräuter sind Eisenkraut *(Verbena)* und Zitronenmelisse.

Einen Aufguss zubereiten

Aufgüsse sind schnell gemacht: Je einen gehäuften Teelöffel Blüten und Kräuter in einen Teebecher geben, mit kochendem Wasser übergießen und eine Weile ziehen lassen. Um ganz genau zu sein, kommen auf 600 ml kochendes Wasser 30 g getrocknete oder 60 g frische Kräuter. Den Aufguss etwa 10 Minuten (oder nach persönlichem Geschmack) zugedeckt ziehen lassen. Wir verwenden eine Teekanne mit Siebeinsatz, aber ein Tee-Ei oder das gute alte Teesieb funktionieren natürlich ebenso gut.

Anwendungsmöglichkeiten

Aufgüsse werden vor allem heiß oder kalt als Tee getrunken, doch man kann sie auch äußerlich anwenden – als Waschung, Badezusatz, Intim-dusche, Einlauf sowie als Mund- oder Gurgelwasser. Minze ist als Mundwasser besonders gut geeignet.

▪ **Dreimal täglich** 200 ml bei leichtem Unwohlsein und bei starken Symptomen alle zwei Stunden 150 ml Kräutertee trinken.

▪ **Aufgüsse** halten sich bis zu 24 Stunden im Kühlschrank. Sie können kalt getrunken werden, wirken dann aber eventuell harntreibend.

Heilkräftige Kräuter

Neben unseren rechts aufgelisteten Lieblingsheilkräutern empfehlen wir Aufgüsse von Ingwerwurzel gegen Reisefieber, Mutterkraut gegen Migräne, Holunderblüten gegen Erkältungen und Brennnesselblätter (mit Handschuhen pflücken!) gegen Unruhe und Stress.

NUR DIE RUHE

▪ **Kamille** wächst in wunderschönen, dichten Blütenteppichen und wirkt beruhigend auf das Zentralnervensystem. Versuchen Sie auch einmal Kamille-Minze-Tee. Ein heißes Bad mit getrockneter Kamille in einem Musselinsäckchen wirkt beruhigend und entspannend. Ebenso wirken Beinwell, Ysop, Zitronenmelisse, Passionsblume oder Baldrian.

▪ **Lavendel** zieht Honigbienen an, sorgt für einen gesunden Schlaf und vertreibt Kopfschmerzen. Geben Sie 2 TL frische bzw. 1 TL getrocknete Blüten auf 1 Tasse kochend heißes Wasser.

Blütenpracht *Kamille und Lavendel sind sehr dekorative Pflanzen im Blumengarten und locken Bienen und Schmetterlinge an.*

Erfrischende Minze *Nach einem anstrengenden Nachmittag im Gemüsegarten geht doch nichts über ein Glas erfrischenden Tee aus frisch gepflückter Minze.*

Propolis-Gewürz-Tee

Seit wir Honigbienen halten, ist dieser Tee gegen Halsschmerzen fester Bestand-
teil unserer Hausmittel. Propolis (Bienenharz) ist eine antiseptische Substanz,
die von den Bienen als Dichtungsmittel verwendet wird. Sie wird im Bienenstock in einem speziellen Gitter gesammelt (Seite 182–183); die Bienen mögen
die Zwischenräume nicht und dichten sie mit Propolis ab. Das volle Gitter eine
Weile einfrieren, dann knicken, damit das Propolis herausbröckelt. Zum Lösen
des Propolis brauchen Sie mindestens 60-prozentigen Alkohol (Strohrum). Für
kleine Mengen nimmt man 2 EL Alkohol auf 10 g Propolis.

SIE BRAUCHEN
- 100 g Propolis
- 400 ml 60%iger Alkohol
- 1 Zitrone
- frischer Ingwer
- Gewürznelken
- 1–2 TL Honig
- Schraubdeckelglas
- Kaffeefilter

1. Propolis wie beschrieben »ernten«. **2. Tinktur:** Die Propolis und den Alkohol in ein Schraubdeckelglas geben und 6–8 Tage lang täglich
schütteln, bis alles gelöst ist. Die Mischung
durch einen Kaffeefilter gießen. **3. Tee:** Saft von
1/2 Zitrone pressen, die andere Hälfte in Scheiben schneiden und mit Nelken spicken. Ingwer-
scheiben zugeben **4. Ein paar Tropfen Propolis**
zu den übrigen Zutaten geben und mit kochendem Wasser übergießen. Nach Belieben filtern.

BELEBENDE KRÄUTERTEES

NATURAPOTHEKE

LIEBLINGSTEES

Hier sind einige unserer Lieb-
lingstees (von links nach rechts):
Lavendel/Kamille, ein perfek-
ter Gute-Nacht-Trunk; Salbei/
Thymian gegen Halsschmerzen;
Zitronenmelisse gegen Stress und
Unruhe sowie Minze/Holunder-
blüten gegen Erkältung.

Immunkraftverstärker

Unserer Ansicht nach ist es wesentlich besser, Krankheiten vorzubeugen, als sie behandeln zu müssen. Wir halten uns mit viel frischem Obst und vitamin- und mineralstoffhaltigem Gemüse bei guter Gesundheit, doch manchmal ist eine Erkältung einfach stärker. Da kann ein immunstärkender Sirup das Schlimmste verhindern.

Mit Zucker haltbar machen

Als man noch keine Kühlschränke hatte, machte man Kräuter und Beeren in Form von Sirup haltbar. Der Zucker verdrängt das Wasser und verhindert bakterielle Verseuchung und Hefebildung.

Bereichern Sie Ihre Hausapotheke durch selbst gemachten Thymian-, Süßholz-, Hagebutten-, Knoblauch- oder Honigsirup – aber vergewissern Sie sich, dass das Rezept aus einer vertrauenswürdigen Quelle kommt,

bevor Sie Arzneimittel selbst herstellen und einnehmen.

Ein gutes Team

Holunderbeersirup (siehe unten) ist sehr reich an Vitamin C. Zu gleichen Teilen mit einer nach der auf Seite 234 beschriebenen Methode aus 200 g Holunderbeeren und 400 ml Wodka hergestellten Tinktur gemischt, wird daraus ein wunderbar beruhigendes Stärkungsmittel. Alle paar Stunden 1 TL einnehmen.

Holunder *wird auch »der Medizinschrank der kleinen Leute« genannt, da man aus Blüten und Beeren eine ganze Reihe von Hausmitteln herstellen kann.*

REZEPT **Holunderbeersirup**

Holunderbeersirup stärkt das Immunsystem durch seinen hohen Vitamin-C-Gehalt und die antivirale Wirkung. Er hilft bei Erkältungen, Halsschmerzen und sogar Grippe. Sirup soll viel Zucker enthalten, jedoch nicht so viel, dass er beim Abkühlen auskristallisiert. Holunderbeersirup hält sich durch seinen hohen Zuckergehalt problemlos über die Wintermonate und ist daher bei Bedarf immer zur Hand.

SIE BRAUCHEN DAFÜR
- 200 g Holunderbeeren
- 400 g Zucker
- 12 Gewürznelken
- 3-cm-Stück Ingwer in Scheiben
- Trichter
- Glasflaschen

1. Reife Beerendolden pflücken und die Beeren mit einer Gabel abstreifen. In 250 ml Wasser aufkochen und bei schwacher Hitze 30 Minuten ziehen lassen, bis die Beeren platzen und den Saft freigeben. Vom Herd nehmen, zerstampfen, durch ein Sieb abseihen und den Saft zurück in den Topf gießen. **2. Zucker**, Gewürznelken und Ingwer zugeben. Wieder erhitzen, bis sich der Zucker aufgelöst hat, dann 5 Minuten sprudelnd kochen. **3. Abseihen,** auf Flaschen ziehen, abkühlen lassen und in den Kühlschrank stellen. Bei Erkältungssymptomen alle 2 Stunden 1 EL Sirup in 1 Becher mit heißem Wasser trinken, später dreimal am Tag.

Naturkosmetik

Die Arbeit auf dem Hof bringt eine Menge von Kratzern, Schrammen und Stichen mit sich – aber wir sind natürlich eitel! Also jammern und kratzen wir nicht lange herum, sondern greifen sofort zur selbst gemachten Salbe. Nach anfänglichen Versuchen mit Öl und getrockneten Blumen machen wir inzwischen Salbe aus frischen Pflanzen aus unserem Heilkräutergarten.

Hautfreundlich?

Die meisten Hautpflegeprodukte bestehen zu 90 Prozent aus Wasser. Dazu kommen ein paar Erdölderivate sowie eine Mischung aus Chemikalien, die für Duft und Schaum sorgen. Unserer Ansicht nach tragen solche Produkte eher dazu bei, dass sich Hautprobleme wie Ekzeme noch verschlimmern, anstatt für schöne Haut zu sorgen. Selbst gemachte Kosmetik ist nicht nur gut für die Haut, sondern auch für das Portemonnaie!

»Natürliche« Produkte

Es gibt viele »grüne« und teure Hautpflegeprodukte, die vorgeben, natürlich zu sein, doch sehen Sie sich einmal die Zusammensetzung genauer an. Die Worte »grün« oder »natürlich« auf dem Etikett sind oft nur Makulatur. Vorsicht auch bei den »grünen« Behauptungen großer Kosmetikfirmen – das bedeutet manchmal nur, dass die Zutaten an irgendeinem Stadium ihrer Herstellung einmal natürlichen Ursprungs waren.

Calendula *oder Ringelblume ist eine unserer absoluten Lieblingsblumen. Sie ist eine anspruchslose Pflanze, gut für Mischkulturen geeignet (Seite 101) und selbstaussamend.*

REZEPT *Calendula*-Salbe

Ähnlich wie Tinkturen enthalten Salben Pflanzenextrakte. Salben werden im Gegensatz zu Tinkturen jedoch nicht auf Alkohol- oder Essigbasis hergestellt, sondern auf Pflanzenölbasis. Das Öl wird mit Bienenwachs zu einer glatten Salbe verarbeitet, die gut in die Haut einzieht. Ringelblume (*Calendula*) hat eine heilende und antiseptische Wirkung und ist daher auch ausgezeichnet für Lippenpomade geeignet.

SIE BRAUCHEN
- Genug getrocknete Blüten, um ein hohes Glasgefäß zu füllen
- Sonnenblumenöl
- Bienenwachs
- Sieb
- Kleine Glasgefäße

1. Calendula-Blüten pflücken und trocknen (zum Beispiel in einem Solardörrschrank, Seite 213–215). In ein Glasgefäß füllen, mit Sonnenblumenöl übergießen, bis die Blüten bedeckt sind, und mindestens 2 Wochen stehen lassen, bis das Öl sich tief orange gefärbt hat. **2. In ein Messgefäß** abseihen und in einen Kochtopf gießen.
3. Nach und nach das Bienenwachs zugeben (etwa 5 g je 2 EL Öl) und auf schwacher Hitze schmelzen. Das Wachs sollte auf einem hineingetauchten kalten Löffel rasch trocknen; sonst etwas mehr Wachs zugeben. Auf Gläser verteilen, fest werden lassen, dann gut verschließen und mit Etiketten versehen. Die Salbe hält sich etwa ein Jahr.

»Grüne« Putz- und Waschmittel

Man sollte es nicht für möglich halten, aber die umweltschädlichsten Dinge im ganzen Haus verstecken sich zumeist unter der Küchenspüle oder im Putzschrank. Die in den Putzmitteln enthaltenen giftigen Bleichmittel, chemischen Polituren und Desinfektionsmittel können sowohl unserer Gesundheit als auch der Umwelt großen Schaden zufügen.

Ökologische Alternativen

Vor ein paar Jahren haben wir uns von industriell hergestellten Reinigungsmitteln auf ökologische Alternativen umgestellt. Viele unserer Putz- und Reinigungsmittel sind nach einfachen Rezepten hergestellt, die auf traditionellen Methoden basieren. Sie sind weniger schädlich für Mensch, Tier und Umwelt und sie sind sogar billiger. Und wir vermeiden Verpackungsmüll, da wir immer wieder dieselben Behälter verwenden.

Da wir aufgehört haben, konventionelle Produkte zu verwenden, die vorgeben, »alle Bakterien zu töten«, sind wir viel empfindlicher gegenüber dem scharfen und unangenehmen Chemiegeruch dieser Mittel geworden. Inzwischen ziehen wir den Geruch unserer eigenen Reinigungsmittel eindeutig vor. Hier haben wir einige davon für Sie aufgelistet:

Natriumbikarbonat

Natriumbikarbonat, auch Natron oder Speisesoda genannt, ist ein sehr preiswertes Naturprodukt, das weder Ihnen noch der Umwelt schadet.

Gerüche im Teppich: Den Teppich mit Natron bestreuen, getrockneten und zerstoßenen Lavendel oder Basilikum darüber verteilen und 30 Minuten einwirken lassen. Gründlich absaugen.

Arbeitsflächen reinigen: Mit Natron bestreuen und mit einem nassen Schwamm oder Lappen sauber nachwischen. Starke Verschmutzungen mit der Bürste bearbeiten.

Den Ofen reinigen: Besonders verschmutzte Stellen mit Salz bestreuen. 2 EL Natron mit Wasser zu einer Paste verrühren und auf die Innenseiten des Ofens auftragen. Mit Zahnbürste oder Wurzelbürste bearbeiten.

Verstopfte Abflüsse: Konventionelle Abflussreiniger sind ganz besonders schädlich. Stattdessen ein Glas Haushaltsessig und ein Glas Natron in den verstopften Abfluss geben und ein paar Minuten einwirken lassen. Keine Panik – das infernalische Blubbern und Schäumen ist ganz normal. Dann mit einem Kessel voll kochendem Wasser nachspülen.

Haushaltsessig

Destillierter weißer Essig ist ein weiterer Geheimtipp für Umweltbewusste. Er reinigt nicht nur ausgezeichnet, sondern desinfiziert und desodoriert zugleich. Natürlich können Sie jede Art von Essig verwenden, aber Haushaltsessig riecht am neutralsten. Der typische, scharfe Geruch ist der einzige Nachteil beim Putzen mit Essig. Man kann ihn jedoch mit einer Beimischung von Lavendelöl und/oder Zitronensaft ganz gut überdecken.

Wenn Sie Essig auf Fliesen verwenden, müssen Sie hinterher sehr gründlich nachspülen, da sich auf kalkhaltigem Material Verätzungen bilden können, wenn der Esssig zu lange einwirkt. Marmor verträgt gar keinen Essig.

1. Natron ist ein sehr wirksames Reinigungsmittel. Einfach über die Oberfläche verteilen und mit einem feuchten Tuch nachwischen. **2. Verstopfte Abflüsse** werden mit einer Mischung aus Natron und Haushaltsessig wieder frei. **3. Fenster** mit einer Essig-Wasser-Mischung putzen. In eine alte Sprühflasche geben. **4. Eine halbe Zitrone** über das Hackbrett reiben, reinigt und desinfiziert zugleich.

■ **Fenster putzen:** 120 ml Essig mit 4 l Wasser verdünnen, die Fenster damit putzen und anschließend mit zusammengeknülltem Zeitungspapier trocken wischen.

■ **Weichspüler:** Ein Spritzer Essig im letzten Spülgang macht die Wäsche so weich und saugfähig wie ein konventioneller Weichspüler. Außerdem hilft der Essig beim Ausspülen des Waschmittels und hält dadurch die Trommel sauberer. Sehr zu empfehlen, wenn einige Ihrer Familienmitglieder an Allergien leiden! Keine Sorge – der Essiggeruch verflüchtigt sich nach dem Trocknen wieder.

■ **Möbelpolitur:** 60 ml Essig mit 180 ml Olivenöl (oder 60 ml Zitronensaft mit 120 ml Olivenöl) mischen und die Möbel mit einem weichen, mit der Politur getränkten Lappen abreiben. Macht die Möbel wieder wunderbar glänzend!

Zitronensaft

Zitronensaft ist ein weiteres mildes und umweltfreundliches Reinigungsmittel. Er ist fettlösend und hat zugleich antibakterielle Wirkung.

■ **Desinfektionsmittel:** Flecken auf dem Hackbrett mit Zitronensaft beträufeln, 10 Minuten einwirken lassen und abwischen.

■ **Mikrowelle reinigen:** Ein paar Zitronenscheiben in eine kleine Schale mit Wasser geben für 30–45 Sekunden in die Mikrowelle stellen. Dann von innen mit der heißen Flüssigkeit auswischen – verblüffend effektiv und wohlduftend!

■ **WC-Reiniger:** Zitronensaft und Natron zu einer Paste verrühren, in das Toilettenbecken geben und ein paar Minuten einwirken lassen, dann mit der WC-Bürste schrubben. Achtung: Die Mischung wird stark schäumen und blubbern!

KRÄUTERKRAFT

Eine Handvoll frischer Kräuter – zum Beispiel Lavendel, Wacholder oder Thymian – in einen Topf mit Wasser geben und 30 Minuten ziehen lassen. Nach Geschmack Wasser zugeben – je weniger Wasser, desto stärker wird die Lösung. Abseihen und mit einem Schuss Naturseife in eine Flasche geben – fertig ist ein wohlriechender, desinfizierender Fettlöser.

Salbeiblätter *in Wasser einweichen und abseihen. Desinfiziert und reinigt alles außer Glas.*

REZEPT **_Calendula_-Handwaschpaste**

Handwaschpaste für stark verschmutzte Hände ist ziemlich teuer. Daher haben wir nun unser eigenes Fabrikat neben dem Waschbecken stehen. Unser Rezept beruht im Wesentlichen auf Salz und Öl mit einer Beigabe von *Calendula* für eine wohltuende, lindernde Wirkung. Bei regelmäßiger Anwendung werden die Hände nicht nur schön sauber, sondern auch wunderbar weich.

SIE BRAUCHEN
■ Steinsalz
■ *Calendula*-Blüten
■ *Calendula*-Öl
■ Kleines Weckglas

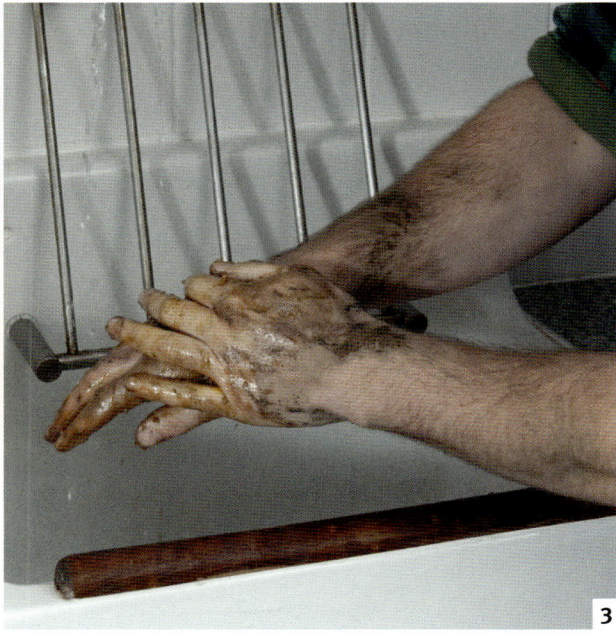

1. Den Boden eines kleinen Weckglases mit 5 cm Steinsalz bedecken. **2. Getrocknete _Calendula_-Blüten** zugeben, mischen und das Ganze mit *Calendula*-Öl (Seite 239) bedecken. **3. Ein wenig Paste** wie herkömmliche Seife zwischen den Händen verreiben und mit warmem Wasser abspülen.

Links und Adressen

Der Erfolg eines Projekts steht und fällt mit der Recherche. Diese Liste von Internetseiten, Organisationen und Büchern soll Ihnen dabei helfen, dem Selbstversorgerleben ein Stück näher zu kommen. Neben dem Internet und der Bibliothek ist auch der Erfahrungsaustausch mit Gleichgesinnten eine wichtige (und nette) Quelle für Informationen und Praxistipps.

www.practicalselfsufficiency.co.uk
Die Internetseite von Dick und James Strawbridge ist allen praktischen Aspekten des Selbstversorgerlebens gewidmet. Wenn die Autoren neue Projekte in Angriff nehmen, werden sie hier dokumentiert (in englischer Sprache).

www.dickstrawbridge.com
Informationen über Dick und seine Tätigkeit beim Fernsehen, Kontaktdaten und Näheres zu seinen Vorträgen und Seminaren zu Themen wie nachhaltiger Lebensweise, energiebewusster Haushaltsführung und grünen Technologien (in englischer Sprache).

www.jamesstrawbridge.com
Informationen über James' Fernsehauftritte, Vorträge und Online-Shop (in englischer Sprache).

IM HAUS

Nachhaltiges Bauen und Wohnen

www.optikur.de
Ein Online-Magazin zu allen Fragen des »grünen Lebens«

www.detail.de
Ein Architekturportal mit einer eigenen Seite für umweltbewusstes Bauen

www.oegut.at
Internetseite der Österreichischen Gesellschaft für Umwelt und Technik mit Publikationen und Links zu Teilbereichen des nachhaltigen Lebens

www.archiexpo.de
Internationale Online-Architekturmesse mit Links zu Herstellern, Baumaterialien, Technologien, Neuheiten. Sinnvoller Startpunkt auf der Suche nach umweltfreundlichen Baumaterialien, Sonnenenergie, Bauformen

Online-Shops für naturgemäßes Bauen und Wohnen

www.rundum-natur.de

www.biodomus.de

www.umweltfarben.ch
Eine Initiative des Schweizer Amts für Umwelt, Coop Bau + Hobby sowie der Kantone

www.adler-lacke.com
Umweltschonende Farben und Lacke aus Tirol

Umweltbewusste Energie

www.oeko-energie.de
Produkte zur Energieeinsparung: Solarstrom, Solarwärme, Windkraft, Holz- und Pelletheizungen, Regenwassernutzung, Komposttoiletten, Energiespargeräte, Gründächer, Ökobaustoffe, Dämmstoffe und mehr

www.sonnenwindwaerme.de
Das Branchenmagazin für alle erneuerbaren Energien

www.solarserver.de
Das Internetportal zum Thema Sonnenenergie

www.solarstromerzeugung.de

www.waermepumpe-strom.de

Strohballenhäuser

www.das-strohballenhaus.de

www.passivstrohballenhaus.de
Informative Seite über nachhaltiges Bauen mit Lehm und Strohballen, mit Links und Informationen; teilweise noch im Aufbau

Erdhäuser

www.erdhaus.ch
Bahnbrechende Erdhausarchitektur aus der Schweiz

www.huegelhaus.ch

www.passiv-erdhaus.de

Ecofan

www.holzofenventilator.de
Deutsche Seite von *www.ecofan.com*

Regenwassernutzung

www.rewatec.de

Solarkocher

www.idcook.com

www.solarfood.de

www.solarzellen-shop.de

www.solar-shop.de

Sumpfbeete

www.re-natur.de

GRUND UND BODEN

Kleingarten und allgemeine Informationen über Gartenbau

www.gardenorganic.org.uk

Die in England beheimatete gemeinnützige Organisation *Garden Organic* bietet Rat in allen Fragen des biologischen Gartenbaus. Sie führt die *Heritage Seed Library*, die sich zum Ziel gesetzt hat, seltene Gemüsearten zu erhalten (Seite in englischer Sprache).

www.kleingartenvereine.de

U.a. Behördenführer, Rechtliches sowie Suchmöglichkeit nach freien Gärten bundesweit

www.kleingartenweb.de

www.schrebergarten-forum.de

www.kleingarten-bund.de

www.bio-gärtner.de

Biogemüseanbau

www.biogemüse.com

www.biogemüsebau.net

www.landnet.at

www.bioaustria.at

Obstanbau

www.gaertnerei-strickler.de

www.alte-obstsorten-online.de

www.obstbau.net

Datenbank, Sorten, Schädlinge

www.derapfel.de

Interessantes rund um den Apfel

Bio- und Demeter-Saatgut

www.sativa-rheinau.ch

www.bio-saatgut.de

www.biogartenversand.de

www.dreschflegel-saatgut.de

Artenschutz, Artenvielfalt, Nützlinge

www.bund.net

Bund für Umwelt- und Naturschutz

www.nabu.de/tiereundpflanzen/voegel

Anleitung zum Nistkastenbau vom Naturschutzbund Deutschland e.V.

www.bienenhotel.de

www.wildbienenhaus.de

Nistkästen verschiedener Typen werden auch von vielen Behindertenwerkstätten hergestellt. Oft kann man sie direkt in der Einrichtung kaufen.

Wurmkomposter

www.kompostladen.de

www.wurmhandel.de

www.wurmwelten.de

Pilzbrut

www.pilzzuchtshop.de

www.pilzshop.de

www.shii-take.de

www.trockenpilze.de

www.pilzgarten.info

Biosphären (Glaskuppeln)

www.geo-dome.co.uk

Das englische Unternehmen bietet fertige Kuppeln, Bausätze und Selbstbauanleitungen.

www.solardome.co.uk

Staatliche Informationsstellen (Auswahl)

Bayerische Landesanstalt für Weinbau und Gartenbau

An der Steige 15
D-97209 Veitshöchheim

www.lwg.bayern.de

Kompetenzzentrum Obstbau Bodensee

Schuhmacherhof
D-88213 Ravensburg

www.obstbau-kompetenzzentrum.de

Lehr-und Versuchsanstalt Gartenbau Erfurt

Leipziger Straße 75 a
99085 Erfurt

www.lvg-erfurt.de

Staatliche Lehr- und Versuchsanstalt für Gartenbau

und Gartenakademie Baden-Württemberg e.V.
Diebsweg 2
D-69123 Heidelberg
Beratungstelefon für Freizeitgärtner: 090 01-042 290 (50 ct/min)

www.gartenakademie.info

www.lvg-heidelberg.de

Staatliche Forschungsanstalt für Gartenbau Weihenstephan (FGW)

Am Staudengarten 8
D-85350 Freising

www.hswt.de

Staatliche Lehr- und Versuchsanstalt für Wein- und Obstbau

Traubenplatz 5
D-74189 Weinsberg

www.landwirtschaft-bw.info

Eidgenössische Forschungsanstalt für Obst-, Wein- und Gartenbau

Postfach 185
CH-8820 Wädenswil

www.agroscope.admin.ch

In den meisten Bundesländern bieten auch die Landwirtschaftskammern Beratung und Information an – nicht nur für Landwirte.

Hühnerhaltung

www.huehner-info.de
Informationen rund um das Huhn und anderes Federvieh

Putenhaltung

www.bioland.de
www.huehnerinfo.de
www.putenhaltung.de

Enten und Gänse

www.vogelforen.de
Das größte deutschsprachige Portal für Vogelfreunde

www.vhgw.de
Verband der Hühner-, Groß- und Wassergeflügelzüchtervereine zur Erhaltung der Arten- und Rassenvielfalt e.V.

Honigbienenhaltung

www.deutscherimkerbund.de
Zusammenschluss der deutschen Imkerverbände

Angeln und Jagd

www.angeln-und-jagen.de
www.schonzeiten.de

TRADITIONELLES WISSEN

Dörrgeräte

www.keimling.de

Brot backen

www.sauerbrot.de
www.adler-muehle.de
www.famsik.de/brot/sauerteig

Zubehör für Bier und Wein aus eigener Herstellung

www.winzereibedarf.de
www.brauen.de
www.hobbybrauen.de
www.brauherr.de
www.profiheimwinzer.de
www.turbo-hefe.de
(Campden Tablets)
www.genussreich-shop.de
www.hbs24.de
www.arauner.com
www.wein-selbermachen.de
www.obstweine.de

Naturheilkunde

www.naturheilkunde-index.de
Links zur Naturheilkunde, alternative Heilverfahren, Therapieangeboten und Naturheilprodukten

Weiterführende Literatur

Das neue Buch vom Leben auf dem Lande

von John Seymour
München 2010

Energiesparen im Haushalt

Tipps und Informationen zum richtigen Umgang mit Energie
Kostenloser Ratgeber vom Umweltbundesamt unter: www.umweltbundesamt.de (auch Download möglich)

Mit Holz heizen

von Christa Klus-Neufanger
Stuttgart 2007

Biologisch gärtnern

hrsg. von Garden Organic
München 2009

Enzyklopädie des biologischen Gärtnerns

hrsg. von Pauline Pears
München 2002

Kompost

von Ken Thompson
München 2009

Mein Bio-Garten

Natürlich anbauen und ernten
von Geoff Hamilton
München 2012

Der Nutzgarten

von Alan Buckingham
München 2010

Obstbaumschnitt Grundkurs

von Uwe Jakubik
Stuttgart 2001

Resistente und robuste Kernobstsorten

Informationsbroschüre der Staatlichen Lehr- und Versuchsanstalt für Wein- und Obstbau
von Franz Rueß
Weinsberg 2000

Die Streuobstwiese

Vielfalt erhalten – Lebensräume schaffen – Besonderes genießen
von Cornelia Blume
Darmstadt 2010

Wildpilze sammeln & genießen

von Anna DelConte
München 2009

1 mal 1 des Imkerns

von Friedrich Pohl
Stuttgart 2009

Enten und Gänse

von Heinz Pingel
Stuttgart 2008

Die Honigbiene

von Armin Spürgin
Stuttgart 2008

Das Hühnerbuch: Praxisanleitung zur Haltung »glücklicher Hühner«

von Ursula und Wolf-Dietmar Unterweger
Graz 2002

Der Kleinsthof

von Oswald Hitschfeld
Xanten 2003

Brot backen

von Eric Treuille und Ursula Ferrigno
München 2010

Köstlichkeiten aus Küche und Keller

Einkochen, Trocknen, Räuchern, Pökeln, Kandieren
von Oded Schwartz
München 2013

Kräuter-Rezeptbuch

Hausmittel & Salben, Säfte & Marmeladen, Kräuterwein & Liköre, Essig & Öl
von Siegrid Hirsch
Linz 2007

Meine Naturapotheke

von James Wong
München 2010

Natürlich hausgemacht!

Traditionelle Techniken des Konservierens neu entdeckt
von Lynda Brown
München 2011

Praktische Vorratshaltung zu Hause

von Hildegard Rust
München 2007

Praxishandbuch Heilpflanzen

von Penelope Ody
München 2008

Trocknen und Dörren mit der Sonne

Bau und Betrieb von Solartrocknern
von Claudia Lorenz-Ladener
Staufen 2010

Register

253

254

Dank

Wir haben zu danken

Unser Wissen konnten wir nur durch jahrelanges Experimentieren zusammentragen. Wir danken allen, die uns etwas gelehrt haben, oder die uns durch Zuschauen lernen ließen. Widmen möchten wir dieses Buch den Frauen – Müttern, Lebenspartnerinnen und Schwestern, die uns all die Jahre unterstützt haben und uns erlaubten, kleine Jungs zu sein.

Dick bedankt sich

Ich weiß nicht, ob ich meinem Mitautor danken soll. Auf jeden Fall war James mein Gewissen, mein Organisationshelfer und Regisseur. Während ich unterwegs war, behielt er stets den Zeitplan im Blick. Es war mir eine Ehre, mit ihm zusammenzuarbeiten. Nur wenige Väter haben die Chance, so viel wertvolle Zeit mit ihren Söhnen zu verbringen. Ich kann mich glücklich schätzen.

James bedankt sich

Ich danke meiner Mutter, die mir Anregungen und viele wertvolle Tipps zu allen grünen Themen gab. Dank auch an meine kleine Schwester Charlotte für die Ermutigung und die großartigen Fotos, die sie für dieses Buch aufgenommen hat. Meiner Verlobten Holly danke ich für ihre liebevolle Unterstützung und eine Menge Arbeitseinsatz, der zum Erfolg der Newhouse Farm beigetragen hat. Sie ist ein echtes »Landmädchen«. Sophie danke ich dafür, dass sie uns einander vorgestellt hat. Meinem Vater für die Einweihung in das Thema Elektrizität und die Erlaubnis, DK zu vielen Fototerminen einzuladen. Meiner Großmutter in Irland dafür, dass sie mich gelehrt hat, Puten zu rupfen und Pfannkuchen zu braten. Meiner Oma in Dorset für die Förderung meiner Ambitionen als Autor. Meinem Opa, der mir mit Bohnen das Zählen beigebracht hat, außerdem Steve, Duncan, Kev, Zoe, Carol und Val für kompetenten Rat. Vielen Dank an alle, die uns beim Umgraben, Jäten, Pflanzen und Ernten auf der Newhouse Farm geholfen haben. Und ein großer Dank an die Mitarbeiter von Dorling Kindersley, mit denen die Produktion dieses Buches so rund und erfreulich lief.

Dorling Kindersley dankt

James Stawbridge für die Entwürfe zu den Illustrationen; Stephanie Jackson, Kat Mead, Adele Hayward und Helen Spencer für das Konzept; Zia Allaway, Pip Morgan und Diana Vowles für das Lektorat; Sue Bosanko für die Zusammenstellung des Registers, sowie Lucy Claxton von DK Images.

Bildnachweis

Der Verlag bedankt sich für die freundliche Genehmigung zur Verwendung von Bildmaterial:
(u-unten; M-Mitte; l-links; r-rechts; o-oben)

39 Siemens Home Appliances www.siemens-home.co.uk: (or). **Energy Star:** (Mr). **NAEEEC:** (ur). **41 Photolibrary:** Johnny Bouchier (or). **44 Alamy Images:** Paul Glendell (ol). **45 Alamy Images:** Peter Barritt (ul); maurice joseph (ol); Christian Klein (ur); Yadid Levy (or). **46 Photoshot:** David Wimsett (or). **Science Photo Library:** Alex Bartel (ol). **Still Pictures:** Martin Bond (u). **47 Alamy Images:** The Garden Picture Library (o). **48 Science Photo Library:** David Hay Jones. **49 Corbis:** Dietrich Rose (u). **Still Pictures:** Martin Bond (o). **50 Alamy Images:** Jeff Morgan 05 (o); Steven Poe (u). **51 Alamy Images:** camera lucida environment (u); Steven Poe (o). **54 Marianne Majerus Garden Images:** Caroline Holmes (Ml). **68 Science Photo Library:** Martin Bond (l). **80 Science Photo Library:** Simon Fraser (ol). **81 Alamy Images:** Wolfgang Polzer (ul). **88 Photolibrary:** Banana Stock (ul). **89 Alamy Images:** Doug Houghton (or). **99 GAP Photos:** Jerry Harpur (or). **121 Getty Images:** Lawrence Lawry (or); Andrew Parkinson (ol). **122 Getty Images:** Dianna Jazwinski (ul). **123 Getty Images:** Frederic Pacorel (ur). **143 Getty Images:** Will Heap (Mr). **144 GAP Photos:** Christina Bollen (Mr). **145 Getty Images:** Wally Eberhart (Ml). **149 Getty Images:** Martyn Chillmaid (r). **150 Getty Images:** Taesam Do (l). **151 Corbis:** Radius Images (r). **Getty Images:** Ina Peters (Mr). **152 Getty Images:** Travel Ink (r). **153 Alamy Images:** Goss Images (r). **Getty Images:** De Agostini (Mr). **163 Alamy Images:** blickwinkel (Mr). **Photolibrary:** Vidal (r). **218 Getty Images:** Ashok Sinha (ul).

Wir danken für die Erlaubnis zur Verwendung der folgenden Fotos aus dem persönlichen Archiv von Dick und James Strawbridge:
12 (Mo, r); **13** (M); **15** (ol, Ml, ul); **16** (M, or); **17** (r); **19** (Ml); **26** (o, ul); **27** (l, or, Mr); **29** (ul, or); **31** (ol); **34** (Ml, Mr); **37** (ol, ul); **58**; **60** (ol); **65** (l); **78** (ol); **83** (ol); **101**; **108** (or); **112** (ol, oM, ul, ur) **115** (ul, Mr); **118**; **123** (Mr); **140** (Ml); **142** (Mr); **145** (Mr, r); **147** (r); **152** (l); **157** (Ml); **159** (ur); **173** (u); **176** (r); **178** (ul, ur); **184** (u); **186** (l, or); **232** (M); **236** (l).

Alle anderen Abbildungen © Dorling Kindersley. Weitere Informationen unter www.dkimages.com